테이블 건너편의 살인자

이 책은 예스24와 함께 그래제본소를 통해서 펀딩을 받아서 제작한 책입니다. 펀딩에 참여해주신 다음의 분들과 이름을 안 밝혀 주신 모든 분들께 감사를 드립니다. 좋은 책을 만들 수 있도록 도와주셔서 감사드립니다(순서는 가나다순 입니다).

강동오 강병찬 강윤정 권기현 김동엽 김동현 김민영 김믿음 김보경 김용호 김지연 김채미 김화범 남상욱 문혜경 박송연 박수진 박영 박윤지 박은실 박지현 박혜숙 방수호 변지수 서동욱 성다솜 성동준 성무건 신현지 안광욱 윤호영 윤화진 이수민 이승진 이은현 이춘영 이희정 임재영 장세나 전호진 정동훈 정재은 정현진 조윤수 조현정 지윤지 차은정 최문실 최봉석 최수라 최아름 최지은 한대웅

테이블
건너편의
살인자

존 더글라스, 마크 올셰이커 지음

이순영 옮김

우물이 있는 집

테이블 건너편의 살인자

2022년 1월 25일 초판 1쇄

지은이 존 더글라스, 마크 올셰이커 | **옮긴이** 이순영 | **편집** 박일구 | **디자인** 김남영
펴낸이 강완구 **펴낸곳** 써네스트 | **브랜드** 우물이있는집

출판등록 2005년 7월 13일 제2017-000293호
주소 서울시 마포구 망원로 94, 2층 203호 (망원동)
전화 02-332-9384 | **팩스** 0303-0006-9384 | **홈페이지** www.sunest.co.kr

ISBN 979-11-90631-36-5 (03340)

책값은 뒤표지에 있습니다.
잘못된 책은 바꾸어 드립니다.

조안 안젤라 댈러샌드로를 기억하며, 그리고 로즈마리 댈러샌드로를 비롯해 그들의 영감과 용기, 투지로 모든 아이를 위한 정의와 안전을 위해 노력하는 모든 이들을 존경하며, 사랑과 존경을 담아 이 책을 바칩니다.

중요한 것은 '누가 그것을 했는가?' 보다는 '왜 했는가?' 다

김봉석 (영화평론가, 대중예술평론가)

범죄소설을 좋아하는 사람들도 저마다 취향이 다르다. 범죄에 쓰인 트릭의 정교함과 기발함에 매혹되는 사람이 있다. 개성적인 명탐정의 활약에 취하는 이도 있다. 나는 이유가 중요하다. 일본 추리소설로 말하자면, '사회파'다. 범죄자의 동기를 찾고, 사회적인 원인을 추적하는 것. '어떻게'보다는 '왜 했는가'에 더 끌린다.

《테이블 건너편의 살인자》를 펼치니 작가의 서문에 비슷한 말이 나온다. '중요한 것은 누가 그것을 했는가?보다는 왜 했는가?'다. 이유를 알게 되면 모든 것이 해결된다는 말은 아니다. '왜'를 알고, '어떻게 했는가'를 알면, 범죄자들에 대해 이해할 수 있다는 말이다. 혹자가 오해하는 것처럼, 이해의 과정은 범죄자에게 스토리를 부여하는 행위가 아니다. 범죄자의 머릿속에 무엇이 있고, 그들이 왜 범죄에 빠져들고, 어떤 대상을 찾아 범죄를 저지르는지 알아가는 과정은 중요하다. 범죄자를 숭배하는 일이 아니라 범죄자를 미리 파악하고 초기 단계에서 막을 수 있는 수단이기 때문이다. '우리의 지식을 확대하고 이해를 높여서 법집행 기관이 이런 범죄자들을 더 잘 찾아내고 체포하고 구속하도록 도울 수 있어야 한다.'

존 더글라스의 《마인드 헌터》는 '프로파일링'의 시작을 알린 책이다. FBI 요원인 존 더글라스는 테드 번디, 에드 게인, 데이비드 버코위츠, 제롬 브루도스 등 연쇄 살인자들을 직접 면담하여 그들의 '프로파일'을 작성했다. 그들의 마음에 무엇이 있고, 왜 범죄를 저질렀는지 알기 위해서였다. 범죄자의 마음을 아는 것은 중요하다. 인질범과 대화를 하는 네고시에이터는 인질범의 머릿속에 있는 것을 어느 정도 이해해야만 협상의 틀을 세울 수 있고, 인질들을 구해낼 방법을 찾을 수 있다.

존 더글라스는 FBI 첫 근무지인 디트로이트에서 은행 강도들의 '프로파일'을 작성했다. 범행을 거듭하는 은행 강도들이 어떤 기준으로 은행을 골랐는지 알기 위해서였다. 그들은 '어떤 은행 지점들이 공격당할 가능성이 크며 언제 그렇게 되기 쉬운지를 예측'하게 되었다. 유추하자면, 프로파일을 통해서 은행 강도를 미리 잡거나 현장을 통제할 가능성이 높아진 것이다. 프로파일링은 연이어 일어나는 강력 범죄를 초기 단계에 저지할 가능성을 높여준다.

영화《나를 찾아줘》,《파이트 클럽》의 데이비드 핀처가 넷플릭스에서 제작한 드라마《마인드 헌터》는 존 더글라스와 마크 올셰이커의 책을 충실하고 사실적으로 각색한 작품이다. 범죄자들의 머릿속을 이해하기 위해서라면 훌륭하게 만들어진 드라마《마인드 헌터》를 보는 것도 좋다. 하지만, 감독인 핀처의 말처럼 드라마《마인드 헌터》는 더 이상 제작되지 않을지도 모른다. 그런 의미에서 《마인드 헌터》의 최종편에 어울리는 내용으로 구성된 《테이블 건너편의 살인자》를 정독하는 것은 대단히 매력적이다. 《테이블 건너편의 살인자》를 읽으면, 범죄자들의 머릿속을 알게 된다. 그들이 어떤 생각을 했고, 어떻게 범죄를 저지르게 되었는지 어렴풋이 지도가 그려진다. 존 더글라스는 그들(끔찍한 범죄를 연이어 저지르는 자들)에 대해 분명한 의견을 말해준다. '우리는 어떤 유형의 사람이 그런 일을 할 수 있는지에 대해 알게 되었는데, 우리가 면담했던 범죄자들 모두의 동기를 특징짓는 세 단어가 있었다. 그것은 조종, 지배, 통제였다.' 이 말을 꼭 기억하자. 주변의 누군가가 나를 조종하거나 지배하거나 통제하려 한다면, 당장 그 사람에게서 벗어나야 한다.

그들은 결코 회개하지 않는다. 자신의 선택을 후회하지도 않는다. 그렇다면 그들은 마땅히 죽어야 하지 않을까? 한국은 1997년 이후 사형 집행을 하지 않은 '실질적 사형폐지국가'다. 사형 선고를 받았어도 유영철과 강호순 등의 사형수는 감옥에서도 사건 사고를 남발하며 패악질을 하고 있다. 조두순, 오원춘 등의 강력범도 이미 출소했거나 앞으로 출소될 가능성이 있다. 무기징역을 받아도 평균적으로 28년이 지나면 가석방 대상으로 검토가 가능하다. 그들은 과연 사회에 돌아가 '보통 사람'으로 살아갈 수 있을까?

《테이블 건너편의 살인자》를 읽다 보면, 범죄를 거듭했던 이들이 회개할 가능성은 거의 없어 보인다. 한 번이나 두 번이 아닌 세 번, 네 번 범죄를 이어온 자들은 다시 범죄를 일으킬 가능성이 매우 크다. 한국은 왜 미국처럼 '가석방 없는 무기징역'이나 모든 죄의 형량을 더하여 100

년, 200년의 징역형을 만들지 않는 것일까? 왜 중범죄를 저지르고도 10년, 20년이 지나면 다시 사회로 돌아오게 하는 것일까? 왜 낡은 법을 고치지 않는 것일까? 수많은 예능프로에서 범죄의 끔찍함에 대해 떠들며 경악하고 비통해하면서도 왜 현실적인 대안을 마련하려고는 하지 않는 것일까? 우리는 범죄자를 이해하고, 그들도 우리와 같은 인간이라는 것을 받아들이기 위한 것이 아니라 그들을 사회에서 격리하고 범죄를 예방하기 위해 범죄자들의 '프로파일', 그들의 공통점을 알아야 한다. 그런 점에서 《테이블 건너편의 살인자》는 가장 중요하고, 가장 먼저 읽어야 할 책이다.

커다란 집의 작은 방에서*

중요한 것은 '누가 그것을 했는가?'보다는 왜 했는가?다.

그리고 결국 '왜?'를 알아내고 '어떻게?'까지 알아낸다면, 우리는 또한 '누가?'를 이해하게 될 것이다. '왜?+어떻게?=누가'이기 때문이다.

목표는 친구가 되는 것이 아니다. 목표는 적이 되지 않는 것이며 진실에 다가가는 것이다.

그것은 체스의 피스 대신 언어로, 그리고 정신으로 하는 체스 시합이다. 신체 접촉 없이 하는 스파링이며, 양쪽이 상대의 약점과 불안정한 면을 찾아내고 이용하는 '인내력 테스트'다.

우리는 콘크리트 블록 벽을 연한 청회색으로 칠하고 조명이 희미한 방에서 작은 테이블을 사이에 두고 마주 앉는다. 창이라고는 잠긴 철제 문에 하나 있는 것이 전부인데, 그 작은 창에 철망을 덧대놓았다. 유니

---

* 이 책에서 표현한 견해들은 저자들의 의견일 뿐이며 FBI를 비롯한 다른 단체의 의견과는 관계 없다.

폼을 입은 경비요원이 다른 쪽에서 우리를 들여다보며 모든 것이 적법하게 유지되는지 감시한다.

최대 보안 감옥에서, 그것보다 더 중요하게 여겨지는 건 없다.

우리는 이미 두 시간 동안 작업을 하고 있었고 드디어 그때가 왔다. 내가 말한다. "25년 전에 어땠는지 당신에게 직접 듣고 싶습니다. 무슨 일이 일어나서 당신이 이곳에 온 겁니까? 그 소녀(조안)를 당신은 알고 있었나요?"

"음, 동네에서 봤어요." 그가 대답한다. 그는 담담했고 말투는 무미건조했다.

"그 소녀가 문 앞에 왔던 순간으로 돌아가 봅시다. 무슨 일이 일어났는지, 그 순간부터 차례대로 말해주세요."

그것은 마치 최면과 같다. 그 방은 조용하며, 나는 내 앞에서 그가 변하는 것을 지켜본다. 그의 신체적 모습마저도 내 눈 앞에서 달라지는 것 같다. 그의 두 눈에 초점이 사라지면서 시선은 나를 지나 텅 빈 벽을 향한다. 그는 또 다른 시간, 또 다른 장소로 가고 있다. 그는 지금 그의 마음을 한번도 떠난 적이 없는 자신에 대한 이야기를 향해 가고 있다.

그 방은 굉장히 춥다. 양복을 입고 있는데도 나는 떨지 않으려고 안간힘을 쓴다. 하지만 그는 내가 물어본 얘기를 하면서 땀을 흘리기 시작했다. 그의 호흡이 가빠지고 목소리도 더 커진다. 그의 셔츠가 땀으로 흠뻑 젖고, 가슴 근육이 떨린다.

그는 이런 식으로 나를 보지 않은 채 모든 이야기를 한다. 자신에게 이야기를 하는 것 같다. 그는 그때 무슨 생각을 했는지를 지금 생각하면서 그 구역과 그 시간과 그 장소에 있다.

잠깐 동안, 그가 얼굴을 돌려 나를 본다. 그는 내 두 눈을 똑바로 쳐다보면서 "존, 누군가 문 두드리는 소리를 듣고는 고개를 들어 스크린 도어를 통해 그곳에 누가 있는지 보았을 때, 내가 그 아이를 죽일 거라는 걸 알았어요."라고 말한다.

전문가들에게서 배우다

이것은 강력범들이 생각하는 방식에 관한 책이다. 그것은 25년 동안 FBI 특별 요원, 행동 프로파일러, 범죄 수사 분석가로 한 일뿐 아니라 퇴직 이후 해온 일의 기초다.

하지만 이것은 그보다는 내가 나눈 대화에 관한 책이다. 그러니까 대화는 내게 모든 것의 시작이었으며, 그 대화를 통해 나는 강력범들이 생각하는 방식을 사용하면 법집행 기관에 있는 사람들이 범인을 잡고 재판을 진행하는 데 도움이 된다는 사실을 배웠다. 내게 대화는 행동 프로파일링의 시작이었다.

나는 내가 개인적으로 그리고 제도적으로 필요하다고 생각해서 수감된 강력범들을 면담하기 시작했지만, 여러 면에서 그 면담은 범죄자들 이면에 있는 동기를 이해하고 싶은 바람에서 시작되었다. 대부분의 신참 FBI 특별 요원들처럼, 나 역시 현장 활동 요원에 배정되었다. 내 첫 번째 근무지는 디트로이트였다. 일을 처음 시작했을 때부터 나는 사람들이 범죄를 저지르는 이유에 관심이 있었다. 사람들이 어쨌든 그 범죄를 저질렀다는 '사실'뿐만 아니라, '왜' 바로 그 범죄를 저질렀는지에 관심 있었다.

디트로이트는 힘든 도시였다. 그곳에 있는 동안 하루에 은행 강도 사건이 다섯 건이나 일어나기도 했다. 미국연방예금보험공사의 지원을 받는 은행을 터는 것은 연방 범죄여서 FBI에 관할권이 있었으므로, 많은 수의 신임 요원이 그들의 다른 업무에 더해 이 사건의 수사도 맡게 되었다. 우리가 용의자를 체포하고 그에게 미란다 원칙을 알리자마자, 주로 FBI 차나 경찰 순찰차 뒷자리에서 나는 그에게 질문을 퍼붓곤 했다. 왜 현금이 많이 있는 상점이 아닌 보안이 철저하고 모든 것이 테이프에 기록되는 은행을 털었는가? 왜 하필이면 이 은행 지점이었는가? 왜 오늘 이 시간이었는가? 범행을 계획한 것인가 아니면 즉흥적으로 저지른 것인가? 미리 은행을 살펴보거나 안으로 들어가서 연습을 해보았는가? 나는 머릿속으로 그 대답들을 정리하고 은행 강도 유형에 관한 비공식적인 '프로파일들'(당시에는 그 용어를 사용하지 않았지만)을 만들어가기 시작했다. 나는 계획한 범죄와 계획하지 않은 범죄들, 그리고 계획적인 범죄들과 계획적이지 않은 범죄들의 차이점을 보기 시작했다.

우리는 어떤 은행 지점들이 공격당할 가능성이 크며 언제 공격당하기 쉬운지를 예측할 수 있는 정도에 이르렀다. 가령 많은 건물이 공사 중인 지역에서 금요일 늦은 오전이 은행 강도를 당할 가능성이 가장 높은 시간인데, 건설 노동자들의 급료를 처리하기 위해 은행에 많은 현금이 있기 때문이라는 사실을 우리는 알게 되었다. 우리는 이런 종류의 정보를 이용해서 특정한 표적들을 더 구체적으로 파악했으며, 범행 현장에서 강도들을 잡을 기회가 꽤 있다고 생각하면서 다른 표적들을 기다렸다.

두 번째 근무지인 밀워키에서 일하는 동안, 나는 새로 생긴 버지니아 주 콴티코의 FBI 아카데미에 파견되어 인질 협상에 관한 2주 간의 연수 교육을 받았다. FBI에서 행동과학을 처음으로 주창한 특별 요원인 하워드 테텐과 패트릭 뮬래니가 강의를 했다. 주요 과정은 응용범죄학이었다. 이상심리학이라는 학문 분야를 범죄 분석과 신입 요원들의 교육에 적용하는 것이 이 과정의 목표였다. 이것은 알 파치노 주연의 영화 《뜨거운 오후Dog Day Afternoon》의 소재가 되기도 한 1972년 브루클린 은행 강도 사건처럼, 인질을 잡는 은행 강도 사건이나 비행기 납치 사건을 비롯한 새로운 시대의 범죄와의 전쟁에서 새로 나타난 물결이었다. 인질범의 머릿속에서 벌어지고 있는 것을 어느 정도 이해하는 것이 어떻게 협상가에게 큰 도움이 되며 결국 생명을 구할 수 있는지 쉽게 알 수 있다. 나는 처음 개설된 이 수업을 들은 약 50명의 특별 요원들 중 한 명이었으며, 수업은 FBI 교육에서 시도한 대담한 실험이었다. FBI의 전설적인 임원이었던 J. 에드거 후버는 3년 전에 세상을 떠났는데, 그가 남긴 그림자가 여전히 그 조직 위에 드리워져 있다.

은퇴의 시기가 가까워졌음에도 후버는 그가 토대를 만든 그 부서를 여전히 확실하게 장악했다. 수사에 대한 그의 냉철하고 고지식한 접근은 예전 텔레비전 프로그램 《드라그넷Dragnet》의 대사에서 그대로 울렸다. '부인, 사실만을 말하세요.' 모든 것을 측정하고 수량화해야 했다.

체포 건수가 얼마나 되며, 유죄 선고가 몇 건이며, 얼마나 많은 사건이 종결되었는가? 그는 행동과학처럼 인상적이고, 귀납적이며, 감정표현이 노골적인 어떤 것도 받아들이지 않았을 것이다. 사실 그는 행동과학을 모순적인 용어라고 생각했을 것이다.

FBI 아카데미의 인질협상 과정에 다니는 동안 내 이름이 행동과학부에 들어갔고, 내가 다시 밀워키로 떠나기 직전 교육부와 행동과학부에서 다음 근무 제안을 받았다. 우리 부서가 '행동과학'이라는 이름으로 불리긴 했지만, 우리 아홉 명의 요원이 맡은 주된 업무는 교육이었다. 강좌에는 응용범죄 심리학, 인질 협상, 치안 현장 실습, 경찰 스트레스 관리, 성범죄가 포함되었으며, 이것들은 나중에 내 위대한 동료인 로이 헤이젤우드에 의해 대인 폭력 강좌로 통합되었다.

그 아카데미의 교육, 조사, 상담이라는 '세 다리 의자' 모델이 형태를 갖추기 시작했지만, 테텐 같은 스타 요원들이 제공한 어떤 사건 상담도 격식에 전혀 얽매이지 않았으며 체계적인 프로그램의 일부분도 아니었다. 40시간의 강의실 수업은 범죄 수사관들에게 가장 중요한 문제인 동기에 집중되어 있었다. 왜 범죄자들은 그들이 하는 그 행동을 하는가? 어떤 식으로 그들이 그 행동들을 하는가? 그리고 이것을 어떻게 이해하는 것이 그들을 잡는데 도움이 될 수 있는가? 이 접근법의 문제는 그 내용 대부분을 학문적 영역에서 가져왔다는 것이었는데, 이 문제는 FBI의 국립아카데미 프로그램에 참가하는 고참 직원들이 강사들보다 현장 경험이 더 많을 때마다 분명해졌다.

이 분야에서 그 팀의 가장 젊은 강사, 그러니까 나보다 더 취약한 사람은 아무도 없었다. 여기에서 나는 노련한 형사들과 경찰들이 가득한 강의실 앞에 서 있었으며, 그들 대부분이 나보다 나이가 훨씬 많았다. 그리고 나는 범죄자의 머릿속에서 무슨 일이 일어나고 있는지를 그들에게 가르치기로 되어 있었는데, 그들은 그것을 실제로 사건을 해결하는데 사용할 수 있었다. 내 직접 경험의 대부분은 디트로이트와 밀워키에서 경험 많은 형사와 경찰들과 함께 일하면서 얻은 것이었기 때문에 내가 그런 사람들에게 그들 분야의 일을 얘기하는 것이 주제넘게 생각되었다.

정신의학과 정신건강 커뮤니티에 적용되는 것들이 법집행에서는 제한적으로 관련된다는 사실을 우리들 다수는 점점 명확하게 깨닫기 시작했다.

여전히 나는 테텐이 받은 것과 같은 요청을 받기 시작했다. 수업시간이나 휴식시간 동안, 혹은 저녁에도 경찰과 형사들이 내게 와서는 그들이 진행하고 있는 사건에 대해 충고나 조언을 부탁했다. 만일 내가 어떤 면에서든 그들이 작업하고 있는 사건과 비슷한 사건을 가르치고 있다면, 그들은 그 사건을 해결하는데 내가 도움을 줄 수 있다고 생각하곤 했다. 그들은 나를 연방 수사국의 권위 있는 대변자로 보았다. 하지만 내가 그런 존재였는가? 데이터와 사건 연구를 축적해서 내가 말하는 내용을 내가 제대로 알고 있다는 자신감을 갖게 해줄 보다 실제적인 방법이 있어야 했다.

나와 나이 차이가 제일 적은 사람이었던 로버트 레슬러는 내가 그 아카데미 문화에 들어가고 교육에 익숙해지도록 도와주는 임무를 맡았다. 나보다 여덟 살 정도 많았던 로버트 레슬러는 테텐과 뮬래니가 이루어놓은 성과를 기초로 더 많은 것을 이룬 새로운 강사였으며, 행동 분석이라는 과목의 목표를 경찰 부서와 범죄 수사관들이 가치 있는 뭔가에 가깝게 다가갈 수 있게 만드는 것에 두고 있다. 새로운 강사에게 집약된 경험을 전달하는 가장 효과적인 방법은 우리가 '거리 학교'라고 부르는 것을 거치게 하는 것이었다. 콴티코의 강사들은 경찰이나 법집행 기관에서 요청한 것을 일주일 동안 가르쳤는데, 국립아카데미 커리큘럼에서 중요 부분을 선별한 내용이었다. 그 다음에는 다른 곳으로 가서 또 일주일 동안 강의했으며, 그리고 난 다음에는 이리저리 옮긴 호텔 방들에 대한 기억과 더러운 빨랫감이 가득 든 여행 가방을 가지고 집으로 돌아갔다. 그렇게 밥(로버트)과 나는 함께 길을 나섰다.

1978년 어느 이른 아침에 밥과 나는 우리의 최신 '거리 학교'가 있는 캘리포니아 주 새크라멘토 외곽으로 차를 몰고 갔다. 나는 우리의 교육 내용인 범죄자들 대부분이 여전히 주위에 있으며, 우리는 그들이 어디에 있는지 쉽게 찾아낼 수 있고, 그들은 어디에도 가지 않을 거라고 말했다. 우리가 그 범죄자들 몇 명을 만나 얘기를 나누고, 그들의 눈으로는 범죄가 어떻게 보이는지 알아보고, 그들이 왜 그런 범행을 저질렀으며 그 행동을 할 때 마음속에서 어떤 일이 벌어지고 있었는지 떠올리고 말하게 할 수 있는지 알아보자고 했다. 시도를 해본다고 해서 해로울 건 없고, 그들 중 일부는 판에 박힌 교도소 생활에 싫증이 나서 자신들에 대해 얘기할 기회가 주어지는 걸 반길 거라고 생각했다.

교도소 재소자들을 면담할 때 이용할 수 있는 연구는 거의 없었으며,

유죄 선고와 보호 관찰과 가석방, 갱생과 관련된 조사 기록만 있었다. 하지만 기록을 보면, 폭력적이고 나르시시즘에 빠진 재소자들이 대체로 구제불능이라고 하는 것 같았는데, 그들은 통제되거나 개선되거나 교화될 수 없다는 걸 의미한다. 우리는 그들과 직접 얘기를 나누면서 실제로 그런지 알아보고 싶었다.

밥은 처음에 회의적이었지만, 이 말도 안 되는 생각에 기꺼이 따르기로 했다. 그는 군복무를 마치고 FBI에서 근무하기 전에 이미 관료주의를 충분히 경험하면서 '허락보다는 용서를 구하는 편이 낫다'라는 신념을 지니게 되었기 때문이다. 우리는 미리 알리지 않고 나타나곤 했다. 그 시절에는 FBI 신분증이 있으면 사전 허가 없이 교도소에 들어갈 수 있었다. 우리가 간다고 미리 얘기하면 재소자들에게 소문이 새어나갈 수 있었다. 그리고 어느 재소자가 연방 수사관 두 사람과 얘기할 거라는 걸 알게 되면, 나머지 재소자들은 그가 밀고자라고 생각할 수도 있었다.

이 프로젝트를 시작했을 때, 우리는 면담에서 맞닥뜨릴 대상에 대해 어떤 선입견들이 있었다. 가령 이런 것들이었다.

- 그들은 모두 자신이 결백하다고 주장할 것이다.
- 그들은 자기들이 유죄 판결을 받은 것이 실력 없는 변호인 탓이라고 할 것이다.
- 그들은 법집행 기관 직원들과 얘기하려 하지 않을 것이다.
- 성범죄자들은 성에 집착하는 인상을 줄 것이다.

- 그 살인이 일어난 주에 사형제도가 있었다면, 그 범인은 피해자들을 죽이지 않았을 것이다.
- 그들은 그 책임을 피해자들에게 투사하려 할 것이다.
- 그들은 모두 문제 있는 가정에서 성장했을 것이다.
- 그들은 옳고 그름의 차이와 그들 행위의 결과가 어떤 것인지 알았다.
- 그들은 정신적으로 병들었거나 미치지 않았다.
- 연쇄살인자들과 강간범들은 대체로 머리가 아주 좋을 것이다.
- 모든 소아성애자는 아동 추행범이다.
- 모든 아동 추행범은 소아성애자다.
- 연쇄살인범들은 그렇게 태어나기보다는 만들어진다.

우리가 앞으로 보게 되듯, 이런 추정들 중 일부는 옳은 것으로 밝혀졌지만 다른 것들은 한참 빗나갔다.

놀랍게도 우리가 찾아낸 남자들의 압도적 다수는 우리와 얘기하는데 동의했다. 그 이유는 다양했다. 어떤 사람들은 FBI와 협조한 기록이 있으면 자신에게 유리할 거라고 생각했고, 우리는 그런 추측을 못하게 할 마음이 전혀 없었다. 또 어떤 사람들은 그냥 겁을 먹었을 수도 있었다. 많은 재소자, 특히 강력범들은 면회객이 많이 없으며, 그래서 면담은 지루함을 달래고, 외부 사람과 이야기하고, 교도소 방 밖에서 몇 시간을 보낼 수 있는 방법이었다. 누구든 속일 수 있다고 자신만만해서 그 면담을 잠재적 게임으로 보는 사람들도 있었다.

　말하자면, 새크라멘토 밖으로 차를 몰고 가면서 간단한 아이디어로 시작한 것(살인자들과 대화를 나누는 것)이 밥과 나 두 사람 그리고 결국 그 팀에 들어오게 된 특별 요원들의 경력과 삶을 바꾼 프로젝트가 되었으며, FBI가 범죄와의 싸움에 사용하는 무기의 차원을 새롭게 했다. 초기 단계의 인터뷰를 마치기 전에, 우리가 연구하고 얘기를 나눈 사람들 중에는 여성의 옷이 가득한 자신의 옷장에 있는 하이힐을 죽은 희생자들에게 신기는 걸 즐겼던 오리건의 신발 페티시스트이며 살인자인 제롬 브루도스, 버지니아 주 알렉산드리아에서 10대 여성 다섯 명을 강간하고 살해한 몬티 리셀, 그리고 44구경의 살인마이자 '샘의 아들'로 불렸으며 1976년과 1977년에 뉴욕 일대에서 살인을 저지른 데이비드 버코위츠 등이 있었다.

　세월이 흐르면서, 콴티코에서 우리 프로파일러들과 나는 다수의 젊은 여성을 살해한 테드 번디, 필라델피아에 있는 자신의 집 지하실에서 여성들을 감금하고 고문하고 살해한 게리 하이드닉을 비롯해 여러 다른 강력범과 연쇄범죄자들을 면담했다. 이 두 사람은 에드 게인이 그랬던 것처럼 소설가 토머스 해리스가 《양들의 침묵》을 쓸 때 등장인물들의 캐릭터를 제공했다. '위스콘신의 은둔자' 에드 게인은 여성들을 죽여 그 피부를 사용했는데, 나는 그를 매디슨의 멘도타 정신건강연구소에서 면담했다. 에드 게인은 로버트 블록의 소설이며 거장 알프레드 히치콕의 영화로도 만들어진 《사이코Psycho》에서 노먼 베이츠의 모델이 된 인물로도 유명했다. 안타깝게도 나이와 정신질환 때문에 게인이 횡설수설하고 사고의 패턴도 두서없어서 그 면담은 별 성과를 거두지 못했다. 하지만 그는 여전히 가죽 공예를 즐기면서 지갑과 벨트를 만들었다.

그렇게 해서 등장한 것이 범죄를 저지르는 시점에 범죄자의 마음속에 실제로 있었던 '어떤 것'과 범죄를 연관시키기 시작한 일련의 엄격한 면담 방식들이었다. 처음으로 우리는 범죄자의 마음속에 일어나는 일을 이해하고 그것을 그가 범죄 현장에 남긴 증거와 만일 피해자가 살아 있는 경우라면 피해자에게 한 말, 그리고 피해자의 사망 전후에 신체를 훼손하는 행동과 연결 짓는 방식을 파악하게 되었다. 우리가 자주 얘기했듯, 그것은 우리가 가지고 있었던 아주 오래된 질문 "어떤 유형의 사람이 그런 일을 할 수 있는가?"에 대답하는 데 도움이 되었다.

초창기의 면담을 마쳤을 즈음에 우리는 어떤 유형의 사람이 그런 일을 할 수 있는지에 대해 알게 되었는데, 우리가 면담했던 범죄자들 모두의 동기를 특징짓는 세 단어가 있었다. 그것은 조종, 지배, 통제였다.

다음에 무엇이 오든 대화가 그 출발점이었다. 우리가 모은 모든 지식, 우리가 이끌어낸 결론, 우리의 연구에서 탄생한 《성적 살인Sexual Homicide》, 우리가 만든 《범죄 분류 매뉴얼Crime Classification Manual》, 우리가 체포와 기소를 도운 살인자들에 대한 이 모든 것이 살인자들과 마주앉아 무엇이 그들로 하여금 다른 사람의 생명, 혹은 어떤 경우에 많은 사람의 생명을 빼앗게 했는지 이해하겠다는 목표를 가지고 그들의 삶에 대해 물어보는 것으로부터 시작되었다. 이 모든 것은 우리가 이전에는 전혀 손대지 않았던 '강사' 집단, 그러니까 범죄자들에게 관심을 기울렸기 때문에 가능했다.

우리는 우리가 광범위한 연구를 하면서 개발한 바로 그 기법을 사용해서, 내가 FBI를 떠난 뒤에 마주 앉은 네 명의 살인자를 면밀하게 들여다볼 것이다. 그 살인자들은 모두 다르고, 각각 다른 기법과 동기와 정신적 기질을 가지고 있었다. 그들의 피해자는 그 범위가 한 사람에서 100명에 이르기도 했는데 나는 그들 모두에게서 배웠다. 그들 사이의 차이점은 흥미롭고 강렬하지만 유사점도 마찬가지이다. 그들은 모두 범죄자들이며, 그들은 모두 성격 형성기에 다른 사람들과 신뢰가 바탕이 된 관계를 만들지 못한 상태에서 성장했다. 그리고 그들은 모두 행동과학의 중요한 논쟁들, 즉 천성 대 교육, '살인자들은 태어나는가 아니면 만들어지는가?'라는 문제의 중요한 증거이기도 하다.

내가 FBI에 있을 때, 우리는 '왜?+어떻게?=누가'라는 등식에 따라 움직였다. 유죄가 확정된 범죄자들을 면담할 때, 우리는 그 과정을 역으로 적용할 수 있다. 우리는 누구를 알고 무엇을 안다. 그것들을 결합해서 우리는 아주 중요한 '어떻게?'와 '왜?'를 알아낸다.

차례

I

양의 피

01
실종된 어린 소녀

1998년 7월 4일 휴일 직후, 나는 새로운 잠재적 '강사'를 방문하기 위해 북부로 가는 암트랙 기차를 탔다. 그의 이름은 조셉 맥고언이었으며, 석사학위를 가진 고등학교 화학 교사였다. 하지만 지금은 그런 공식 학위와 직업이 아닌, 그가 오래 전부터 지내온 트렌턴의 뉴저지주 교도소에서 수감번호 55722번으로 불린다. 맥고언이 수감된 이유는 25년 전 걸스카우트 쿠키 두 상자를 배달하러 자신의 집에 온 일곱 살짜리 소녀를 성폭행한 뒤 목을 조르고 둔기로 살해했기 때문이다.

기차가 북쪽으로 향하자 나는 준비를 했다. 살인자와 이야기를 나누기 위한 사전준비는 언제나 중요하지만, 이날은 특히 더 그랬다. 이미 두 차례 가석방이 거부된 맥고언을 다시 사회로 돌려보내야 하는지 여부를 결정하기 위해 뉴저지 가석방 위원회에서 내게 도움을 요청해서 성사된 인터뷰이기 때문이다. 그리고 어쨌거나 새로운 정보나 연구를 통해 얻을 수 있는 것보다는 이런 대화를 통해 더 많은 걸 얻을 수 있기 때문이기도 하다.

당시 뉴저지 가석방 위원회 의장은 앤드류 콘소보이라는 변호사였다. 그는 1989년에 가석방 위원회에 들어왔으며, 맥고언의 가석방이 세 번째 제기되던 시점에 의장으로 임명되었다. 콘소보이는 어느 날 밤 라디오에서 내 방송을 듣고 나서 우리의 책《마인드 헌터Mindhunter》를 읽었으며, 그 책을 가석방 위원회 이사인 로버트 이글스에게 권했다고 했다.

나중에 콘소보이는 이렇게 말했다.

"내가 그 책과 당신의 다른 책들을 읽고 깨달은 사실은 당신에게 모든 정보를 제공해야 한다는 것입니다. 그러면 당신은 그 정보를 이용해서 그들이 누구인지 밝혀내겠죠. 그들이 감옥에 온 그날부터 이 세상에 존재했던 사람들은 아니니까요."

이런 시각을 기초로 콘소보이는 가석방 위원회 산하에서 활동하는 특별조사팀을 만들었다. 이 특별조사팀은 전직 경찰관 두 명과 조사원 한 명으로 구성되었으며, 임무는 가석방 대상자 중에서 의심스러운 사람을 면밀하게 조사한 뒤 위원회 구성원들에게 가석방 신청자에 대해 가능한 한 많은 정보를 제공해서 그들이 결정을 내릴 수 있게 하는 것이었다. 그들은 내게 맥고언을 상담해 달라고 요청했다.

콘소보이와 이글스는 기차역에서 나를 차에 태워 델라웨어강 근처에 위치한 도시, 램버트빌에 있는 호텔로 데려다주었다. 그곳에서 이글스는 사건 파일에 있는 모든 기록을 내게 건네주었다.

그날 저녁 우리 셋은 밖에 나가 저녁을 먹으며 내가 하는 일에 대해 전반적으로 얘기를 나눴지만, 그 사건의 세부 내용에 대해서는 언급하지 않았다. 두 사람이 내게 얘기한 거라곤 내가 면담할 대상이 일곱 살짜리 여자아이를 살해했으며 그가 여전히 위험한지 여부를 알고 싶다는 것이 전부였다.

저녁 식사를 마치고 그들은 나를 다시 호텔로 데려다주었고, 그곳에서 나는 사건 파일을 열고 몇 시간 동안 검토를 해보았다. 맥고언의 정신 상태(그때와 지금)에 대해 어떤 판단을 내릴 수 있는지 알아보는 것이 내 역할이었다. 그가 자신이 저지른 범죄의 성격과 결과를 알고 있었는가? 그가 기본적으로 옳고 그른 것을 알고 있었는가? 그가 자신이 한 행동에 대해 관심을 가졌는가? 조금이라도 뉘우쳤는가? 면담을 하는 동안 그의 태도가 어땠는가? 그 범죄에 대해 특정한 세부 사항들을 기억하고 있었는가? 만일 석방된다면, 어디에서 살고 무엇을 할 작정이었는가? 어떻게 먹고 살 생각인가?

교도소 면담을 할 때 내가 가장 중요하게 생각하는 원칙 하나는 준비가 안 된 상태에서는 절대 상대를 만나지 않는다는 것이다. 또한 나는 절대로 메모 도구를 가지고 가지 않는데, 내면심리의 가장 심층적인 부분을 들여다보면서 면담 대상을 탐구해야 하는 순간에 바로 그 메모 때문에 면담 대상과 나 사이에 인위적인 거리나 필터가 생길 수 있기 때문이다.

나는 이 면담에서 정확하게 무엇을 얻게 될지는 몰랐지만, 어떤 실마리를 얻을 수는 있을 거라고 생각했다. 처음에 내가 얘기했듯, '전문가들'과 얘기를 할 때마다 뭔가 귀중한 것을 배웠기 때문이다. 그리고 조셉 맥고언이 어떤 종류의 전문가인가를 결정하는 것도 내가 맡은 역할 중 하나였다.

나는 사건 파일을 꼼꼼히 살펴보면서, 다음 날의 면담을 위해 증거를 재검토하고 생각을 정리했다. 그러는 동안, 음울한 이야기가 펼쳐졌다.

1973년 4월 19일 오후 2시 45분경, 그 아이의 어머니 로즈마리가 늘 성목요일로 기억하는 그날, 조안 안젤라 댈러샌드로는 차 한 대가 그녀가 살고 있는 세인트 니콜러스 애비뉴의 오른쪽 첫 번째 차도로 들어오는 것을 보았다. 이 길은 플로렌스 거리와 교차했다. 조안과 언니인 마리는 걸스카우트 쿠키를 두 사람이 사는 조용한 마을인 뉴저지주 힐즈데일의 네 블록 안에 사는 거의 모든 사람들에게 용케도 판 참이었다. 당시에 그 나이 또래의 아이들이 자기들끼리 다니며 쿠키를 파는 건 흔히 볼 수 있는 평범한 행동이었다. 댈러샌드로 자매가 가톨릭 학교에 다녔기 때문에 종교적인 기념일에는 학교를 쉬었고, 둘은 그날 하루 몇 시간 동안 주문 받은 쿠키를 배달했다. 마지막으로 길모퉁이에 있는 그 집 사람들에게 쿠키를 배달해야 했고, 그러고 나면 쿠키 배달은 다 끝났다. 늘 그렇듯, 조안은 그 일을 끝까지 하고 싶어 했다.

조안은 나이가 일곱 살이었고 키가 130㎝였으며, 기운이 넘치고 장난기가 가득한 매력적인 아이었다. 예쁘고 당당하고 열정적인 브라우니단(7~10세 또는 11세까지의 소녀들로 구성되는 걸스카우트단) 단원이기도 했다. 사실 조안은 학교, 발레, 그림, 강아지, 인형, 친구, 꽃 등 모든 것에 열정적이었다. 조안의 2학년 선생님은 조안을 '소셜 버터플라이social butterfly'로 주위에 저절로 사람들이 모이는 아이라고 했다. 조안이 가장 좋아하는 음악은 베토벤 교향곡 9번 중 〈환희의 송가〉였다. 조안은 터울이 별로 나지 않는 세 남매 중 막내였는데, 프랭키라고도 부르는 프랭크는 아홉 살이었고 마리는 여덟 살이었다. 로즈마리가 기억하기로 태평한 성격의 조안에 비해 프랭키와 마리는 진지한 편이었다.

"조안은 원래부터 동정심이 많았어요. 다른 사람들의 감정과 아픔에 늘 관심이 많았죠. 당차고 씩씩했어요."

이 시기에 사진 속의 조안은 항상 웃고 있었다. 브라우니단 제복을 입고 오렌지 색 타이를 매고 비니를 쓰고 두 손을 앞으로 모으고 적갈색 머리카락을 구불구불하게 어깨로 늘어뜨린 조안. 몸에 꼭 맞는 검은색 무용복과 흰색 타이츠를 입고 머리를 하나로 묶고 두 팔을 한쪽으로 쭉 펴서 발레 동작을 하는 조안. 흰색 블라우스와 짙은 남색 격자무늬 점퍼를 입고 빨간색 나비넥타이를 매고, 방금 카메라 쪽으로 돌아선 것처럼 앞머리가 이마를 쓸고 머리카락이 사랑스러운 얼굴로 흘러내리는 조안. 연푸른색 파티 드레스를 입고 머리를 핀으로 고정하고 무릎을 꿇고 앉아 미스 아메리카 바비 인형의 손에 들린 꽃다발을 꼼꼼하게 정돈하는 조안. 사진 속 조안은 모두 다른 모습을 하고 있었지만, 그 모든 모습에는 천사 같은 미소와 푸른 두 눈에 어리는 천진난만한 매력이 있었다.

프랭키의 친구는 "조안은 아주 현실적이었어요. 난 조안하고 결혼했을 거예요!"라고 말했다. 조안을 무척이나 사랑했던 조안의 할아버지는 이탈리아어로 "E cosi liber!" 조안은 아주 자유롭다!라고 말하곤 했다.

조안은 거리낌 없이 웃었으며, 로즈마리는 딸이 커서 나중에 연극 무대에서 연기하는 모습을 그려보기도 했다. 조안은 여덟 살 생일이 지나면 피아노 수업을 받을 예정이었다.

이날 오후, 조안은 밖에서 혼자 놀고 있었다. 프랭키는 동네 친구네 집에 놀러 갔고 마리는 소프트볼 게임을 하고 있었다.

갑자기 조안이 집안으로 뛰어 들어오더니 로즈마리에게 말했다. "그 새 자동차를 봤어요. 그 집으로 쿠키를 가져갈 거예요." 조안은 현관에 있던 걸스카우트 가방을 움켜쥐었다. 가방 안에는 쿠키 두 상자가 있었다.

"엄마, 갈게요. 금방 올게요." 조안은 크게 소리치면서 깡총깡총 뛰어 현관을 나갔다. 조안이 뛰어들어올 때부터 문은 닫히지도 않은 채였다. 로즈마리는 조안이 진입로로 이어지는 집 앞 계단을 폴짝폴짝 뛰어 내려가 거리로 나갈 때, 양끝에 연푸른색 플라스틱 방울이 달린 고무줄로 묶은 머리가 위 아래로 찰랑거리던 것을 기억한다. 그 모든 것이 흐릿해졌다.

10분쯤 지나서, 이웃집 사람은 자신의 강아지인 부저가 계속 짖는 소리를 들었다고 나중에 로즈마리에게 말했다. 조안은 부저와 산책하고 노는 것을 좋아했고, 부저도 조안을 좋아했다.

조안이 바로 돌아오지 않았을 때에도 로즈마리는 대수롭지 않게 생각했다. 세인트 니콜라스 애비뉴와 빈센트 거리 모퉁이에 있는 타마라의 집에 갔을 거라고 생각했다. 아는 사람 집을 들락날락할 수 있는 그런 동네였다. 이 '소셜 버터플라이' 곁에는 언제나 어울릴 수 있는 사람이 있었고 할 일이 있었다. 4시 45분 즈음 마리의 피아노 선생님이 왔을 때에야 로즈마리는 슬슬 걱정이 되기 시작했다. 하지만 아이들까지 걱정하게 하고 싶지 않아서 아무 내색하지 않으려 했다. 어쨌든 그곳은 가까이에 FBI 요원과 성직자가 사는 안전한 동네였다.

로즈마리는 여기저기 전화를 하기 시작했다. 하지만 로즈마리가 전화한 집들 어디에도 조안은 없었으며 조안을 봤다는 사람도 없었다.

6시 10분 전쯤 퇴근한 남편 프랭크 댈러샌드로에게 로즈마리는 조안이 보이지 않는다고 말했다. 컴퓨터 시스템 분석가인 프랭크는 성격이 꼼꼼하고 말수가 적었다. 로즈마리는 남편이 얼마나 걱정하고 긴장하는지 대번에 알 수 있었지만, 늘 그렇듯 프랭크는 아무런 내색을 하지 않았다. 로즈마리가 말했다. "경찰에 신고해야겠어요." 프랭크도 동의하고 경찰에 신고했다. 그런 다음 프랭크는 프랭키와 마리를 차에 태우고 조안을 찾아 동네를 다녔다. 그들은 온 동네를 다 다녔다.

세 사람이 조안을 찾지 못하고 조안을 봤다는 사람도 만나지 못한 채 집에 오자, 로즈마리는 자신이 직접 나가보기로 했다. 하지만 프랭크는 가고 싶어 하지 않았다. 로즈마리는 조안이 뛰어나가면서 그 '새 차'가 세인트 니콜라스 애비뉴에 나타나는 걸 봤다며 마지막 쿠키 주문을 받아야 한다는 등의 얘기를 했던 기억이 났다. 그 차는 맥고언의 차였다. 조셉 맥고언은 뉴욕주 오렌지버그의 주 경계선 바로 너머에 있는 태편지 고등학교에서 화학을 가르쳤다. 그 집의 주인은 그의 어머니 제네비에브 맥고언이었고, 맥고언은 그 집에서 제네비에브와 제네비에브의 어머니, 그러니까 '할머니'와 함께 살았다. 그날은 공립학교 수업이 있었으며, 그 시간이면 맥고언이 퇴근을 할 때였을 것이다.

혼자 가고 싶지 않았던 로즈마리는 어쩔 수 없이 프랭키를 데리고 집을 나섰다. 두 사람은 함께 플로렌스 거리로 간 다음 세인트 니콜라스 애비뉴 쪽으로 갔다. 그때 시간이 7시 10분 전이었다. 길모퉁이의 오른쪽 첫 번째에 있는 맥고언의 집은 빨간 벽돌과 베이지색 벽면으로 지어진 2층 집이었으며 진입로가 있고 왼쪽 앞부분에 차고가 두 개 있었다.

로즈마리는 프랭키와 집 앞 계단 다섯 개를 올라가 벨을 눌렀다. 그리고 프랭키에게 계단에서 기다리고 있으라고 말했다.

맥고언이 벨 소리를 듣고 나왔다. 그는 샤워를 막 마치고 나온 것 같았다. 손에 가는 담배를 들고 있었는데, 처음에 로즈마리는 그가 손에 담배를 들고 있다는 사실도 알아채지 못했다. 맥고언은 스물일곱 살의 미혼 남자였다. 로즈마리는 그를 알지 못했지만 "우리 아이들이 그가 아주 근사하다고 했다."고 말했다.

로즈마리는 현관으로 들어섰다. 자신이 생각하기에 조안이 바로 전에 서 있었을 바로 그곳에 서 있고 싶었다. 벌써부터 으스스한 느낌이 들기 시작했다. 로즈마리가 인사를 하고 물었다. "제 딸 조안을 보셨나요? 쿠키 배달을 하러 여기에 왔을 텐데요."

맥고언이 대답했다. "아뇨, 못 봤는데요."

그는 심드렁한 표정이었다. 로즈마리 댈러샌드로가 뭔가 섬뜩하다고 느낀 것은 바로 이 순간이었다.

로즈마리가 말했다. "현관에 서 있은 지 몇 분 지났을 때, 그의 집 앞에 소방차들이 길게 줄지어 서는 걸 보았어요. 우리는 경찰을 불렀는데 그렇게 소방차가 서는 걸 보는 그 순간 모든 게 명확해졌어요. 내 삶이 절대 이전과 같을 수 없을 거라는 걸 알았죠."

로즈마리는 맥고언의 반응을 보는 순간 충격을 받았다. 아니, 별 반응이 없는 것에 놀랐다는 말이 맞을 것이다. "그 사람과 현관에 서 있는데, 내 두 눈에서 눈물이 흘렀어요. 그런데 그 사람은 손톱만큼의 감정도 없는 표정으로 나를 보더군요. 그가 내 눈물을 본 순간에 어떻게 했느냐면, 계단을 올라가 2층으로 가더니 가는 담배를 들고 그곳에 서서 나를 빤히 보며 내가 갈 때까지 기다렸어요. 집으로 돌아오면서 조안에게 무슨 일이 있었는지 그가 알고 있다는 걸 느낄 수 있었어요."

경찰이 와서 로즈마리 부부와 얘기를 나누고 난 뒤에 조안을 찾기 위한 마을 수색대가 만들어졌다. 보이스카우트 단원들이 자원했다. 조셉 맥고언도 조안을 찾는 일에 나섰다. 수백 명의 사람이 나서서 소규모 팀들을 만들어 집집마다 다니며 조사하고 마당과 쓰레기통을 뒤지고 숲과 힐즈데일의 공원 등 도시 주변을 모두 뒤졌다. 경찰은 블러드하운드를 데려와 수색을 돕게 했다. 몇 사람이 로즈마리가 보았던 소방차에 탔다. 그 중 한 사람은 조안의 일곱 살짜리 '남자 친구' 리치였다. 그들은 차를 타고 우드클리프 레이크 근처 저수지로 갔다.

9시 20분경, 세인트 존 침례교회의 성직자가 주 경찰관 한 사람과 저면 세퍼드 한 마리를 데리고 로즈마리의 집에 왔다. 로즈마리는 그 경찰견 팀을 빨래 바구니로 데리고 가서 개가 조안의 속옷 냄새를 맡을 수 있게 했고, 그런 다음 다 함께 동네로 나갔다. 로즈마리는 그 개가 무슨 일이 벌어졌는지 이해하고 있으며 자신과 조안의 처지를 마음 깊이 '동정한다'는 강렬한 느낌을 받았다. 해야 할 일을 명확히 알고 있는 그 개는 맥고언의 집까지 가서 주변을 확인하더니 다시 현관과 차고 문으로 갔다.

하지만 어디에서도 아무것도 나타나지 않았다.

실종 소녀와 즉석 수색에 대한 얘기가 금세 퍼졌다. 신문과 텔레비전 기자들이 동네로 모여들었다. 로즈마리가 기억하는 한 이런 일은 힐즈데일에서 일어난 적이 없었다. 뭔가를 목격한 사람이 나서주길 바라면서 로즈마리는 자주 매체에 호소했다. 여러 매체를 만나던 시기에 대해 그녀가 주로 기억하는 것은 계단의 연갈색 카펫을 재색으로 만든 더러운 발자국들이었다.

그날 밤 댈러샌드로 집에 감도는 불안감은 감당이 되지 않을 정도였다. 프랭크는 좌절감을 느낄 때면 종종 분노를 드러냈다. 전날 밤, 프랭크는 부활절 선물을 포장할 상자가 없다며 불같이 화를 냈다. 로즈마리는 당시의 상황을 이렇게 기억했다.

"남편은 오랫동안 차분하게 잘 참다가 한 순간에 변했어요. 그는 좋은 직업을 가지고 있었지만 소통에 서툴렀고, 절대 진정으로 내 소울메이트가 되진 못했어요."

힐즈데일 경찰서장 필립 바리스코는 조안의 실종 보고를 받았을 당시 플로리다에서 휴가 중이었다. 힐즈데일은 하나의 지역사회였고 바리스코는 그 지역사회의 지도자와 같았기 때문에, 이런 충격적인 사건이 벌어진 때에 서장이 자리를 비운다는 것은 생각할 수 없는 일이었다. 그는 서둘러 휴가에서 복귀했다. 2012년 여든아홉 살의 나이에 사망한 바리스코는 완벽하게 프로페셔널한 사람이었다. 그는 자신과 경찰이 가능한 한 효율적으로 일할 수 있도록 콴티코에서 시행되는 FBI 국립아카데미 프로그램에 참석하기도 했다.

서장은 다음 날 댈러샌드로 집에 갔다. 서장이 왔을 때 로즈마리는 현관 계단에 앉아 있었다. 서장은 로즈마리에게 자신이 직접 수사를 맡는다고 했다. 불가능하다는 것을 알고 있었기 때문에 행복한 결과는 약속하지 못했지만, 모든 것이 올바른 방식으로 처리될 거라고 로즈마리에게 담담하게 약속했다. 그는 신문에 실을 수 있도록 조안의 사진을 한 장 달라고 했다. 로즈마리는 복도 벽으로 가서 교복 차림의 조안 사진을 떼어낸 다음 액자에서 빼내 바리스코에게 주었다.

프랭크는 누구든 조안을 데려간 사람이 다시 안전하게 데려다준다면, 당국에 요청해서 고발을 없던 걸로 하겠노라고 신문기자들에게 말했다. 텔레비전 인터뷰를 하는 동안 로즈마리는 기자 빅 마일스에게 조안이 얼마나 특별한 아이인지, 얼마나 많은 사랑을 받았는지 등을 비롯해 조안이 어떤 아이였는지 설명하면서 부디 아이가 돌아오게 해달라고 간청했다. 몇 년 뒤, 조안의 학급친구들 중 하나는 조안의 엄마가 텔레비전에 출연해 딸이 돌아오게 해달라고 호소한 그 방송을 어제 일인 양 기억한다고 로즈마리에게 말하기도 했다. 그 바로 두 달 전, 로즈마리는 만약 아이들 중 하나가 죽는다면 어떻게 될까, 얼마나 지독하고 끔찍하게 가슴이 찢어지는 아픔을 느낄까라는 무시무시한 생각이 갑자기 들었다고 했다.

경찰은 조안이 사라지기 한 시간 전쯤 동네에서 차를 타고 돌아다니는 것이 목격된 남자와 걸어서 그 부근을 다니던 또 다른 남자를 포함해 의심이 가는 용의자 몇 명을 조사했다. 첫 번째 남자는 이사할 동네를 둘러보던 것으로 밝혀졌으며 두 번째 남자는 그냥 길을 잃은 것으로 밝혀졌다. 주요한 사건에는 거의 언제나 설명이 되지 않는 부분과 혼란스러운 부분들이 있다. 하지만 수사관들은 조셉 맥고언에게 재빨리 초점을 맞췄다. 그에게 범죄 기록은 없었지만, 조안이 갈 거라고 한 곳이 그의 집이었으며 로즈마리가 그와 만났을 때 느꼈던 섬뜩했던 기분을 얘기했기 때문이었다. 조안의 아버지 역시 조안이 사라진 다음 날 맥고언이 쓰레기를 내다버리는 걸 보았고, 모퉁이의 그 집을 가리키며 로즈마리에게 말했다.

"저 곳이 아무래도 마음에 걸려."

경찰과 형사들은 금요일과 토요일 모두 맥고언에게 가서 조안이 그의 집에 간 뒤 몇 분과 몇 시간까지 있었던 일을 직접 설명해달라고 요청했다. 그는 침착하고 싹싹했지만 목요일에 조안을 본 사실은 부인했다. 그러면서 로즈마리가 조안이 그의 집에 갔다고 한 그 시간에 자신은 근처 슈퍼마켓에서 식료품을 샀다고 주장했다. 조안이 진입로에 들어오는 걸 본 그의 차는 어떻게 된 것일까? 그의 차가 차고를 나가는 것을 본 사람이 있는가? 그렇지 않았다. 그는 걸어갔다. 그렇다면 어떤 계산대에서 계산했는가? 맥고언은 기억하지 못했다. 식료품 영수증을 보여줄 수 있냐는 말에 그는 버린 것 같다고 대답했다. 영수증이 아직 쓰레기통에 있을까? 그는 쓰레기를 이미 수거해갔을 거라고 했다. 쓰레기 수거인들이 무슨 요일에 오는가라는 질문에는 잘 모른다고 했다. 그는 무엇을 샀는가? 스테이크와 사과를 비롯해 여러 가지를 샀다. 스테이크가 아직 냉장고에 있는가? 아니, 그와 그의 어머니가 먹었다. 사과는 어떤가? 그는 확실히 모르겠다고 했다.

노련한 형사들은 용의자의 이야기와 결백 주장이 사실인지 아닌지 직감적으로 아는 능력이 있다. 어느 날 점심을 먹다가 마크 올세이커는 은퇴한 로스앤젤레스 경찰국 형사 톰 레인지에게 1994년에 전처 니콜과 그녀의 친구이자 나이트클럽 종업원인 로널드 골드먼 살해의 주요 용의자가 O. J. 심슨이라고 결론을 내린 시점이 언제인지 물었다. 레인지는 O. J.가 조사를 받는 동안 싹싹하고 협조적이었지만, 니콜의 죽음에 대해 자세하게 묻지 않았으며 그녀가 고통을 받았는지 아닌지 혹은 얼마나 고통을 받았는지, 경찰에서는 범인이 누구인지에 대해 조금이라도 알고 있는 게 있는지 전혀 묻지 않았는데 바로 그때부터였다고 대답했다. 이런 질문들은 모두 가까운 누군가가 죽었을 때 살아있는 사람이 대개는 본능적으로 알고 싶어 하는 내용들이기 때문이다.

조안의 친구 리치는 센트럴 애비뉴의 경찰서에서 맥고언이 조사받는 동안 그 앞에 사람들이 많이 모여 있던 것을 기억한다. 어린 리치가 보기에 마을 사람들 모두가 그곳에 모여 있는 것 같았다.

맥고언 진술에서 허점과 모순처럼 보이던 것들이 점점 명확해지면서, 형사들은 맥고언에게 그 경찰서에서 거짓말 탐지기 조사를 받으라고 요구했다. 맥고언은 그러겠다고 했다.

맥고언의 진술은 거짓말 탐지기 조사에서 거짓으로 나왔고, 형사들은 결과를 맥고언에게 알렸다. 그러면서 앞뒤가 맞지 않는 모든 진술을 맥고언이 직접 확인하게 했다. 마침내 지치고 더는 변명의 여지가 없어진 맥고언은 성직자를 불러달라고 했다. 성직자와 따로 만난 맥고언은 그에게 모든 걸 고백했다. 그런 다음 형사들에게 고백했고, 조안을 죽이고 난 다음 그 시체를 차에 싣고 뉴욕주 경계선을 지나 약 30㎞ 정도 떨어진 로클랜드 카운티의 해리먼 주립공원에 버렸다고 말했다.

바리스코 서장은 자신이 직접 그 말을 로즈마리와 프랭크에게 전하겠다고 했다. 오후 네 시가 조금 지난 시간이었다. 아주 세심한 남자인 바리스코는 가톨릭 사제와 동행했고, 두 사람은 식탁에 로즈마리와 함께 앉았다. 로즈마리는 그때 흰색 식탁의 식탁보를 치우고 있었다고 기억하는데, 무슨 말을 듣게 될 줄 알았으므로 그 시간을 단 몇 분이라도 늦추고 싶었다고 했다.

서장이 맥고언의 얘기를 전하자 로즈마리는 울부짖었다. "그를 죽이고 싶어요!" 로즈마리는 그때 그 말은 진심이 아니었으며, 단지 자신을 사로잡는 고통을 어떻게든 발산해야 했고 그렇게 소리치면서 이성을 찾고 스스로를 통제하는 느낌이 들었다고 말한다.

사제는 로즈마리에게 그렇게 말하면 안 된다고 책망했다.

"신부님, 도대체 뭘 기대하는 겁니까?"

바리스코가 사제에게 말했다.

02
"푹 잤습니다"

　뉴욕주 로클랜드 카운티의 책임 검시관 프레데릭 T. 쥬기브 박사는 오랜 세월 뛰어난 경력을 쌓아왔는데, 지금까지 본 사건들 중 이 조안 사건이 감정적으로 가장 힘들다고 말했다.

　사건의 전말이 힐즈데일 경찰서에서 버건 카운티 지방 검사 사무실로, 또 거기에서 로클랜드 카운티 보안관 사무실의 경찰 지구대로 전해졌다. 그래서 부활절 일요일 이른 오후에 경찰관 존 포브스는 게이트 힐 도로가 끝나는 곳에 위치한 해리먼 주립공원의 남쪽 끝, 시신이 있다고 들은 그곳으로 차를 몰고 갔다.

　그곳에서 존 포브스는 벌거벗겨진 채 온몸에 구타 흔적이 있는 백인 여자아이의 시체를 발견했다. 절벽의 튀어나온 바위 아래 나뭇잎으로 덮인 비탈이 있고 여기에 두 개의 바위가 있었는데, 아이는 이 두 개의 바위 사이 쐐기 모양 틈에서 얼굴을 위로 하고 있었다. 왼쪽으로 완전히 비틀린 머리는 비탈길 아래를 향하고 있었다. 포브스는 네 아이의 아빠였기 때문에 감정을 추스리기 위해 안간힘을 써야 했다.

포브스는 범죄 현장 감식 팀을 불렀다.

한 시간이 채 안 지나서 쥬기브 박사가 도착했을 때, 출입저지선이 설치된 범죄 현장에는 이미 경찰과 현장 감식반원, 형사, FBI 요원, 기자, 사진기자들이 발 디딜 틈 없이 모여 있었으며 대개는 호기심을 숨기지 않았다. 쥬기브는 즉시 경찰에 지시해서 관련자 외에는 모두 사건 현장 밖으로 물러나게 했다. 댈러샌드로의 이웃이며 뉴욕시 현장 사무소에서 일하는 FBI 특수요원 리처드 콜리어가 시신을 확인하러 왔다.

그것은 조안의 시신이었다.

범죄 현장이 '오염'되긴 했지만, 조안의 시체가 옮겨지거나 사람의 손이 닿은 흔적은 없었다. 쥬기브 박사는 시신이 흙빛인 걸 즉시 알아챘다. 복부 주변의 피부가 보라색이었다. 그건 조안이 그 지점에서 살해되지 않았다는 얘기였다. 그곳에서 살해됐다면, 중력 때문에 주로 등이 흙빛을 띠었을 것이다. 그런 식으로 피가 몰리려면 적어도 여섯 시간이 걸리기 때문에, 조안이 방금 이곳에 버려진 게 아니라는 것도 알 수 있었다. 쥬기브 박사는 조안의 체온이 대기 온도와 같다는 걸 확인했다. 그건 조안이 사망한 지 적어도 서른여섯 시간이 지났다는 걸 의미했는데, 사람의 몸이 완전히 식는데 그 정도의 시간이 걸리기 때문이다. 사후경직이 보이지 않는다는 점 때문에 이 사실을 더 확실히 알 수 있었는데, 사후 근육경직은 사후 몇 시간이 지나면서부터 시작해서 스물 네 시간에서 서른여섯 시간 안에 멈춘다.

조안의 시신에서 눈으로 확인할 수 있는 이 모든 증거를 종합한 결과, 쥬기브 박사는 조안이 사망한 지 약 50시간 정도 되었다고 추정했다. 부검을 통해 더 정밀한 검사가 가능해졌을 때 그는 추정 시간을 최소 70시간으로 올렸는데, 이것은 로즈마리가 마지막으로 조안을 보고 나서 불과 두세 시간 안에 조안이 사망했다는 의미였다.

보안관들은 주변 지역을 샅샅이 수색해서 모빌 로고가 인쇄된 회색 비닐봉지를 찾아냈다. 쥬기브의 말에 따르면, 그 봉지에는 조안이 실종 당시에 입고 있었던 옷, 그러니까 붉은 색과 흰색이 섞인 운동화 한 켤레, 청록색 셔츠와 고동색 바지, 흰색 양말, 붉은 핏자국이 있는 흰색 속옷 등이 아무렇게나 들어있는 것이 아니라 차곡차곡 정돈된 상태로 있었다고 한다.

시체를 치우기 전에 경찰은 뉴욕주 스토니 포인트의 마리아 신전에 전화를 해서 사제에게 현장에 와 달라고 했다. 얼마 뒤 사제가 도착했다. 경찰 조명이 현장을 밝히고 경찰과 형사, FBI 요원, 기자들이 자리를 지키는 가운데 사제는 조안 안젤라 댈러샌드로에게 마지막 의식을 집행했다. 의식이 끝나고 나서 쥬기브가 공식적으로 사망을 선고했는데, 그럴 필요가 없어 보일 만큼 명확했지만 모든 살인사건 조사에서 필요한 절차였다.

현장에서 15㎞ 정도 떨어진 뉴욕주 포모나의 검시관 사무실에 돌아와서 그는 부검을 시작했다. 오랫동안 많은 검시관을 상대해본 내 경험에 비추어보면 어린아이의 시체를 검사해야 하는 것보다 더 고통스러운 일은 거의 없으며, 그 아이가 살해당했다면 그보다 더 괴로운 일은 절대 없다고 말하고 싶다.

부검을 마치고 나서 쥬기브는 그 범죄의 잔혹함을 말해주는 상처들을 기록했다. 목 골절, 액살, 오른쪽 어깨 탈구, 심각한 전신 타박상, 턱 밑과 아랫입술 안쪽 열상, 두개골 앞쪽 골절, 양쪽 부비강 골절, 안면 종창, 양쪽 눈이 멍들고 부어서 안 떠짐, 치아 세 개 없음, 좌상, 뇌출혈, 폐와 간의 출혈, 처녀막 파열 등이었다.

정리를 하면, 조안은 목이 졸리고 성폭행을 당했으며 결국 구타를 당해 죽었다. 하지만 쥬기브 박사에 따르면 상황은 그것보다 더 나빴다. 조안이 맞고 목을 졸린 직후에 죽었다면 얼굴과 몸이 붓지 않았을 것이다. 사망 후에는 상처 부위를 붓게 하는 항상성 기능이 멈춘다. 그리고 붓기가 멈출 때까지 대략 30분 정도 걸리기 때문에, 그는 조안이 폭행을 당하고 나서 적어도 그 정도의 시간대까지는 살아있었을 거라고 결론지었다. 그래도 다행인 것은 당시에 조안이 의식이 없었을 것이라는 사실이다.

검시관이 목 부분을 세밀하게 조사한 결과 상처 부위가 갑상연골과 설골 두 군데라는 것이 밝혀졌다. 검시관이 내린 결론은 치명적 공격을 하고 30분 정도 지난 뒤 조안이 사망했다는 것을 확신하지 못한 범인이 다시 와서 두 번째로 목을 조르고 일을 마무리 지었다는 것이다. 나는 검시관의 말을 완벽하게 신뢰할 수 있다고 생각했다. 조셉 맥고언 같은 '미숙한 살인자'의 경우, 자신이 피해자를 확실하게 해치웠는지 확신하지 못하고 혹시 있을 위험을 피하려 하는 것은 그리 드문 일이 아니었기 때문이다.

1996년 크리스마스에 콜로라도주 볼더의 자택에서 여섯 살인 존베넷 램지가 살해당한 사건에서도 나는 비슷한 종류의 행동을 보았다. 검시관의 보고서에는 치명적일 수 있는 상처 두 개가 기록되었다. 머리의 둔기 외상과 교살이었다. 범죄 현장에 출혈의 흔적이 없었으므로 나는 사망 원인이 교살이라고 결론 내렸는데, 머리를 세게 때린 것은 아이를 확실히 죽이려는 시도였다.

이 과학적 증거는 행동의 관점에서 아주 중요한 뭔가를 의미했다. 심한 아동학대를 한 적이 없는 부모라면 몇 분이 넘도록 아이를 목 졸라 죽일 가능성이 없으며 그와 같은 시도 자체를 하지 않는다. 그런 일은 일어나지 않는다. 다른 법의학적 증거와 행동 증거를 모두 종합해볼 때, 누가 존베넷을 죽였는지는 알 수 없었다. 하지만 누가 죽이지 않았는지는 알 수 있었다. 부모는 둘 다 아니었다. 마크와 나는 이런 결론에 대해 많은 반발과 대중의 비난을 받았는데, 우리를 비난하는 무리들 중에는 내가 예전에 일했던 FBI 부서도 포함되어 있었다. 하지만 범죄학은 대중의 인기를 얻기 위한 경쟁이 아니며 증거로 이야기해야 한다.

조셉 맥고언 사건에서도 나는 바로 그렇게 하고 싶었다.

조셉 맥고언은 버건 카운티 판사 제임스 F. 매든 앞으로 기소되었다. 판사는 그가 석방되는데 필요한 보석금을 5만 달러로 결정했다. 1973년 4월 24일 화요일, 조셉 맥고언은 조안 댈러샌드로를 살해한 혐의로 기소되었다.

이틀 뒤 늦은 아침, 조안의 학교가 소속된 세인트 존 침례 로마 가톨릭 교회에서 조안의 장례식이 치러졌다. 조안의 같은 반 아이들이 참석했고, 장례식이 끝난 뒤 조안의 관이 운반되어 나올 때 아이들 모두 밖에 한 줄로 서서 작별을 고했다.

강력 범죄 수사관이라면 가능한 한 감정적으로 흔들리지 않으려고 노력해야 한다. 이런 노력은 객관성을 유지하고 비판적 판단을 하기 위해서 뿐만 아니라 정신을 온전하게 유지하기 위해서도 필요하다. 사실, 행동 프로파일러인 나는 어떤 사건을 조사하든 피해자의 머릿속에 들어가야 하는데, 이것은 이 일을 하는 내내 분명 내게 정신적 타격을 주었다. 그 공원에서 조안의 작은 몸을 보고 나서 쥬기브 박사와 경찰관 포브스가 보인 반응을 이해할 수 있었다. 아무리 '전문적'이 되려고 해도, 이런 일에는 반응을 하지 않을 수가 없다.

'어떤 인간 혹은 어떤 악마가 일곱 살짜리 여자아이에게 이런 짓을 아무렇지 않게 하는가?' 나는 사건 발생 25년 뒤에 그 사건 파일을 읽으면서 스스로에게 물었다. 그것이 내가 알아내고 싶은 것이었다.

맥고언은 뉴욕의 벨레뷰 병원에서 신경학과 정신의학 교육을 받고 뉴저지 법원 재판에 상담을 하는 법정 정신의학자 노엘 C. 갈렌 박사에게 여러 차례 자백했다. 기소된 다음 날, 맥고언은 자신이 문을 열러 나갔을 때의 상황을 갈렌 박사에게 상세히 말했으며, 조안에게 그곳에 온 이유를 듣고 나서 돈을 가져와야 하니 함께 아래층으로 가자고 말하던 상황도 얘기했다. 조안은 분명 머뭇거리며 가지 않겠다고 했을 터인데, 맥고언이 조안을 잡고 억지로 아래층 침실로 데려갔다고 자백했기 때문이다. 그런 일이 벌어지는 동안, 귀가 어두운 맥고언의 여든 일곱 살된 할머니가 위층에서 텔레비전을 보고 있었다. 맥고언의 어머니는 일터에 있었다.

나는 맥고언의 사건 파일이나 진료 기록에 있는 어떤 기밀 정보도 밝히지 않을 것이다. 내가 여기서 인용하는 평가와 분석은 모두 2002년 2월 15일 뉴저지 고등법원이 판결한 항소 판결 '조셉 맥고언, 피고(항소인) vs. 뉴저지주 가석방 위원회(피항소인)'에 포함되어 있고 발표된 것이다.

맥고언이 갈렌 박사에게 말한 대로 일단 거리에서 '안전하게' 떨어진 침실로 가자 그는 조안에게 옷을 벗으라고 명령했다. 비록 "그 행동을 절대 끝까지 하지 않았다."고 말하긴 했지만, 그는 성적으로 흥분했고 조안과 불과 몇 센티미터 떨어진 곳에서 자기 손에 사정했으며 그런 다음 조안에게 손가락을 삽입했다. 조안의 속옷에 피가 묻어 있었던 것으로 보아 그는 조안이 옷을 완전히 벗을 때까지 기다리지 못했던 것 같다. 맥고언이 손가락에 정액이 묻어 있었다는 것을 인정했기 때문에 그가 '그 행위를 마쳤는지' 아닌지는 확실히 알 수 없지만, 속옷에 묻은 피와 조안의 질 부위 상처는 무자비한 성폭행을 의미했다.

맥고언의 진술에 따르면, 그가 충동적인 행동의 결과를 분명히 인식한 것은 이 지점이었다. "문득 내가 무슨 짓을 했는지 깨달았어요. 그 아이를 그냥 보내주면 내 인생이 송두리째 없어지는 거였어요. 그 아이를 없애야 한다는 생각밖에 할 수 없었습니다."라고 맥고언이 갈렌 박사에게 말했다.

수사관으로서 나는 범죄학의 시각에서 이 부분은 이해할 수 있다고 말해야겠다. 이처럼 극도로 스트레스를 받는 상황에서, '똑똑한' 범죄자는 오직 한 가지 생각만 하게 된다. 아무에게도 들키지 않고 범죄를 해치우는 것이다. 맥고언에게 일어난 일도 분명 이것이다. 조안이 처음 목을 졸리고 난 뒤 쥬기브 박사의 추정만큼 오래 살아있었는지 아닌지는 아직 답을 얻지 못한 문제인데, 조안을 죽이려는 맥고언의 여러 시도들 중 어떤 것이 성공적인 결과로 이어졌는지도 역시 마찬가지다. 하지만 일어난 사건에 대한 전반적인 이야기는 확실하다. 자백의 기록은 이렇다.

> 나는 조안을 붙잡고 목을 조르기 시작했으며, 침대에서 끌어내 방구석, 깔개가 없는 타일 바닥에 던졌다. 조안은, 그러니까, 비명을 지르려 했고 저항했다. 하지만 당연히 조안은 생각대로 할 수가 없었는데, 내가 두 손으로 목을 졸랐기 때문이다. 아…… 그 아이는 몸부림을 멈췄고…… 그곳에 그냥 누워 있었다. 나는 옷을 입었다. 나는 아주 심하게 땀을 흘리고 있었다. 차고로 가서 조안을 넣을 비닐 봉투 몇 개를 가져왔다. [차고에서 돌아와서] 보니 그 아이가 아직 움직이고 있었다. 그래서 다시 목을 조르기 시작했고 머리를 여러 차례 바닥에 내리쳤다. 조안의 코와 입, 얼굴에서 피가 나오기 시작했는데…… 어디인지 모르겠다. 바닥 전체에 피가 있었다. 그 다음에는 비닐봉지 하나를 아이의 머리에 씌우고 세게 비틀었는데, 아이가 움직임을 멈출 때까지 계속했다.

맥고언을 만날 준비를 하기 위해 이 글을 읽으면서 나는 혼자 생각했

다. 한두 시간 전까지 '이 남자는 교실에서 고등학생들에게 화학을 가르치고 있었다. 그 A점에서 이 B점으로 오게 한 것은 무엇일까?'

자백을 계속하면서, 맥고언은 조안의 몸을 들어서 비닐 쓰레기봉지에 넣은 다음 낡은 소파 커버로 시신을 싸서 끈으로 묶고 차고로 가져가서 차 트렁크에 싣기까지의 과정을 설명했다. 조안이 자기 집 앞마당에서 보았던, 길모퉁이를 돌아 그 블록으로 가던 '새 자동차'였다. 맥고언은 낡은 티셔츠로 있는 힘을 다해 핏자국을 지웠다. 그런 다음 차를 몰고 30㎞ 정도 가서 조안을 해리먼 주립공원의 비탈에 내려놓았다. 그리고 조안의 시체를 봉지에서 꺼낸 다음 절벽의 튀어나온 바위 아래에 놓았다. 비닐봉지와 소파 커버는 길가 쓰레기통에 버렸다.

맥고언은 힐즈데이에 돌아와서 마을 사람들과 함께 조안을 찾았다.

맥고언이 갈렌 박사에게 말했다.

"집에 돌아오니 기분이 나아졌어요. 푹 잤습니다."

03
살인자의 사고방식

42년 동안 경찰직에 있다가 2006년 힐즈데일 경찰국장으로 은퇴한 프랭크 미컬스키는 조안이 사망했을 당시 순찰 경사였다.

"조안 사건은 그 자치구에서 발생한 가장 끔찍한 범죄였으며 여전히 내 기억 속에 또렷이 남아있습니다." 미컬스키는 《베르겐 레코드Bergen Rcord》 지에 이렇게 털어놓았다. "이 사람은 괴물이었으며, 그런 일이 아이에게 일어나면 그것은 지역 사람들의 기억 속에 각인되어 절대 없어지지 않습니다. 이곳 사람들에게 그 사건은 진주만 공습이나 911 테러와 같은데……. 그때 어디에 있었으며 무엇을 하고 있었는지 기억하는 거죠."

댈러샌드로든 조셉 맥고언이든 어느 한쪽이라도 알고 있던 사람들 대부분은 그 뉴스를 들었을 때 자신이 어디에 있었고 무엇을 하고 있었는지 기억한다.

맥고언, 그리고 또 다른 교사와 함께 차를 타고 출근하던 수학 교사

로버트 카릴로는 조안이 실종되었을 때 맥고언을 생각했다. "그 뉴스를 들었을 때 처음 생각난 사람은 조였습니다. 이렇게 생각했죠. '이런, 조가 거기에 살잖아. 조가 사건과 관련 있지는 않더라도 조안을 알고 있을까?'"

부활절 일요일에 카릴로는 퀸스에 사는 어머님을 아내와 딸과 함께 방문했다. 그리고 그날 저녁 집으로 돌아오는 길에 조안 소식을 들었다. "크로스 브롱스 고속도로에 있는데, 라디오에서 조안 댈러샌드로 살해 용의자를 잡았으며 용의자는 로클랜드 카운티에 사는 고등학교 과학 교사라는 뉴스가 나왔고 그의 이름도 나왔습니다. 나는 길 가장자리에 차를 세워야 했습니다. 갑자기 몸이 아팠어요."

잭 메스키노는 맥고언과 함께 화학을 가르쳤다. 그와 그의 오랜 동료 폴 콜레티는 몇 차례 다른 선생님들과 함께 맥고언과 어울렸다. 콜레티는 이렇게 기억했다. "우리가 그 소식을 들었을 때, 그러니까 전화를 받았을 때, 전화를 끊고 털썩 앉아 서로를 쳐다보면서 이렇게 말했던 게 기억나요. '무슨 일이야!'"

메스키노도 얘기했다. "그래요, 현실감이 없었어요. 그가 그런 짓을 했다는 것이 정말 충격이었어요." 그러면서 또 이런 말도 했다. "어떻게 보면 조는 이상한 사람이었어요. 정말 그랬죠. 지금 되돌아보면 이런저런 생각을 하게 돼요. 또 하나 떠오른 것은 조의 유머였어요. 그가 생각하는 유머는 다른 사람들과 큰 차이가 있었어요. 그가 재미있다고 생각하고 웃는 것들을 보통 사람들은 재미있다고 생각하지 않고 웃지도 않았죠. 굉장히 특이했어요.

조는 늘 열쇠 꾸러미를 가지고 다녔어요. 보통 사람들에게 필요한 열쇠보다 더 많았죠. 그 열쇠를 어디에 쓰는 건지는 아무도 몰랐어요. 조가 자청해서 하던 일들 중 하나는 방과 후에 교실 문들을 점검하는 것이었어요. 그리고 그가 정말로 교실 문을 안 잠그고 갔다면서 동료 몇 사람을 고발했다는 얘기도 있었어요. 그건 조의 업무가 아니었거든요. 그에게는 행정 책임이 없었어요. 그가 비위를 맞추려고 노력했던 사람들은 관리자들뿐이었죠."

카릴로가 말했다. "그는 행정팀에 아부하는 사람으로 보였어요. 그리고 뉴저지의 플레이보이 클럽에 들어가는 것이 유행이었을 때, 조는 골드카드 멤버였죠. 그는 교무실에서 모든 사람에게 자신의 골드카드를 꼭 보여줬어요. 이런 일들은 그에게 중요했는데, 다른 이들의 지지와 인정을 얻고 싶어 했거든요."

우리는 카릴로에게 맥고언이 학생들에게 인기가 있었는지 물었다. 그가 대답했다. "그랬던 것 같아요. 조는 학생들과 친하게 지내려고 노력하던 선생님이었어요. 아이들이 좋아하는 선생님이 되려고 무척 애썼어요."

하지만 그런 노력이 언제나 효과가 있던 것은 아니었다. 나중에 마크와 나는 여러 명의 여학생에게서 맥고언과 있으면 불편했다는 얘기를 들었다. 지금 60대 초반인 어떤 여성은 화학 실험실에서 맥고언에게 더는 필요하지 않은 유리 플라스크를 어떻게 할지 물었던 일을 기억했다. 맥고언은 그녀의 손에서 플라스크를 잡아채더니 바닥에 내던졌고, 플라스크는 산산조각나면서 온 실험실에 흩어졌다. 맥고언은 자신의 행동에 대해 어떤 해명도 하지 않았다.

다른 학생들도 맥고언에 대해 비슷하게 생각했다. 한 학생은 소셜 미디어에서 자기 얘기를 했다. "그때가 졸업반이던 1971년이었던 것 같은데, 맥고언이 화학 선생님이었다. 나는 그 선생님이 너무 섬뜩해서 교무실에 가서 그 선생님 수업을 받지 않게 해달라고 했다."

태펀지 고등학교는 조안이 사망한 다음 주에 봄 방학을 해서 수업을 하지 않았는데, 그 다음 월요일에 수업을 다시 시작했을 때 아득한 침묵의 분위기가 학교 전체를 뒤덮었다.

카릴로가 말했다. "학교로 돌아왔을 때 상황이 아주 기이했어요. 모두가 그 일을 알았지만, 아무도 그 일에 대해 말을 하지 않았어요. 학생들은 자기들끼리 그 얘기를 했을 수도 있지만, 직원들은 무척 큰 충격을 받았어요. 교육위원회는 철저히 비공개로 진행한 회의에서 [맥고언을] 해고했어요. 그 일에 대해 외부에 절대 알리지 않았죠."

카릴로, 그리고 함께 차를 타고 다니던 또 다른 교사인 유진 바글리에리가 그 일에 대해 말했다. 카릴로는 이렇게 말했다. "돌아보면 이런저런 생각이 들어요. 하지만 그 사건은 지나가는 말로 얘기하기에도 너무 끔찍한 경험이라서 사람들은 그냥 피하고 말았어요."

잭 메스키노에게 그 일은 더 지독했다. 그는 이렇게 기억했다. "학교로 돌아가는 것은 끔찍했어요. 우리는 팀으로 가르쳤는데, 어느 날 갑자기 우리 학생들이 내 학생들이 된 거예요. 처음 몇 번의 수업을 절대 잊지 못할 겁니다. 학생들에게 설명하기 위해 용기를 끌어 모으는 데만 5분에서 10분이 걸렸어요. 우리 모두 그곳에 앉아서 서로 쳐다만 봤죠.

어떻게 대처해야 할지 알 수가 없었어요. 다들 놀라서 아무 말도 못했어요."

맥고언이 해컨색에 위치한 버겐 카운티 교도소에 있던 다음 몇 주 동안 그에 대한 심리 검사가 여러 차례 진행되었다. 1973년 5월 10일, 갈렌 박사의 면담이 있고 2주 조금 더 지나서, 심리학자 엠마누엘 피셔 박사가 용의자를 검사했다. 그는 맥고언이 '극도로 불안정하고 긴장 상태에 있으며 히스테리를 보이는 성격이어서 기분과 충동에 따라 심하게 폭발하듯 행동하는 성향을 갖고 있다. 굉장히 뛰어난 사람이지만 이성적인 통제력이 약하다.'고 보았다.

피셔 박사는 '맥고언이 억누르고, 회피하고, 승화시키고, 지적으로 처리했던 엄청난 양의 무의식적이고 내재된 적대감'에 주목했다. 그리고 비록 그가 '아주 올바르고, 평범하고, 순응적인 사람의 모습을 보였지만, 이렇게 과장된 올바름, 평범함, 순응은 자신도 의식하지 못한 채 내면에 깔려 있는 우울과 적대감을 자신과 다른 사람에게 가리는 방어막이다.'라고 판단했다.

한 달이 채 안 지난 6월 6일에 갈렌 박사는 맥고언과의 면담을 기초로 작성한 정신의학 보고서를 제출했다. 보고서에서 그는 맥고언이 "살아오면서 계속 어린 여자이이들에게 성적으로 끌렸다는 것이 입증되었다."고 했다. 어머니가 뚜렷하게 보인 지배하고 과보호하는 모습과 함께 이런 맥고언의 성향이 그가 성인 여성과 정상적인 관계를 맺는데 심각한 문제가 있음을 강하게 암시한다."고 말했다.

갈렌은 맥고언이 1년여 전 쯤 자신이 어린 여자아이들에게 성적으로 흥분하는 것을 알았다고 인정했으며 대상은 열두 살 된 사촌 여자아이라고 구체적으로 언급했다고 전했다. 맥고언은 자위를 하고 '강간 환상'도 경험했노라고 말했다. 이런 사실을 기초로 그 심리학자는 이렇게 결론 내렸다. "자신의 남성성에 대해 확신이 없던 그에게 어린 여자아이들은 전혀 위협이 되지 않았을 겁니다."

10월에 아브라함 에프론 박사가 추가로 제출한 신경정신분석 보고서에서 맥고언이 갈렌 박사에게 말한 내용, 그러니까 '어린 여자아이들과 성관계를 갖는 환상'에 관한 내용이 더 분명해졌다. 이 보고서에서 에프론 박사는 맥고언이 열아홉 살에 캠프 지도자로 일하면서 어린 여자아이가 자신의 무릎에 앉았을 때 성적으로 흥분했다고 덧붙였다.

에프론 박사는 맥고언의 어머니 제네비에브도 인터뷰했는데, 그녀는 그 살인사건이 일어날 당시 집에 없었다. 제네비에브는 조셉이 대학생일 때 심장마비로 죽은 남편이 "아들과 [자신보다] 훨씬 가까웠으며 아들을 데리고 자주 나갔다."고 말했다. 대학을 졸업한 뒤 조는 집으로 돌아와 어머니와 할머니와 함께 살았다.

에프론 박사는 보고서에 이렇게 기록했다.

맥고언은 자신이 느낄 수밖에 없는 감정을 보여주지 않는다. 복잡한 진짜 자아와 진짜 정체성의 여러 면, 그리고 이와 관련된 감정적 어려움들을 감춘다. 그는 남성성을 제대로 확립하지 못하는 자신의 모습을 감추려고 애쓴다. 그는 이성에게 가까이 갈 때마다 긴장한다. 이런 소극성 때문에 불안해지고, 불안은 점점 더 커져 결국 강력한 긴장감을 느끼게 되며, 이런 것은 자제력을 완전히 상실하거나 성적으로 표현하면서 해소되어야 한다.

그는 자신의 원초적 충동을 지성으로 과도할 만큼 억누르면서 내면에 숨어 있는 정신병을 가까스로 통제하지만, 과거에 그랬고 또 불행하게 최근에도 그랬듯 또 다시 행동으로 그 충동을 드러낼 수 있다.

난폭한 범죄자들이 태어나는지 혹은 만들어지는지, 다시 말해 천성의 결과인지 양육의 결과인지에 대한 논란은 계속되고 있다. 충동성, 분노, 그리고/혹은 가학적 도착이라는 특정 성향을 타고나지 않은 사람이라면 잘못 양육된다고 해서 범죄자로 자라지 않지만, 그런 성향을 타고난 사람들은 자라고 성장하면서 부정적인 영향을 받을 때 범죄자가 될 수 있다고 나는 주장하고 싶다.

사실 에드 켐퍼가 바로 그런 사람이었다.

에드먼드 에밀 켐퍼 3세는 내가 살인자들과 이야기를 하겠다고 생각한 뒤로 밥과 함께 처음으로 교도소에서 면담한 사람이었다. 한 가지 문제가 있다면, 우리가 무엇을 하는지 제대로 모른다는 것이었다.

FBI 요원이었던 우리는 증인을 면담하고 용의자를 심문하는 일에 꽤 많은 훈련이 되어 있었다. 하지만 그런 기술들 중 어떤 것도 교도소 면담을 제대로 준비하는 데는 전혀 도움이 되지 않았다. 수사 면담은 범죄와 관련된 정보를 갖고 있을 수 있는 하나 이상의 사람 혹은 그 범죄의 가해자를 만나는 일이다. 우리는 '누가, 무엇을, 언제, 어디서, 왜, 어떻게'에 대해 가능한 한 많은 것을 알아내려고 노력한다. 그 사람은 용의자로 취급받지 않는다.

반면, 심문은 범죄의 잠재적 용의자에게 질문하는 것을 포함한다. 그 개인은 자신의 법적 권리를 고지 받아야 하며 어떤 경우에도 그 내용은 적법 절차의 규칙을 위반할 수 없다. 심문은 심문자의 편에서 보면 발표의 성격을 더 강하게 갖는데, 여기에서 용의자와 범죄를 관련 짓는 확정적인 법적 증거를 그에게 알려주거나 보여준다. 용의자가 협조하고 자백하도록 하기 위해 질문들은 만일이 아니라 '왜'와 '어떻게'의 형태를 띤다.

이런 접근법들 중 어떤 것도 우리의 교도소 면담에는 적합하지 않았다. 요원과 강력범은 서로 형식에 얽매이지 않고 편안하게 상호작용해야 했다. 우리가 알아내려 하는 것은 이미 정해져 있는 사건의 사실들보다는 범죄의 동기, 범죄 전후의 행동, 그 피해자를 선택한 과정이며 그 다음에는 '왜'라는 중요한 질문이었는데, 우리가 용의자 심문에서 하려고 하던 것과 반대로 너무 단정적이고 강압적이거나 일방적이지 않아야 했다.

직관과 어긋나는 얘기로 들리겠지만, 교도소 만남은 '자연스럽게' 느껴져야 했다. 몇 사람이 함께 자유롭게 얘기하고 정보를 주고받는 것이어야 했다.

우리가 캘리포니아에 있었으므로 우선 그 지역의 '범죄자'를 먼저 접촉해보기로 했다. 밥의 예전 학생이었던 그곳 특별 요원이 그 주의 교도소와 우리 사이에서 연락 담당자 역할을 해주기로 했다. 에드 켐퍼는 키가 2m가 넘고 몸무게가 135kg 정도 되는 거인으로 새크라멘토와 샌프란시스코 중간에 위치한 바카빌시의 캘리포니아 의료시설(캘리포니아주 바카빌시에 위치한 남성 전용 주 교도소 의료시설)에서 여러 번의 종신형을 받고 복역 중이던 남자였다. 켐퍼는 1972~1973년에 샌타크루즈의 캘리포니아 대학교 교내와 그 주변에서 일어난 일련의 살인사건을 저지른 여대생 살인자로 알려졌다.

면담을 하기 전, 우리는 그에 관한 소름끼치는 기록의 상세한 내용을 빠짐없이 숙지했다. 이렇게 기록의 상세 내용을 충분히 익히는 것은 면담을 위한 기본이었는데, 그렇게 해야 노련한 범죄자에게 휩쓸리거나 속지 않을 수 있었다. 우리가 원한 것은 사실이 아니라 켐퍼 같은 자들이 범죄를 계획하고 실행할 때 무엇을 생각하고 느끼는지였다. 그런 범죄의 동기가 무엇이었는지, 그들이 어떤 기법을 사용했는지, 그리고 그들이 각각의 폭행이나 살인을 나중에 어떻게 평가했는지 알고 싶었다. 그리고 그 환상이 어떻게 어디에서 시작되었는지, 범죄에서 감정적으로 가장 만족스러운 부분들은 무엇이었는지, 희생자의 고통과 괴로움이 그들에게 중요한 요소였는지를 알고 싶었다. 다시 말하면 이렇다. 성공적으로 범죄를 저지르는 것의 '실제적인' 면들과 그 범죄를 행하는 것에 대한 '감정적' 이유들의 차이가 무엇이었나?

켐퍼는 1948년 캘리포니아주 버뱅크에서 태어났고 결손가정에서 자랐다. 여동생이 둘 있었으며 부모인 에드와 클라넬은 끊임없이 싸우다가 결국 헤어졌다. 어린 시절, 에드는 동생 수잔과 함께 죽은 집고양이들의 몸을 훼손하고 장례식 놀이 하는 것을 유독 좋아했다. 어머니 클라넬은 에드를 아버지 곁으로 보냈고, 에드가 도망치자 이번에는 캘리포니아 시에라 산맥 기슭의 외딴 농장에 사는 친조부모에게 보냈다.

어느 날 할머니 모드가 할아버지 에드와 들판에 가지 말고 집에서 자기를 도와 허드렛일을 하라고 말하자, 그 열네 살 된 거구는 22구경 소총으로 할머니를 쏜 다음 부엌칼로 여러 차례 찔렀다. 할아버지 에드가 집에 돌아오자 소년은 할아버지도 쐈다. 이후 그는 정신이상 상태에서 범죄를 저질렀다는 이유로 아타스카데로 주립병원에 수용되었으며, 스물한 살이 되자 주 정신과의사들의 반대에도 불구하고 어머니 클라넬의 보호를 받게 되었다.

켐퍼는 교도소 면담실에 차분하게 앉아 자신의 어린 시절에 대한 이야기 그리고 여동생들을 괴롭힐까봐 두려워 한 어머니가 그를 창문도 없는 지하실에서 자게 한 이야기를 우리에게 들려주었다. 그럴 때마다 켐퍼는 겁에 질렸고 엄마와 여동생들에게 분노했다. 그가 고양이들의 몸을 훼손한 건 바로 이때였다. 그는 아타스카데로에서 나온 뒤 연속적으로 이상한 직업들을 가졌다는 얘기와 새로 생긴 샌타크루즈의 캘리포니아 대학교 비서였던 클라넬이 인기가 아주 좋았으며 학생들을 잘 챙겼다는 얘기도 했다. 하지만 클라넬은 켐퍼에게 그가 그 대학에 다니는 아름다운 여학생들과 절대 어울릴 수 없을 거라는 메시지를 주었다. 켐퍼는 아름다운 여성들이 요청하면 언제나 차에 태웠던 자신의 습관을 감옥에 있은 탓에 놓쳐버린 인격 형성과 관련해 설명했고, 이런 습관이 시간이 지나면서 어떻게 납치와 살인으로 발전했는지 설명했다.

그는 시체들을 어머니 집으로 가져가서 섹스를 한 다음 훼손하고 그 '조각'들을 처리한 얘기도 했다. 그의 피해자들이 분명 끔찍한 고통을 당했지만, 많은 연쇄살인범과 달리 사디즘은 그의 동기가 되지 않았다. 그가 했던 일에 대해 우리에게 들려준 얘기(그리고 이건 내가 그 이전에도 그 이후로도 들어보지 못한 얘기다.)는 '피해자들을 그들 자신의 육체에서 내보내' 사후에 적어도 일시적으로나마 그들을 소유할 수 있도록 하는 것이었다.

또한 그는 이 일이 있고 나서 2년이 지난 부활절 주말에 마침내 의지와 용기를 끌어 모아서 엄마의 침실에 들어가 자고 있는 엄마를 장도리로 때려죽인 얘기도 했다. 그런 다음 엄마의 목을 자르고 머리가 없는 시신을 강간하고 나서 후두를 잘라내 쓰레기 처리기에 넣었다. 하지만 쓰레기 처리기의 스위치를 켰을 때 기계가 작동하지 않으면서 그 피 흐르는 후두가 그의 쪽으로 다시 날아왔다. 켐퍼는 이것을 엄마가 그에게 소리 지르는 걸 절대 멈추지 않을 거라는 신호로 받아들였다.

켐퍼는 엄마 친구에게 전화해 집에 와 저녁을 먹으라고 초대했다. 엄마의 친구가 오자, 켐퍼는 그녀를 몽둥이로 때리고 목을 조른 다음 머리를 벴다. 그리고 시신을 자기 침대에 놓고 자신은 엄마 침대에서 잤다. 부활절 일요일 아침, 집을 나선 켐퍼는 차를 몰고 정처 없이 다니다가 콜로라도주 푸에블로 외곽으로 갔다. 그는 공중전화 앞에 서서 샌타크루즈 경찰서에 전화한 다음 잠시 갈등을 겪다가 자신이 여대생 살인자라는 걸 알리고 경찰이 올 때까지 기다렸다.

켐퍼가 외로워하고 자기도취증에 빠져 끝없이 얘기하고 싶어 했기 때문에, 이따금 나는 그에게 구체적으로 물어볼 것이 있으니 말을 멈추라고 해야 했다. 우리는 소형 녹음기를 사용했고 메모를 했다. 이것이 실수였다. 우리가 면담 내용을 녹음했기 때문에 상대가 우리에 대한 신뢰를 크게 잃었다는 것을 알았다. 이 사람들은 대개 천성적으로 편집증을 갖고 있지만, 교도소에서는 그럴만한 충분한 이유가 있다. 우리가 녹음 내용을 교도소 당국과 공유하거나 수감자가 연방 수사관들에게 말한 것이 일반 대중에게 알려질지도 모른다는 걱정이 있었던 것이다. 메모 역시 같은 이유로 좋은 생각이 아니었다. 그리고 상대는 우리가 자기에게 온전히 관심을 기울여주길 바랐다.

이처럼 조정해야 할 부분들이 있긴 했지만, 그 첫 번째 대화의 많은 부분에서 우리는 중요한 통찰력을 얻을 수 있었다. 아마도 가장 중요한 점은, 무엇이 이런 사람들을 반사회적 행동으로 몰아넣는지 이해하는 문제에 관해 천성 대 양육의 문제가 얼마나 적절한가를 처음부터 입증했다는 것이다. 이 문제는 내가 살인자와 한 거의 모든 면담에 영향을 미쳤고 아마도 조셉 맥고언과의 면담에서도 그랬을 것이다.

맥고언은 자라면서 에드 켐퍼와 같은 감정적 트라우마를 겪지 않았지만, 모든 것을 자신이 지배하고 통제하려 했던 어머니는 분명 그의 성장에 엄청난 영향을 미쳤다. 맥고언은 과학 석사학위가 있는 아주 지적인 스물일곱 살의 교사였지만, 어머니 집 지하실에서 살면서 여전히 감정적으로 어머니에게 의존하고 있었다. 성인이 되어서도 어머니를 거역하지 못하는 것과 어머니와 함께 살아야만 했던 것이 분명 그의 자아상에 영향을 미쳤다. 그리고 내가 보기에는 그것이 죄 없는 어린 여자아이의 삶에도 분명 영향을 미쳤다.

배심원단이 이미 선정된 버건 카운티 법정에서, 맥고언과 그의 변호사
들은 재판을 포기하기로 하고 대신 1974년 6월 19일에 일어난 1급 중
죄모살에 유죄 답변을 했다. 그것은 아마도 현명한 결정이었다고 생각
한다. 사건과 관련된 여러 사실과 그가 저지른 범죄의 명확함을 고려할
때, 배심원단이 형을 선고하면서 그에게 연민을 느끼거나 관용을 베풀
었을 거라고는 상상할 수 없기 때문이다.

11월 4일에 뉴저지 고등법원 판사 모리스 말레크는 맥고언에게 종신
형을 선고했고, 14년이 지나면 가석방을 받을 수 있게 했다. 맥고언은
이 판결에 불복해서 변호사를 통해 여러 번 항소했지만 모두 실패했다.

다음 달, 맥고언은 아베넬에 있는 뉴저지 성인진단 및 치료센터에서
다른 정신과 의사인 유진 레빗치 박사에게 검사를 받았다. 레빗치 박사
는 정신의학과 신경학 모두를 공부했고 럿거스 대학교 로버트 우드 존
슨 의과대학의 임상교수였으며 성폭행과 살인에 관한 초기 논문 몇 편
을 발표했다.

다시 한번 맥고언은 대학 시절 성적 욕구불만과 불안으로 인해 강간
환상이 있었다는 것을 인정했다. 그 이야기를 듣고 아미탈 소디움(소위
자백유도제)을 사용했을 때의 검사와 사용하지 않았을 때의 검사에서
차이점을 거의 발견하지 못한 그 정신과 의사는 맥고언이 조안을 살해
한 것이 "냉혹한 살해가 아니라 극도의 감정적 분열과 압박 상태에서
저질러진 범행이었다. 그 살인은 조루로 인해 과도한 혼란과 좌절을 느

낀 결과 벌어진 일이었다."고 말했다. 레빗치 박사는 또한 "부인(否認)이라는 매커니즘을 사용하는 어느 정도의 분열"을 인정했다.

공격자의 조루나 발기 실패, 발기 유지 실패가 원인이 되어 강간이 살인으로 변한 몇몇 사건이 있었기 때문에, 강간범은 두 개의 특정한 유형으로 분류되는 경향이 있다. 분노보복형 강간범과 착취형 강간범이다. 이런 사람들은 주로 성인 여성을 대상으로 범행을 저지르는 경향이 있으며, 조루 또는 이와 비슷하게 당혹스러운 상황에서 피해자가 조롱하는 반응을 보이거나 공격자의 체면이 깎이는 일이 생기면 끔찍한 상황으로 전개될 수 있다. 맥고언의 사건에서는 피해자가 어린아이였기 때문에 나는 그 원인이 이런 사건과는 다르다는 걸 확신했다. 그렇다 해도 레빗치 박사의 결론은 곰곰이 생각해볼 만 했다.

우리는 이런 사건이 한 개인의 평생에 오직 한 번만 일어난다고 생각한다. 그 사건이 일어나려면 일련의 상황들이 있어야 한다. 만일 그 여자아이가 그날 그 집에 오지 않았더라면, 혹은, 아마도, 그가 단 1달러와 20달러 지폐가 아닌 2달러를 가지고 있었더라면 그 사건은 일어나지 않았을 것이다. 적어도 그때에는 일어나지 않았을 것이다.

분명, 조안이 맥고언의 집에 가서 벨을 누르지 않았더라면 그 사건은 일어나지 않았을 것이다. 조안은 우발적 범죄의 비극적인 피해자였다. 하지만 범인의 사고방식을 연구하면서 알게 된 사실을 생각해볼 때, 그 다양한 심리 보고서들에 내가 얼마나 동의할 수 있을지는 확신할 수 없었다.

어떤 평가가 정답에 더 가까울까? "그는 다시 범행을 저지를 수 있다."라는 에프론 박사의 견해일까 아니면 "이 사건들은 그런 개인들의 삶에서 오직 한 번 일어날 뿐이다."라는 레빗치 박사의 결론일까?

나는 맥고언과 직접 얘기를 나눠보기 전까지 판단을 보류하기로 했다.

04
인간의 실패

내가 알게 된 사실 하나가 있는데, 살인사건으로 누군가를 잃은 사람들이 극도로 싫어하는 단어 하나가 있다면 그건 바로 '종결'이라는 것이다. 미디어, 대중, 선의를 가진 친구들, 그리고 심지어 사법체계마저도 이 '종결'이야말로 사랑하는 사람을 잃고 슬퍼하는 모든 사람이 '그 일을 잊고 다시 제대로 살아갈 수 있도록' 바라는 것이라고 흔히 생각한다.

하지만 살인을 '경험한' 사람이라면 누구라도 종결 같은 것은 없다는 걸 알며, 사실 있어서도 안 된다. 여러 단계의 애도 과정을 거치면서 도저히 견딜 수 없을 것만 같던 처음의 극심한 고통은 덜해진다고 해도 절대 사라지지는 않으며, 피해자를 잃으면서 한 사람의 우주에 만들어진 구멍과 평생의 약속이 사라진 자리 역시 절대 채워지지 않는다.

걸스카우트에서 조안의 가족에게 조문카드를 보냈다. 그것 말고는 그 가족과 공적으로 접촉하기 위해 노력한 사람은 아무도 없었다.

정말로 공허함이 시작되었다. 로즈마리는 이렇게 말한다. "조안을 묻고 나서 모든 사람이 자신의 삶으로 돌아갔어요." 그 시점에서 로즈마리에게 가장 중요한 것은 프랭키와 마리를 위해 가능한 한 예전과 같은 삶을 유지하는 것이었다. "마리는 걸스카우트 활동을 계속했어요. 나는 걸스카우트 쿠키를 생각하는 것만으로도 고통스러웠지만, 마리가 그렇게 하는 것을 원했어요. 그리고 우리는 조안과 함께 살았던 집에 남기로 했어요. 아이들이 학교와 친구들처럼 익숙한 것들과 여전히 가까이 있어서 더 많은 변화를 감당하지 않아도 되도록 하고 싶었어요. 그리고 아이들을 과보호하지 않으려고 했어요. 아이들이 계속 밖에 나가서 놀 수 있게 했죠. 아이들이 어디 있는지 늘 신경 쓰긴 했지만요. 아이들은 아이들이어야 했고, 나는 편집증 환자처럼 굴고 싶지 않았어요."

로즈마리는 아이들이 여동생 사건에 관해 계속 나오는 소식을 못 듣게 막지도 않았다. "무슨 일이 있었는지 두 아이에게 얘기해줬어요. 아이들이 나를 통해 그 얘기를 들을 수 있게 했죠. 아이들이 이런저런 얘기를 들을 텐데, 무서운 방식으로 그런 얘기를 듣게 하고 싶지 않았거든요. 우리는 침실 바닥에 함께 앉아 아이들이 생각하는 건 뭐든 함께 얘기했어요. 아이들은 그 시간을 기다렸고, 자신들이 배제되지 않는다는 걸 알았죠." 로즈마리와 프랭크는 이런 저런 일이 있을 때마다 아이들을 조안의 묘지에 데려가서 '천국에 있는 동생'을 만나게 했다.

로즈마리는 자신의 사랑과 고통이 분리될 수 없다는 현실을 결국 받아들였다. 그녀는 이렇게 말한다. "마음속에서 나는 여전히 조안과 연결되어 있다는 걸 느꼈어요. 그런 식으로 연결되고 싶지는 않았지만, 그래도 그렇게라도 연결되어 있었기 때문에 뭐든 할 수 있는 힘을 얻어요. 그리고 그런 식의 연결과 함께 오는 평화가 있다는 것도 알았어요."

로즈마리가 싸워야 하는 건 그게 다가 아니었다. 살인사건이 있고 나서 7개월 뒤, 사랑하는 아버지가 암으로 돌아가셨다. 로즈마리의 아버지는 손녀를 무척 예뻐했고 돌아가실 때까지 손녀를 그리워하며 슬퍼했다.

맥고언이 유죄를 인정했을 때 로즈마리는 재판에 갔다. 조안을 위해 그 자리에 있어야 할 것 같았다. 제네비에브 맥고언도 그곳에 있었다. "내가 법정에 들어갔을 때, 그녀는 내가 살면서 한번도 겪어보지 못한 차가운 시선으로 나를 보았어요. 사건 이후에 내가 그녀를 본 것은 그때가 처음이었어요."

맥고언이 재판을 받아서 진실이 드러나고 조안에게 일어났던 세세한 일을 비롯해 모든 것들이 있는 그대로 밝혀졌다면 로즈마리는 개의치 않았을 것이다. 하지만 흔히 그렇듯, 다른 종류의 세부 사항들이 그녀에게 들려오기 시작했다. 가장 소름끼쳤던 것은 제네비에브가 교회 지인에게 로즈마리만 아니었으면 아들이 조안을 죽이지 않았을 것이며 감옥에도 가지 않았을 것이기 때문에 자기는 로즈마리를 증오한다고 했다는 말을 친구에게 전해 들었을 때였다.

한편 로즈마리는 자기의 몸에서 이상 증상을 계속해서 느끼고 있었다. 로즈마리가 곰곰이 생각해보니, 그런 신호를 처음 느낀 것은 오래전, 뉴욕에서 지내던 열아홉 살 때였다. 어느 날 로즈마리가 버스를 타려고 뛰어가는데 갑자기 왼쪽 발이 뻣뻣해지면서 말을 듣지 않았다. 그녀는 왜 그런지 몰랐지만, 그 뒤로 재발하지는 않았기 때문에 대수롭지 않게 여겼다.

　몇 년 뒤 마리를 임신했을 때 로즈마리는 유난히 피곤함을 느꼈다. 임신을 하면 누구나 느끼는 그런 정도의 피곤이 아니라는 걸 알 수 있었다.

　로즈마리는 이런 알 수 없는 고통을 처리하기 위해 자신만의 전략과 대응기제를 알아내려고 애썼다. "집중과 선택을 통해 나만의 힘을 키워야 했어요."

　조안이 태어났을 때 로즈마리는 더 분명하게 피로를 느꼈고, 어쩔 수 없이 도와주는 사람을 고용해야 했다. 아이가 6주 될 때까지 그렇게 했다. 증상은 모호하고 오락가락했으며 몸 여러 부분에 영향을 미치는 것 같았다. "오전에서 오후로 가면서 상태가 점점 나빠지다가 늦은 오후에는 최악이 되었어요. 내게 뭔가 문제가 있다는 걸 알았죠." 한 가지 공통분모는 극심한 피로였으며, 그날 하루 쓸 수 있는 에너지가 일정하기 때문에 그 에너지를 다 쓰면 문제가 나타날 거라는 걸 알았다.

　로즈마리는 병원에 가보았지만 아무것도 알아내지 못했다. 어떤 의사들은 산후우울증이 몸으로 나타나는 거라고 말했다. 바이러스 때문에 그런 것이며 회복될 거라고 말하는 의사들도 있었다. 하지만 로즈마리는 회복되지 않았으며 "쉬지 않으면 여지없이 감염되곤 했다."고 말했다.

　조안이 죽고 1년이 지나서야 마침내 정확한 진단명이 밝혀졌다. 로즈마리는 뉴욕의 마운트 시나이 병원에서 수많은 검사를 했다. 그곳의 신경과 전문의는 로즈마리가 앓고 있는 병이 신경과 근육 사이에 정보

전달이 제대로 되지 않아 생기는 신경근 질병인 중증 근무력증이라는 진단을 내렸다. 그것은 자가면역 장애로 흉선 기형과 관계있을 수 있으며, 유전적 배경과는 관계가 아주 적거나 없다. 치료제는 그때도 없었고 지금도 없으며, 치료는 증세를 완화하는 데 집중하는 것이다. 그 증세에는 극심한 피로와 체력 저하 말고도 감기는 눈꺼풀, 복시, 불분명한 발음, 섭식장애, 심지어 호흡 곤란도 포함된다.

"의사들은 중증 근무력증이 환자마다 사례가 다 다르다고 했어요. 내 경우 페이스를 잘 유지하고 생활이 정돈되면 조금 좋아져요." 로즈마리는 또 이렇게 덧붙이기도 한다. "나는 가끔 모험을 하는데, 바로 그때 삶에서 대부분의 기쁨을 얻어요. 사실 그 덕분에 내가 기쁨의 순간들을 훨씬 더 잘 인식한다고 생각하는데, 이런 병이 기쁨의 순간을 아주 선명하게 만들어주기 때문이에요."

한 번의 유산 이후, 1980년과 1982년 마이클과 존이 태어났을 때도 그런 기쁨들 중 두 번의 기쁨을 경험했다. 프랭키와 마리는 이미 10대였으므로, 로즈마리와 프랭크에게 이 일은 두 번째 세대의 아이를 갖는 것과 같았다.

하지만 그 기쁨은 오래 가지 못했다. 프랭크가 실직하면서 두 사람의 결혼생활이 흔들리기 시작했다. 로즈마리가 말한다. "또 다른 좋은 직업을 찾긴 했지만 남편은 우리에게 화를 냈어요. 존이 여덟 살이었을 때, 아이가 자기 몸을 부적절하게 만지거나 다른 이상한 행동을 하더군요." 모든 시련을 거치는 동안 그녀를 버티게 한 것은 종교적 믿음과 헌신이었다. 로즈마리가 말했다. "종교를 가지면서 언제나 신은 내게 정신과 의사와 같았어요. 조안에게 그 일이 있고 나서, 나는 신에게 적의가 없는 삶, 그리고 예방과 보호와 정의를 옹호하는 삶을 선택하게 도와달라고 했어요."

1990년대 초, 마이클이 열한 살이고 존이 아홉 살이었을 즈음, 프랭크는 아래층으로 방을 옮겼다. 로즈마리는 그것이 오직 한 방향으로 이르는 길에서 다음 단계일 뿐이라는 걸 알았다. "나는 1993년에 이혼하려고 했어요. 9월 7일, 조안의 생일에요." 로즈마리가 말했다.

그때 두 사람은 로즈마리의 삶을 다시 한번 바꾼 전화 한통을 받았다. 그해 7월 26일, 버겐 카운티 검찰청의 에드 데닝 형사 부장에게서 온 전화였다. 그는 조셉 맥고언이 가석방을 신청했다고 전했다. 로즈마리는 맥고언이 모범적으로 행동하고 성실하게 노역을 수행하면 형량이 6년이나 줄어들 수 있다는 말을 듣지 못했기 때문에 이 소식에 충격을 받았다. 맥고언은 조건이 충족되었던 1987년에 처음 가석방을 신청했다가 거부당했지만, 최소 기간 이상을 복역했기 때문에 이번에는 가능성이 높아 보였다.

살인이 일어난 지 20년이 되었고, 로즈마리는 조안을 다시 대중의 관심 속으로 데려오고 싶었다. "슬픔을 되새기자는 것이 아니라, 조안의 살인자를 감옥에 가둬두기 위해 목소리를 높이고 그가 몇 년 마다 가석방 대상자에 오르지 못하게 하려는 것이었어요. 나는 사람들과 함께 하는 이 운동이 모두에게 도움이 될 거라고 생각했어요."

예전 태펀지 고등학교 치어리더의 어머니가 로즈마리에게 전화해서 자신의 딸이 학교 다닐 때 맥고언에게 스토킹을 당했던 것 같다며 "만일 맥고언이 출소하면 겁에 질릴 것"이라고 말했다.

로즈마리는 맥고언을 감옥 안에 두기 위해 싸워야 한다는 걸 알았다. 그래서 지역과 카운티 관료들, 구의원, 지역사회와 협력해 힐즈데일의 베테랑 공원에서 1993년 9월 30일 모임을 만드는 것으로 시작했다. 1,000명이 넘는 지지자들이 참여했다. 로즈마리가 설명한다. "변호사의 조언에 따라 내 이혼 계획은 바꿔야 했어요. 맥고언을 계속 가둬두기 위한 싸움에 집중해야 했으며, 이혼 문제로 그 일을 복잡하게 할 수 없었죠."

로즈마리는 두 가지 강력한 이유로 맥고언을 감옥에 계속 가둬둬야 했다. 하나는 적어도 자신이 저지른 죄의 극악무도함에 걸맞은 처벌을 받게 해야 한다는 것이었고, 또 하나는 조안처럼 맥고언의 손에 고통당하는 어린아이가 있어서는 안 된다는 것이었다. 조안의 죽음에 어떤 의미가 있는 거라면, 조안이 성목요일에 실종되어서 부활절 일요일에 발견된 것에 어떤 의미가 있는 거라면, 로즈마리는 자신이 뭔가를 해야 할 거라고 생각했다. "희망의 메시지는 분명했어요. 그것은 어린이 보호를 위한 운동이 되어야 하며 사회가 조안, 성 목요일, 성 금요일에 자극 받도록 돕는 것이어야 했어요." 인간에게 자유 의지를 명했고 그래서 신의 가치를 저버리려 하는 사람들의 손에 어린아이가 죽는 일을 겪어야 했던 신이 로즈마리에게 메시지를 주고 있는 것 같았다.

"이것이 내가 해야만 하는 일이라는 걸 나는 그때 깨달았어요. 그리고 그 일을 하는 것이 조안의 영혼에 다가가는 일이라고 생각했어요. 바로 그때 그 운동이 시작되었죠. 하지만 가족에게서 확실한 지지를 받지는 못했어요. 오히려 정반대로 가족은 말로 나를 공격했고, 물리적 힘으로 위협했으며, 나를 괴롭히는 메일을 보냈어요. 1990년대 후반에 마이클과 존이 함께 하려 했지만, 그전에는 철저히 나 혼자였죠."

로즈마리는 자신의 목소리를 내기 시작했으며, 사람들을 조직하기 시작했다. 아동 대상 범죄자들의 위험성과 그들이 감옥에 있어야 하는 이유들을 대중에게 인식시키기 위한 9개월간의 캠페인을 이끌었다. 가석방 위원회는 이 주장을 듣고 다시 한번 맥고언의 가석방 요구를 거부했다. 이에 못지않게 중요한 사실은 가석방 위원회가 맥고언의 사건을 검토한 다음 그를 트렌턴의 최대 보안시설로 옮긴 것이었는데, 이곳 교도소장은 맥고언이 처음부터 그곳에 있어야 했다고 생각했다. 게다가 가석방 위원회는 맥고언이 다음 심리를 받으려면 20년이라는 자격 심사 기간을 보내야 한다고 명령했다. 단 모범적으로 행동하고 성실하게 노역을 한다면 그 기간이 12년으로 단축되고, 그렇게 되면 맥고언은 2005년에 다시 한번 자격을 갖게 되는 것이었다.

로즈마리는 맥고언의 1993년 가석방 요구가 거부되었을 때 거기에서 멈추지 않았다. 아동 희생자들을 위한 정의 확립을 위해 결집하고 청원하도록 부모님과 여러 이해 관계자들을 조직하면서 보통 사람들을 대상으로 운동을 시작했다. 로즈마리는 글을 썼다. 그리고 전화를 했다. 텔레비전과 라디오에 출연했고 인터뷰도 했다. 가는 곳마다 조안이 좋아하던 작은 녹색 리본을 나눠주었다.

로즈마리는 3년 동안 이 일에만 매달렸다. 그리고 1997년 4월 3일, 주지사 크리스틴 토드 휘트먼은 '조안 법'으로 알려진 법에 서명했다.

조안을 기억하며 옷깃에 녹색 리본을 달고서 주지사 휘트먼은 버건 카운티 교도소 밖에서 밝은 햇살을 받으며 앉았다. 로즈마리, 프랭크, 마이클과 존이 그녀 곁에 앉았으며 그 주위를 경찰관, 형사, 보안관 대리, 국회의원들이 둘러쌌는데, 그들 모두 그 운동을 지지해서 법이 제정되도록 했다.

조안 법에 따라 열네 살 미만 어린이를 성폭행하고 살인해서 유죄판결을 받은 사람은 가석방 가능성 없이 종신형을 선고받도록 뉴저지 형법이 개정되었다.

로즈마리는 단에 올라가서 그 법안을 후원하고 지지한 사람들과 주지사에게 감사했다. "이렇게 해서 범죄를 막을 수 있기를 우리는 희망합니다." 그런 다음 로즈마리는 조안의 사진을 들어 올리며 말했다. "우리가 감사해야 하는 사람은 바로 이 아이입니다. 조안의 영혼은 생생하게 살아있습니다. 조안은 여러분이 더 웃기를 바랍니다. 여러분이 더 긍정적으로 되길 바랍니다."

다음 해인 1998년 10월 30일, 빌 클린턴 대통령은 연방 차원의 조안 법에 서명했다. 그리고 6년 뒤인 2004년 9월 15일, 뉴욕 주지사 조지 퍼타키는 조안의 시신이 발견된 장소인 해리먼 주립공원으로 가서 뉴욕주의 조안 법에 서명했다. 로즈마리는 그 법안 서명 행사에 참석하지 못했지만 침대에서 전화로 소식을 들었다. 바로 그 침대에서 로즈마리는 법안 통과를 위해 수많은 사람에게 연락했다.

아이러니컬하게도, 조안 법의 적용을 받지 않은 기결수 한 사람이 바로 조안의 살인자, 조셉 맥고언이었다. 그는 법안이 확정되기 전에 형을 선고받았으며 그 법은 소급 적용이 되지 않았다. 그래서 항소법원의 결정에 따라, 뉴저지 가석방 위원회와 로즈마리 댈러샌드로는 다음 심리를 준비했다.

이것이 특히 문제가 된 이유는 1993년 결정이 내려진 직후 맥고언이 2005년까지 가석방 심리를 받지 못하게 한 판결에 이의를 제기했기 때문이다. 상고법원은 가석방 위원회 측에 추가 정보를 요구했고, 그런 다음 그 결정이 유효하다고 결정했다. 다음 몇 년 동안 맥고언은 세 번이나 이의 제기를 했고, 댈러샌드로 부부는 그때마다 위원회에 참석해야 했다. 피해 진술을 하는 과정이 힘들었지만, 로즈마리는 조안이 겪은 일과 그들이 겪은 일을 위원회에 가능하면 있는 그대로 알려야 한다고 생각했다.

1998년 5월, 법원은 위원회가 가석방 기준을 너무 높게 정했다고 판결했다. 법원은 위원회 구성원들이 그가 갱생되었는지 여부를 고려해서는 안 되며 단지 그가 석방되면 또 다시 강력 범죄를 저지를 것이라고 믿을 만한 상당한 이유가 있는지를 고려해야 한다고 했다. 다시 말하면 그가 위험한 인물인지 아닌지를 판단해야 한다는 것이다.

그리고 이 지점에서 내가 관여했다.

05
정신과 의사들이 말한 것

맥고언이 구속되고 처음 15년 동안, 갈렌과 에프론, 레빗치 박사가 1974년에 처음 평가를 시행하고 나서 적어도 여덟 번의 심리 평가가 더 이루어졌다는 사실이 사건 파일에 기록되었고, 앞에서 언급된 고등법원 결정에서도 사실로 확인되었다. 이 15년의 기간 동안, 맥고언은 모범수 같은 모습을 보이면서 문제를 일으키지도 않았고 다른 죄수들과 말썽을 피우지도 않았다.

처음 몇 번의 평가는 간단했으며 주로 범죄자 자신의 보고에 의존했다. 구속된 흉악범에 대한 이런 종류의 평가는 내게 언제나 판단의 어려움을 주었다. 우리들 대부분이 신체적 문제 때문이든 정신적 문제 때문이든 의사를 만날 때, 그 목표는 치료를 받거나 도움을 받는 것이므로 진실을 말하는 것이 분명 가장 유리하다.

하지만 이 논리가 감옥 안의 사람들에게도 그대로 적용되는 것은 아니다. 우선, 그 흉악범은 정신과 의사나 심리학자를 선택해서 만나지 않는다. 그 만남은 공식적인 명령으로 이루어진다. 그리고 그 흉악범과의 만남은 그가 '더 좋아지도록' 돕기 위해 마련된 것이라기보다 그의 태도, 갱생, 잠재적 위험을 평가하기 위한 것이다. 그러므로 그 흉악범은 진실을 말하기보다 자신을 아주 그럴듯하게 묘사하는 것에 더 큰 관심이 있다.

아타스카데로에서 석방되고 나서 법원 명령에 따라 주 신경정신과 의사와 여러 차례 면담을 할 때, 에드 켐퍼는 그의 마지막 피해자인 열다섯 살 소녀의 머리를 자신의 차 트렁크에 넣어두고 있었다. 그 특별한 면담을 하는 동안, 신경정신과 의사는 에드 켐퍼가 더는 자신이나 다른 사람들에게 위협이 되지 않는다고 결론 내렸으며 그의 청소년기 기록에 대한 열람금지를 권고했다. 그런 이유로 나는 이런 류의 자기보고를 믿지 않는다.

감옥에 있던 맥고언의 정신건강에 관한 파일이 바로 그랬다. 1987년 1월, 1988년 10월, 1991년 9월에 만들어진 세 건의 개별 보고를 보면 맥고언이 자신의 죄를 인정했으며 범죄에 대해 후회하는 것으로 보인다고 기록되었다. 세 보고서 모두 가석방을 권고했다. 하지만, 맥고언은 로즈마리를 비롯해 조안의 다른 가족 누구도 만나려 하거나 그들에게 반성한다는 뜻을 전하려 한 적이 없었다.

1993년 10월 7일, 성인진단 및 치료센터의 책임 임상심리사 케네스 맥닐 박사가 맥고언을 만났다. 그는 뉴저지주 가석방 위원회의 요청으로 그곳에 갔다. 구체적으로 말하면, 위원회는 그 죄수에 관해 '(1) 강력범죄를 저지를 가능성, (2) 전반적인 성격 개요, (3) 몇몇 심리적 문제의 존재/부재, (4) 치료 프로그램 추천'을 평가해주길 원했다.

맥닐 박사의 결론은 이전의 세 보고서뿐만 아니라 갈렌, 에프론, 레빗치 박사가 처음에 작성한 보고서와도 내용이 상당히 달랐다. 맥닐 박사에 따르면, 맥고언은 "그가 범죄를 저지르기 이전 혹은 이후 아이들에 대한 성적 환상이나 태도"에 관련된 어떤 이야기도 부인으로 일관했다. 맥닐은 보고서에서 또 이렇게 언급했다.

맥고언은 또한 어떤 해리증상도 부인했다. 하지만 범죄에 대해 애기하는 동안 잠깐 잠깐 멍한 표정을 짓고 다른 곳을 보았는데, 이것은 그가 해리 과정을 겪는다는 걸 의미했다. 맥고언은 자신의 범죄를 명확하게 기억하는 일에 제대로 집중하지 못했다.

맥닐은 이렇게 결론 내렸다.

맥고언은 자신의 범죄에서 명확하게 드러나는 성적 일탈과 폭력의 정도를 완전하게 인식하는데 진전을 거의 보이지 않거나 혹은 전혀 보이지 않았다. 안타깝게도 그는 범죄를 저지를 때와 비슷하게, 여전히 계속해서 부인과 억압을 통해 자신의 그런 부정적인 면들을 주로 처리하는 것 같다.

이전 세 개의 보고서 내용과 같이 맥닐은 "맥고언이 당장이라도 난폭한 행동을 벌일 위험성이 존재한다는 증거는 없다."고 결론내리면서도

"체계가 갖춰지지 않은 지역사회 환경에서, 분노와 거부, 성적으로 무능하다는 느낌을 제대로 처리하지 못한다는 사실은 여전히 문제의 여지가 있다."고 덧붙이면서 얼버무린다.

종합해보면, 이 보고서들은 인간의 사고방식과 동기, 심지어 이것들과 물리적 뇌의 관계를 우리가 명확하고 일관되게 이해하지 못한다는 걸 분명히 보여주었다. 때때로 우리는 정신적 증상을 보면서 그것을 뇌 혹은 신경 체계의 물리적 문제와 직접적으로 연결하기도 하지만, 대부분의 경우 그렇게 하지 못한다. 혹은 한 걸음 더 나아가서, 특별히 잔인하고 반사회적인 행동, 즉 범죄 행동이 정신적 혹은 감정적 질병의 결과였다고 말하기도 한다. 다른 경우, 가해자는 정신병을 앓고 있지 않지만, '성격 장애'를 갖고 있고 그러므로 자신이 한 행동에 더 큰 책임이 있다고 말한다. 그런데 정신병과 성격 장애의 차이는 무엇일까?《정신질환 진단 및 통계편람Diagnostic and Statistical Manual of Mental Disorders》을 읽는 정신과 의사가 우리에게 정의를 내려줄 수 있겠지만, 그것이 정말로 그 차이에 대해 뭔가를 우리에게 알려줄까?

범죄와 관련해 행동과학을 분석하는 내 동료들과 나는 폭력적이거나 약탈적인 범죄를 저지르는 사람은 누구라도 정신적으로 아프다는 전제 하에서 작업한다. '정상적인' 사람은 그런 범죄를 저지르지 않는다는 점에서 이것은 거의 필연적인 결과다. 하지만 정신장애는, 그 자체로 그 가해자가 정신이상이라는 것을 의미하지는 않으며, 의학적 용어라기보다 법적 용어로 책임과 관련 있다.

오랜 세월에 걸쳐 '정신이상'을 정의하려는 수많은 시도가 있었지만,

이런 저런 식으로 그 시도들은 모두 1843년 다니엘 맥노튼이 영국 수상 로버트 필 경을 암살하려 한 후에 영국 법정에서 만들어진 맥노튼 규칙으로 귀결되었다. 맥노튼은 필의 런던 자택 밖 아주 가까운 거리에서 총을 쐈는데 수상 대신 수상의 비서인 에드워드 드루몬드가 죽었다. 피해망상에 시달렸던 맥노튼은 정신이상의 이유로 무죄 판결을 받았으며, 그 이후로 수많은 해석과 변화를 거치면서, 피고인이 옳고 그름을 구분할 수 있는지 혹은 구분을 할 수 없을 만큼 강한 망상이나 충동으로 행위를 했는지를 밝히려는 기본적인 법적 테스트가 영국과 미국 법정에서 실시되었다.

아마도 우리가 알고 있는 인물들 중 정말로 정신이상에 가장 가까운 범죄자는 리처드 트렌튼 체이스일 텐데, 그는 자신이 살아있기 위해서는 여자들의 피를 마셔야 한다고 확신했다. 정신이상 상태에서 범죄를 저질렀다는 이유로 정신병원에 수용되어 더는 인간의 피를 얻지 못하자 그는 토끼를 잡아서 그 피를 마시는가 하면 자신의 팔에 주사를 하기도 했다. 작은 새들을 잡을 수 있게 되자 새들의 머리를 물어뜯은 다음 그 피를 마셨다. 그는 자신보다 작고 약한 생명체들을 고통스럽게 하고 죽이는 걸 즐기는 사디스트가 아니었다. 그는 완전한 정신이상자였으며, 흔히 이야기하는 소시오패스 범죄자와는 완전히 달랐다. 그는 서른 살에 감방 안에서 자살했는데, 항우울제를 많이 모아놓았다가 한꺼번에 복용했다.

하지만 리처드 트렌튼 체이스 같은 살인자들은 많지 않고, 정신이상과 정신병 사이의 이 모호함 때문에 살인자들을 인터뷰한다는 우리

프로젝트의 초기 목표들 중 하나가 명확해진다. 우리의 면담이 정말로 쓸모가 있기 위해서는, 그 결과를 체계화할 방법을 찾아야했다. 즉 더 광범위하게 적용될 수 있는 차이점이 마련되고 각 개별 사건을 아우르는 용어가 있어야 했다. 1980년대에, 성범죄와 대인 폭력 전문가인 로이 헤이젤우드와 함께 우리는 《FBI 법집행 공보FBI Law Enforcement Bulletin》에 실을 쾌락살인에 관한 논문 작업을 했다. 이때 처음으로, 우리는 심리학에서 차용한 용어 대신 범죄 수사관들에게 더 유용할 일련의 용어를 썼다. 우리는 범죄 현장에서 보이는 행동 형태를 설명하기 위해 '계획적인,' '계획적이지 않은,' '혼합된' 같은 개념을 도입했다.

로이는 그가 이전에 함께 연구했던 앤 버지스와 나를 만나게 해주었다. 앤은 아주 높은 평가를 받는 저자이며, 보스턴 칼리지의 정신의학 간호학과와 펜실베이니아 대학교 간호대학의 교수이고, 보스턴 보건병원부의 간호 연구 부책임자였다. 로이와 함께 앤은 강간과 강간의 심리적 영향에 관해 미국의 대표적인 권위자들 중 한 사람이었다. 재미있게도 앤은 보스턴 칼리지에서 최근 남자의 심장마비 예측의 정확성을 포함하는 연구 프로젝트를 완성했으며 그녀의 연구에서 필요한 '역설계'와 우리가 하려고 하던 것 사이에 흥미로운 유사점이 있다고 생각했다.

앤은 결국 국립사법연구소에서 주는 보조금을 확보할 수 있었으며 그 덕에 우리는 철저한 연구를 하고 그 결과를 발표할 수 있었다. 국립사법연구소에서 업무 담당자로 근무한 로버트 레슬러가 그 보조금을 집행했다. 우리는 함께 범죄자 면담에 사용할 57페이지의 문서를 만들었고, 이것을 평가 프로토콜Assessment Protocol이라고 했다. 여기에는 범행수법, 범죄 현장 설명, 피해자학, 범행 전후의 행동, 범인들이 발각되고 체포된 과정을 비롯해 여러 요소를 나타내는 범주들이 실려 있다. 면담 내용을 녹음하거나 기록하는 것 모두 좋은 방법이 아니라고 이미 결론 지었으므로 우리는 면담을 마치자마자 면담 대상의 말을 최대한 기억해 그 내용을 기록했다.

1983년에 공식적인 연구를 마치고 나자, 우리는 36명의 범죄자들과 주로 여성인 118명의 피해자들에 대해 상세한 연구 자료를 가질 수 있었다. 그리고 이즈음 행동과학부에서의 충분한 경험과 정교함을 바탕으로 공식적인 프로파일링과 사건 상담을 제공할 수 있었다. 로버트 레슬러와 로이 헤이젤우드는 연구와 강의를 계속하면서 여건이 허락될 때 파트타임으로 상담했다. 나는 첫 번째 풀타임 운영 프로파일러와 범죄자 프로파일링 프로그램의 운영자가 되었다가 나중에는 새로운 부서를 만들었다. 내가 가장 먼저 할 일은 '행동과학과 프로파일링에서 불필요한 부분을 제거'하는 것이었다. 나는 우리 부서의 이름을 조사지원부 Investigative Support Unit, 즉 ISU라고 다시 지었다. 우리 업무는 프로파일링 프로그램, 방화와 폭격, 경찰 집행부 협력 프로그램, VICAP(전국 강력 범죄자 검거 프로그램이며 여기에는 관할구역 간의 사건들을 기록하고 비교하는 것이 포함되었다.)와 주류 · 담배 · 화기 및 폭발물 단속국과 비밀 검찰국을 비롯한 다른 연방 법집행 기관들과의 협력을 망라했다.

우리는 우리의 범죄 수사 방식이 유용한 범죄 형태들이 있고 그렇지 않은 범죄 형태들이 있다는 걸 이해했고, 이런 사실을 잠재적 법집행 의뢰인들에게 명확히 알리려고 했다. 예를 들어, 지극히 평범한 뒷골목 강도나 중죄모살(눈앞의 이익만을 위해 순간적으로 저지르는 우발적 범죄)에는 프로파일링이나 행동분석이 적합하지 않았다. 이런 사건은 시나리오가 너무 평범하며, 그 내용이 아주 많은 사람에게 적용되고 예측 가능해서 유용하지 않다. 하지만 그런 사건에서도 우리는 범죄자를 없애는데 도움을 주는 예방 기법들을 제안할 수 있다.

반면 범죄 분석으로 입증할 수 있는 것처럼, 범죄자가 정신병을 보이면 보일수록 우리는 그 범인을 프로파일링하고 정체를 밝히는데 도움되는 일을 더 많이 할 수 있다. 하지만 우리는 이렇게 분석을 한 다음 심리학을 범죄 해결에 도움이 되도록 이용하면서 해당 지역 수사관들과 상의할 수 있어야 했다.

1988년, 로버트 레슬러와 앤 버지스와 나는 우리의 연구 내용과 결론을 《성적 살인: 형태와 동기Sexual Homicide: Patterns and Motives》라는 제목의 책으로 발표했다. 학계와 법집행 공동체 모두에서 우리가 받은 반응은 만족스러웠다. 하지만 정신건강 전문가들이 《정신장애 진단 및 통계 편람》을 다섯 번째 개정판DSM-5까지 펴낸 것처럼 우리 역시 우리의 연구와 조사가 법집행 전문가들에게 실제로 유용하도록 만들겠다는 목표를 향해 계속 노력했다.

우리는 확인되지 않은 대상(우리의 용어로 미확인범)을 진정으로 이해하기 위해서는 그가 특정 형태의 범죄를 '왜' 그리고 '어떻게' 저지르고 있었는지 이해해야 한다는 걸 깨달았다. 그리고 같은 이유로, 단순히 원인의 결과나 과정의 결과보다는 동기로 범죄를 분류할 수 있어야 했다. 이것은 내가 박사학위 논문을 쓰면서 해결하기 위해 애쓰는 도전이었다.

즉 법집행관들에게 살인 분류 방법을 교육하는 여러 방법을 평가하는 것이었다. 다시 말해서, 나는 범죄의 행동역학이론을 설명하는 방법으로 사건 해결에 실제로 도움을 주는 내용을 제시하려고 노력했다.

그 최종 결과가 앤 버지스와 그녀의 남편인 앨런 버지스, 로버트 레슬러와 함께 1992년에 발표한 《범죄 분류 매뉴얼Crime Classification Manual》인데, 논문 연구에서 시작해서 FBI와 법집행 기관에 있는 뛰어난 인재들의 협조를 얻어 완성했다. 《범죄 분류 매뉴얼》이 처음 발표되었을 즈음, 우리는 이미 애틀랜타 아동 살인, 뉴욕 로체스터에서 벌어진 아서 쇼크로스의 매춘부 살해, 뉴욕시티의 프랜신 엘베슨 살인, 샌프란시스코의 트레일사이드 킬러(일명 트레일사이드 킬러로 알려진 데이비드 조셉 카펜터는 캘리포니아주 샌프란시스코 근처의 주립 공원에 있는 하이킹 코스에서 다양한 개인을 스토킹하고 살해한 것으로 알려진 미국 연쇄살인범이자 연쇄강간범), 일리노이의 칼라 브라운, 조지아의 린다 도버, 사우스캐롤라이나의 샤리 페이 스미스, 텍사스의 FBI 직원 도나 린 베터의 살인들을 비롯해 꽤 많은 사건에서 프로파일링을 성공적으로 수행했다. 또한 우리는 프로파일링과 행동과학을 이용해 잘못 유죄 판결을 받은 데이비드 바스케즈를 석방하는 데 도움을 주기도 했는데, 그는 지적으로 문제가 있었으며 버지니아의 감옥에 있었다. 그가 강압적인 상황에서 몇 건의 살인사건에 대해 자백을 했지만, 우리는 그 범죄들을 진범인 티모시 스펜서와 연결 지을 수 있었고 이후 그는 재판을 받고 처형당했다.

그 사건을 돌아보면, 맥노튼 규칙처럼 정신착란성 방위는 앤과 앨런 버지스, 로버트 레슬러, 그리고 내가 《범죄 분류 매뉴얼》을 만든 주요 이유들 중 하나였다. 범죄 수사의 관점에서 어떤 것이 질병인지 혹은 장애인지 혹은 아무것도 아닌지는 우리에게 전혀 중요하지 않았다. 우리는 범죄자들의 행동이 어떻게 범행 동기와 범죄를 보여주며 그 행동이 범행 이전, 범행 동안, 그리고 범행 이후 가해자의 '생각'과 어떻게 연관되는 지에 관심이 있었다. 그 행동이 유죄 판결을 받지 못할 정도로 장애가 있었는지 아닌지(법적으로, 각 범죄는 두 개의 요소 - 그 행위와 그 행위를 한 범행 동기로 구성된다는 것을 고려할 때)는 배심원단과 판사가 판단해야 하는 문제였다.

하지만 맥고언의 정신 상태에 대한 이 보고서들을 보면서, 나는 이 보고서들을 근거로 그가 가석방에 적합한지 결정하는 것에 훨씬 더 불편해졌다. 만일 당신이 뭔가가 굉장히 잘못되었다는 걸 분명하게 보여주는 심각한 신체적 증상을 가지고 있어서 네 명의 의사에게 검사를 받았고 그들 각각이 다른 진단을 내린다면, 아마도 그 의사들의 진단 프로토콜의 정확성에 심각하게 의문을 가질 것이다. 당연히 당신은 통증의 진짜 원인이 무엇인지 확인하기 위해 일련의 검사를 요구할 것이며, 혈액검사와 내분비 검사와 영상 검사로 질병의 명확한 원인이 밝혀질 때까지 만족하지 못할 것이다.

하지만 대부분의 사건에서, 정신 진단의 정확함을 보여주는 검사가 전혀 존재하지 않는다. 우리는 그 증상(이 사건의 경우, 일곱 살 여자아이에게 저지른 잔인한 강간과 살인)을 알지만 원인을 입증하지 못한다. 그래서 내가 가장 걱정하는 것은 우리가 얼마나 정확하게 미래의 위험성을 예측할 수 있는가다. 이것은 의사가 그 질환의 원인을 밝힐 수는 없지만 그 질환이 재발할지 여부에 큰 관심이 있다고 말하는 것과 같을 것이다. 다시 말해서 우리는 그저 추측할 수 있을 뿐이며, 판단이나 견해를 제시할 수 있을 뿐이다. 하지만 나는 언제나 같은 전제에서 시작하는데, 이는 내가 FBI에 있을 때 내내 가르쳤던 것이다. "과거의 행동은 미래의 행동을 가장 정확하게 나타내는 지표다."

1998년, 처음 맥고언을 조사하고 5년이 지난 다음, 가석방 위원회의 재요구에 따라 맥닐 박사는 다시 한번 평가를 했다. 이번에도 맥고언은 이전에 인정했던 어린 여자아이들에 대한 강간 환상과 성적 매력을 부인하면서 그 살인을 여러 상황이 잘못 합해진 탓으로 돌렸다. 맥닐 박사는 이렇게 말했다. "그 피해자는 맥고언이 몇 주 동안 자살을 적극적으로 계획했지만 행동으로 옮기지 못했던 시기, 극도로 절망하던 시기에 그의 집에 온 것입니다." 조안이 현관에 나타났을 때, "그는 설명할 수 없는 분노에 휩싸였습니다."

내가 조셉 맥고언을 직접 만날 준비를 하면서 이 마지막 보고서들을 읽을 때, 특히 놀랐던 대목이 있었다. 바로 '몇 주 동안 자살을 적극적으로 계획했던 시기, 극도로 절망하던 시기'였다.

그가 자살을 하려고 계획하고 있었는지 아닌지는 정확하게 알 수 없었지만, 내가 이 사건에 참여하고 세부 내용을 습득하기 시작한 순간부터 생긴 질문은 이런 것들이었다. '왜 이 피해자인가, 그리고 왜 그때인가?'

맥고언이 어린 여자아이들에게 성적으로 이끌렸다 해도, 그리고 자신의 남성성을 확신하지 못했다 해도, 억압적인 어머니에게 완전히 지배

당했다 해도, 그 특별한 순간에 그의 마음속에서 어떤 일이 일어났기에 같은 동네에 사는 아이를 자신의 집에서 폭행하고 죽이는 아주 위험한 범죄를 저지르게 되었을까?

맥닐 박사는 그의 마지막 평가가 전반적으로 이전 평가와 일치한다고 가석방 위원회에 말했지만, 이 나중 보고서에서 그는 맥고언이 "분노할 때 분열의 가능성이 있고 소아기호증이나 성폭력 같은 심각한 성적 이상의 가능성도 있으며, 이를 맥고언은 계속 부인한다."고 지적했다. 그는 또한 맥고언이 "편집증 성향과 상당한 폭력 가능성을" 가지고 있으며 "맥고언이 범죄의 성적인 면에 계속 제대로 대처하지 못한 것을 고려할 때, 그의 범죄에서 분출된 소아성애 충동과 성적 가학증을 직시하는 데 거의 진전을 보이지 못한 것 같았다. 그러므로, 그를 가석방하는 것은 상당히 위험하다고 생각할 수밖에 없다."라고도 말했다.

'좋아', 나는 이렇게 생각했다. 그래서 맥닐 박사가 자신의 보고서 두 개가 전반적으로 일치한다고 생각할지라도, 그리고 그 대상이 감옥에서 심각한 문제를 전혀 보이지 않았다 해도, 예전에는 그가 "맥고언이 언제든 폭력적인 행동을 할 위험이 있음을 나타내는 어떤 증거도" 보지 못했다고 얘기했지만 이제는 '폭력의 가능성이 꽤 존재한다.'라고 본다.

그러니 이 맥고언이라는 자는 실제로 어떤 사람인가? 내가 아주 철저하게 조사할 수 있다면, 그는 자신이 어떤 사람인지 내게 보여줄까?

06
붉은 분노와 하얀 분노

밖에서 보니, 트렌턴의 뉴저지주 교도소는 사람들이 상상하는 최대 보안 기관의 모습처럼 보인다. 두꺼운 회갈색 벽이 있고 그 꼭대기는 날카로운 칼날 같은 것이 달린 철사로 휘감겨 있다. 유리를 끼운 파수탑들이 벽 모퉁이들과 한가운데 서 있고, 그 뒤로는 지붕이 비스듬하고 장식 없이 기능만 강조한 건물들이 보인다. 교도소에서 비교적 최근에 지어진 부분도 음침해 보이는 것이 꼭 요새 같은데, 그 단단한 붉은색 벽돌 구조물에 달린 좁은 유리 창문들은 자유와 감금 사이를 명확히 구분한다.

그날 아침, 나는 교도소 측으로부터 대리인 자격을 받았으며 내가 뉴저지주 가석방 위원회를 대표한다는 걸 나타내는 사진이 부착된 이름표를 받았다. 나는 권위를 보여주기 위해 늘 입는 짙은 색 정장을 입었다.

나 같은 사람도, 이런 시설의 문을 통과하고 여러 개의 장벽을 지나 교도소장의 사무실로 가다 보면 단테 알리기에리가 지옥문 위에 새겨져 있던 "여기에 들어오는 자, 모든 희망을 버려라."라는 글을 보았을 때 분명 생각했을 법한 그런 생각이 든다.

맥고언과 얘기를 나누려고 들어가기 전에, 나는 이전의 경험을 바탕으로 성공적인 면담에 도움이 된다고 생각하는 몇 가지 조건을 명확히 밝혔다.

우선 분위기가 위협적이지 않고 적당히 편안하길 바랐다. 전체 환경이 무시무시하고 또 그런 분위기를 의도하는 최대 보안 교도소에서 이것은 쉽지 않은 일이다. 하지만 그런 상황 속에서도 나는 면담 대상이 마음을 열 가능성이 높은 그런 장소를 원했다. 그리고 테이블 하나와 편안한 의자 두 개 정도만 있는 방을 제안했다. 조명으로는 머리 위 전등이 아니라 테이블 등 하나만 있는 걸 더 좋아했다. 이것이 분위기를 차분하고 편안하게 하는데 도움이 되기 때문이다.

이 조건은 굉장히 중요한데, 최대 보안 환경에서 죄수는 거의 자유가 없지만 나는 그가 정신적으로는 가능한 한 자유롭다고 느끼길 원하기 때문이다. 어떤 면에서 보면, 그가 가졌던 힘의 일부를 그에게 다시 돌려주는 것이다. 그러고 나면 사건 파일과 그 범죄들에 대해 알고 있는 내용에서뿐만 아니라 비언어적 단서에서도 스스로의 능력을 계속해서 입증해야 한다. 데이비드 버코위츠가 뉴욕 아티카 교정 시설의 유리 없는 면담실(크기가 약 2m~3m정도이며 어두침침하고 희미한 회색으로 칠해진 방)로 들어왔을 때, 나를 놀라게 한 것은 내가 소개를 하는 동안 나와 로버트 레슬러 사이를 쳐다보던 그의 푸른 눈이었다. 그는 우리 표정을 읽으면서 우리가 진심인지 아닌지 판단하려고 애쓰고 있었다. 나는 그에게 우리가 하고 있는 조사에 대해 얘기하면서, 그 조사의 목표는 앞으로 사건이 생겼을 때 법집행 기관이 사건을 해결할 수 있도록 돕는 것이며, 폭력적인 성향을 보이는 아이들에게 개입해서 그들을 도울 수도 있을 거라고 했다.

조사를 하면서 나는 그가 무능함을 느낀다고 추측했다. 나는 그의 범죄들이 제목으로 실린 신문을 꺼내며 말했다. "데이비드, 캔자스의 위치타에 자신을 'BTK 교살자'라고 부르는 살인자가 있는데, 그가 미디어와 경찰에 편지를 보내면서 당신을 언급해요. 당신처럼 강해지고 싶어 합니다."

버코위츠가 의자에서 몸을 뒤로 기울이며 조금 편한 자세로 고쳐 앉더니 말했다. "뭘 알고 싶은 건가요?"

"전부 다요." 내가 말했다. 면담은 거기에서부터 진행되었다.

트렌턴의 그 교도소에서, 나는 교도소장에게 면담에 시간제한을 두지 말고, 음식을 가져오거나 인원 수 점검을 하느라 방해하는 일이 없었으면 좋겠다고 말했다. 맥고언의 식사 시간이 지난다 해도, 우리가 면담을 마치고 나서 식사를 하도록 미리 약속을 해놓았다.

면담실은 1.5㎡ 정도 되었다. 강철 문에는 30㎝ × 45㎝ 크기에 철사로 보강된 창이 있었고, 그 창을 통해 경비 요원들이 우리를 지켜보았다. 콘크리트 벽은 푸르스름한 회색이었다. 방안에는 작은 테이블 하나와 편안한 의자 두 개가 있었다. 조명은 내가 요구한 테이블 등에서 나오는 빛뿐이었다.

맥고언은 그 면담실에 들어오기 전까지 자신이 어디에 오는 건지 왜 오는 건지 전혀 알지 못했다. 그는 두 명의 경비요원에 이끌려 면담실로 왔다. 위원회 회장 자격으로 나와 함께 그 교도소에 온 앤드루 콘소보이가 나를 존 더글라스 박사라고 소개했다. 그는 내가 가석방 위원회를 대표해서 그곳에 왔다고 말했다. 나는 의학적인 분위기를 만들고 싶을 때가 아니면 박사라는 존칭을 사용하지 않는다. 내가 경비요원들에게 맥고언의 수갑을 풀어달라고 요청하자, 그들은 내 요구대로 해준 뒤 우리 둘만 남기고 방을 나갔다.

맥고언과 나 둘 다 50대였으며 키는 둘 다 185㎝를 넘었다. 나는 그가 교사를 하던 시절에 덩치가 크긴 했지만 탄탄하진 않았다는 설명을 이미 읽은 터였다. 오랫동안 감옥 안에서 운동을 해서인지 이제 그의 몸은 탄탄한 근육질로 보였다. 그리고 희끗한 수염 때문에 젊은 고등학교 과학 선생님으로 보이지 않았다.

이 면담에 관한 모든 것이 미리 계획되었다. 나는 문을 마주하고 맥고언은 벽을 마주하고 앉기를 원했다. 여기에는 두 가지 이유가 있었다. 일단 그의 주의를 산만하게 하고 싶지 않았으며, 내가 아직 그를 잘 몰랐기 때문에 그가 어떻게 반응할지 예측할 수 없었고 따라서 창문과 그 뒤의 경비요원을 분명히 보고 싶었다. 어떤 종류의 범죄자를 면담하느냐에 따라 내가 앉는 자리가 결정된다. 예를 들어 암살범을 면담할 때는 대개 그들이 창문이나 문을 마주하고 앉게 하는데, 그들은 편집증을 보이는 경향이 있어서 면담으로 스트레스를 받을 때 심리적으로 피하지 못하면 주의가 산만해지기 때문이다.

이 상황에서 나는 면담하는 내내 그를 약간 올려다볼 수 있게 앉은 자세를 잡았다. 그가 심리적으로 나보다 우월하다는 느낌을 갖게 하고 싶었다. 이것은 로버트 레슬러와 내가 샌 퀸틴에서 찰스 맨슨을 면담하면서 배운 기술이었다. 157㎝인 그가 너무 작고 여위어 보여서 나는 놀랐다.

맨슨은 나와 레슬러가 그를 면담한 샌 퀸틴의 중앙 수감동 작은 회의실에 들어오자마자 유리한 위치에서 우리를 압도하기 위해 상석에 있는 의자 등에 올라갔는데, 자연적 권위와 종교적 권위를 얻기 위해 바위 위에 앉아서 추종자들인 '패밀리'에게 설교하던 때 그랬던 것과 같았다. 면담이 진행되면서, 열여섯 살 매춘부의 사생아로 태어났으며, 한때 종교를 광신하는 숙모 그리고 조카를 학대하고 무시하며 때때로 조카에게 여자아이 옷을 입히고는 계집애 같은 놈이라고 부르던 외삼촌 손에서 자라기도 했고, 수용시설과 소년원을 들락날락거리고 주로 거리에서 살다가 강도, 위조, 매춘 알선으로 교도소를 들락거린 이 작고 가냘픈 남자가 자신처럼 버림받고 외면당하는 사회 부적응자들에게서 자신을 '선전'하는 이상한 카리스마와 능력을 키웠다는 것이 분명해졌다. 사람을 꿰뚫어 보는 듯한 그 눈을 직접 보았기 때문에, 나는 맨슨의 재능, 사람을 끄는 분위기는 실재했으며, 그것과 함께 과대망상도 실재했다는 걸 장담할 수 있다.

우리가 그날 면담에서 알게 된 것은 맨슨은 위대한 범죄자가 아니라는 사실이었다. 그는 조종에 능한 사람이었고, 그 능력을 생존 메커니즘으로 개발했다. 내가 만나본 범죄자들 다수와 달리 그는 고문이나 살인에 대해 공상하지 않았다. 그는 록 스타처럼 부자가 되고 유명해지는 공상을 했고 한동안 록 밴드 비치 보이스와 어울리기도 했다.

우리가 면담한 다른 상습적 범죄자들처럼 맨슨도 인격 형성기의 대부분을 보호시설에서 보냈다. 그는 자신이 다른 수감자들뿐만 아니라 상담자들이나 경비요원들에게도 폭행을 당했다고 우리에게 말했다. 이런 일들을 겪으면서 그는 남들보다 약하고 잘 휘둘리는 사람들은 그곳에서 이용당한다는 걸 배웠다.

맨슨은 1967년 서른 두 살의 나이에 감옥에서 나왔다. 어떤 종류의 보호시설이나 감옥에서 32년의 반 이상을 보낸 뒤였다. 북쪽에 있는 샌프란시스코로 간 그는 사회 분위기가 변했다는 걸 깨달았다. 그는 자신의 재치를 이용해 섹스, 마약, 로큰롤 문화에 참여할 수 있었고 그곳에서 필요한 것 모두를 공짜로 얻을 수 있었다. 맨슨의 음악적 재능과 듣기 좋은 목소리는 추종자들을 모으는데 큰 역할을 했다. 그가 로스앤젤레스 지역까지 가서 '청중'을 모으는 건 단지 시간 문제였다.

그의 말을 들으면서, 우리는 로스앤젤레스에서 그의 추종자들이 저지른 그 끔찍한 살인사건들은 맨슨이 최면을 거는 듯한 통제력(그는 그런 통제력을 발휘했다.)을 발휘했기 때문이 아니라 오히려 통제력을 잃으면서 다른 사람들, 특히 맨슨 패밀리의 핵심 일원이었던 찰스 '텍스' 왓슨이 맨슨에게 도전하고 집단을 자기가 하고 싶은 대로 이끌기 시작할 때 일어났다는 사실을 알게 되었다. 맨슨은 사회적 혼란, 그러니까 그가 비틀즈의 화이트 앨범에서 선택한 '헬터 스케터' 같은 혼란이 벌어질 것을 예상하고 있었으며, 추종자들이 그의 말을 진지하게 받아들여서 임신 9

개월이었던 아름다운 여배우 샤론 테이트와 그녀의 손님 네 명을 살해 했다는 걸 알았을 때 다시 영향력을 발휘해야 했다. 이는 이틀 뒤에 또 다른 침입과 살인으로 이어졌는데 맨슨은 이 사건들을 선동했을 뿐 직접 가담하지는 않았다.

우리가 맨슨을 면담하고 알게 된 내용들은 나중에 FBI에서 가이아나의 교주 짐 존스의 인민사원, 텍사스주 웨이코의 데이비드 코레시와 다윗교, 몬태나의 민병대 운동처럼, 카리스마 있고 조종에 능한 지도자들이 있는 광신적 종교 집단을 상대하는데 적용되었다. 그 결과가 언제나 우리 바람대로 되지는 않았지만, 중요한 사실은 우리가 상대하는 사람들의 성격을 이해해서 행동을 예측할 수 있다는 것이다.

또 나는 아서 브레머와 제임스 얼 레이 같은 유형의 암살범을 면담한 경험에서 상대를 오랫동안 응시하지 말아야 한다는 것도 배웠는데, 그렇게 하면 그들을 아주 불편하게 만들어서 솔직하게 얘기하는 것을 방해하기 때문이다. 브레머에게서 우리는 범행의 표적은 절대 행동만큼 중요하지 않다는 걸 배웠다. 브레머는 리처드 닉슨 대통령을 쫓다가 가까이 접근하기 어렵겠다고 결론 내리고는 앨라배마 주지사이자 대통령 후보였던 조지 월리스로 눈길을 돌렸고, 1972년 5월 15일 메릴랜드주 로럴의 한 쇼핑센터에서 선거운동을 하던 그를 총으로 쏴 하반신 마비가 되게 했다. 레이에게서는 얻은 것이 거의 없었다. 그는 편집증적 환상에 깊이 빠져 자신이 마틴 루터 킹 주니어를 암살했다는 유죄 인정을 철회하면서, 그 인권운동가를 죽이려는 복잡한 음모에 자기도 모르게 말려든 피해자일 뿐이라고 주장했다.

솔직하게 말해보자. 이런 유형의 교도소 면담은 어떤 것이든 서로를 유혹하는 것에서 시작한다. 나는 기결수를 유혹해서 내가 그곳에 있는 유일한 목적은 그가 감옥에서 나갈 수 있도록 돕는 거라는 걸 믿도록 하기 위해 그곳에 간다. 그리고 면담 대상은 자신이 감옥에서 나갈 만한 가치가 있는 사람이라는 걸 믿도록 나를 유혹한다. 가면이 점차 벗겨지고 우리가 누구인지 드러나면서 그런 처음의 자세를 벗어나는 데는 대개 시간이 꽤 많이 걸린다. 여기에서 내 역할은 그가 가석방 될 그 중요한 날에 대해 생각해보고 준비하는 걸 내가 돕는 듯한 인상을 주는 것이었다. 그렇다고 해서 내가 진실하지 않은 것이 아니었다. 나는 완전히 마음을 열고 그 면담에 가야 했으며, 그때 내 목표는 상대의 머릿속 스위치를 켜서 그의 내면에 숨겨진 생각과 환상을 드러내게 하는 것이었다.

처음 두 시간은 주로 잡담을 하면서 보냈다. 이만큼의 시간은 자연스러운 대화 리듬을 만들고 면담 대상이 자신이 속한 환경을 잊고 마음의 벽을 낮추게 하는 데 필요하다. 나는 어느 정도의 신뢰를 쌓기 위해서 나 자신과 법집행에서 내가 해온 일들에 대해 다소 모호하게 얘기했다. 그리고 그에게 교도소 환경에 대해 묻고 시간이 있을 때면 뭘 하는지 물었다. 그가 교도소의 자기 방에 주로 있고 마당에 좀처럼 나가지 않는다는 얘기가 흥미로웠는데, 마당에서는 편치가 않다고 했다. 이것은 그가 교도소에 들어오기 전의 생활과 비슷했는데, 그때에도 그는 사람들과 관계가 어색하고 별로 할 수 있는 일이 없는 큰 규모의 공동체보다 그가 통제할 수 있는 학교에서 훨씬 더 편안함을 느꼈다.

몇 년 뒤, 나는 그가 정기적으로 편지 교환을 하던 어떤 여성에게 쓴 편지 한 통을 볼 수 있었다. 그는 내가 메모를 하지 않고, 그에 관한 파일의 세부 내용을 암기하고 있으며, 내가 그를 편안하게 해주는데 능숙하다는 얘기를 했다. 내 목표는 대화를 내가 원하는 지점으로 이끌고 가는 것이었다. 편지에서 그는 가석방 위원회 대표들이 미리 정해진 질문들을 대체로 그냥 훑기만 하는 것과는 달리 나는 그가 해야 하는 말을 들어줬다며 '칭찬'했다. 그건 맞는 말이었다. 내가 그 장소에 간 것은 그의 말을 듣고 그가 모든 걸 털어놓게 해서 뭔가를 알아내기 위해서였다. 그것이 내 유일한 목표이자 관심사였다.

차근차근, 나는 그가 범죄 그 자체에 대해 말하도록 했다. 조금이라도 판단하는 투로 말하지 않으려고 했다. 내가 그의 행위를 용서하고 있다는 인상을 주려고 애쓴 건 아니었다. 그저 최대한 사실에 기반을 두고 객관적으로 면담을 이어가면서, 당시 그의 사고 과정을 재창조할 수 있기를 원했다. 그가 오랜 세월에 걸쳐 정신과 의사들, 심리학자들, 상담자들에게 서로 다른 반응을 보여주었기 때문에, 나는 그가 있는 그대로의 사실을 내게 얘기할 수 있도록 만들 수 있을지 알고 싶었다.

나는 '이것이 당신의 인생이다.'와 같은 방식으로 얘기를 하면서 그의 말을 이끌어냈다. 나이가 어려서 '이것이 당신의 인생이다.'를 모르는 사람들을 위해 말하면, 이것은 1950년대 내가 젊은 시절에 방영되었던 텔레비전 프로그램인데, 이 프로그램에서 진행자 랠프 에드워즈는 게스트의 가족이나 친구의 도움을 받아 그 저명한 게스트를 스튜디오로 오도록 '유혹'한 다음 청중들을 위해 그의 삶을 쭉 이야기했고, 여기에 그의 과거를 기억하는 사람들의 추억담이 간간히 곁들여졌다. 나는 맥고언을 1973년 목요일 오후로 데려가면서 그가 내게 자신의 이야기를 하도록 했다.

내가 알기로 맥고언은 학교에서, 그러니까 적어도 교사들 사이에서는 유머 없고 냉담한 편이라는 평판을 얻고 있었다. 또 그가 그 즈음 약혼했지만, 그 약혼이 깨졌다는 것도 알고 있었다. 만일 상대 여성이 맥고언을 거절한 거라면, 그 일은 분명 스트레스를 촉발하는 요인이었을 것이다.

로버트 카릴로는 맥고언이 감정을 그대로 드러내지는 않았다고 말했지만, '그가 안에 쌓아놓은 감정이 많다.'는 인상을 받았다. 맥고언은 약혼이 깨졌다는 얘기를 입 밖으로 꺼내지 않았고, 카릴로는 그 젊은 여성을 한번도 만나지 못했다고 했다.

잭 메스치노는 맥고언의 여자 친구에 대해 "한 번 그의 여자 친구를 만난 적이 있어요. 세상에, 그녀는 정말 상냥하고 아주 아름다웠어요. 그리고 맥고언에 비해 굉장히 작았어요."라고 말했다. 어쩌면 그의 어머니에게 위협이 되었을까? 메스치노는 그때 약혼식이 깨졌다는 걸 알았지만 이유는 전혀 알지 못했고, 맥고언도 그 얘기를 절대 꺼내지 않았다.

동료 교사들 몇 명이 부활절 휴가 동안 카리브해로 여행갈 계획을 세웠지만 맥고언은 초대받지 못했다.

나는 메스치노에게 맥고언이 함께 가자고 했더라면 어떻게 되었을지 물었다. 그는 아마도 함께 가게 되었을 거라고 말했다.

그런데 왜 그러지 않았을까? 메스치노는 맥고언이 자신을 추스르지 못했고 그 모든 준비를 어떻게 해야 하는지 알지 못했다고 말했다. 그 것은 그 나이에 여전히 어머니와 할머니와 같이 살고 있는 남자를 정확히 표현한 말이었으며, 그런 상황은 분명 맥고언이 살아오는 동안 지속적으로 겪은 좌절의 원인이 되었을 수 있다.

면담을 시작한 지 두 시간쯤 되었을 때 나는 이렇게 말했다. "25년 전에 어땠는지 당신에게서 직접 듣고 싶습니다. 무슨 일이 일어나서 당신이 이곳에 온 겁니까?" 나는 '죽이다, 폭행하다, 혹은 살인하다'와 같이 유도하거나 서술하는 말들을 일부러 피했고, 조안을 그의 '피해자'나 어린이로 언급하지도 않았다. "그 소녀(조안)를 당신은 알고 있었나요?"

"음, 동네에서 봤어요." 맥고언이 대답했다. 그는 담담했고 말투는 무미건조했다.

"걸스카우트 쿠키를 팔려고 집에 온 건가요?"

그는 자기 엄마가 조안에게서 쿠키를 주문한 줄 알았다고 말했다. 신문 기사에는 전 FBI 요원의 말을 인용해 그 집에서 걸스카우트 쿠키 빈 상자가 100개 넘게 발견되었다는 내용이 실렸다.

내가 말했다. "그 소녀가 문 앞에 왔던 그 순간으로 돌아가 봅시다. 무슨 일이 일어났는지 그 순간부터 차례차례 말해주세요."

그것은 흡사 변신과도 같았다. 맥고언의 태도가 완전히 변했다. 그의 신체적 모습마저도 내 눈 앞에서 변하는 것 같았다. 그가 내 뒤쪽에 있는 콘크리트 블록 벽을 응시할 때 그의 두 눈에는 초점이 없었다. 나는 그가 철저하게 자신의 내면(25년 전)을 보고 있음을 알 수 있었다. 맥고언이 자신의 마음속을 한 번도 떠나지 않았던 그 하나의 이야기를 다시 건드린다는 걸 느낄 수 있었다.

포근한 봄 날씨에 현관문이 열렸고, 반지하가 있는 2층 집의 아래층에서 맥고언은 조안이 층계참에 서 있는 모습을 스크린 도어를 통해 봤다고 했다. 조안은 걸스카우트 쿠키 두 상자를 배달하고 2달러를 받으러 왔다고 말했다. 맥고언은 위층에서 잠을 자지 않으면 텔레비전을 보는 할머니가 모르도록 조안을 자신이 지내는 아래층으로 데려가고 싶었다.

그래서 맥고언은 조안에게 자신은 지금 20달러짜리 지폐 하나와 1달러짜리 지폐 하나밖에 없으며 잔돈을 가지러 아래층으로 가야 하니 같이 내려가자고 말했다. 잔돈이 제대로 없어서 당황했다는 얘기는 전부 신경정신과 의사들에게 별 뜻 없이 하는 헛소리였다.

내가 면담을 하는 동안 일어나길 바라는 일이 바로 이것이다. 나는 다른 성범죄자들에게서도 같은 경험을 했다. 그러니까 일단 상대가 말을 시작하게만 하면, 그들은 입을 다물지 않는다. 레슬러와 내가 몬티 리셀을 면담했을 때, 그는 버지니아주 알렉산드리아에 있는 자신의 아파트 단지 주차장에 들어갔다가 차에서 막 내리는 어떤 여자를 보고 총으로 위협해 한적한 곳으로 데려간 이야기를 했다. 그 후에 여자가 도망치려고 했다. 그는 여자를 쫓아 골짜기로 갔고, 그곳에서 그녀를 잡았다. 그녀의 머리를 바위 옆면에 내리찍고 흐르는 개울물에 빠트린 행동을 마치 영화를 보고 있는 듯 생생하게 묘사했다.

내 목표는 맥고언의 머릿속에 있는, 살인이 녹화된 그 'DVD'를 작동시키는 것이었다. 철창에 갇힌 지 25년이 지난 후, 맥고언은 그 목요일 오후의 세세한 일을 모두 정확하게 기억해냈다. 마치 친구에게 그가 본 엄청난 영화에 대해 얘기하도록 하는 것과 같았다. 하지만 이 경우, 맥고언은 시나리오 작가, 프로듀서, 감독, 주연배우였다. 그는 거의 모든 범죄자가 갖는 세 가지 열망, 그러니까 조종, 지배, 통제를 한꺼번에 발휘했다.

맥고언은 나를 똑바로 보지 않은 채, 조안을 꼬여 아래층의 자기 침실로 데려가고 조안에게 옷을 벗으라고 명령하고 성폭행한 얘기를 했다.

나는 조안에게 삽입했는지 물었다. 맥고언은 손가락으로만 그렇게 했다고 주장했다.

그렇다면 어떻게 정액이 조안의 질에 있었을까? 맥고언은 사정한 뒤에 정액이 손에 묻었다고 말했다.

뉘우침의 기색이 전혀 없이 집중하고 흥분한 상태에서, 맥고언은 조안의 두 발목을 잡아 그 아이를 들어 올리고 휘두르고 그런 다음 머리를 바닥에 내리쳐서 두개골을 깨뜨린 얘기를 했다. 그 얘기는 맥고언이 이전에 형사들이나 정신과의사들에게 말한 것과 크게 다르지 않았다. 내가 다른 범죄자들을 면담할 때 그들이 그랬던 것과 달리 맥고언은 절대 마음 아파하는 척하려 하지 않았다. 내가 놀란 것은 그 사실들이 아니라 그 분명한 '고의성'이었다.

바깥은 지독하게 더웠지만 면담실은 굉장히 추웠다. 울 양복을 입고 입었지만 사실 나는 그곳에 앉아있는 동안 떨지 않으려고 애쓰고 있었다. 반면, 맥고언은 그 공격을 한 다음 자신이 느꼈다고 설명했던 것과 똑같이 땀을 줄줄 흘리기 시작했다. 몽롱한 상태로 그는 내게서 눈길을 돌린 채 힘겹게 숨을 쉬었고, 그의 죄수복은 땀으로 흠뻑 젖었다. 나는 그의 가슴 근육이 떨리는 걸 볼 수 있었다.

그 순간 나는 갈렌 박사의 첫 번째 보고서에서 읽은 인용구가 생각났다. 맥고언이 조안을 때리고 목을 조른 다음의 상황을 설명한 구절이었다. "그녀는 몸부림을 멈췄고 …… 그곳에 누워 있었어요. 나는 옷을 입었어요. 땀을 비 오듯 흘렸죠." 머리는 물론 육체적으로도 맥고언은 행위를 하던 그 시간으로 돌아가 있었다.

"아주 어린아이라고 해도 누군가를 목 졸라 죽이는 건 꽤 힘들어요, 그렇지 않나요?"

"그래요. 그렇게 힘이 많이 들 줄은 몰랐어요." 맥고언은 순순히 동의했다.

"그래서 어떻게 했나요?"

"그러니까, 나는 돌아가서 그 아이 뒤에 자리를 잡았어요." 나는 그 말을 맥고언이 바닥에 쓰러진 조안의 머리가 있는 곳으로 갔다는 말로 받아들였다.

"얼마나 오랫동안 아이를 질식시켰나요?"

"그 아이가 죽었다는 생각이 들 때까지요."

"그 다음에는 어떻게 했죠?"

"아이와 옷을 넣을 가방을 가지러 나갔는데, 돌아와 보니 그 아이의 몸이 움찔거리고 있었어요."

이제 그의 행위는 통제할 수 없는 분노가 순간적으로 치밀어서 기습적으로 하는 공격이 아니었다. 그가 갑자기 정신을 차리고 '아, 이런! 내가 무슨 짓을 한 거야?'라고 혼잣말을 한 것이 아니었다. 조안이 아직 움찔거리는 걸 보았을 때, 그의 머릿속에는 다시 목을 졸라 완전히 숨을 끊어야 한다는 생각뿐이었다. 그가 조안을 다시 살해한 것과 다를 바 없었다.

내 기억에 이 모든 얘기를 하는 동안 맥고언이 한 번 나를 똑바로 봤는데, 이 말을 했을 때였다.

"존, 누군가 문 두드리는 소리를 듣고는 고개를 들어 스크린 도어를 통해 그곳에 누가 있는지 보았을 때, 내가 그 아이를 죽일 거라는 걸 알았어요."

맥고언이 계속 얘기를 이어갔다.

"나는 두 가지 다른 종류의 분노를 느낄 수 있어요. 차를 몰고 가는데 누군가가 끼어들거나 학교에서 갈등이 있을 때처럼, 붉은 분노는 나를 괴롭히긴 하지만 나는 고개를 돌리고, 집중하고, 통제할 수 있어요. 하지만 하얀 분노는 통제할 수가 없어요."

"그렇다면 조안이 당신 집에 왔을 때 그런 분노를 느낀 건가요?"

맥고언이 말했다. "그래요. 맞아요." 우리의 시선이 여전히 서로에게 고정되어 있었다.

그러니까 그는 하얀 분노에 사로잡혀서 조안을 죽였다. 그 분노에 이름까지 붙였다는 건 맥고언이 이전에도 그것을 경험한 적이 있으며 나중에 다시 경험할 가능성이 크다는 얘기였다. 하지만 맥고언은 자신 안에 무엇이 들끓고 있었든 집 앞 바로 거기에서 조안을 죽이지는 않았다. 그 순간, 맥고언은 하고 싶은 것을 하기 위해 자신이 원하는 곳으로 조안을 데려갈 방법에 대한 체계적인 계획을 즉시 마음속에서 만들었다.

나는 이런 사실에 주목하면서 맥고언에게 말했다. "당신이 그 범죄와 관련 없다는 걸 보여주려 애쓴다 해도, 당신은 정신병 환자가 아니에요. 내가 보기에 당신의 행동은 아주 논리적이고 이성적이에요." 그는 내 말에 반박하지 않았다.

"그 살인은 조루 때문에 더 흥분하고 실패한 결과였다."라는 정신의학적 주장에 대해 말하자면, '이번에도 틀렸다.' 그 살인은 어긋난 분노, 다른 사람을 제압하는 순간 느끼는 성적인 흥분과 이미 저지른 너무 끔찍한 범죄에 증인을 절대 남기지 않으려는 아주 현실적인 고려가 합해진 결과였다.

맥고언은 갈렌 박사와의 면담에서 "내가 그 아이를 놔주었다면, 내 인생 전체가 사라졌을 거예요. 그 아이를 없애야겠다는 생각밖에 할 수 없었습니다."라고 말하면서 그 사실을 인정했다. 나 이전에 누군가가 맥고언의 진술 모두를 연결해서 생각해본 적이 있었을지 궁금했다.

하지만 나는 그 살인을 단순히 들키고 잡혀가는 걸 피하기 위한 현실적인 고려로 축소하지 않았다. 이것은 단순히 도를 넘는 것의 문제가 아니었다. 맥고언이 그 행위를 묘사하는 방식을 보면서, 나는 그 행위에서 얻는 만족감과 감정적 충만함이 잔인한 살인 그 자체, 그리고 어떤 것 혹은 누군가를 파괴하는 그의 능력과 이어졌음을 알 수 있었다.

어떤 시점에서 내가 물었다. "당신이 그 행동을 하는 동안 내가 당신

얼굴의 '비디오 이미지' 하나를 포착할 수 있었다면, 난 어떤 걸 보게 될까요?"

아무렇지 않게, 그의 얼굴은 내가 강렬하고 악의적이며 흡족하게 찡그린 표정이라고 묘사할 그런 표정으로 우그러졌다.

맥고언이 시신 처리를 설명하는 방식도 허둥대고 서두르는 것과는 반대로 논리적이고 체계적이었다. 그는 수건 몇 장과 청소 도구를 가져다가 피를 닦아 법의학적 증거가 될 만한 것들을 없애려 하면서 어머니에게 들키지 않게 하는 동시에 경찰이 집을 수색할 경우에도 대비했다. 또한 시신을 카펫으로 싸서 차에 싣고 그가 익숙한 곳까지 가서 버렸다. 그런 다음 집에 돌아와 아무 일도 없는 것처럼 행동했다. 마을 사람들과 함께 조안을 찾은 것은 자신의 흔적을 가리려고 의식적으로 선택한 수단이었다.

면담자가 보고서를 잘 작성하면 자신에게 유리할 수 있다는 걸 알고는 대부분의 기결수들이 어느 정도는 '헛소리'를 하려고 한다. 맥고언에게서는 그런 모습이 보이지 않았다. 그것은 내가 사전준비를 철저히 했기 때문이며, 또한 맥고언이 똑똑해서 그런 헛소리가 소용없을 거라는 사실을 알았기 때문이라고 생각한다. 맥고언이 나와 면담하기로 한 것은 가석방의 가능성을 높이기 위해서였으며, 만일 거짓말 하는 걸 내가 알아차리면 빠른 시일에 가석방을 받는데 도움이 안 될 거라는 사실을 그도 알고 있었다. 그리고 내 접근의 요점은 대상을 '편안하게' 만들어서 그가 실제로 무슨 생각을 하고 어떤 걸 느끼는지 알아내는 것이었다.

내가 놀란 점은, 맥고언이 자신의 행위에 대해 어떤 슬픔도, 조안의 가족에 대한 어떤 느낌도 표현하려 애쓰지 않는다는 것이었다. 그는 그 모든 일이 일어난 것을 분명 유감스러워 했지만(이전에 다른 사람들에게도 그런 감정을 이야기했다.) 그 어린 소녀와 그 소녀를 사랑한 모든 사람, 그리고 소녀의 짧은 삶을 함께 했던 사람들에게서 자신이 무엇을 빼앗은 건지 감정적으로 전혀 이해하지 못했다. 나는 맥고언이 어린 소녀를 다시 살릴 수 없었기 때문에 다음 행동을 했을 뿐이며 모든 사람이 그 점을 이해해야 한다고 말하고 있다는 인상을 받았다. 마치 암이나 심근경색에 걸리는 것처럼 살인은 그에게 어쩔 수 없는 현실일 뿐이었고, 이제 의사들이 그가 퇴원을 하고 다시 정상적으로 살 수 있을 만큼 회복했는지 결정하고 있는 것이었다.

모든 강력 범죄는 둘 혹은 그 이상의 관련자들 사이에서 벌어지는 장면이다. 그리고 그 범죄자와 피해자가 가깝고 친밀할 때(말하자면, 폭격, 독살, 방화, 저격수 공격과 달리) 노련한 범죄 분석가는 범인이 말을 거의 안 하거나 전혀 안 한다고 해도 그의 행동을 관찰함으로써 마음속에서 어떤 일이 실제로 진행되는지에 관해 엄청난 양의 정보를 얻을 수 있다. 조셉 맥고언과 조안 댈러샌드로 사이의 그 치명적인 만남에 대해 세세한 이야기를 모두 들었을 때, 나는 폭력과 성폭행이라는 사실뿐만 아니라 그것이 실행된 '방식'에 집중했다.

내 관심의 초점은 피해자의 개인성이나 특별함이 아닌 행위 그 자체에 있었다. 나는 맥고언이 이전 몇 차례의 면담에서 암시했던 것처럼, 소아성애증 성향을 가지고 있다는 것을 의심하지 않았다. 이 성향은 분명 사회성 결여와 자신의 무능에 대한 뿌리 깊은 느낌과 함께 나타날 것이다. 하지만 그는 이전에 가벼운 것이라 해도 성범죄를 저지른 이력이 없었으며, 사건 파일을 봐도 검찰에서 수색영장을 발부받아 맥고언의 집에서 아동포르노그라피나 어린아이들에 관한 판타지물을 찾아냈다는 기록이 전혀 없었다. 만일 그가 환상을 품었다면, 아마도 성인 여성이었을 것이라고 나는 생각했다. 그리고 여기에서 유일하게 현실적인 환상은 힘에 대한 환상이었다.

맥고언의 말을 들으며 내게 분명해진 사실은, 이 범죄, 그러니까 주로 '붉은'에서 '하얀'으로 순식간에 번진 분노의 행위는 그 무엇(행동을 촉발시키는 사건)으로 야기되었다는 것이다. 그게 무엇인지는 이 시점에서 내가 확실히 알 수 없었지만 말이다. 나는 그것이 맥고언의 엄마와 관련 있다고 추측(그가 처한 상황, 약혼이 결혼으로 이어지지 못한 상황, 그리고 성 범죄자들에 대해 내가 알고 있는 광범위한 지식에 근거한 추측)한다. 그렇다 해도 그를 행동하게 한 것이 무엇인지 내가 정확하게 알아내지 못했다는 사실 때문에 마음이 괴로웠다.

맥고언의 얘기를 들으면서, 나는 그를 움직이게 한 것이 그 '피해자'보다는 '행위'라는 걸 깨달았다. 이전에 그를 면담했던 사람들 모두가 혹시 맥고언에게서 소아애에 대한 이야기를 끌어내려고 애썼다면 잘못 짚었던 것이다. 맥고언이 일곱 살짜리 아이를 강간하는 상황을 묘사할 때 강박적이거나 특별히 만족감을 느끼는 모습은 전혀 보이지 않았다. 그뿐만 아니라, 그 피해자는 맥고언이 동네에서 자주 봤던 아이였다. 이전에 맥고언은 특별히 조안에게 관심을 갖거나, 조안과 친해지려 하거나, 그 아이를 유혹하거나 길들이려고 한 적이 한 번도 없었다. 폭력, 성적 비하, 살인, 이 모두는 원초적인 분노가 드러난 것이다. 어떤 환상 시나리오도 행동으로 옮겨지지 않았으며, 성적으로 가학적인 시나리오도 마찬가지였다. 이 우발적 범죄의 피해자에 관한 중요한 사실은, 그녀가 작고 약하다는 것이었다. 맥고언이 보기에 상대가 자신과 맞서 싸울 수 있는 사람이었다면, 어떤 범죄도 일어나지 않았을 것이다.

맥고언은 과거로 떠난 몽상 여행에서 서서히 돌아왔다. 범죄의 사실들을 자세히 묘사하는 동안 그는 집중했으며 떨고 있었다. 이제 그는 차분해졌고 땀도 더는 흘리지 않았다. 맥고언은 살면서 했던 그렇게 많은 다른 전투들과 달리 자신이 싸워 이긴 전투를 다시 체험했다.

우리는 그가 총을 좋아한 것, 또 다른 명백한 심리적 보상에 대해 이야기했다.

내가 물었다. "만일 화가 나서 AK-47을 들고 쇼핑몰에 간다면 누구를 죽일 겁니까?" 나는 그의 대답이 궁금했을 뿐만 아니라, 그가 내 질문의 전제를 받아들이는지도 알고 싶었다. "누구에게 총을 겨누겠습니까? 학생들, 교사들, 경찰들?"

"누구든지요." 맥고언이 대답했다.

이 대답은 중요했다. 그가 이런 일이 일어날 수 있다는 가능성을 부인하지 않았을 뿐 아니라, 자신의 분노가 일반적이며 무차별적이라고 내게 분명히 말한 것이기 때문이다.

다음으로 우리는 그가 감옥에서 석방될 가능성에 대해 얘기했다. 얘기하는 중간에 내가 물었다. "조, 이곳을 나가서 어디로 갈 계획인가요?" 나는 '만일 나간다면'이 아니라 '나가서'라고 말하려고 신경썼다.

가능한 한 대화를 긍정적으로 이어가서 맥고언이 내게 솔직하게 털어놓게 하고 싶었다.

맥고언은 뉴욕으로 가서 전기기사로 일하는 다른 전과자를 만나겠다고 했다. 그가 맥고언에게 자기 조수로 일하게 해주겠노라고 약속했다는 것이다. 나는 맥고언에게 내가 뉴욕에서 자랐으며 자주 간다고 말했고, 그곳에서 사는데 돈이 얼마나 많이 들었는지 알면 놀랄 거라고 했다.

맥고언은 뒤쪽 문을 슬쩍 돌아보며 경비요원들이 우리 대화를 못 듣는 걸 확인했다. 그리고는 뭔가를 모의하듯 속닥거렸다.

"존, 난 돈이 있어요."

"지난 25년 동안 이런 곳에 있었는데 무슨 돈이 있다는 말이에요? 번호판 만드는 걸로는 그럴 수가 없잖아요."

맥고언은 할머니와 어머니가 돌아가셨을 때 생명보험금으로 꽤 많은 돈을 받고 집을 판 돈도 있다고 낮은 목소리로 말했다. 그 돈이 다른 주의 은행에 있다고 했다. 몇 십만 달러라고 했다.

"왜 그렇게 한 거죠?" 내가 물었다.

"피해자의 가족에게 그 돈이 가지 않게 하려고요." 그가 속삭이듯 말했다.

그 말을 들으며 이런 생각이 들었다. '이 사람은 약해지지 않을 것이다. 이 사람은 자신이 해치고 그 삶을 영원히 바꿔버린 사람들을 전혀 고려하지 않는다.'

내가 한 말은 "그러니까, 조, 그 모든 걸 생각해낸 걸 보면 당신은 아주 똑똑한 사람이에요. 당신이 뉴욕에서 정말 잘 지낼 것 같군요!"였다.

이런 말은 상대와 관계를 유지하기 위해 필요한 것이었지만 거짓말도 아니었다. 나는 그가 아주 똑똑하고 지략이 있으며 뉴욕처럼 치열한 곳에서도 살아갈 수 있을 거라고 생각했다. 다만 그의 계획이 얼마나 섬뜩한지는 얘기하지 않았다. 고난도의 사업 거래를 협상할 때처럼, 우리는 크게 말할 때와 입을 다물어야 할 때를 알아야 한다. 물론 아주 어려운 일이지만 말이다.

수사관이 로즈마리를 대신해 제네비에브 맥고언의 유언장과 돈의 흐름을 조사했다는 걸 우리는 나중에 알았다. 제네비에브는 살인사건 직후에 힐즈데일 집을 팔고 뉴저지주 빌라스로 이사했다. 그녀는 그 집을 팔고 나서 잠시 위스콘신주의 조카딸 집에 들어가서 살았고, 그 다음에는 성프란치스코의 집에서 살았다. 그리고 1992년 4월에 사망했다. 그녀의 유산은 다양한 신탁에 맡겨졌고 그 중 하나는 조카에게 돌아갔다.

유언은 제네비에브가 위스콘신에 살고 있을 때 그곳에서 공증을 마친 상태였다. 짐이 알아보니 이미 모든 자금이 지출되었고 댈러샌드로에게 돌아갈 돈은 하나도 남아 있지 않았다. 제네비에브는 조에게 돌아갈 모든 재산에 대해 피해자가 청구권을 행사할 거라고 예상했으므로 계속 지출하는 방법으로 불법사망 소송에서 발생할 수 있는 어떤 청구에서든 자신의 재산을 보호했던 것 같다. 그녀는 조카딸에게 조를 돌봐주고 그가 필요로 하는 것이면 뭐든 제공하되 법적으로 조가 직접 재산을 관리하지 못하게 하라고 지시했다. 자신의 돈이 다른 주에 보관되어 있으며 보호받고 있다는 맥고언의 말은 분명 이 상황을 의미했을 것이다.

이런 처리방식 뒤에 존재하는 정서를 보면서 나는 제네비에브가 교회

지인에게 자신은 로즈마리를 증오하며 자신과 조가 겪는 모든 고통이 그녀 탓이라고 했던 말이 생각났다. 자기애성 인격장애, 경계성 인격장애, 반사회적 인격장애의 특징들 중 하나는 무엇에 대해서든 책임을 떠맡지 않으려 하는 것이다. 그 일은 언제나 누군가 다른 사람의 잘못이다.

대화가 서서히 끝나갈 즈음, 다섯 시간 혹은 여섯 시간이 지났다. 우리 둘 다 뭘 먹거나 화장실에 가려고 자리를 뜨지 않았다. 이제 나는 조셉 맥고언을 움직인 것이 무엇이었는지에 관해 꽤 많이 알게 되었다. 알고 보니 맥고언의 시각이 나와 어느 정도 다르기는 했지만, 그 역시 그렇게 느꼈던 것 같다. 펜팔을 하고 있는 여성에게 보낸 편지에서 맥고언은 가석방을 낙관했는데, 자신이 나와 면담을 잘 했고 내가 자신을 이해했다고 생각하기 때문이었다. 나는 그를 이해했고, 그가 한 일이 아니라(그것에 대해서는 논쟁의 여지가 없었다.) 그가 여전히 위험한지에 대해 편견 없이 면담에 임했다. 그가 오해한 지점은 나의 단정적이지 않은 태도와 행동을 공감과 동의로 해석한 것이었다.

그것은 맥고언 같은 사람들 대부분이 착각하는 지점이다. 그들은 다른 사람들을 자기중심적인 감정의 필터를 통해서만 파악한다. 그들은 늘 그렇다. 내가 그들에게 보인 진정한 공감은 그들이 자신의 피해자에게 보인 공감과 비슷하다는 걸 그들은 이해하지 못한다.

면담이 끝나고 나서 나는 맥고언과 악수하고 같이 얘기해줘서 고맙다고 했다. 그의 행운을 빌었고, 내가 그에게서 어떤 감정을 느끼는지 그리고 가석방 위원회에 어떤 의견을 낼 것인지에 대해서는 조금도 내비치지 않으려고 노력했다.

07
핵심

다음 날 아침 나는 정식 뉴저지 가석방 위원회에 참석했다. 대부분의 위원회 결정은 단 두세 명의 위원에 의해 이루어졌지만, 이것은 어떤 식으로 결론이 나든 논란이 많이 생길 수 있고 세간의 이목을 끄는 사건이었으므로, 앤드류 콘소보이는 위원 전체가 참석하기를 원했다.

우리는 그 교도소 회의실에서 만났다. 그 회의실에 열 명에서 열두 명 정도 있었던 것 같다. 법, 심리, 경찰 업무에 경험 있는 사람들이 다 모였다. 콘소보이는 나를 소개한 다음 프로파일링과 수사 분야에서 내가 해온 일들을 설명해달라고 요청했다. 나는 FBI의 행동과학과 프로파일링 프로그램들의 기원을 이야기한 다음 내 연구 분야가 경찰과 형사들에게 폭력범죄 분류법을 가르치는 것과 관련된다고 설명했다.

그 자리에서 나는 모든 사건을 시작할 때 객관성을 잃지 않으려고 노력하며 면담 전날까지 보고서들을 하나도 읽지 않았다고 말했다.

나는 이렇게 말했다.

"내 접근법의 기본 논지, 기본 전제는 '예술가를 이해하기 위해서는 그의 예술작품을 봐야 한다.'입니다." 마찬가지로 그 폭력적인 범죄자를 이해하기 위해서는 그가 저지른 범죄를 봐야 한다고 나는 분명히 말했다.

빙빙 돌려 말하는 건 소용없다는 판단이 들었다. 내 입장을 솔직하게 말하는 게 나았다. 나는 계속 말을 이었다. "그리고 나는 보호관찰, 가석방, 선고, 치료와 관련된 결정을 하는 위치의 사람들을 절대 이해하지 못했습니다. 만일 당신이 정보를 가지고 있지 않다면, 그 정보가 무엇을 알려주는지 이해하지 못하고 테이블 맞은편에 앉아 있는 사람을 이해하지 못한다면, 그 사람이 진실을 얘기한다고 믿고 자기보고에만 의지한다면, 당신은 속고 말 것입니다."

예를 들어 유죄 판결을 받은 강간범을 평가하려 한다면, 그 범행을 저지르는 동안 범인이 한 행동과 말에 관해 경찰이 면담한 기록을 살펴보고 그가 다섯 가지 강간범 유형 중 어디에 속하는지 알아야 한다. 범인이 피해자를 살해했다면, 그 사실은 당신이 바로 그곳에서 알아야 하는 것에 대해 많은 걸 분명하게 말해준다.

회의 시작 전, 콘소보이는 그 위원회의 위원 다수가 소아성애자라는 시각에 관심이 있다고 말했다. 만일 맥고언이 가석방된다면, 그가 성범죄자로 분류되어야 할까?

내가 그 위원회에 말했다.

"나는 우리가 아동 성추행범의 전통적 유형, 소아성애자를 보고 있는지 아닌지(이 사람이 특정한 유형의 피해자를 찾는 '선호형' 범죄자 유형인지 아니면 '상황형' 범죄자 유형인지) 정말 알고 싶었습니다." '상황형 범죄자

유형'이란 누구든 이 범죄자 유형 앞을 지나치면 피해자가 될 수 있다는 것이다. 그러니 우리가 해야 하는 일은 그 범죄자 쪽에서의 위험 수준과 피해자 쪽에서의 위험 수준을 평가하는 것이다.

"피해자학 관점에서 말하면, 그 아이는 자신의 집과 마당 안이라는 낮은 위험에서 동네라는 중간 정도 위험으로, 그리고 전에 한 번도 가보지 않은 집에 들어서면서 높은 위험으로 갑니다."

범죄자 쪽에서 말하면, 행위 그 자체에 대한 위험은 낮다. 그가 일곱 살짜리 아이를 상대로 어떤 행동이든 원하는 대로 할 수 있다는 데에는 의심의 여지가 거의 없다. 하지만 자신의 정체가 드러날 위험은 높았다. 그 범죄는 범죄자와 피해자의 동네에서 벌어졌고, 피해자가 살아남는다면 그를 알아볼 수 있었으며, 피해자 부모 중 한 사람이나 다른 누군가가 피해자가 어디로 갔는지 알 가능성이 상당히 높았다. 그러므로 범인은 수사가 자신을 향하는 것이 단지 시간문제일 뿐이라는 생각을 했어야 했다.

《성적 살인: 형태와 동기》와 《범죄 분류 매뉴얼》을 쓰기 위해 조사할 때, 우리는 범죄자들을 계획적인 방식, 계획적이지 않은 방식, 혼합된 방식으로 분류했다. 나는 계획적이지 않은 범죄자가 그처럼 위험성이 높은 범죄를 저지르는 데는 몇 가지 가능한 이유가 있을 거라고 설명했다. 그 이유에는 젊음과 경험 부족, 약이나 알코올에 영향을 받는 판단이나 충동 조절, 상황통제 능력 상실, 혹은 정신적 결함이 포함될 것이다. 맥고언은 이런 것에 전혀 해당되지 않았다.

맥고언이 그날 아침 일어나서 "누군가가 우리 집 문을 두드릴 때까지 기다렸다가 그를 죽일 거야."라고 혼잣말을 했을 것 같지는 않았다. 하지만 이 범죄는 분명히 우발적이긴 했지만, 계획적이었다. 이 범죄는 논리적인 사고 과정을 보여주었다. 이 범죄는 많은 사람들이, 심지어 법집행에 관련된 일을 하는 사람이라 해도 이해하는데 어려움을 겪을 만하다. 범죄 자체가 그렇게 비논리적이라면 그것을 행한 과정이 어떻게 계획적이고 체계적일 수 있을까? 다시 말해, 어떻게 조셉 맥고언 같은 사람(똑똑하고, 교육받고, 점잖고, 공립학교 교사라는 신분을 통해 사회적으로 좋은 평판을 얻으려고 한 사람)이 자신이 이뤄놓았고 중요하다고 생각하는 모든 것을 위험에 빠뜨리는 행동을 할 수 있을까? 어떻게 그런 일이 일어날 수 있을까?

그 대답은 '그런 일이 일어난다.'이며, 그 이유는 대개 이성적인 사고 과정보다 더 강력한 어떤 것이 그 행위에 대한 충동을 촉발하기 때문이다. 이 사건에서 '어떤 것'이란, 늘 마음을 떠나지 않고 선명하게 남아있는 자신이 무능하다는 느낌과 낮은 자존감이 너무도 강렬한 분노와 결합해서 만들어진 감정, 폭발할 출구를 찾고 있던 그 감정인 듯하다.

나는 대략 스물다섯 살에서 서른다섯 살 사이에 어떤 사람들(그리고 이런 경향은 여성들보다는 남성들에게서 압도적으로 나타난다.)은 자신이 되어야 한다고 생각하는 존재가 되지 못할 거라는 사실을 깨닫는다고 설명했다. 좋은 직업을 가졌다 해도 조셉 맥고언은 자신이 여전히 어머니와 함께 살고 있으며 자신이 원하는 '남성'이 되지 못했다는 사실을 맞닥뜨려야 했을 것이다. 그래서 분노가 쌓이기 시작하고, 이런 형태의 감정들은 그냥 사라지지는 않는다. 오히려 정반대로 개인이 자신의 목표와 기대를 충족할 수 없을 거라는 사실을 받아들이면서 그 감정들은 더 악화된다.

이것은 분노 범죄였다. 성폭행은 그 무기들 중 하나였을 뿐이다. 조셉 맥고언은 다른 사람들이 자신에게 했다고 여기는 행동들로 자신의 범죄를 마음속에서 정당화했다. 적어도 그 순간에는 정당화했다. 그리고 맥고언이 분석적인 과정을 통해 그런 생각을 하지 않았다고 해도 조안은 그 모든 사람들의 대표이고 대리였다. 자신에게는 삶을 통제할 능력이나 힘이 거의 없다고 생각하는 성향의 범죄자에게 살인은 궁극적 힘을 상징한다. 그 짧은 순간 동안 그는 자신을 둘러싼 눈앞의 세상을 완전하게 통제하며, 그 경험을 오랫동안 확대한다. 맥고언은 이전까지 그런 종류의 느낌을 한번도 경험해보지 못했으며, 그 일이 일어났을 때 바로 그런 느낌이 모든 것을 아우르고 초월하며 그의 정신을 몽롱하게 했을 것으로 생각한다고 나는 가석방 위원회에 보고했다.

"맥고언은 조안을 지하실 방으로 내려오게 합니다. 조안이 옷을 벗게 합니다. 그는 너무 이르게 사정합니다. 그는 흥분하는데, 자신의 환상을 충족하고 여자아이와 섹스를 할 거라는 이유 때문이 아닙니다. 그는 자신이 가진 힘 때문에 흥분하며, 죽이기를 원하고 죽일 것이기 때문에 흥분합니다. 그 느낌이 발기를 일으키는 겁니다. 그러다가 통제력, 그러니까 피해자에 대한 통제력이 아니라 자신의 발기 기능에 대한 통제력을 잃었을 때 그의 분노는 훨씬 더 심해집니다."

많은 사람들이 잘 이해하지 못하는 또 다른 개념은, 범죄자가 섹스와 전혀 직접적으로 연관되지 않아 보이는 뭔가에 성적 자극을 받을 수 있다는 것이다. 우리가 '샘의 아들'이라 불린 살인자 데이비드 버코위츠를 면담했을 때, 그는 자신이 불을 지르고는 소방차들이 현장에 도착하는 걸 지켜보면서 자위를 했다고 말했다. 보통 사람 누구에게도, 거대한 외부의 힘(화재 그 자체와 소방대원들, 그리고 호기심 가득한 구경꾼들 모두)을 통제하는 힘은 성적 행위가 아니었다. 마찬가지로 한창 살인을 저지르던 시기에, 그는 자신이 젊은 커플들을 총으로 쐈던 장소들에 가서 그 공기를 들이마신 다음 집으로 돌아와 자위를 하면서 살인을 저지르며 충족하는 환상을 다시 체험했다고 우리에게 말했다.

BTK 교살자로 알려진 데니스 레이더는 피해자들의 집 주변을 차를 몰고 다니는 걸 좋아한다고 내게 자백했다. 그는 그 집들을 전리품으로 여겼으며 자신의 비밀을 아무도 모른다는 사실에 흡족해했다. 그는 피해자들의 추도식과 묘지에 있고 싶긴 했지만, 감시가 무서워 멀찍이 떨어져 있었다고 했다. 대신 신문에서 그들의 사망 기사를 오려내 읽고 또 읽었다. 실제로 살인이 만들어내는 힘에 대한 느낌은 이런 살인자들에게 엄청나게 유혹적이다.

위원회 위원들 중 한 사람은 맥고언이 이전 진술에서 조안이 옷을 벗으라는 그의 명령을 따랐고 그러는 동안 전혀 울거나 저항하지 않았다고 말했다는 점을 언급했다.

내가 말했다. "나는 그 말을 선뜻 믿을 수가 없습니다. 조안은 사실 그의 모든 명령을 따른 게 아니라고 생각하며, 그것은 맥고언이 통제력을 잃었다는 의미였습니다." 나는 그처럼 어린 여자아이가 겁을 먹거나 울지 않았다는 걸 상상조차 할 수 없었다. 그리고 내가 읽어 본 검시관의 보고서에도 저항이 어느 정도 있었다고 분명히 나와 있었다. 로즈마리는 자신의 딸이 어떤 폭행도 고분고분 받아들이지 않았을 거라고 몇 번이나 말했다. 맥고언이 그렇게 진술을 한 건 자신이 저지른 범죄의 잔인함을 최소화하려고 애쓴 것뿐이라는 것이 나의 분명한 견해였다.

검시관의 보고서에는 조안이 강간을 당했을 것이라는 견해가 기록되어 있었지만, 나는 면담에서 얻은 정보를 바탕으로 맥고언이 손가락만 삽입했으며 그 때문에 조안의 처녀막이 파열된 거라고 믿었다.

나는 조안이 집 앞에 왔을 때 잔돈이 제대로 없었다고 맥고언이 이전에 말한 변명 얘기를 꺼냈다. "그에게 잔돈이 제대로 없었다고요? 범죄의 동기로 그건 말도 안 되는 소리입니다. 그는 범죄를 정당화할 이유를 찾고 있었을 뿐입니다. 잔돈이 제대로 있었든 없었든, 처음부터 죽일 의도를 갖고 있었던 겁니다. 잔돈이 제대로 있었더라면 그런 일은 절대 일어나지 않았을 거라는 의사의 말에 대해 얘기하자면 그건 터무니없는 소리입니다!" 나는 위원회 위원들에게 '붉은 분노'와 '하얀 분노'에 대해 말했다.

내가 맥고언이 다른 주에 숨겨둔 유산과 자유가 주어지면 하려는 계획에 대해 말했을 때, 위원회 위원들은 굉장히 놀랐다. 나는 맥고언에게 감옥 안에서 25년 동안 살았고 더구나 그 대부분은 가장 경비가 삼엄한 곳에 있었는데, 어떻게 바깥세상에서 살아갈 수 있을 거라고 생각했는지 물었다.

"여기에서 살아남을 수 있다면, 어떤 곳에서도 살아남을 수 있어요." 맥고언이 대답했다. 하지만 감옥 환경이 가혹하다는 것과 그 교도소에서 살아남기 위해 얼마나 많은 걸 감당해야 하는지에 대해서는 의심의 여지가 없다 해도, 나는 감옥에서의 삶이 바깥에서의 삶과 완전히 다르다는 점을 지적했다. 감옥은 있을 법한 모든 공포를 철저하게 통제하며 굉장히 조직화된 환경이다. 맥고언은 하루에 세 끼를 제공받았으며, 정신과 치료와 지속적인 감독을 받고 있었다. 바깥세상에서 제대로 생활할 수 없는 강력범들도 이런 상황에서는 대개 잘 지낸다. 문제를 일으키는 죄수라면 당연히 가석방을 고려하지 않겠지만, 내 경험으로 볼 때 어떤 범죄자가 협조적이거나 모범수라는 사실은 그 사람이 감옥 밖에서 얼마나 위험할지를 예측하는 기준이 될 수 없다고 나는 위원들에게 말했다.

우리는 맥고언이 연락을 주고받던 코네티컷 출신의 수녀와 맥고언을 사회복귀 훈련시설에 있게 하자고 한 그녀의 제안에 대해 얘기했다. 나는 맥고언이 감옥에 있을 때와 같이 자신을 감시할 사람들을 원하며 만일 적절한 감독을 받지 못하면 무슨 일이 일어날지 모른다고 인정했다는 것을 지적했다. 그는 절대 교직에 복귀할 수 없을 것이고 그가 지적으로 열등하다고 생각했던 사람들과 제대로 소통하지 못할 것이며, 그러므로 혼자 하는 종류의 일을 해야 할 것이다. 그러려면 해야 할 일이 많을 것이다. 맥고언은 이전에 정신건강 전문가들에게 짧은 잠옷을 입은 열두 살짜리 사촌의 팬티 밖으로 살짝 보이는 어린 음모를 눈여겨보면서 흥분했던 기억이 난다고 말했다. 하지만 나는 그가 라켈 웰치 같은 배우나 같은 옷을 입은 다른 매력적인 성인 여성에게도 흥분했을 거라고 말했다. 다만 차이가 있다면, 그에게는 열두 살짜리 여자아이에게 하듯 성인 여성에게 접근할 용기가 없다는 것이다. 이런 사실은 그에게 명확하게 소아성애가 있다는 것보다 그의 사회성이 어느 정도인지에 대해 더 많은 것을 알려준다.

내가 말했다. "이것이 계획적인 성범죄였다면, 맥고언은 차를 몰고 동네나 이웃 동네를 다니면서 그가 모르는 누군가를, 추적하기 더 어려운 누군가를 찾았을 겁니다. 하지만 그는 그렇게 하지 않고 자기 집을 첫 번째로 찾아 온 약한 사람을 공격합니다." 나는 그를 성범죄자로 구분하지도 않을 거라고 말했다. 그는 어린 여자아이를 좋아했다기보다 지배와 통제에 흥분했다.

내가 또 말했다. "나는 그를 전형적인 아동 성추행범으로 보지 않습니다. 왜냐하면 그가 밖으로 나갔다면, 어떤 장애물이 있었다면, 어떤 걸림돌이 있었다면, 그 과정에서 어떤 좌절이 있었다면, 그가 반드시 또 다른 일곱 살짜리 아이를 성추행할 거라고 기대할 수는 없기 때문입니다. 피해자는 바뀔지 모르지만, 분노는 여전히 그곳에 있습니다."

나는 살인자이자 상습적인 범죄자로 성인 시절의 대부분을 감옥에서 보낸 잭 헨리 애보트 사건이 생각났다. 애보트는 작가 노먼 메일러가 유타의 게리 길모어에 관한 책을 쓰고 있다는 얘기를 들었을 때, 메일러에게 감옥 생활에 대해 생생하게 설명해주겠다고 제안했다. 게리 길모어는 1976년 대법원이 사형제도의 부활을 인정한 후 미국에서 처형된 최초의 인물이었다. 메일러는 애보트가 보낸 편지들에서 증명된 통찰력과 다듬어지지 않은 문학적 재능을 바탕으로 그 재소자가《짐승의 배 속에서In the Belly of the Beast》라는 제목의 회고록을 출간할 수 있도록 도왔다. 이 책은 긍정적인 리뷰들과 많은 관심을 받았다. 그리고 메일러를 비롯한 여러 저명인사들은 그 정도의 통찰력과 감성을 보여주는 글을 쓴 사람이라면 갱생이 가능하다는 결론을 내리면서 애보트의 가석방 운동을 지지하는 근거로 이 책을 사용했다.

교도관들이 불안해했음에도 애보트는 1981년 가석방 허가를 받고 뉴욕에 가서 살았는데, 그곳에서 메일러와 그의 가족은 애보트에게 일 자리를 찾아주고 그가 바깥세상의 삶에 적응할 수 있게 애써주었다.

석방된 지 6주 뒤, 애보트는 그리니치 빌리지의 한 카페에서 두 명의 여성과 식사를 하고 있었다. 이 자리에서 애보트가 화장실에 가려다 리처드 아드난이라는 웨이터와 말다툼을 벌였다. 리처드 아드난은 야망이 있는 배우이자 극작가였고 그 카페는 장인의 소유였다. 그들은 결국 밖으로 나갔고, 그곳에서 애보트는 아드난을 칼로 찔러 죽였다.

마크는 위대한 작가 메일러의 생 후반기에 친구가 되었는데, 메일러는 마크에게 애보트 사건 전체가 자신의 삶에서 가장 큰 후회를 남긴 일들 중 하나라고 말했다. 만일 맥고언의 하얀 분노를 작동하게 하는 어떤 일이 생긴다면, 맥고언에게도 이와 비슷한 사건이 생길 우려가 있다고 나는 분명히 밝혔다.

이 말을 듣고 콘소보이가 말했다. "우리가 해야 할 일은 맥고언에게 그런 위험이 어느 정도 있는지 판단하는 것입니다." 그는 잠깐 말을 멈췄다가 나를 보며 물었다. "만일 당신이 가석방 위원회에 있다면, 그를 석방하겠습니까?"

내가 대답했다. "아뇨, 그가 언제 범죄를 저지를지 나는 모릅니다. 그 것이 1년 후가 될지, 5년 후가 될지, 혹은 10년 후가 될지 모릅니다. 하지만 언제든 그런 상황이 벌어지면, 살면서 어떤 스트레스 요인(실직, 여성의 거절, 그와 함께 살기를 거부하는 지역사회)이 생기면, 그는 다시 공격할 수 있습니다. 내가 볼 때, 그는 상황이 자기 뜻대로 되지 않으면 언제라도 폭발할 수 있는 시한폭탄과 같은 사람입니다."

나는 AK-47을 들고 쇼핑몰에 간다는 내 가상 시나리오에 맥고언이 한 대답을 들려주었다.

"그는 스트레스에 대처하지 못합니다. 그래서 심문에서 허물어졌습니다."

또한 나는 맥고언이 다시 폭력적인 행동을 저지르는 데 세상을 떠들썩하게 할 만한 사건이 필요하지 않다는 사실도 지적했다. 위원회 위원한 사람이 물었다. "가령 슈퍼마켓에서 어떤 사람이 그 앞으로 새치기를 한다면요?"

내가 대답했다. "그는 주차장으로 가 자기 차 안에서 기다릴 겁니다. 그는 불안, 공황발작 반응을 가지고 있습니다. 그래서 이런 것들을 극복하기 위해 마음의 준비를 하고, 끔찍하게 화를 내는 겁니다. 그는 상점으로 다시 가서 그 사람을 마주합니다. 그리고 그 사람이 예의바르게 행동하지 않는다면, 그는 폭발합니다."

이제 맥고언이 나이를 더 먹었으므로, 그의 범행수법이 달라지고 피해자도 다른 유형으로 바뀔 수 있다고 나는 언급했다. 이런 경우를 자주 보았다. 그가 매춘부들을 겨냥하기로 마음먹는다면, 자신의 사회적 무능이 더는 큰 문제가 되지 않을 것이다. 그에게는 차만 있으면 될 것이다. 그에게 다가와 대화를 시작하는 쪽은 매춘부일 것이고, 그 반대인 경우는 거의 없을 것이다. 그가 해야 할 일은 그 매춘부에게 차에 타라고 말하는 게 전부일 것이다.

나는 뉴욕주 로체스터에서 제네시강의 살인자로 알려진 아서 쇼크로스 사건을 인용했다. 그는 두 아이(남자아이 하나와 여자아이 하나)를 죽였다. 25년형을 선고받았고 모범적인 생활로 15년 후에 가석방되었다. 석방된 다음 그는 매춘부들을 겨냥하기 시작했으며, 체포되기 전까지 열두 명의 여성을 살해했다. 세부 내용이 바뀌고 피해자들도 바뀌었지만, 그의 희생자들은 여전히 약하고 접근하기 쉬운 사람들이었다. 나는 쇼크로스의 경우가 반복되는 걸 보고 싶지 않았다.

"압력이 있을 때, 위기가 있을 때, 당신들은 24시간 내내 그를 감시해야 할 겁니다." 결국 우리는 이런 상황에서 자연스럽게 등장하는 주제로 옮겨갔다. "이런 경우에 여러분은 갱생이라는 말을 꺼낼 수 없다는 걸 나는 압니다."

"당신은 할 수 있고, 우리는 할 수 없습니다." 콘소보이가 분명히 말했다.

그래서 내가 말했다. "맥고언과 같은 범죄자의 문제를 다룰 때, 여러분들은 '갱생'이라는 단어를 절대로 사용해서는 안 됩니다. 왜냐하면 그는 절대 갱생되지 않을 것이기 때문입니다. 그를 되돌린다고요? 무엇으로 되돌린다는 말입니까?"

콘소보이가 물었다. "그래서 존, 당신이 보기에 지금의 그와 처음 감옥에 갇혔을 때의 그 사이에 눈에 띨 만한 차이점은 없습니까?"

"네, 없습니다." 내가 말했다. 이것은 분노의 범죄, '힘'의 범죄였다. 이것은 성 그 자체의 범죄가 아니었다. 내가 그렇게 많은 범죄자에 대해 언급했듯, 이것은 조종, 지배, 통제에 관한 것이었다.

"맥고언이 여러분 앞에서는 좋은 사람인 척하겠지만, 그는 빙산과 같습니다. 여러분은 표면 위의 10퍼센트만 보고 있는 것이죠. 그리고 그가 대응하는 방식에서 변화를 볼 수도 있겠지만, 그건 그가 똑똑하고 모든 가석방 절차를 경험하면서 학습했기 때문입니다. 그는 여러분이 하는 테스트를 모두 알고 있습니다. 여러분이 무엇을 기대하는지 알고 있다는 겁니다. 하지만 여러분이 한 일은 지난 25년 동안 그의 육체를 꼼짝 못하게 한 것이 전부입니다. 그의 머릿속에 있는 것(폭력이라는 힘에 성적으로 반응하는 것)은 전혀 바꾸지 못했습니다."

이것은 또한 쇼크로스 사건에서도 마찬가지였다. 1980년대 후반 우리 부서에서 제네시강 살인자의 수색을 도와달라는 전화를 받았을 때, 프로파일러 그레그 맥크래리는 아주 정확한 프로파일과 전략이라고 받아들여졌고 실제로도 쇼크로스의 체포를 이끄는 데 도움이 되었던 자료를 만들었다. 그레그가 잘못 알았던 한 가지 요소는 용의자의 나이였다. 그는 나이를 15년 정도 적게 잡았다. 쇼크로스가 감옥에 있던 15년 동안 시간이 멈췄다. 그리고 그는 석방되자마자 이전 삶과 태도로 다시 돌아갔다.

내가 위원회에 말했다. "[맥고언이] 다시 범행을 저지른다면, 그 대상은 가까이 있는 사람들일 것입니다. 요점은 이것입니다. 나는 이 사람이 우리 동네나 지역사회에서 사는 것을 원하지 않을 겁니다."

08
"상당한 가능성"

나는 조셉 맥고언에 대해 많이 알게 되었고 또 그에게서 많은 것을 배웠다. 하지만 내 분석에서 한 가지 요소는 여전히 불만스러웠다. 퍼즐의 조각 하나가 보이지 않았다. 아무 죄 없는 어린아이를 죽이도록 그를 촉발했던 스트레스 요인이나 그를 자극했던 사건이 분명 있었을 거라고 나는 확신했다. 어떤 것이 맥고언을 자극하고 그가 어린 여자아이를 강간하고 죽이도록 '결심하게' 만들었다는 의미는 아니었으며, 혹은 그 범죄가 동기, 수단, 기회 등이 갑자기 하나로 합해져 이미 존재하는 어두운 욕망을 실행하게 만든 즉흥적인 결심이 아니라는 의미도 아니었다. 하지만 맥고언이 그 행동을 했던 즈음에 어떤 것이 그로 하여금 행동하도록 '영향을 미쳤다.'고 나는 확신했다.

그것이 일에 관련된 무엇(동료와의 다툼, 혹은 그가 내게 말하지 않으려 했던 학생으로부터의 거부 혹은 애정)이었을까? 아니면 약혼녀에게 버림받은 것과 관련이 있었을까? 분명 그것이 분노를 촉발했을 수 있었다. 나는 맥고언이 동료들의 부활절 휴일 여행에 참여하지 않은 것과 상당 부분 관련이 있다고 확신했다. 하지만 사건 파일을 연구하고 오랜 기간 그와 얘기한 뒤에, 나는 더 중요한 뭔가가 작동하고 있는 게 분명하다고 생각했다.

우리는 우리의 교도소 면담이 제한 없이 광범위하기를 늘 바랐는데, 심문의 어떤 요소나 대목에서 가치 있는 정보를 얻을 것인지 알 수 없기 때문이다. 그래도 특정 살인사건을 비롯해 여러 폭력적인 범죄들에는 수사관들을 혼란스럽게 하며 그 해결 과정에서 중요한 단서를 얻을 수 있는 한 가지 중요한 질문이 있다.

'연쇄살인범'이라는 용어는 어느 정도 주기를 갖고 반복적으로 살인하는 범죄자를 말한다. 그리고 각 범죄를 저지른 후에는 '냉각기'가 있다. 그 살인자가 잡히지 않았는데도 범죄를 중단한다면, 이유는 대개 세 가지 중 하나다. 첫째, 그가 죽었다. 둘째, 그가 관계없는 다른 범죄로 체포되어 감옥에 있다. 셋째, 그가 정말로 범죄를 중단한 것이 아니라 다른 지역으로 가서 범죄를 저질렀는데, 법집행 기관에서는 그의 새로운 범죄를 예전 범죄와 연결 짓지 못하고 있다. 하지만 위치타의 BTK 교살자의 경우, 범죄와 다음 범죄 사이에 오랜 공백이 있다가 그가 새로 살인을 했다거나 아니면 미디어나 경찰에 편지를 보내 이전에 저지른 살인을 떠벌리고 자신이 그 살인을 저질렀다는 증거를 제시했다는 소식이 들려오곤 했다. 이런 끔찍한 범죄들에 대한 '인정'은 분명 그의 에고에 아주 중요했기 때문에 우리는 왜 그가 그처럼 오랫동안 활동을 안 하는지 알 수가 없었다.

캔자스주 위치타의 BTK 교살자 사건은 내가 FBI 요원 초기일 때 시작되었는데, 1974년 1월 15일 목요일 열여섯 번째 생일을 2주 앞둔 찰리 오테로는 열네 살 된 동생 대니, 열세 살 된 여동생 카르멘과 함께 학교를 마치고 집에 갔다가 엄마와 아빠, 즉 서른네 살인 줄리와 서른여덟 살인 조셉이 몸이 묶이고 입에 재갈이 물린 채 잔인하게 목이 졸리고 칼에 찔린 걸 발견했다. 경찰이 현장에 도착해서 아홉 살 된 조이가 대니와 함께 쓰는 방에서 두 손과 발이 묶이고 목이 졸린 채 옆으로 쓰러져 있는 걸 발견했다. 그리고 지하실에서는 열한 살인 조시가 위쪽 파이프의 줄에 목이 매달리고 두 손이 등 뒤에서 단단히 묶여 있었다. 다른 사람들처럼 조시도 끈으로 완전히 묶여 있었다. 조시의 입은 수건으로 틀어 막혔고, 아빠처럼 그 수건 위로 부어오른 혀가 입에서 튀어나와 있었다. 조시는 연푸른 티셔츠를 입고 있었으며 바지는 발목 주위에 매달려 있었다. 한쪽 다리에 정액으로 보이는 끈적끈적한 물질이 있었다. 살인범은 조시가 죽는 걸 보면서 혹은 죽은 다음에 그녀의 몸 위에서 자위를 했다.

이를 시작으로 위치타 지역에서 잔혹하고 가학적인 일련의 살인들이 17년 동안 계속되면서 열 명이 넘는 피해자의 목숨을 앗아가고 30년 넘게 지역사회를 공포에 떨게 했다. 오테로 살인사건이 일어나고 10개월이 지난 뒤 지역신문사로 익명의 전화 한 통이 걸려왔는데, 전화를 한 사람은 관계자에게 도서관 책 안에 조롱하는 편지가 있다고 했다. 편지는 자신이 살인을 저질렀으며 앞으로 더 많은 살인이 일어날 것임을 알리는 내용으로 이렇게 끝을 맺었다.

"나를 뜻하는 비밀 단어는 …… 묶고(Bind), 고문하고(Torture), 죽이다(Kill), 즉 BTK일 것이며 …… 다시 그 일이 일어나는 걸 보게 될 것이다. 그 말이 다음 희생자 몸에 있을 것이다."

관심과 인정에 대한 갈구가 고문과 살인 그 자체만큼이나 중요한 것처럼, 범인은 그런 식으로 자신을 자랑하는 내용을 경찰과 미디어에 계속 보냈다.

콴티코의 운영 프로파일링 프로그램이 최상의 상태가 되던 그 시점에 나는 위치타 경찰서 측으로부터 수사 분석을 해달라는 요청을 받았다. 그 미확인범이 첫 번째 살인을 저지르고 10년이 지난 뒤 우리는 BTK 태스크포스 멤버들과 주요 사건의 상담에 참여했다. 그리고 마침내 그 사건이 해결되었을 때, 나는 이미 그 부서에서 퇴직한 지 10년째였다. 그 범죄들의 사악함은 추적에 관여했던 모든 사람들을 물리적으로 그리고 심리적으로 계속 괴롭힌다.

그는 기회와 계획 둘 다를 이용해 목표물을 선택했으며, 때로는 차를 타고 도시를 끝도 없이 다니다가 눈에 띄는 사람 혹은 시의 법집행관으로 일하면서 지나치게 자란 잔디와 길 잃은 개들처럼 중요한 문제를 처리하다가 만난 사람들을 따라갔다. 오테로 가족 살인사건 이후, 그가 살해한 피해자들의 나이는 스물한 살인 캐스린 브라이트에서 예순두 살인 돌로레스 데이비스까지 다양했다. 그리고 그는 피도 눈물도 없었다. 스물네 살인 셜리 비안을 그녀의 침실에서 목 졸라 죽였는데, 침실은 그가 욕실에 가둔 그녀의 어린 자녀들이 모든 소리를 들을 수 있는 거리였다.

하지만 수사의 관점에서 그 사건의 가장 이상하고 복잡한 면은 범죄와 범죄 사이의 불규칙한 간격이었다. 1974년에 다섯 건의 살인사건이 있었고, 1977년에 두 건의 살인사건이 더 있었으며, 1985년과 1986년에 각각 한 건의 살인사건이 있었고, 1991년에 한 건의 살인사건이 더 있었다. BTK가 죽었거나 그 이후에 관계없는 범죄로 수감되었다 해도, 그가 끔찍한 행위들을 다시 시작하기 전에 공백이 그렇게 길었던 이유를 설명하지는 못했다. 자신의 행위를 자랑하는데 그렇게 관심이 있으며 방송을 통해 악명 높은 인물로 자신의 자리를 잡으려는 연쇄살인범이라면 특히 그랬다.

BTK의 몰락은 그가 마지막으로 저지른 것으로 알려진 살인 이후 14년이 지난 2005년이 되어서야 왔다. 살인이라는 월계관을 누리는 것에 만족하지 못한 그는 한 걸음 더 나아가서 지역 텔레비전 방송국에 컴퓨터 디스크를 보냈는데, 경찰 전문가들이 이 디스크의 메타데이터를 통해 지역 교회에서 그것을 마지막으로 사용한 사람이 '데니스'라는 사실을 알아냈다. 인터넷에는 데니스 레이더가 교회 운영위원장으로 올라와 있었으며, 그의 검은색 지프 체로키는 BTK의 편지들 중 하나가 남겨진 현장을 떠나는 차에 대한 설명과 일치했다.

그는 아들 하나와 딸 하나를 둔 가정이 있는 남자로 밝혀졌다. 비겁한 레이더는 자신이(훨씬 더 가학적으로) 무고한 피해자들에게 가했던 사형 선고를 피하기 위해 가석방 가능성 없는 유죄 협상에 동의했다. 나는 캔자스에 있는 최고 보안시설인 엘도라도 교도소에서 BTK를 직접 만날 수 있었다.

레이더와 얘기하고 그의 사건을 검토하고 나서, 나는 1977년 낸시 폭스 살인과 1985년 마린 해시 살인 사이에 공백이 있었던 이유를 알게 되었다. 그 이유는 분명 그의 아내 폴라였을 거라고 추측했다. 폴라가 뭔가를 발견했거나 그와 함께 뭔가를 한 것이 분명했다.

1978년 가을 언젠가, 폴라가 침실에 들어왔다가 남편이 드레스를 입고 자신의 목에 감은 줄을 욕실 문에 매다는 장면을 보게 되었노라고 레이더는 확인해주었다. 의상도착증과 질식성애증은 그가 좋아하는 자위행위 두 가지였다. 그 드레스는 폴라의 것이 아니었으므로, 짐작건대 레이더가 오랜 세월에 걸쳐 침입했던 많은 집들 중 한 곳에서 가져온 것이었다. 온순하고 곱게 살아온 폴라는 눈앞의 광경을 믿을 수가 없었다. 이런 종류의 일을 이전에 들어본 적도 없었다.

폴라는 도움을 받아야 한다고 레이더에게 말했지만, 그가 앞으로 어떻게 해야 하는지 전혀 알 수가 없었다. 그저 모든 것이 너무 당황스러워서 아무 말도 할 수가 없었다. 그래서 며칠 동안 곰곰이 생각하고 난 뒤 그녀는 예전에 자신이 회계장부담당자로 일했던 보훈병원에 전화해서 치료사와 익명으로 통화하게 해달라고 부탁했다. 그녀는 '친구'가 여자 옷을 입고 스스로 목을 조르고 있는 남편을 보았다고 말했다. 치료사는 몇 권의 자기계발 서적을 추천했는데, 폴라는 그 책을 모두 사서 레이더에게 주었다.

레이더는 이것이 오랫동안 싸워온 심리적인 문제라고 호소하면서 다시는 그렇게 하지 않겠다고 약속했다. 그는 폴라가 어떤 행동을 해서 수사관들이 자신을 찾아올까봐 겁이 났으며(언젠가 폴라가 레이더의 필체가 경찰에서 만든 인쇄물에 실린 BTK 필체와 비슷하다고 불쑥 말한 적이 있었다.) 그래서 가능한 한 남의 눈에 띄지 않게 지내며 적어도 집에서는 자기성애를 멀리하려고 노력하는 편이 낫겠다고 마음먹었다.

분명 이것은 2년 가까이 효과가 있었다. 그러다 1980년에 폴라는 침실에 들어갔다가 다시 한번 레이더가 밧줄을 목에 걸고 있는 걸 발견했다. 이번에는 그의 건강이 걱정되기보다 '참을 수 없을 만큼 화가 났다.' 레이더는 아내가 그렇게 흥분하고 화내는 걸 처음 보았기 때문에 겁이 덜컥 났다. 폴라는 또 한번 그런 행동을 하는 걸 본다면 그를 떠날 거라고 말했다. 만일 폴라가 자신이 본 것을 사람들에게 알린다면, 그리고 또 다른 BTK 살인이 일어난다면, 수사기관에서 이것저것 종합해서 추론하는 것이 어려워봐야 얼마나 어렵겠는가?

이 경험으로 나는 연쇄살인자가 스스로 범죄를 중단하는 이유에 대해 새로운 통찰력을 얻었고, 내가 이 일을 하는 동안 추적한 유형의 사람들을 새롭게 이해할 수 있었다. 아이러니컬하게도 남편이 성적 강박을 실행하는 모습을 처음 보았을 때 폴라는 그를 걱정했지만, 오히려 레이더가 범행을 멈췄던 기간은 그의 정신이 온전하고 합리적이었다는 사실을 내게 입증해주었다. 나는 레이더를 비롯해 모든 잔혹한 살인자들과 강간범들이 다양한 수준의 정신병을 가지고 있다고 믿지만, 일시적이라 해도 그가 자신의 생존을 위해 범행의 중단을 선택할 수 있었다는 사실은 그의 미래 예측 능력과 실행 능력이 꽤 높다는 것을 보여준다. 물론 그의 생생한 상상은 말할 것도 없고, 그의 그림들, 사도마조히즘 포르노그래피, 자기결박, 의상도착증, 자기성애, 범죄 현장의 '기념품'을 볼 때, 레이더만큼 실제 행위의 황홀감을 대체할 것들을 잘 갖춘 연쇄살인범은 거의 없었다. 나는 그가 살아있는 한 묶고, 조롱하고, 자기 손에서 여자들과 소녀들이 죽어가는 모습을 지켜보는 상상을 계속할 것이라는 사실을 거의 의심하지 않는다.

사기꾼, 은행 강도, 보석상 도둑, 항공기 납치범인 개릿 브룩 트랩넬의 체포를 둘러싸고는 또 다른 종류의 미스터리가 있다. 그가 저지른 가장 극적인 범죄는 1972년 1월 28일에 발생한 사건인데, 그는 팔에 가짜 깁스를 한 다음 그 안에 숨겨 비행기로 가져온 45구경 권총을 사용해 로스앤젤레스에서 뉴욕으로 가는 TWA2 보잉 707여객기를 시카고 상공에서 납치했다. 그는 현금으로 30만 달러가 넘는 돈과 리처드 닉슨 대통령의 사면, 캘리포니아주 마린 카운티 법정에서 인질극을 벌인 피고인에게 무기를 공급한 공모 혐의로 징역형을 선고받은 교수이며 운동가인 안젤라 데이비스 박사의 석방을 요구했다. 당시 판사를 포함해 네 명의 사람이 죽었다. 하지만 많은 사람들이 데이비스가 정치적 이유로 유죄 판결을 받았다고 생각했고, 그녀의 유죄 판결은 나중에 뒤집혔다.

급유와 승무원 교체를 위해 비행기가 뉴욕에서 타맥 구역에 대기하는 동안, 두 명의 FBI 요원이 승무원으로 위장하고 비행기에 오른 다음 트랩넬의 왼쪽 어깨와 팔을 총으로 쏴서 체포했다. 한 번의 5주짜리 재판이 불일치 배심으로 끝나고 난 뒤, 트랩넬은 항공기 납치로 유죄가 확정되어 두 번의 종신형에 더해 11년의 징역형을 선고받았다.

유죄 확정 후에도 트랩넬은 사람들의 이목을 끄는 행동을 멈추지 않앗다. 트랩넬은 죄수들에 대한 대학원 연구 프로그램을 진행하던 바바라 앤 오스월드를 만나 친구가 되었는데, 그녀를 설득해 1978년 5월 24일 세인트 루이스에서 전세 헬리콥터를 납치한 다음 조종사가 매리언의 교도소 마당에 착륙하게 해서 자신을 구하도록 했다. 착륙하는 동안, 헬리콥터 조종사는 오스월드와 몸싸움을 해서 총을 빼앗아 그녀를 죽일 수 있었다.

같은 해 12월 21일, 오스월드의 열일곱 살 된 딸 로빈은 트랩넬을 석방하지 않으면 자기 몸에 묶어둔 다이너마이트 팩을 폭발하겠다고 하면서, 로스앤젤레스에서 뉴욕으로 가는 TWA 여객기 541을 납치하려 했다. FBI 협상가들은 부상자 없이 그녀를 설득할 수 있었는데, 그 다이너마이트 팩은 철로 조명탄을 초인종에 연결해서 만든 걸로 밝혀졌다. 어머니와 딸이라고? 나는 외부의 영향에 쉽게 휘둘리는 특정 유형의 사람들을 상대로 이처럼 놀라운 힘을 가진 범죄자를 거의 보지 못했다. 유일하게 얼른 떠오른 또 한 사람이 찰스 맨슨이었다.

하지만 트랩넬에 대해 내가 가장 흥미를 느낀 점은 비행기를 납치하는 동안 안젤라 데이비스를 석방하라고 요구한 것이었다. 그 당시 정치적인 목적을 띤 비행기 납치가 자주 일어났는데 비행기들은 대개 돌아오기 전에 쿠바나 알제리로 갔다. 하지만 내가 트랩넬에 대해 알아낼 수 있었던 모든 내용으로 볼 때, 그는 강한 정치적 의지가 전혀 없었다. 오직 자신과 자신의 만족에 대해서만 강한 의지가 있었다. 그런데 왜 그는 연방 요원들에게 끌려갈 때도 그 요구를 강력하게 했던 것일까? 몇몇 목격자는 그런 이상 행동만으로도 그가 정신적으로 불안정하다는 걸 보여주기에 충분하다고 결론 내렸다. 《뉴욕타임스》에서는 그가 '오랜 정신 병력'을 갖고 있다고 밝혔다.

"개리, 그러면 그 모든 건 어떻게 된 일인가요?" 마침내 그와 앉게 되었을 때 내가 다급하게 물었다.

그는 비행기 납치 시도가 아주 위험한 일이며 그래서 상습적으로 위험을 감수하는 사람은 비행기 납치가 실패할 가능성이 크다는 걸 알고 있음을 인정하는 것으로 대답을 대신했다. 그는 그 즈음 비행기 납치 대부분이 정치적인 이유로 벌어진다는 것도 역시 알고 있었다. 그래서 내게 자신의 논리를 설명하면서 이런 의미의 말을 했다.

"내가 이번 범행을 잘 해결하지 못하면, 오랫동안 감옥에 있게 될 거라는 걸 알았습니다. 그리고 그 덩치 큰 흑인들이 나를 정치범이라고 생각한다면, 내가 샤워장에서 괴롭힘을 덜 당할 거라고 생각했습니다."

이 진술에는 인종차별의 의미가 담겨 있긴 하지만, 이것은 행동의 관점에서 아주 중요하다. 첫째, 이 말은 트랩넬이 미친 게 아니라 완전히 이성적이며 만일의 사태에 대비해 사전 계획을 세우고 있었다는 걸 보여준다. 그러므로 정신착란성 방위는 절대 성립되지 않는다.

이것은 또한 우리가 인질 협상 방식과 절차를 개선하는데 도움이 되었다. 상황에 상관없이(비행기 납치, 은행 강도, 심지어 테러 사건) 인질범이 이상하거나 엉뚱한 말 또는 요구를 한다면, 협상 팀은 그 진짜 의미를 진지하게 생각해야 한다. 대상이 스트레스나 피로 때문에 제대로 생각하지 못해서 터무니없는 얘기를 하고 있는가? 아니면 폭력이나 유혈 사태 없이 그 상황을 진정하거나 끝내기 위해 사용할 수 있는 더 깊은 의미가 있는가?

트랩넬의 경우에는 자신이 이 시나리오에서 벗어날 가능성이 없다는 걸 이해하고 이미 자신의 체포와 투옥이라는 다음 단계를 생각하고 있었다는 것을 보여주었다. 이것은 인질들을 다치게 하지 않고 문제를 해결할 가능성이 더 크다는 걸 나타냈다. 다시 말하면, 그 시점에서 트랩넬은 자기 행동이 초래한 결과의 심각성을 악화하기보다 완화하려고 노력하고 있었다. 이는 또한 협상가에게 그가 협상할 수 있는 중요한 뭔가를 가지고 있을 수도 있다는 점을 알려준다. 몸값 요구 혹은 그 납치범이 원하는 비행기의 목적지에 집중하기보다 트랩넬이 왜 안젤라 데이비스의 석방을 집요하게 요구하는지에 대해 대화를 시작할 수 있었다. 이런 식으로 협상가는 그의 진짜 관심사로 들어갈 수 있었다.

이와 비슷한 예로, 언젠가 나는 논란이 많은 덴버의 라디오 진행자 앨런 버그의 암살자들 중 한 사람인 브루스 피어스와 혼자서 면담을 했다. 피어스는 '기사단'으로 알려진 반유대주의 백인 우월 집단의 일원이었다. 이 기사단의 단원들은 유대인이 악마의 자손이라고 믿었다. 나중에 밝혀진 사실인데, 피어스가 그 면담에 동의한 것은 순전히 나와 FBI에게 설교를 하고 폭언을 퍼붓기 위해서였다. 이 면담이 실패한 것으로 보일 수도 있겠지만, 내가 그런 사고방식(대의명분을 향한 비정상적인 몰두와 헌신)에 대한 통찰력을 얻을 수 있었다는 점에서 그 나름의 가치가 있었다. 그러므로 만일 법집행 기관이 이런 사람과 팽팽하게 대치하고 있거나 인질이 붙잡힌 상황이라면, 협상가가 쓸 수 있는 전략은 총을 든 사람의 말을 다시 말하거나 고쳐 말하는 방법으로 그가 대의명분에 어느 정도 빠져있는지 판단하면서 지연작전을 쓰는 것이다. 그리고 혹시 협상이 실패할 경우 무고한 생명을 잃지 않도록 전략적 대응을 준비해야 할 것이다.

범행의 그 순간에 무엇이 맥고언의 사고 과정을 실제로 지배하고 있었는가? 언제나 핵심 질문은 이것이다. 나는 앤드류 콘소보이가 조셉 맥고언과 직접 이야기할 때 이 질문에 대한 해답이 맥고언에게서 나오길 바라고 있었다.

이즈음에 나는 콘소보이를 앤디라고 부를 만큼 그를 잘 알게 되었으며, 그의 지성, 철저한 직업윤리, 그리고 감옥에 꼭 있어야 하는 사람은 감옥에 있고 또 제때에 풀려나야 하는 사람은 풀려나게 하는 그 어려운 일에 헌신하는 모습에 깊은 존경심을 느꼈다. 그는 자신을 비롯해 가석방 위원회의 다른 위원들이 다음 주에 면담을 할 거라고 얘기하면서, 그 면담을 어떻게 해야 하는지에 관해 내게 조언을 구했다.

나는 그와 동료들이 끊임없이 질문을 이어가면서 맥고언이 계속 얘기하게 해야 할 거라고 말했다. 결국 그 차분한 외양 아래 있는 진짜 분노가 표면으로 드러날 때가 올 것이었다. 만일 그들이 이 계획을 따른다면, 맥고언이 진짜 자신의 모습을 드러낼 지점에 이르게 되고 가석방 위원회는 더 많은 통찰력을 얻어서 내 관찰 결과와 권고를 확신할 가능성이 크다고 생각했다.

1982년 웨인 B. 윌리엄스가 애틀랜타 아동 살인사건으로 재판을 받을 때, 풀턴 카운티 검사 잭 말라드가 만일 피고의 변호인이 피고를 증인석에 세워서 자신이 그를 반대 심문할 기회가 생긴다면 어떻게 접근해야 할지 내게 조언을 구했다. 먼저 나는 윌리엄스가 증인석에 설 가능성이 충분히 있다고 생각하는데, 왜냐하면 내가 그에게서 꽤 많은 지적 허세와 우월감을 보았으며 그가 사법제도를 우왕좌왕하는 코미디 집단으로 느끼는 것 같았기 때문이라고 말했다. 그는 자신이 증인석에서도 상황을 통제할 수 있다고 생각했다.

나는 말라드에게 윌리엄스에게 가까이 가서 개인적 공간을 침해하고, '이것이 당신의 인생이다' 방식으로 사건과 그의 개인적 이력을 훑고, 계속해서 질문을 퍼붓고 긴장감을 유지하면서 그가 흔들리고 허를 찔려 당황하게 만들라고 조언했다.

윌리엄스가 증인석에 앉고 말라드가 심문할 때, 그는 우리가 얘기한 그대로 했다. 마침내 몇 시간 동안의 치열한 반대심문이 이어지고 난 뒤, 말라드는 윌리엄스에게 가까이 가서 한 손을 윌리엄스의 팔에 대고는 낮고 느린 남부 지방 말투로 말했다.

"웨인 윌리엄스, 어땠습니까? 손으로 피해자의 목을 감을 때 어땠습니까? 흥분했습니까? 흥분했습니까?"

"아닙니다." 윌리엄스가 작게 대답했다. 다음 순간 그는 자신이 무슨 말을 했는지 깨달았고 분노에 휩싸였다. 그가 법정에 앉아 있는 나를 손가락으로 가리키며 소리쳤다. "당신은 나를 그 FBI 프로파일에 맞추려고 안간힘을 쓰고 있지. 나는 당신이 그렇게 하도록 놔두지 않을 거야!" 그는 FBI는 "폭력배"이며 검찰은 "멍청이"라고 소리치기 시작했다. 하지만 그것이 재판에서 터닝 포인트가 되었다. 그에게 유죄 판결을 내린 배심원 몇 명이 나중에 내게 직접 그렇게 말했다.

나는 재판과 비슷한 분위기인 가석방 위원회 공청회에서 맥고언에게도 똑같은 전략을 쓰면 효과가 있을 거라고 생각했다.

이미 말했듯, 맥고언 사건을 상담하면서 내게는 두 가지 목표가 있었다. 첫 번째는 뉴저지 가석방 위원회가 책임감 있고 적절한 권고안을 만들도록 돕는 것이었다. 두 번째는 내 일을 하는 데 도움이 되도록 이 특별한 살인자의 마음이 작동하는 방식에 관해 할 수 있는 한 많이 배우는 것이었다. 나는 그가 나와 그 모든 시간을 보내고 난 뒤 위원회에 무슨 말을 할 것인지 굉장히 관심이 많았다. 내가 곧바로 듣지는 못했지만, 결국 그 결정이 내려진 다음 콘소보이는 트렌턴 교도소에서 그를 만났을 때 있었던 일을 이야기했다.

그 공청회에는 한 가지 중요한 목적이 있었다. '그 항소인이 가석방되면 또 다른 범죄를 저지를 상당한 가능성이 있는지'를 판단하는 것이었다.

맥고언은 수많은 치료 시간에서 완전히 솔직하거나 모든 걸 밝히지는 않았다고 자백했다. 그는 1970년(조안을 살해하기 3년 전)에 열여섯 살 된 학생과 잠깐 데이트를 한 적이 있다고 고백했다. 다른 교사 두 명이 학생과 데이트 했다는 이유로 해고된 적이 있지만, 그 소녀가 아무에게도 아무 말도 하지 않았으므로 맥고언은 전혀 징계를 받지 않았다. 왜 직업을 잃을 위험이 있는데도 그렇게 교칙을 명백하게 위반했느냐는 질문을 받았을 때, 그는 자신이 '우월한 위치'에 있을 수 있기 때문이었다는 걸 이제 깨달았다고 말했다.

맥고언이 태펀지에 근무하는 동안 그곳 학생이었던 사람이 로즈마리에게 그와의 불편한 만남에 대해 말했다. 맥고언이 그녀의 선생님은 아니었지만, 신입생인 그녀가 화학 수업에 잘못 등록하는 바람에 그에게 종이에 사인을 받아야 했다. 조안이 살해되기 약 2주 전의 일이었고, 그녀는 맥고언에게 겁을 먹었기 때문에 친구와 함께 갔다. 그녀는 로즈마리에게 이렇게 말했다. "그 선생님이 나를 바라보는 표정이 마치 나를 잡아먹고 싶어 하는 거인처럼 느껴졌어요!" 좀 모호한 말이긴 하지만, 이 어린 여자아이가 위협을 느꼈다는 사실은 분명하다.

콘소보이가 말하길, 면담을 시작할 때부터 웨인 윌리엄스와 흡사하게 맥고언 역시 자신이 가석방 위원회 위원들보다 지적으로 우위에 있다고 생각하는 느낌을 받았다고 한다. 나는 이 말이 놀랍지 않았다. 내가 놀란 대목은 자신이 저지른 살인을 상세하게 얘기한 다음에도 맥고언은 잔돈이 없어서 조안에게 함께 아래층으로 가자고 했다는 변명을 계속했다는 것이었다.

내가 면담을 하는 동안 그 주장의 근거가 완전히 흔들렸다고 생각하는데 어떻게 맥고언이 그 설명을 고수할 수 있었는지 의아했다. 하지만 계속 생각해보니, 그의 행동이 이해되었다. 맥고언은 자신이 유리한 입장에 서기 위해 사실을 조작하는 것에 익숙한 사람이었다. 그리고 만일 그가 위원회 위원들이 멍청하며 정치적으로 임명된 사람들이라고 생각하고 그런 그들보다 자신이 지적으로 우월하다고 느낀다면, 조안이 집에 온 순간 자신이 조안을 죽일 거라는 걸 알았다고 이미 내게 인정한 사실 같은 건 신경 쓰지 않는 것이다. 맥고언은 그가 저지른 살인이 광기가 충동적으로 폭발한 결과라는 자신의 주장을 확실하게 하기 위해 어떤 말이라도 그들에게 할 수 있었다.

콘소보이는 맥고언이 자백한 살인 얘기를 믿지 않는다고 그에게 단도직입적으로 말했다. 맥고언은 자기 얘기가 일부 틀릴 수 있고 완전히 정확하지 않을 수도 있다며 아무렇지 않게 인정하면서도 그런 말을 들은 것이 신경 쓰인다는 내색은 하지 않으려 했다.

콘소보이는 이 얘기를 잠깐 머릿속에 저장했다가 나중에 필요할 때 다시 꺼내기로 하고 이번에는 맥고언의 성장기에 관한 얘기로 화제를 바꿨다. 그는 맥고언이 어린 시절과 인격 형성기에 대해 얘기하고 부모님, 그리고 부모님과 그의 관계에 대해 말하게 했다.

콘소보이는 파일에서 본 한 가지 사건이 기억났는데, 맥고언의 남동생이 걸음마를 할 무렵 선천적인 병으로 심하게 아팠다는 내용이었다. 맥고언은 한 면담에서 동생이 병원에서 마지막 시간을 보낼 때, 엄마가 맥고언이 위층으로 올라가 동생을 보지 못하게 하고 로비에서 기다리게 했다는 말을 했다. 분명 엄마는 어린 조가 동생이 죽어가는 모습을 보면 너무 큰 충격을 받을 거라고 생각했을 것이다. 그리고 맥고언이 그 사건을 입 밖으로 꺼냈을 때, 콘소보이는 맥고언이 그 일로 괴로워하고 있다는 걸 알 수 있었고 그래서 그 얘기를 계속하면서 무슨 일이 일어나는지 보기로 했다.

결국 그들은 내가 기대하던 그 순간에 이르렀다. 그전에 우리는 맥고언의 약혼이 깨진 시기와 다른 교사들이 맥고언을 빼고 부활절 여행을 간 것과 함께 살인이 일어난 시기 사이의 시간에 집중했다. 가석방 위원회가 면담한 그 고등학교 직원들은 이 시기 동안(발렌타인데이에서 부활절까지) 맥고언의 태도나 행동이 달라진 것을 알아챘다. 어떤 사람은 맥고언이 "아주 이상하게 행동하기 시작했다."고 말했다.

맥고언은 살인을 할 즈음, 자신이 완전히 실패했다고 여겼기 때문에 자살할 생각을 하고 있었다고 말했다. "나는 아무하고도 데이트를 하지 않았어요. 만나는 사람이 아무도 없었어요. 아무 데도 가지 않았어요. 그러니까, 이제 부활절이고 친구들 대부분이 …… 플로리다로 아니면 멕시코로 아니면 어디로든 부활절 여행을 떠나는데, 나는 아무 할 일 없이 빈둥거리고 있었어요." 그는 자살을 하지 않은 이유가 "자살을 하기에는 너무 겁이 많아서"라고 덧붙였다.

맥고언은 이런 식으로 말했다.

"벨이 울리고, 이 가엾은 소녀가 그곳에 서 있고, 내 마음을 번득 스치는 생각은, '그러니까, 너는 자신을 죽이지 못하는구나. 그러면 저 아이는 죽일 수 있어?'였어요"

콘소보이는 "그러니까 여행 때문에 그 여자아이를 죽였다고 내게 말하려는 겁니까?"라는 의미의 말로 대응했다.

콘소보이가 그 장면을 다시 떠올리며 설명했다. "'흠…….' 그는 먼저 헛기침을 하고 우물거리더군요. 이 말을 다시 한번 해보죠, 그러니까 내가 믿을 수가 없기 때문입니다. 이해할 수가 없어요. 만일 모든 사람이 커플로 지내고 당신은 싱글이었다면, 그래서 그렇게 괴로웠다면, 그렇다면 대체 무슨 일이 있었던 건가요?"

그런 다음 그 말이 나왔다.

콘소보이가 말했다. "그가 결혼 계획에 대해 전부 얘기했어요. 맥고 언은 그 여자를 만났어요. 두 사람은 사랑에 빠졌고, 그렇게 되었죠. 그 러다가 맥고언은 그녀를 데려가 엄마와 할머니에게 소개했어요.

그리고 그의 엄마가 말했죠. '너희들은 결혼 못해.' 그가 말했어요. '결 혼 합니다.' 그의 엄마가 말했어요. '흠, 너희 둘이 결혼할 수 있지만, 만 일 결혼한다면 너는 당장 짐을 싸서 이 집을 나가야 해. 네 신부를 데리 고 떠나.' 맥고언의 엄마가 그 여자를 어떻게 불렀는지는 모르겠지만요. '앞으로 영원히 나를 볼 생각도 하지 말고, 나하고 얘기할 생각도 하지 말아라. 유언장에서도 너는 제외될 거다. 네게는 한 푼도 돌아가지 않 을 거다. 행운을 빈다!'" 콘소보이가 한 마디로 정리한 말로는 이랬다. "그 여자인지 나인지 선택해."

'약혼녀는 맥고언을 버리지 않았다. 그가 약혼녀를 버렸다!'

콘소보이가 얘기를 계속했다. "그는 자신의 어머니가 왜 그렇게 반응 했는지 말하지 않았어요. 어떻게 되었는지만 얘기했죠. 그리고 맥고언 은 약혼녀에게 헤어지자고 하고 엄마와 함께 살았어요. 엄마에게 분명 히 느꼈을 테지만 표현은 하지 못했던 그 분노 말고도, 그는 그 일이 진 정한 행복을 위한 마지막이자 최선의 시도라고 느꼈을 겁니다."

이 말이 대화의 돌파구가 될 거라고 콘소보이는 생각했다. '좋아. 계 속 해보자.' 그가 말했다. "좋아요, 이제 당신 어머니에 대해 진지하게 얘기해봅시다. 내가 보기에, 내가 여기에 앉은 뒤로 당신과 얘기했던 모 든 문제가 당신과 당신의 어머니와 관계있는 것 같은데요. 그것은 흡사 애증 같군요.

그러자 맥고언이 고개를 흔들며 말했어요. '아니, 아니, 아닙니다. 나는 어머니를 절대 미워하지 않았습니다.'

내가 말했죠. '상황을 똑바로 보세요. 당신이 겪은 모든 어려움, 당신에게 잘못된 모든 일, 그건 어떤 식으로든 당신 어머니에게로 거슬러 올라갑니다. 아버지는 일찍 돌아가셨고, 당신 동생은…….' 내가 그를 보면서 말했어요. '당신은 얼마나 오랫동안 치료를 받았죠?'

'아, 20년 동안 치료를 받았습니다.'

'치료를 받을 때 무슨 얘기를 합니까?''

맥고언은 콘소보이에게 자기가 왜 그 일을 했으며 어떻게 교훈을 얻었는지 그리고 왜 그 일을 다시 하지 않을 건지, 어떻게 그가 이런 일들을 피할 수 있는지에 대해 말했다고 했다. 그래서 콘소보이가 물었다. "어머니에 대해서도 말하나요?"

"바로 그때, 그가 달라졌어요. 죽을 때까지 그 모습을 절대 잊지 못할 겁니다. 내가 말했어요. '어머니에 대해서도 얘기하나요?' 그러자 그가 '점잖은 조 맥고언'이 아닌 얼굴로(아주 차가운 표정이었어요.) 나를 보면서 말하더군요. '내 어머니는 논의 금지입니다!' 그의 태도는 위협적으로 보일 정도였어요. 내가 그 얘기를 계속하면 당장이라도 자리를 떠날 것 같았죠. '내 어머니는 논의 금지입니다!'

내가 말했어요. '잠깐만요! 당신은 자신이 해야 하는 걸 모두 해냈고, 그 범죄의 심각성에 맞게 완전히 갱생되었다고 말하고 있어요. 그것은 아주 심각한 범죄였고, 따라서 당신은 아주 높은 수준의 갱생을 해야 하는 겁니다. 그런데 당신은 어린 소녀를 살해하고 강간하고, 그 소녀를 쓰레기봉지에 넣어서 차에 싣고 다른 주에 갔는데, 그랬는데 어머니에 대해 한 마디도 하지 않았으면서 더할 나위 없이 충분하게 갱생되었다고 말하는 건가요?'

그가 말했어요. '어머니는 논의 금지라고 했습니다.'"

하지만 콘소보이는 물러서지 않았다. 결국 그는 '성적 무능함에 짓눌리는 느낌'이 어머니에게서 비롯된 것일 수 있음을 맥고언이 인정하게 했다.

"내가 말했죠. '그때로 돌아가 봅시다.' 우리는 어머니의 최후통첩 얘기를 다시 했어요. '당신은 얼마나 화가 났습니까?'

'굉장히 화가 났죠.'

'계속 화가 나 있었습니까?'

'그렇습니다. 2주 동안 화가 풀리지 않았어요. 어디에 있든 화가 나 있었죠.'

'하지만 어머니를 두려워했기 때문에 그 화를 표현할 수 없었겠죠?'

그가 대답했어요. '그래요, 그랬습니다.' 이 말을 하면서 정말로 분노했는데, 그것이 자신의 아픈 곳을 드러내고 있기 때문이었죠."

우리가 했던 조사에 따르면 지배적인 어머니와 범죄자로 자라는 남자들 사이에는 연관성이 있다. 그런 어머니를 가진 사람들 대다수가 범죄자로 자라지는 않지만, 범죄자로 자라는 사람들에게 그 지배적인 어머니는 굉장히 큰 영향을 주는 요소다.

《양들의 침묵The Silence of the Lamb》을 촬영하는 동안, FBI는 제작자들에게 아주 기꺼이 협조했고 콴티코에서 여러 장면을 촬영하는 것까지도 허락했다. 한니발 렉터 박사가 악명이 높았지만,《양들의 침묵》에서 중심이 되는 범죄는 '버팔로 빌'로 알려진 제임 검브가 저지르며, 테드 러바인은 이 인물을 훌륭하게 연기한다. 빌은 세 명의 실제 연쇄살인범(에드 게인, 테드 번디, 게리 하이드닉)을 조합한 인물이며, 그들 모두 우리가 콴티코에서 아주 상세하게 연구했다.

나와 가까운 관계로 발전한 감독 조나단 드미는 내게 테드를 지도해주고 버팔로 빌(제임 검브)과 같은 흉악범은 어떤 생각을 하는지 그에게 설명해달라고 부탁했다. 맥고언 사건을 맡으며 뉴저지 가석방 위원회에서 말했듯, 내가 가장 중요하게 생각하는 규칙은 예술가를 이해하려면 그의 예술 작품을 봐야 한다는 것이다. 마찬가지로 범죄자의 경우에도, 그를 이해하기 위해서는 그의 '예술 작품'을 이해해야 하는데, 그것이 그 범죄자에게는 가장 중요한 것이기 때문이다. 나머지 삶은 그에게 별로 중요하지 않을 것이다. 그저 지루하고 따분할 것이다.

버팔로 빌의 경우, '예술 작품'을 이해하는 것이 비교적 간단했는데, 빌이 실제로 중요한 뭔가를 창조하고 있었기 때문이다. 진짜 여성으로 만든 여성의 옷이었다. 나는 테드와 조나단에게 이것은 에드 게인의 경우처럼 그가 지닌 정신병의 뿌리가 어머니에게서 비롯되었다는 걸 내게 암시했다고 말했다. 여성의 피부를 입으면서 그는 자신에 대한 어머니의 힘을 마음속에서 재창조하고 있었다. 그는 인생이 그에게 공평하지 않았으며 그러니 그가 다른 사람들에게 한 모든 행동이 정당하다고 느꼈을 것이다.

맥고언은 그렇지 않았지만, 그의 분노는 실재했다.

드디어 맥고언의 어머니라는 주제에 이르렀을 때 콘소보이가 말했다. "그러니 이제, 그 [살인] 이야기로 돌아가 보죠. 솔직하게 얘기합시다. 그 집 앞에 누가 왔어도 죽었을 거예요.

그가 말했어요. '맞습니다.'

'누구인지가 중요했나요?'

'아뇨, 무장한 경찰만 아니었다면요.'

'흠, 현명한 생각이군요. 그걸 확신합니까?'

'아, 그런 것 같습니다.'

'그렇다고 해도, 자, 당신은 죽이기로 마음먹은 이 어린 소녀를 마주하고 있습니다. 그 소녀를 죽일 거예요. 그런데 당신은 그 소녀를 집안으로 들어오게 해야 합니다. 소녀는 같은 동네에 살았어요. 그 소녀를 잡으려고 온 마당을 다닐 수는 없었을 테니까요. 어떻게 할 건가요?'

맥고언이 다시 한번 조금 전과 똑같은 표정으로 나를 보며 말했습니다. '내가 교사이고, 아이에게, 특히 그 나이의 아이에게 내 목소리로 지시할 수 있다는 걸 잊은 것 같군요.'

내가 말했어요. '보여주세요.'

그가 말하더군요. '조안, 집에 들어와야 할 거야.' 뭐 그 비슷하게 말했어요. 선생님의 목소리였죠. 그리고 학교에 다녀본 사람이라면 누구나 '선생님의 목소리'를 알아 듣죠. 그리고 그 소녀는 곧바로 들어왔어요.

내가 물었어요. '그 일이 일어나고 나서 아이가 죽을 때까지 얼마나 걸렸나요?'

'아주 빨랐어요.'

'그러니까 당신은 이미 결정을 했군요.'

'그래요.'

'무엇 때문에 달라진 겁니까? 당신은 절대 달라지지 않았잖아요.'

'아니, 아닙니다.'

'나머지는 그저 세부적인 것들이었습니까?'

'그렇습니다.' 존이 맥고언을 면담할 때까지 그가 25년 동안 주장했던 전체 이야기는 한꺼번에 무너졌고 되돌릴 수가 없었어요. 왜냐하면 그가 말한 다른 모든 것도 무너졌기 때문이고, 그래서 우리 일은 훨씬 더 쉬워졌어요.

'그래서, 강간은 어떻게 된 겁니까?' 그는 강간은 그냥 우발적이었다고 말했어요. 강간은 조안이 일곱 살 소녀였기 때문이었어요. 비슷한 상황이었다 해도 그가 남자를 강간하지는 않았을 겁니다. 강간은 계획했던 일이 아니었습니다. 분노의 또 다른 표현일 뿐이었죠. 그가 문을 열었을 때, 조안은 이미 죽은 사람이었어요. 그는 그저 굉장히 화가 났을 뿐이고, 내 생각에 온 세상이 그를 힘들게 했어요. 그가 살아오는 내내 일어났던 모든 일이요. 내 말은, 그 나이 또래 사람들 중 엄마 때문에 결혼하지 못한 사람이 얼마나 될까요? 그는 어린아이가 아니었잖아요. 무언가가 그를 자극했어요. 부활절 여행도 그것과 관계있다고 나는 생각합니다. 그는 완전히 혼자였어요. 그는 이상하게 행동하고 있었습니다. 그 여행은 맥고언이 실패라는 걸, 어쩌면 겁쟁이라는 걸 대변했는데, 그가 자신의 빌어먹을 엄마에게 맞서지 못했기 때문입니다.

그리고 그 지점에서, 우리는 그 범죄의 더 일상적이고 세부적인 내용으로 다시 돌아갔습니다. 나는 시체를 묻은 것을 비롯해 그 모든 세부사항에 대한 기록을 정리하고 싶었습니다. 시체를 처리한 방식을 보면, 그는 분명 감쪽같이 일을 처리할 계획이었어요. 다른 모든 일들에 관해 말하면, 그 자백처럼, 나는 경찰 기록으로 다 설명된다고 생각했습니다."

맥고언이 조안을 살해한 뒤에 체포되지 않았더라면, 결국 에드 켐퍼처럼 자신의 엄마를 살해하는 지경에 이르렀을까? 아마 아닐 것이다. 그는 켐퍼와 달리 자신의 엄마에게 그리고 그 엄마가 자신을 대하는 태도에 감정적으로 완전히 휘둘린 것은 아니었으며, 그의 내면에서 훨씬 더 많은 느낌들이 서로 충돌하는 것 같았다. 하지만 그렇다고 해서, 콘소보이의 조사에서 그가 보인 반응으로 입증되었듯, 그의 분노가 사라졌을 거라는 뜻은 아니다.

그날 공청회는 거의 하루 종일 계속되었다. 공청회가 끝난 뒤, 위원회 위원들은 함께 모여 자신들의 결론을 검토했다.

1998년 11월 6일, 뉴저지 가석방 위원회는 조셉 맥고언에 대한 가석방 거부를 공식적으로 발표했다.

위원회는 그 이유로 몇 가지 요소를 설명했다. 첫째는 범죄 자체에서 보이는 잔인함이었다. 둘째, 위원회는 맥고언이 살인을 저지른 원인에 대한 통찰력과 관심이 부족한 것을 '굉장히 당황스럽게 받아들였다.' 위원회는 맥고언이 그 범죄에 이르게 된 문제들을 생각하는데 거의 진전이 없었다고 느꼈는데, 주된 이유는 그가 구속되어 있는 동안 정신과 의사, 심리학자, 치료사를 비롯해 여러 관계자들과 면담을 하면서 모든 걸 솔직하게 털어놓고 이야기하지 않았기 때문이다. 위원회는 맥고언이 오랜 시간 치료에 참여하면서도 어머니에 대한 분노에 집중한 시간은 네 시간이 넘지 않았으며, 보고서 내용처럼 그 분노는 그가 저지른 살인의 숨은 '주요 동기이자 요인'이었고 그도 마침내는 이 사실을 인정했다고 언급했다. 하지만 위원회가 가장 중요하게 고려한 점은, 맥고언의 정신적·감정적 건강 상태가 과거와 '크게 다르지 않으며, [맥고언이] 만일 가석방으로 풀려난다면 범죄를 저지를 가능성이 여전히 상당하다.'는 것이었다.

처리해야 하는 또 다른 문제는 미래 가석방 심사 기간future eligibility term, 즉 FET였다. 교도소 안에서는 비공식적으로 '히트'라고도 했다. 위원회에서는 위원회 위원 3인에게 이 결정을 하게 했다. 이것이 표준화된 관행이었다.

1999년 1월 7일, 이 합의체는 30년 FET를 결정했는데, 말하자면 그 죄수가 30년 동안 다시 가석방 심사를 받을 수 없음을 의미한다. 실제로 꼭 그런 것은 아니었는데, 주 상소법원이 가석방 위원회에 처음의 1993년 결정을 재검토할 것을 지시했고, 이것은 가석방 가능 기간 산정이 그 날짜부터 시작한다는 걸 의미했기 때문이다. 또한 가석방 자격이 있는 모든 죄수들처럼, 맥고언도 모범적인 작업과 태도에 대해 법적 인정을 받았다. 더욱 중요한 것은, 이 제도의 남용을 막기 위한 보호 장치로, 맥고언과 같은 범죄자들은 법적으로 매년 재검토 심리를 받을 권리가 주어졌으며, 이 시점에서 가석방 위원회는 재소자의 상황이 변했다고 생각되면 새로 평가를 할 수 있었다.

이런 것이 복잡한 관료주의적 절차를 거쳐야 하는 과정으로 보일 수도 있지만, 자유 혹은 계속적인 감금을 결정하는 일종의 절차적 과정이다. 더 나아가, 이전에 폭력 성향을 보여준 사람들이라는 위험에 대중이 노출되는지 아닌지도 이런 절차로 결정한다.

맥고언은 위원 전원으로 구성된 가석방 위원회에 FET를 요구했지만, 1999년 8월 2일 위원회는 3인 합의체의 결정을 인정했다.

그러자 맥고언은 뉴저지 대법원의 항소부에 호소했다. 맥고언 대 뉴저지주 가석방 위원회 판결에서, 맥고언의 변호사는 맥고언이 30년 가까이 모범수였으며, 만일 석방된다면 다시 범죄를 저지를 거라는 증거가 없고, 따라서 위원회가 독단적이고 원칙 없는 결정을 내렸다고 주장했다. 그즈음 만성질환이 특별히 악화되었던 로즈마리는 자신의 거실에서 피해 결과를 진술했다.

2002년 2월 15일, 법원은 가석방 위원회의 가석방 거부를 인정하면서 이렇게 판결했다. "30년 FET를 시행한다는 결정은 위원회의 재량이며 상당한 증거로 뒷받침된다."

09
조안의 유산

우리는 목표를 달성했다. 조셉 맥고언은 우리가 생각할 수 있는 미래까지 감옥에 안전하게 계속 있을 것이다. 그리고 2009년에 새로운 위원들이 맥고언에게 30년 FET 결정을 내렸는데, 이번에는 그가 가석방위원회의 새로운 결정에 굳이 이의를 제기하지 않으면서 다음 자격 심사 날짜가 2025년 8월로 정해졌다. 이렇게 해서 맥고언은 남은 생 내내 감옥 안에 있을 가능성이 더 커졌다.

로즈마리가 이끈 운동의 일부로, 8만 인 서명 탄원서와 300통의 편지가 가석방 위원회로 배달되었다. 위원회 결정을 알리는 전화를 받았을 때, 로즈마리는 조안이 언니 마리와 함께 걸스카우트 쿠키를 팔러 나갈 때 입었던 녹색 외투를 어깨에 걸치고 있었다.

로즈마리가 말했다. "그는 절대 나오지 못할 것이며, 이것은 우리가 그의 석방을 막기 위해 몇 년마다 싸우는 걸 이제 멈춰도 된다는 의미이고 또 그것은 조안을 위한 정의를 의미합니다." 하지만 그렇다고 해서 로즈마리가 스스로 정해놓은 미래상과 목표를 다 이루었다는 의미는 아니었다.

1988년 조안 사망 25주년에, 그리고 동시에 그 위원회 심리가 진행 중일 때, 로즈마리는 비영리단체인 조안 안젤라 댈러샌드로 기념재단을 공식적으로 설립했다. 이 재단의 임무는 아이들의 안전과 보호를 강화하고, 피해자들의 권리를 높이며, 집 없는 사람과 방치된 젊은이들을 돕는 것이었다. 로즈마리의 두 아들 마이클과 존이 그녀를 도와 재단을 관리한다.

'팀 조안' 자원봉사자들의 지원을 받아서 이 재단은 '재미, 교육, 안전 프로그램'을 통해 패터슨과 퍼세이익의 파더잉글리시커뮤니티센터, 해컨색의 YCS Youth Consultation Service(청소년상담서비스) 홀리센터, 뉴욕주 파인 부시의 테일즈오브호프재단, 힐즈데일의 하츠앤크래프츠의 소외된 사람들을 도왔다. 이 프로그램은 그들에게 2001년부터 매년 뉴욕, 워싱턴 D. C., 그레이트어드벤쳐테마파크와 저지쇼어 등으로 가서 즐기고 수학여행을 할 기회를 주었으며, 뿐만 아니라 피해자들을 지원하고 법제정을 주장했다. 이 프로그램은 더욱 확대되어 엘리자베스의 코브넌트하우스를 지원했는데, 이곳에서는 열여덟 살에서 스물한 살까지의 청년들이 더 안정적인 미래를 누릴 수 있게 돕는다. 2016년부터 '조안의 즐거움'은 아동 학대를 찾아내고 보고하고 방지하도록 교사와 부모를 훈련하는 어린이 안전 프로그램을 지역학교에 제공해왔다.

이 재단의 최근 업적들 중에는 성폭행을 하고 살인했을 때 범인이 가석방 없이 종신형을 받는 피해자의 나이 제한을 18세 이하로 올리기 위해 뉴저지주 의회가 조안 법을 개정하는 법안을 도입하도록 지역 의원들과 함께 노력한 것이 대표적이다. 뉴욕의 세인트존스 대학교 법학 교수는 로즈마리와의 비디오 면담을 이용해 자신의 학생들에게 효과적인 변호에 대해 가르쳤다.

민사 차원에서, 로즈마리는 피해자를 위한 정의법을 제안하고 지지했으며 2000년 11월 17일에 주 의회는 이 법을 통과시켰다. 그리고 힐즈데일 보로 홀에서 서명했다. 로즈마리가 몸이 너무 쇠약해져서 이 자리에 참석하지 못했으므로 마이클과 존이 대신 참석했다. 이 새로운 법은 고의적인 살인과 과실치사 사건에 도입된 불법사망에 대한 공소시효를 없애서, 피해 생존자들이 범죄 발생 뒤 언제라도 유죄 선고를 받은 살인자들을 고소해서 그들이 받는 유산이나 모든 형태의 자산에 대해 권리를 행사할 수 있게 했다.

다음 해 로즈마리는 맥고언을 고소했고 75만 달러 재판에서 승소했다. 비록 당시에 맥고언은 소송에 이의를 제기하지 않았지만, 그가 어머니와 할머니에게서 받은 재산 대부분이 친척에게 갔거나 변호사 비용으로 지출되었다. 그는 로즈마리에게 감옥에서 얻는 수입을 매달 지불해야 하는데 평균 약 14달러이다. 로즈마리는 이 돈을 한 푼도 남김없이 재단에 맡겼다. 안타깝게도 나는 맥고언이 조안이 목숨을 잃은 것에 대해 그리고 로즈마리의 감정에 대해 조금이라도 관심을 갖는 모습을 보지 못했다. 그가 뭔가에 관심을 갖는다면, 그것은 사건을 떠올려야 하고 교도소 매점에서 써야 하는 14달러를 갖지 못해서 느끼는 불편함일 것이다. 그리고 정말 그를 불편하게 하는 것은 체포되는 바람에 자신이 저지른 범죄의 결과들을 직면해야 했다는 것이다.

정의를 위한 로즈마리의 싸움은 전국적인 관심을 얻기 시작했다. 2004년에 로즈마리는 뛰어난 용기와 영웅적 행동을 보여준 공로로 법무부 범죄피해자 사무소에서 상을 받았다. 로즈마리가 쇠약해져 이 자리에 참석할 수 없었던 탓에 존이 로즈마리를 대신해 워싱턴에 가서 법무장관 존 애쉬크로프트에게서 상을 받았다.

로즈마리는 조안에게 일어난 일이 다른 아이들에게도 일어날 수 있다는 사실을 여전히 걱정하면서 이 사건을 알리기 위해 계속 노력했고, 사회적으로도 아이들의 안전에 관심을 갖게 했다. 로즈마리는 걸스카우트 행정부에 그녀의 안전의식을 전달하기 위해 계속 노력했고, 2014년 10월에 북부 뉴저지의 걸스카우트 최고경영자와 전국사무소의 걸스카우트 체험 책임자를 만났다. 로즈마리는 미국 법무국 통계국 통계를 인용해 열네 살 소녀들이 성폭행에 아주 취약하다는 사실을 밝히며 여자아이들이 집집마다 다니면서 쿠키를 팔거나 돈을 모으는 관행을 끝내자고 제안했다. 이 방문 판매 금지는 마크와 내가 오래 전부터 지지해온 것이다.

나 역시 내 일이 끝났다고 생각하지 않았다. 조셉 맥고언과 같은 사람에 대해 그리고 그런 사람의 생각이 어떻게 작동하는지에 대해 내가 뭔가를 더 배울 수 있다면, 그것은 나와 내가 도우려 노력하는 피해자들에게 언제나 가치 있을 터였다.

2013년 가을에 그 기회가 생겼는데, 그해 9월 7일(조안의 48번째 생일이었을 것이다.)에 조안 안젤라 맬러샌드로 기념 재단이 힐즈데일 근처 도시에서 조안의 삶과 유산의 기념식을 개최했다. 이 자리에서 디너 댄스와 재단을 위한 자선 행사가 열렸는데, 나는 기조연설을 해달라는 요청을 받았다. 마크와 그의 아내 캐롤린이 나와 동행했고, 우리는 조안의 이야기에서 역할을 했던 사람들을 가능한 한 많이 만나고 접촉했다.

기념식은 아주 근사했다. 마이클이 행사를 주최하고 진행했으며 존은 비디오 촬영을 했다. 로즈마리에 대해 그리고 1993년에 그 운동이 시작된 이래 로즈마리가 한 모든 일에 대해 사람들이 열정적으로 표현하는 사랑과 존경을 직접 보면서 마음이 따뜻해지고 동시에 전율이 일었다. 조안을 기념해서 우리 모두 녹색 재단의 손목밴드를 하고 녹색 리본을 달았다.

다음 날 우리는 로즈마리, 존, 마이클과 함께 그녀의 집에서 하루 대부분을 보냈다. 우리와 함께 앉은 거실에서 로즈마리는 플로렌스 거리의 끝과 딸 조안이 살해된 그 집을 볼 수 있다. 로즈마리는 지난 며칠 동안 모든 준비를 하고 행사를 치르느라 지쳤으면서도(중증 근무력증에 걸린 상태에서 오랫동안 에너지를 소모하면 바로 증상이 나타난다.) 우리와 얘기를 나누고 모든 이야기를 다시 검토하고 싶어 했다.

로즈마리는 우리에게 조안의 방을 보여주었고 정성스레 보관해두었던 브라우니 유니폼의 포장을 벗겼다. 조안의 작은 발레화는 주방 바로 밖 통로에 보관되어 있다. 그걸 보니 저절로 두 눈에 눈물이 맺혔다. 마치 성스러운 유물이 보관된 곳에 와 있는 느낌이 들었다. 식당의 벽에는 뉴저지, 뉴욕, 그리고 전국에서 조안 법을 만들고 크리스틴 토드 휘트먼, 조지 퍼타키, 빌 클린턴이 각각 서명한 법안의 복사본이 담긴 액자가 있었다. 그걸 보고 난 뒤 우리는 조안이 자기 집에서 맥고언 집까지 걸어갔던 길을 따라가 보았다. 그 거리가 정말 가까운 걸 보면서 그야말로 온몸에 소름이 끼쳤다.

살해된 아이들의 가족(특히 부모님)과 얘기하면서 처음에는 놀라웠지만 이제는 그렇지 않은 것이 있다면, 그들이 아이가 당한 일을 대개는 알고 싶어 한다는 거였다. 대부분의 경찰이 그러듯, 나 역시 그들에게 끔찍한 이야기를 자세하게 하는 건 피하려고 굉장히 애를 썼다. 그렇지만 대부분의 사건에서 피해자 가족들은 상세한 내용을 알고 싶어 했다. 피해자가 겪은 고통을 같이 겪고 그 고통을 떠안으려 하는 것 같았다. 케이티 수자가 여덟 살 된 사랑스러운 딸 데스티니가 친척 아주머니의 남자 친구에게 맞아 죽은 뒤 그 몸에 난 상처 하나하나를 다 느끼고 언제까지나 기억할 수 있도록 장례식장에서 딸의 벗은 몸을 보게 해 달라고 했던 일이 생각난다. 해병대 일병이던 스무 살 딸 수젠의 눈부시게 아름다운 몸이 그녀를 고문하고 죽인 자의 손에 산산조각 났을 때, 알링턴 국립묘지에 묻기 위해 관의 뚜껑을 닫기 전에 딸의 몸을 보았다고 했던 잭과 트루디 콜린스의 얘기도 기억난다. 세월이 흐른 뒤, 그들이 딸의 고통을 함께 느낄 수 있도록 마크에게 딸의 살인을 조사하면서 보았던 검시관의 상세 기록과 경찰 기록 모두를 요구했던 걸 기억한다. 사실, 종교적 믿음이 강했던 잭은 마취제 없이 치과 치료를 받으면서 대신 수젠이 죽기 전에 겪었던 고통을 조금이라도 가볍게 해달라고 신에게 빌었다.

로즈마리의 경우에도 그랬다. 로즈마리는 그녀가 모아둔 모든 세부 내용 말고도 조안이 겪은 일에 대해 우리가 사건 파일에서 알게 된 내용을 전부 알고 싶어 했는데, 그렇게 하면 계속 이어져 온 딸과의 교감이 훨씬 더 강해질 것이라고 생각했다.

로즈마리는 특히 조안이 저항하면서 맥고언과 싸웠는지 아니면 순순히 시키는 대로 했는지 알고 싶어 했다. 우리는 쥬기브 박사의 의료 기록과 맥고언이 앤디 콘소보이와 내게 했던 말에서 알게 된 내용을 로즈마리에게 들려주었다. 그러니까 조안은 무슨 일이 벌어지고 있는 건지 알고 난 다음에는 1m 90cm에 가까운 남자 어른에게 상대가 안 되는데도 격렬하게 저항한 것이 분명하다고 말해 주었다.

로즈마리는 딸 조안이 자신이나 다른 사람들을 위해 맞서는 걸 절대 두려워하지 않았기 때문에 맥고언에 맞서 그처럼 용감하게 필사적으로 싸웠다는 얘기를 듣고 별로 놀라지 않았다. 로즈마리가 말했다.

"조안의 반 친구 하나가 내게 전화를 해서 15년 전 일을 얘기해줬어요. 조안이 죽은 뒤로 처음 얘기를 나누는 것이었는데, 이제 다 자라 숙녀가 되었더군요. 그녀는 자기가 다른 친구들과 어울리지 못하고 혼자 있는 걸 볼 때마다 조안이 그녀를 데리고 가 운동장의 아이들과 어울리게 했다더군요. 조안 덕에 아이들과 어울린다는 느낌을 가질 수 있었다고 해요.

조안은 말로 표현할 수 없는 영감을 내게 주는 존재예요. 그래서 나는 조안의 정의를 위해 싸우고 다른 아이들을 보호하기로 했어요. 그런 일은 조용히 있으면서는 할 수 없는 것이죠. 누군가 다른 사람이 할 거라고 생각하면 이룰 수 없는 일이에요. 직접 행동해야죠."

2013년 4월 19일 베테랑스 파크에서 두 번째 모임이 있었는데, 이번에는 조안 사망 40주년을 기념하기 위한 것이었다. 이 행사에서 조안의 유산을 미래 세대에 알리기 위한 조각품과 정원에 대한 계획을 발표했다.

2014년 4월 3일(첫 번째 조안 법 서명 기념식)에 지역의 기차역 근처에서 힐즈데일은 조안을 기념해 돌 조각상과 정원의 제막식을 하고 이를 봉헌했다.

그 조각상과 정원은 '조안의 즐거움' 지지자들이 마련한 기금으로 만들어졌다. 지역의 많은 기업도 시간과 재원을 제공하면서 도움을 주었다. 그 조각상으로 이어지는 벽돌 길에 조안이 좋아하던 색인 녹색으로 주문제작한 공원 벤치가 하나 있다. 벤치 등받이 한가운데 하얀 나비 한 마리가 있는데, 그 위에는 조안이 네 살 반이었을 때 그린 나비 그림에서 복사한 조안의 서명이 있다. 그 옆에는 조안의 그림들 중 하나에서 가져온 오렌지 꽃들이 있다.

로즈마리 얘기를 해보면, 카운티의 단체장 캐슬린 A. 도너반은 이렇게 말했다. "로즈마리는 슬픔을 우리가 따라야 하는 정말로 반짝이는 별과 반짝이는 본보기가 된 뭔가로 바꿨습니다."

거리를 마주보고 있는 그 기념물의 옆면에는 하얀 나비와 이런 글이 선명하게 새겨져 있다. "오늘 조안을 기억한다면 내일의 아이들이 안전할 것이다." 브라우니 유니폼을 입고 미소를 짓는 조안의 모습이 있는 기념물의 또 다른 옆면은 정류장을 마주하고 있어 그곳에서 집으로 돌아가는 모든 방문객과 주민이 볼 수 있다. 그곳에 새겨진 조안의 모습과 조안의 이야기는 보는 사람의 마음을 아프게 한다. 조안 안젤라 댈러샌드로 기념재단은 그 조각상 건립을 위한 기금을 모았다. 조각품을 둘러싸고 있는 형형색색의 아름다운 정원은 2014년 6월 27일에 조성되고 봉헌되었다. 그리고 2018년 4월 19일, 그 정원에서 '아동 안전 분수Child Safety Forever Fountain'가 공개되었다. 분수대에서 끊임없이 흐르는 물은 절대 끝날 수 없는 아동 안전의 중요성을 상징한다.

돌에는 하얀 나비가 조안을 상징하게 된 경위에 관해 짧은 설명이 새겨져 있다. 2006년 4월의 어느 쌀쌀한 날, 로즈마리는 뉴욕 해리면 주립공원 내 조안의 시체가 발견되었던 장소를 찾았다. 그리고 조안의 시체가 발견되었던 갈라진 바위 뒤쪽에서 하얀 나비 한 마리가 맴돌고 있는 모습을 보았다. 조안이 성목요일에 살해되고 부활절 주일에 발견되었다는 사실에 커다란 중요성과 영적 의미를 부여했던 로즈마리는 그 아름다운 생명체를 조안의 영혼이 행복하다는 표시로 받아들였다. 여러 달이 가고 해가 가도 로즈마리가 그 얘기를 하고 또 하면서, 나비는 조안의 억누를 수 없는 에너지와 영혼을 상징하게 되었다.

그 봉헌식에서 로즈마리는 이렇게 말했다. "오늘 우리가 하는 일은, 그 모든 것이 하나로 모여 사회 정의를 이룰 것입니다. 여러분이 이 조각품을 볼 때, 여러분 각자에게 어떤 일이 일어날 것이며 나는 여러분이 그것을 이곳에 있지 않은 사람들과 나누길 바랍니다."

다른 모든 사람이 그녀를 칭송하는 동안, 로즈마리는 딸을 칭송했다. "나에게 주로 영감을 주는 존재는 조안입니다. 조안이 영감을 주지 않았다면 나는 오늘날까지 이 일을 해오지 못했을 겁니다. 조안이 내게 이런 일들을 하라고 말하고 있는 것 같습니다."

마음 아픈 이야기가 깃들어 있긴 하지만, 로즈마리는 방문객들이 그 조각품과 정원을 '슬픔의 장소가 아닌 기쁨과 평화와 교육의 장소, 어린이 안전에 대한 인식의 장소, 마지막으로 그리고 여전히 중요하게 사회를 위한 희망의 장소'로 생각해주길 바란다. 그것은 또한 매년 어린이 안전을 위한 기금을 모아 재단의 임무를 더 성공적으로 이루어가는 장소이기도 하다.

그 돌에 새겨진 글을 읽으니 마크와 캐롤린과 내가 로즈마리 집에 갔던 그날 있었던 사소한 사건 하나가 생각났다.

얘기를 마치고 나서 로즈마리와 마이클, 존은 집 뒤편에 있는 가림막이 달린 베란다에서 우리에게 점심을 대접했다. 쌀쌀한 가을날이었다. 갑자기, 어디서인지 모르게, 새하얀 나비 한 마리가 나타나더니 우리 위를 빙빙 맴돌았다.

우리 모두 그 '우연의 일치'를 보며 깜짝 놀랐다.

로즈마리가 말했다. "보세요, 조안은 우리 곁에 있어요."

이렇게 오랜 세월이 지난 뒤에도 조안의 영향력이 여전히 느껴진다. 공공정책 차원에서뿐만 아니라 개인적인 차원에서도 그렇다. 최근에 어느 중년 남자가 예전에 조안과 함께 있고 조안과 같이 노는 것이 얼마나 좋았던지 로즈마리에게 말했다.

그 남자는 자신과 친구들이 싸우면, 조안이 "아, 그만 해. 놀자! 뭔가를 하자!"라고 명령하며 싸움을 말리곤 했다고 말했다. 그러면 다 해결이 되었다.

그 매력적인 일곱 살짜리 아이의 말들이 로즈마리의 마음속에 메아
리친다. 아, 그만해. 놀자!

'뭔가를 하자!'

"그래서 내가 계속 하는 겁니다."

II

"나에게 살인은
제2의 천성과 같을 뿐이었

10
가족 안의 모든 것

　현실에서 '멋지거나' 혹은 '매력적인' 강력범들은 없다. 한니발 렉터가 말하듯 그런 사람들이 있다고 하는 사람들은 그들을 만나지 못했기 때문이다. 살인자들과 처음 면담하기 시작한 이래, 나는 이런 남자들(아주 가끔 여자들)을 있는 그대로의 모습으로 보고 보여주기로 마음먹었다. 조셉 콘드로라는 수감자와 면담(가석방 위원회의 요청으로가 아니라 다큐멘터리 텔레비전 프로그램의 일부로)하려고 했을 때도 마찬가지였다.

　내 이력을 눈여겨보았던 텔레비전 프로듀서가 MSNBC(NBC 케이블 뉴스 채널)를 대표해 내게 연락했다. 그는 내가 부서 동료들과 함께 했던 살인자들과의 교도소 면담을 아주 흥미로워했고, 이 행동 프로파일링 프로그램의 기초(살인자와 일대일로 만남)를 흥미진진한 텔레비전 프로그램으로 만들 수 있을 거라고 생각했다. 꾸며낸 모험, 가짜 로맨스, 반짝 스타 만들기, 그리고 무엇보다 평범해 보이는 사람들을 대상으로 한 억지 창피주기에 초점을 맞추는 소위 리얼리티 프로그램의 홍수에 나는 염증을 느꼈지만, 동의할 수밖에 없었다. 나와 얘기를 나누는 것만큼이나 아무렇지도 않게 나를 죽일 수도 있는 살인자들과 대결했던 그 많은 시간은 내 삶에서 아주 강렬한 경험이었다.

솔직히 말해보자. '진짜 범죄'에 매혹되는 것은 실제로 작가와 철학자들이 인간 조건이라 칭하는 것에 매혹되는 것이다. 우리 모두 인간 행동과 동기의 근거를, 그러니까 우리가 뭔가를 한다면 그것을 왜 하는지 알고 싶어 하고 이해하고 싶어 한다. 그리고 범죄에서, 우리는 가해자와 피해자에 대해 인간 조건을 명확하고 극단적으로 보게 된다. 아주 엄밀한 의미에서, 텔레비전의 시청자들이 바라는 것은 나와 똑같았다. 바로 범죄자의 마음을 더 넓고 더 깊게 이해하는 것이다. 그리고 나는 많은 시청자에게 악의 얼굴이 정말로 어떤 모습인지 보여주는 것이 큰 가치가 있다고 생각한다. 면담하기에 적합한 대상들을 찾을 수만 있다면, 나와 프로듀서들이 원하는 바가 서로 충돌하지 않을 거라 생각했다.

각 프로그램은 교도소 면담이 중심 내용이 되고 나머지는 그 범죄와 살인자의 뉴스 클립, 사진, 다른 서류 증거, 그리고 생존자와 수사관과 검사를 비롯해 범죄와 관련된 사람들(실제 사건 수사 진행과 비슷하게)과의 면담 촬영으로 구성될 예정이었다. 나는 완성된 작품에 대해 내가 어느 정도의 결정권을 가질 수 있다는 조항을 조건으로 이 프로그램의 제작에 동의했다. 폭력적인 범죄를 더 잘 이해하고 통찰을 얻을 수 있다면 사람들이 그런 주제에 대해 지속적으로 느끼는 매혹을 다루는 것에는 반대하지 않는다. 하지만, 가해자들을 조금이라도 선정적으로 다루거나 미화하는 것은 단호하게 거부한다.

이 텔레비전 프로그램을 만드는 데 가장 큰 걸림돌은 실질적인 문제들이었다. 면담을 위해 연쇄살인범을 만나는 것이 예전에 비해 훨씬 어려워졌다. 법집행 기관이 업무와 관련해서 면담을 하려고 한다 해도, 예전 로버트 레슬러와 내가 그랬던 것처럼 단지 교도소에 가서 신분증을 내밀면 되던 시절은 지나갔다. 재소자가 사전 동의를 해야 할 뿐만 아니라 안전이나 형사 절차와 관련된 규칙이 꽤나 많았으며 강력범들을 대면하기까지 교도소에서 거쳐야 하는 절차도 굉장히 까다롭다.

더이상 내가 FBI에서 일하지 않았기 때문에 재소자에게 나와의 면담을 강요할 수 없었으며, 따라서 우리는 교도소장들에게 공문을 보내 협조를 구하는 것에서부터 필요한 모든 절차를 거쳐야 했다. 이 과정은 큰 장애물이 될 수 있는데, 명백한 이유들로 인해 교도소는 아주 엄격하게 통제되고 관리되기 때문이다. 모든 사람이 같은 시간에 일어나고, 같은 시간에 식사를 하고, 같은 시간에 잠자리에 들어야 하는 환경에서 재소자들 중 한 사람과 광범위한 면담을 하는 것은 전체 질서에 지장을 준다.

나는 강력 범죄자라는 정의에 맞으면서도 그 범행수법이 내가 이전에 만났던 범죄자들과는 다른 사람을 찾으려고 애썼는데, 새로운 통찰을 얻어 범인의 생각에 대한 이해를 확대하려고 늘 노력하기 때문이다. 그리고 이처럼 기꺼이 이야기를 하려고 하는 사람을 찾는 과정을 통해 나는 조셉 콘드로를 만날 수 있었다.

교도소에 있는 어떤 강력 범죄자들이 우리에게 말하겠다고 하는 이유를 우리는 확실하게 알지 못한다. 어떤 사람은 따분해서 그렇게 한다. 어떤 사람은 조셉 맥고언처럼 우리가 그들을 밖으로 나오도록 도와줄 거라는 생각으로 면담에 나서는데, 가석방 없는 종신형을 선고받은 사람들이 의지하는 마지막 희망의 불빛이다. 어떤 사람은 자신이 연방 요원, 혹은 나 같은 전직 연방 요원에 협조하면 교도소 당국과 직원들에게 더 나은 대접이나 존중을 받을 수 있을 거라는 생각으로 면담에 응한다. 자신의 범죄를 다시 떠올려 얘기하는 걸 즐기고 그렇게 하면 자기들의 지위가 올라간다고 생각하는 사람들도 있다. 그리고 어떤 사람들은 그 면담을 자기분석이라고 생각하는데, 자신이 저지른 범죄를 해석하고 싶어 하는 것이다. 일부의 범죄자들은 자신이 '왜' 그렇게 행동했는지를 이미 알고 있으며 내가 그 범죄의 동기를 알아내려고 하는 걸 도전으로 여기고 받아들인다.

우리는 콘드로가 과거에 여러 건의 면담을 거절했다는 걸 알고 있었는데, 나는 그의 이런 행동이 자신이 말하길 원치 않는 미해결 범죄들과 관련 있다고 의심했다. 아무튼 그는 남은 인생을 감옥에서 보내려 하고 있었지만, 만일 또 다른 살인 혐의가 입증되어 유죄 판결을 받으면 그 수명이 현저히 줄 수 있었다.

콘드로가 이번 면담에 응한 이유는 내가 가진 이력에 대한 관심, 그리고 자신과 같은 유형의 범죄자를 찾아내고 검거하는데 도움이 될 수 있다는 법집행 기관의 얘기에 '설득 당했기' 때문이라고 나는 생각한다. 그가 자신에 대해 알게 되는 것이나 심지어 자신과 같은 유형의 사람들을 감옥에 가둘 수 있도록 돕는 것을 그 정도로 좋아했는지는 확실히 모르겠다. 하지만 아동 살해범이라는 죄명을 가진 죄수라면 교도소 직원에게도 일반 대중에게도 환영받을 수 있는 사람이 아니다. 아마도 그는 면담을 하면서 어느 정도 이미지 개선을 하고 있었는지도 모른다.

공식적으로 승인된 면담을 할 때와 달리 면담 대상의 교도소 파일을 볼 수는 없었지만, 미디어 보도뿐만 아니라 방대한 사건 자료를 제공받았으므로 나는 그것을 우리 집 주방 식탁에 펼쳐놓았다. 워싱턴주로 날아갈 때 즈음에 나는 상황을 훤히 꿰고 있다고 생각했다.

조셉 로버트 콘드로는 왈라왈라에 있는 워싱턴주 교도소에서 55년형을 받고 복역 중이었다. 공장 노동자와 페인트 공 등으로 일했던 그는 1996년에 열두 살짜리 소녀를 강간하고 살해한 죄를 인정하고 1985년에 여덟 살짜리 소녀를 살해한 미해결 사건을 자백해서 사형이 가능한 재판을 피했다.

이 두 피해자는 사춘기 이전의 나이라는 것 말고 또 어떤 공통점이 있었을까? 콘드로는 두 소녀의 가족들과 가까운 친구였다. 그 사실 때문에 나에게 그는 눈에 띄는 면담 대상이 되었다. 나는 이 일을 하면서 유혈이 낭자한 범죄 현장에는 익숙해졌다. 그런 현장을 만드는 사람들의 정신세계에 들어가는 일이 범죄 현장보다 훨씬 섬뜩하기 때문이다.

'자신이 잘 알고 자신을 친구라고 생각하는 사람들의 아이를 강간하고 죽이는 사람은 어떤 사람일까?' 그 범죄를 계획하고 실행할 때 그의 마음에 어떤 일이 일어날까? 이것이 내가 알아냈어야 하는 것이다.

콘드로는 또한 1982년 워싱턴의 칼라마에서 발생한 여덟 살 칠라 실버네일즈 교살 사건의 주요 용의자이기도 했다. 칠라는 학교 버스를 타러 가는 길에 마지막으로 목격되었다. 그녀의 시체는 목이 졸리고 벌거

벗겨진 채 다음 날 개울 바닥에서 발견되었다. 체포된 사람은 아무도 없었다. 콘드로는 그전에 칠라의 엄마와 데이트를 했다.

나는 《시애틀 포스트인텔리전서Seatle Post-Intelligencer》에서 기사 하나를 읽었는데, 이 기사에서 콘드로는 자신이 구속되고 나서 치페와 Chippewa 조상들의 믿음으로 돌아갔다고 주장했는데, 이 믿음에서는 사람들이 죽기 전에 자신의 악행을 속죄하고 바로잡아야 한다고 했다. 그렇게 하지 않으면 그들의 영혼이 영적 세계에서 고통을 받는다고 했다. 범죄자들이 감옥에서 영적 각성을 하는 일이 있긴 하지만, 나는 이걸 어느 정도나 믿어야 할지 알지 못했다. 아무튼 나는 그에게 왜 면담에 응했는지 물어보기로 했다. 그동안에 나는 조셉 로버트 콘드로와 그가 저지른 범죄에 대해 알아낼 수 있는 모든 것을 준비해 놓아야 했다. 이 면담이 범죄학 연구가 아닌 텔레비전 프로그램을 위한 것이었는데도, 나는 여전히 방대한 조사를 하고 사건 파일을 검토하면서 준비했다. 나는 살인자와 얘기하는 것이었고, 그렇기 때문에 그가 어떤 사람으로 밝혀지든 그것에 대해 준비를 해야 했다.

조셉 콘드로는 1959년 5월 19일 미시간주 마켓에서 태어났다. 그의 어머니는 미국인으로 치페와 부족의 원주민이었으며 이미 아이가 여섯이나 있었기 때문에 또 다른 아이를 반기지 않았다. 콘드로의 어머니는 갓 태어난 콘드로를 버렸고, 콘드로는 미시간주 이런 리버에 사는 백인 부부 존과 엘리너 콘드로에게 입양되었으며 그곳에서 자라다가 워싱턴주 캐슬 록으로 이사를 갔다. 존은 레이놀즈 메탈즈에서 알

루미늄을 제작하는 작업자였다. 훗날 콘드로는 자신의 부모님이 그의 입양을 실수라고 생각했다고 말했다.

어린 시절의 콘드로는 적응하는데 힘들어 했고, 칼을 가지고 다니기를 좋아했으며, 동네에서 눈에 띄는 작은 동물들과 애완동물들을 고문하고 죽이는 무리와 어울려 다녔다. 불을 내는가 하면 늦은 나이까지 야뇨증이 계속되었는데, 이것은 우리가 반복해서 보는 강력 범죄 행동의 예측 변수들 중 하나였다. 이 '살인의 세 요소'들 중에서 동물에 대한 잔혹행위는 가장 심각한 징후이다.

콘드로 부부는 아들을 중산층 가정에서 엄격하게 교육하고 키우려 했지만, 콘드로는 계속 문제를 일으켰다. 그의 아버지는 몇 번이나 보석금을 내고 아들을 감옥에서 빼내야 했으며 마약재활치료시설에 두 차례의 교육비용도 지불해야 했다.

10대 초반이 되었을 때 콘드로는 학교와 동네에서 여자아이들을 성추행했다. 그에 대해 알아가면서 내가 발견했던 중요한 사실이 있다. 그 자신은 나이가 들어가면서도 선호하는 희생자의 연령대는 항상 동일했다는 것이다. 그는 몇 년에 걸쳐 여자아이들과 젊은 여성들을 여러 차례 성추행한 혐의로 고소당했지만, 그 대부분은 기소되지 않았다.

콘드로의 스물여섯 번째 생일 바로 전인 1985년 5월 15일 오후, 여덟 살 된 리마 다네트 트랙슬러는 워싱턴주 카울릿츠 카운티의 컬럼비아 강변에 있는 인구수 약 35,000의 도시 롱뷰의 세인트헬렌즈 초등학교에서 집으로 가는 길이었다. 집에서 두 블록쯤 떨어진 곳에서 리마는 학교에서 만든 미술 작품을 이웃사람에게 보여주기 위해 잠깐 걸음을 멈췄다. 그 3학년 소녀는 키가 130cm 정도고 몸무게는 20kg 정도였다. 눈이 아름다운 푸른색이었고 머리는 금발이었으며 붙임성이 좋은 성격이었다. 리마는 핑크색 셔츠와 황갈색 격자무늬 스커트를 입고 흰색 타이츠와 진갈색 신발을 신었으며 벨트를 매는 무릎길이의 코트를 입고 있었다. 내가 리마의 외양을 자세하게 강조하는 것은, 이것이 리마가 살아있었거나 혹은 죽고 난 뒤에 마지막으로 목격된 모습이었기 때문이다.

리마의 어머니, 다넬 킨은 딸이 집에 오지 않자 걱정이 되어서 학교까지 리마의 동선을 따라가 봤지만 아무것도 발견하지 못했다. 집에 돌아와서 다넬 킨은 남편 러스티 트랙슬러(리마의 의붓아버지)의 예전 고등학교 친구이자 가족의 좋은 친구인 조 콘드로에게 전화했다. 오랜 세월이 지난 뒤, 다넬은 딸이 사라졌던 그날 오전에 리마가 잔디를 깎으면서 땀을 흘리는 동안 조와 러스티가 그녀의 집 현관 베란다에 앉아서 맥주를 마시며 웃던 장면이 떠올랐다. 두 사람은 마당을 깨끗하게 가꾸는데 꽤나 부지런을 떤다며 리마를 놀리고 있었다.

다넬의 전화를 받고나서 조 콘드로는 그 집에 왔고, 다넬은 콘드로의 휴대전화로 경찰서에 전화까지 했다. 다넬의 아이가 실종되었다는 소식이 발표되자마자, 경찰과 지역사회 구성원들이 집중 수색을 시작했는데 조안 댈러샌드로를 찾기 위해 수색을 시작했던 것과 비슷한 상황이었다. 하지만 그들은 리마의 흔적을 찾지 못했다.

리마가 실종된 시간 즈음에 콘드로는 근처에서 목격됐는데, 맥주와 담배를 사러 차를 몰고 편의점에 가던 중이었다. 그는 경찰 조사를 받앉지만, 실종 아동과 연결될 만한 것이 전혀 없었다. 이 사건은 미제로 남았다.

세월이 흐르고 나서도 콘드로는 계속 자유로운 상태로 있었다.

10년이 흐른 1996년 11월 21일, 역시 워싱턴주 롱뷰의 몬티첼로 중학교에 다니던 열두 살 된 카라 페트리샤 러드와 욜란다 진 패터슨이 수업을 빠지기로 했다. 당시 카라와 욜란다는 카라의 엄마 자넷 라프레이와 그녀의 동거중인 약혼자 래리 '부치' 홀덴과 한 집에 살고 있었다. 욜란다는 래리의 조카딸이었으며 래리는 조카딸과 그 오빠 니콜라스의 후견인이었다. 그들의 집에 또 다른 사람, 조셉 콘드로가 들어오기 약 한 달 전까지는 그랬다.

콘드로는 카라의 엄마와 가까운 친구였으며 종종 그 집에서 카라 가족과 함께 지냈다. 이즈음 서른일곱 살이었던 콘드로는 다른 세 여자에게서 얻은 여섯 아이의 아빠였으며, 그 아이들 중 누구도 제대로 부양하지 않았다. 콘드로는 그 얼마 전부터 래리와 자넷과 다시 가까워져서 그 집에 주기적으로 머물기 시작했다. 그 즈음에 만나는 여자 친구가 없었기 때문이다. 사실 콘드로는 카라가 자신을 '조 아저씨'라고 부른 그 집에 붙박이라고 할 만큼 고정 손님이 되었다. 하지만 어느 날부터 갑자기 그 집에 머물지 못하게 되었는데, 자넷과 래리가 술과 마약을 하는 콘드로를 더는 견디지 못하고 쫓아냈기 때문이다. 나중에 자넷은 래리가 집에 없는 동안 콘드로가 자신에게 추근거렸다고 말했다.

문제의 그날 아침, 7시 15분에 래리는 두 소녀를 학교 앞에 내려주었다. 그리고 7시 30분쯤, 1982년식 황금색 폰티악 파이어버드가 학교 주차장에 인접한 인도에 섰다. 콘드로의 차였다. 욜란다의 말에 따르면, 카라와 함께 그 차를 발견했을 때 자신은 운전석 차창쪽에 있었는데 카라는 조수석에 올라탔다. 그 직후 콘드로가 창문을 올렸는데, 카라와 비밀스러운 대화를 나누려고 그런 것 같았다. 잠시 뒤에 차에서 내린 카라는 새끼돼지들과 놀 수 있게 윌로 그로브 근처의 돼지 농부 피트 집에 데려다줄 수 있는지 조에게 물어봤다고 욜란다에게 말했다. 카라는 욜란다에게 같이 갈 건지 물었지만, 욜란다는 래리나 카라의 엄마와 문제가 생길까봐 무서워서 싫다고 하고는 다시 학교에 가서 수업을 듣겠다고 했다. 그리고 콘드로의 파이어버드는 학교 주차장을 떠났다. 욜란다가 카라를 마지막으로 봤을 때, 카라는 헴록 스트릿을 따라 동쪽으로 가고 있었는데 콘드로를 만나려는 것 같았다. 그런 다음 욜란다는 학교로 갔다.

11년 전 리마처럼 카라도 다시는 집에 돌아오지 못했다. 하지만 이 일이 문제가 되기도 전에, 학교의 모든 일에 신경을 쓰고 있는 교장이 카라의 엄마 자넷에게 전화해서 카라가 결석했다고 말했다. 그날 하루가 다 가도록 카라가 집에 오지 않자 자넷은 즉시 콘드로를 떠올리고는 자신의 딸을 유괴했다며 그를 비난하기도 했다. 자넷 라프레이의 집에 있던 응답기의 오작동으로 이들의 대화가 녹음되었다. 무슨 이유에서인지 응답기는 그녀가 수화기를 들었음에도 계속 작동했다.

경찰은 지역사회 전체를 수색하기 시작했고 카라의 사진을 롱뷰《데일리 뉴스Daily News》에 실었다. 카라가 가고 싶어 했던 그 돼지 농장의 주인 피트 밴그린스벤은 자신이 11월 21일에 집에 없었다고 말했지만,

전혀 불안한 기색 없이 형사들을 집에 오라고 해서 둘러보게 했다. 그 곳에서 형사들은 카라의 흔적을 전혀 찾지 못했다. 그러는 동안 카라의 엄마처럼 법집행 기관도 콘드로에게 집중했다.

조 콘드로는 경찰의 조사를 받으면서, 자신이 그날 아침 학교 밖에서 카라와 욜란다를 보고는 차를 세우고 두 아이와 얘기를 했다고 털어놓 았다. 카라가 돼지 농장에 데려다 달라고 부탁했다는 건 인정했지만, 거 절하고 카라에게 차에서 내리라고 했으며 두 아이에게 학교로 가라고 했다고 말했다. 그는 그 두 아이는 모두 착했지만, 모든 10대 소녀들은 곧잘 나쁜 유혹에 빠진다고 말했다. 콘드로의 진술에 따르면, 그는 헴록 스토어에 들러 커피 한 잔을 산 다음 일자리를 찾으러 차를 몰고 마슬 러의 임지저목장으로 갔다. 하지만 그 사무실은 잠겨 있었으며 일하는 사람들도 보이지 않았다. 땅도 질퍽질퍽해서 차에서 내리고 싶지 않았 는데, 차가 진창에 갇혀 꼼짝도 하지 않았다.

조 콘드로와 관계된 사람들 모두 철저하게 조사하기로 한 롱뷰 경찰 서 형사들은 조의 전 아내인 줄리 웨스트를 면담했다. 콘드로는 줄리와 의 사이에 아이 둘을 두었으며 얼마 전까지 그녀와 함께 살고 있었다. 줄리 웨스트가 현재의 남편을 집에서 쫓아냈기 때문에 콘드로는 그 집 을 자유롭게 드나들었다. 줄리는 콘드로가 걸핏하면 불같이 화를 냈으 며, 한번은 임신한 그녀의 옷을 찢는가 하면 화장실 벽에서 세면기를 떼어내는 등 여러 차례 폭력적인 행동을 했다고 형사들에게 말했다. 줄 리는 결국 콘드로가 접근금지 명령을 받게 했고, 그 때문에 콘드로는 이혼을 요구했다. 하지만 그렇다고 해서 두 사람의 관계가 끝난 것은 아니었다. 두 사람이 술을 많이 마신 어느 날 밤 줄리는 다시 그의 아이를 임신했다. 다시 줄리 집에서 살게 된 콘드로는 폭력적인 행동을 했고, 줄리는 경찰에 전화하겠다고 협박했다. 콘드로는 그러면 전화를 벽에서 떼어내 버리겠다고 으름장을 놓았다.

줄리는 카라가 실종된 날 아침 11시 45분쯤, 콘드로가 아들을 학교에 데려다주려고 그녀의 집에 왔다고 했다. 12시 30분쯤 돌아온 콘드로는 줄리에게 인더스트리얼 페인츠에 일자리를 알아봐야 하니 거기까지 함께 타고 가자고 했다. 그들이 마슬러의 임지저목장을 지날 때, 콘드로는 자신이 좀 전에 일자리를 알아보려고 그곳에 갔지만 진창 때문에 차에서 내리지는 않았다고 말했다. 그 말을 들은 줄리 웨스트는 이상하다고 생각했는데, 파이어버드의 타이어와 범퍼와 차체에 진흙이 전혀 묻어 있지 않았기 때문이다.

그리고 그곳에 헤어브러시가 있었다. 줄리는 차에 타고 보니 조수석이 뒤로 완전히 밀려 있어서 좌석을 앞쪽으로 밀었다. 그러고 나니 의자 아래에서 헤어브러시가 보였다. 줄리는 헤어브러시의 모양을 자세하게 설명했다. 몸체는 검은색이었고 그 빗살은 흰색이고 끝이 까만색이었다. 빗살 몇 개가 빠져 있었고 다른 것들은 엉겨 붙은 것 같았다. 그날 늦게 줄리는 자넷과 이야기하면서 카라가 그런 헤어브러시를 가지고 있는지 물었다. 자넷은 카라는 늘 헤어브러시를 가지고 다니며 그 헤어브러시가 카라의 것 같다고 했다.

줄리 웨스트가 아주 솔직하게 진술한 반면, 콘드로의 현재 여자 친구 페기 딜츠는 그렇지 않았다. 콘드로와 페기는 코트니라는 딸을 하나 두었는데, 페기는 경찰에 협조하지 않으려 했으며 경찰이 코트니와 얘기도 나누지 못하게 했다.

페기가 협조하지 않았지만 콘드로의 이야기에서 허점이 드러나는 걸 막지는 못했다. 콘드로를 알고 있던 헴록 스토어 점원 두 사람은 콘드로가 그곳에 있었다는 시간에 그를 보지 못했다고 말했다. 마찬가지로, 마슬러의 직원은 그 임지저목장에 문이 하나이기 때문에 누가 왔다면 자신이 봤을 거라면서 조 콘드로의 황금색 파이어버드는 그곳에 오지 않았다고 말했다.

너무 오래 전에 일어났기 때문에 1985년에 발생했던 리마의 실종 사건이 금세 떠오르지는 않았지만, 두 명의 예쁜 금발 여학생이 같은 도시에서 그것도 비슷한 상황에서 사라졌다는 것은 우연의 일치라고 하기에는 너무 이상해보였다. 아마 베테랑 경찰 몇 명도 그렇게 생각했을 것이다.

그 사건의 책임 형사인 레이 하틀리는 콘드로가 2년 전 친구 딸을 추행한 혐의로 고소당했지만 무죄를 받았고 주차장에서 마약을 하다가 제재소에서 해고되었다는 걸 알게 되었다. 같은 시기에 콘드로는 데이트하던 여성의 집 내부를 엉망으로 만들고 그녀가 기르던 반려동물의 케이지를 마당에 버렸다. 그런데 이런 일들을 접할 때마다 도무지 이해할 수 없고 못마땅하게 생각하는 부분은 그 일이 일어난 뒤에도 그 여성이 콘드로를 계속해서 만났다는 사실이다.

지난해 봄, 콘드로와 데이트를 하고 역시 그에게 자기 집을 자유롭게 드나들게 한 또 다른 여성 크리스털 스미스는 콘드로가 술을 마시면 사나워졌고 그럴 때에는 자신을 악마라고 했다고 형사들에게 말했다. 그녀는 그해 여름에 바비큐 파티를 했는데, 콘드로가 술을 너무 많이 마시고는 또 다른 여자 친구인 비키 카르졸라를 마구 때린 일을 떠올렸다. 스미스는 그들 사이에 끼어들어 콘드로의 폭행을 멈춰야 했다. 형사들은 콘드로를 조사하는 동안에 그가 여성들과의 관계에 대해 아주 대수롭지 않게 생각하는 것 같다고 느꼈는데, 이를 확인하기 위해 크리스탈의 성을 물었을 때 이렇게 대답했다.

"모르겠습니다. 우리는 그냥 좋은 친구거든요."

경찰은 콘드로의 성격을 전체적으로 폭력적이고 위험하다고 정리하면서, 다른 한편으로는 카라와 콘드로의 이전 관계에 대해서 보다 유용한 정보를 계속해서 찾았다. 경사 한 사람이 욜란다를 조사했는데, 욜란다는 자신과 카라가 몇 주 전 학교를 빠지고 조 콘드로를 따라 고양이와 새끼 고양이들이 많은 윌로 그로브 근처 버려진 집에 갔다는 말을 했다. 카라는 그 새끼 고양이들 중 한 마리를 데려가서 엄마의 생일 선물로 주고 싶어 했다. 그날 콘드로는 두 소녀에게 어떤 선생님도 찾지 못하는 곳으로 데려다줄 테니 학교를 빠지라고(카라가 실종된 날 그랬던 것처럼) 했다. 형사는 욜란다에게 그 일이 일어나기 전에 콘드로와 같이 차를 탄 적이 있느냐고 물었고 그녀는 콘드로가 자신과 카라, 그리고 콘드로의 딸인 코트니를 5번 간선고속도로 근처의 투틀강가에 데려가서 함께 수영하고 야영도 했다고 말했다. 날씨가 추웠기 때문에 네 사람은 하룻밤만 머물렀다.

마침내 경찰 본부 사무실에서 경찰이 코트니를 면담하게 되었을 때,

코트니는 자기 아버지가 '난폭한 성향'이 있다는 사실을 인정했으며 가끔 자신을 때리기도 하고 말대답을 했다며 던져버린 적도 있다고 털어놓았다. 콘드로는 몇 주 전 코트니의 여동생인 에어프릴의 머리를 손바닥으로 때리기도 했다. 또한 코트니는 콘드로가 두 달 전쯤에 집에 들어오기 전까지는 그를 아빠가 아닌 조라고 부를 정도로 잘 몰랐다는 말도 했다. 코트니는 콘드로가 카라의 엄마인 자넷과 전화 통화하는 걸 우연히 들었는데, 그 통화에서 자넷이 콘드로를 경찰에 신고하겠다고 말했다고 했다. 그러면서 자신의 아버지는 이렇게 말했다고 했다.

"내 차에 타고 있던 카라에게 차에서 내리라고 한 게 그 아이를 마지막으로 본 거야."

딸 코트니처럼 페기 딜츠도 결국 경찰에 모든 걸 얘기해야 했다. 그 자리에서 페기는 콘드로가 그녀의 집 차고에 있던 삽을 빌려달라고 했다는 사실을 털어놓았다. 경찰이 차고를 확인해본 결과 정말로 삽 두 사루가 보이시 않았다.

이 사건이 보여주는 것들 중 하나는 경찰이나 일반 시민들이 어떤 의심을 갖는다고 해도(그들이 마음속으로 그 범죄를 아무리 그럴듯하게 설명한다 해도) 확실한 증거가 제시되지 않는다면 이 모든 것들은 아무런 의미가 없다는 것이다. 강의를 할 때면, 내가 그동안 말해왔던 사건들을 해결하는 것이 그렇게 어려워 보이지 않았다고 얘기하는 독자와 청중을 흔히 본다. 어떤 의미에서는 그들이 옳다. 모든 사건이 복잡한 프로파일링과 수사 분석을 필요로 하는 건 아니다. 그리고 분명하게도 모든 사건이 미스터리 소설의 재료는 아니다.

하지만 마크와 나는 가끔 실험을 했다. 먼저, 범인이 누구인지 먼저 청중에게 말한 다음 그 사건을 처음부터 훑어보는 것이다. 얘기가 끝나면, 청중 대부분은 그 사건이 아주 간단했다고 생각하며 경찰이 그 사건을 왜 그렇게 힘들게 해결했는지 이해하지 못한다.

그리고 나서 우리는 같은 사건을 다른 청중들에게 실험한다. 범인이 누구인지 미리 밝히지 않는 것이다. 사건 설명을 똑같이 했음에도 이번에는 청중들이 범죄를 저지른 사람의 윤곽조차 떠올리지 못하며 용의자 목록을 줘도 마찬가지다.

애틀랜타 아동 살인사건의 주요 용의자인 웨인 B. 윌리엄스의 신원을 확인한 것도 이런 식이었다. 그에 관한 프로파일링과 체포 과정은 지나고 나면 명확해 보일 수 있겠지만, 당시에는 절대 그렇지 않았다.

1979년~1981년에 일어난 애틀랜타 아동 살인사건들로 우리는 국내는 물론 해외의 법집행 기관들 사이에서 유명해졌다. 스무 명이 넘는 아프리카계 미국 아이들과 청소년들(대부분 남자)이 실종되었고 숨진 채 발견되었다. 경찰, 미디어, 지역사회에서 많은 사람이 '쿠 클럭스 클랜'(백인우월주의 비밀결사 단체) 같은 혐오 단체가 자신들의 진보적인 견해에 대항하는 그 남부 도시를 겁주기 위해 그런 살인들을 저지르는 거라고 확신했다.

이 사건은 연방 민권법을 침해할 가능성이 있었으므로 우리가 여기에 관여할 수 있었다. 또한 아이들이 실종되었기 때문에, 법무장관 그리핀 벨은 아이들이 납치를 당한 건지 밝히라고 FBI에 명령했다. 1932년 비행 영웅 찰스 린드버그의 어린 아들이 납치된 악명 높은 사건 이후 납치는 연방 범죄가 되어서 사건 발생 24시간이 지나면 FBI의 관할권이 인정되었다. 애틀랜타 살인들에는 ATKID라는 사건명이 붙여졌다.

하지만 로이 헤이젤우드와 내가 애틀랜타 경찰의 요구로 그곳에 가서 사건들을 분석했을 때, 우리는 두 가지 사실을 바로 확신했다. 첫째, 이 사건은 클랜 류의 살인이 아니었다. 이 사건에는 상징이 없었고, 위협하거나 겁을 주려는 행동도 없었으며, 서명Signature도 없었고, 범죄를 과시하려는 흔적도 없었다. 뿐만 아니라 우리가 피해자들이 납치당하거나 시체가 발견된 현장에 갔을 때, 흑인이 압도적으로 많은 지역에서 백인이 어떤 범죄를 저지른다면 분명 누군가의 눈에 띄고 목격되었을 거라는 것이 확실해졌다. 왜냐하면 이 지역들은 24시간 내내 사람들이 활동하는 경향이 있었기 때문이다. 그런데 이 어린아이들을 유괴한 사람들은 그런 느낌을 전혀 주지 않았다. 그러므로 그때까지 우리가 조사했던 연쇄살인범은 거의 모두 백인이었지만 그 사건의 범인은 아프리카계 미국인일 가능성이 있다고 우리는 생각했다.

경찰은 집무실에서 그 살인사건들에 전념했고, 우리는 모든 사건 파일을 검토하고, 아이들이 사라지고 그들의 시체가 발견된 지역의 목격자들 진술을 읽고, 범죄 현장의 사진들을 들여다보고, 부검 절차를 조사했다. 우리는 가족들을 면담하면서 어떤 공통적인 피해자 행동이 발견되는지 알아보았다.

피해자들 대부분은 세상물정에 굉장히 밝았지만 그들 동네 밖의 세상에 대해서는 별로 아는 게 없었으므로 매력이나 유혹에 쉽게 영향을 받았을 것이다. 또한 그들 대부분은 아주 가난하게 살았으므로 그렇게 대단한 걸 미끼로 쓰지 않아도 그 아이들이 별 저항 없이 낯선 사람을 따라갔을 것이다. 이것을 시험해보기 위해서 우리는 사복경찰들(흑인과 백인)이 동네 아이들에게 가서 5달러를 주면서 어떤 행동을 요구해 보라고 했다. 대부분 아이들이 순순히 말을 따랐다. 또한 그 동네에서는 백인들이 눈에 띈다는 사실도 확인할 수 있었다.

수사를 하면서 우리는 피해자들 중 둘(모두 여자아이)은 그 전체적인 패턴에 속하지 않는다고 생각했는데, 유괴 형태와 피해자 행동이 달랐기 때문이다. 연쇄살인사건을 수사할 때는 연관이 없을 수도 있는 사건들을 무분별하게 결합하거나 연결하지 않도록 주의를 기울여야 한다.

어린이 사망 사건들 대부분이 한 개인이나 집단 때문이라고 해도, 우리는 그 사건들 다수는 주요 집단과 관련되었다는 증거가 전혀 없다고 생각했다. 어떤 사건들은 모방이었을 수 있고, 또 어떤 사건들은 아무 관계없이 단순히 같은 시기에 우연히 발생한 아동 살인이었을 수도 있었다. 기록을 보면 그 도시에서는 매년 10건에서 12건의 아동 살인이 일어났다. 대부분이 개인적 원인으로 분류되었고 이런 사건에서 범인은 피해자와 관련이 있거나 피해자와 아는 사이었다.

우리는 우리의 프로파일을 작성했다. 우리가 만난 연쇄살인자 집단의 대다수가 백인이었지만, 이들 범죄자들이 자신과 같은 인종의 피해자를 찾는 경향이 있다는 사실도 알게 되었다. 그래서 우리가 아프리카계 미국인 남성을 상대하고 있다고 강하게 확신했는데, 여성 살인자는 아주 드물기 때문이며 남성이 아이들에게 더 큰 영향력을 행사할 수 있을 거라고 생각했기 때문이다. 그는 20대 중반에서 후반일 것이며, 동성애자로 남자아이들에게 끌렸을 것이라고 추정했다. 성폭행이 없었던 것은 그가 자신의 성적 취향을 부적절하게 느끼거나 수치스러워했다는 걸 보여주었다. 범죄가 일어난 시간이 다양했기 때문에 우리는 그가 일정한 직업이 없거나 혹은 자영업자일 거라고 생각했다. 또 그가 평균 이상의 지능을 가졌지만 학습능력은 떨어지는 사람일 거라고 생각했다. 그리고 우리는 그가 권위의식을 가진 사람이기 때문에 피해자들에게 이를 행사했으며, 언변이 좋고 아마도 경찰이 되고 싶어 하는 사람일 거라고 생각했다. 만일 우리 생각이 맞다면, 그는 외양이 경찰차와 비슷한 큰 차를 몰 것이고, 큰 개를 키우고 있을 거라고 짐작할 수 있었다.

자신을 살인범이라고 주장하는 사람이 보낸 녹음 테이프가 애틀랜타에서 30km 정도 떨어진 조지아주 코니어스 경찰청 본부에 도착했을 때 실마리가 풀리기 시작했다. 다들 흥분했지만, 내가 다시 콴티코에서 그 테이프 속의 백인 남자 목소리를 들었을 때 나는 그것이 가짜라고 확신했다. 하지만 목소리의 주인공은 마지막 피해자를 언급하면서 그 시체를 로크데일 카운티에 있는 시그먼 도로의 어떤 구간에서 찾을 수 있을 거라고 말했다. 그 말투를 심리언어학적 방식으로 분석해본 후에 나는 이 사람은 자신이 경찰보다 우월하다고 느낀다고 생각했다. 그래서 경찰에게 그의 의도대로 움직이면서 그가 말한 시그먼 도로 쪽을 보라고 조언했다. 그가 거기에서 지켜보고 있다면 그를 잡을 수 있을 거라고 판단했다.

언론에서는 이 수색 기사를 비중 있게 다뤘고, 내가 의심한 대로 시체는 발견되지 않았다. 아니나 다를까 그 자는 다시 경찰에 전화해서 그들이 얼마나 멍청한지 말했다. 그 '멍청한' 경찰들은 전화번호 추적을 준비했고, 나이 지긋한 백인 시골남자를 그의 집에서 체포해서 골칫거리를 제거했다. 모든 걸 확실히 하기 위해서 경찰은 그가 말한 시그먼 도로의 반대쪽으로 가서 그곳에도 시체가 없다는 것을 확인했다.

하지만 그 직후 열다섯 살 흑인 소년의 시체가 시그먼 도로에서 발견되었는데, 이것은 우리에게 뭔가 중요한 사실을 알려주었다. 미확인범이 미디어에 반응하고 있으며 자신의 우월함을 보여주려고 노력하고 있다는 것이었다. 그 점을 염두에 두고 우리는 피해자들의 가족에게 도움이 되는 대규모 콘서트를 위해 아마추어 '보안요원들'을 고용하는 것을 비롯해 몇 가지 선제적 아이디어들을 경찰에 제안했다. 하지만 내 아이디어가 법무차관의 승인을 받았을 때는 이미 늦었다.

다음 시체가 발견되었을 때, 검시관은 머리카락과 섬유가 이전 다섯 명의 피해자에게서 나온 것과 일치한다고 발표했다. 미확인범이 미디어를 지켜보고 있다는 사실을 우리가 알고 있었기 때문에 나는 다음 시체는 그런 증거들이 씻겨나갈 수 있는 장소인 강에 버려졌을 거라고 확신했다. 그 지역의 모든 법집행 기관들을 동원해 강을 감시하게 하는 데는 시간이 좀 걸렸다. 그즈음, 열세 살 된 남자아이의 사체가 사우스강에서 발견되었으며 그 다음에는 스물한 살과 열세 살 아이 이렇게 두 사람의 사체가 애틀랜타와 코브 카운티 사이의 북서쪽 경계를 이루는 수로인 차타후치강에서 발견되었다. 이전 피해자들이 옷을 다 입고 있었던 것과 달리 이 세 명은 속옷만 입고 있었는데 아마도 머리카락과 섬유를 제거하려고 그랬던 것 같다.

한 달이 지나고 지역 경찰들이 강 수색에 지쳐갈 즈음, 경찰 아카데미 출신의 신임 경찰인 밥 캠벨은 마지막 순찰시간 중에 다리를 건너던 차 한 대가 다리 한가운데에 잠깐 멈춰 서는 걸 차타후치강의 잭슨 파크웨이 다리 아래에서 목격했다. 첨벙하는 소리를 듣고 캠벨이 손전등으로 강물 표면을 비추자 파문이 이는 것이 보였다. 차는 이미 방향을 돌려 떠나버렸고, 캠벨은 그곳에서 잠복근무 중인 차량을 향해 따라가라고 지시했다.

운전자는 스물세 살의 웨인 버트럼 윌리엄스라는 아프리카계 미국인이었으며, 자신은 음악 기획자이고 부모님과 살고 있다고 경찰에 순순히 말했다. 이전에 실종된 스물일곱 살 흑인 남성의 시체가 하류에서 발견되었을 때, 윌리엄스는 집중 감시를 받았다.

윌리엄스는 경찰차 모양의 자동차와 커다란 개를 비롯해 우리의 프로파일과 아주 많은 부분에서 일치했다. 그는 자신이 경찰들보다 우월하다고 생각했으며 첫 번째 심문에서도 능숙하게 대처했다. 경찰은 수색영장을 발부 받아 윌리엄스의 차를 조사해서 머리카락과 섬유를 찾아냈다. 이것은 우리가 관련되어 있다고 결론내린 살인사건들에서 나온 머리카락과 섬유와 일치했다. 윌리엄스는 기소되었고 애틀랜타 아동 살인사건들 중 일부에 대해 유죄 판결을 받았다. 하지만 여기에서 우리는 우리가 확신한 두 번째 지점에 이르렀다.

10대 소녀가 납치되어 전깃줄에 목이 졸려 죽은 사건을 보고, 우리는 범인이 보호시설에서 지낸 적이 있으며 정신 병력이 있는 남자일 거라고 거의 확신했다. 경찰에서는 우리의 프로파일에 들어맞는 용의자를 찾아냈다. 심지어 그는 벨트가 아닌 전깃줄을 벨트 모양으로 만들어서 바지를 고정하고 있었다. 하지만 이 남자를 살인사건과 연결할 수 있는 결정적인 증거가 없었고, 그래서 재판은 열리지 못했다.

애틀랜타 아동 살인사건이 마무리되고 로이 헤이즐우드와 나는 그곳에서 떠날 준비를 했다. 그때 우리는 태스크포스의 정신과 의사와 이야기를 나누었는데, 그 자리에서 나는 그에게 당시 알려지지 않은 범인에 대해 어떻게 우리가 결론에 이르게 되었는지 설명했다.

정신과 의사가 물었다. "어떻게 압니까?"

로이가 대답했다. "그가 범죄를 저지른 방식으로요. 우리는 범인들이 생각하는 방식으로 생각해보려고 합니다." 우리는 이것을 개리 트랩넬에게서 배웠다.

의사는 이 말에 흥미를 느낀 것 같았다. 그는 만일 자신이 우리에게 심리테스트를 한다면, 우리들이 그가 지정하는 정신병을 가진 것처럼 점수를 받을 수 있을지 물었다. 우리는 그럴 수 있을 거라고 대답했다.

그는 우리를 각자 다른 방으로 가게 했고, 그곳에서 우리는 다면적 인성검사(MMPI - 가장 널리 사용되는 표준화된 성인 심리 검사)를 받았다. 우리가 받은 점수는 편집성 사고와 함께 반사회적 인격장애라는 정신병에 해당하는 수준이었다. 정신과 의사는 놀라움을 숨기지 못했다. 로이와 나는 스스로가 꽤 자랑스러웠다. 우리가 최악의 범죄자처럼 생각할 수 있다는 걸 증명한 것이다.

이 사건의 결과들이 나중에 돌아보면 명백하고 분명해 보이지만, 그 당시에는 절대 그렇지 않았다. 우리는 얼마든지 웨인 윌리엄스를 의심할 수 있었지만, 경찰이 확실한 증거를 확보할 때까지는 그를 체포할 수가 없었다. 그 뒤로도 검찰 팀은 여전히 그를 의심하며 증거를 모았다. 우리는 그의 프로파일 작성을 도울 수 있었지만, 그것은 당연히 시작일 뿐이었다. 그를 구속하기 위해서는 심리학 이상의 것이 필요했다. 그리고 어떤 사람을 의심하는 것이 텔레비전에 출연해서 범죄를 다루는 전문가들이나 온라인 토론 그룹들에게는 괜찮을 수 있지만, 현실의 형법 절차에서는 전혀 중요성을 갖지 못한다. 그리고 나중에 알게 되었는데, 조셉 콘드로는 이 개념을 꽤나 논리적으로 생각하고 있었다.

웨인 윌리엄스처럼 콘드로도 조사를 받으러 경찰서에 와 달라는 요구를 받을 때 경찰에 협조적이었다. 그가 유일하게 화를 내는 것은 앞뒤가 맞지 않아 보이는 대목에 대해서 형사들이 꼬치꼬치 물을 때였다. 조사를 마치면서 지방 검사 사무실의 지시에 따라 이 사건의 책임 형사인 짐 두샤는 콘드로에게 줄리 웨스트와 어떤 연락도 하지 말라고 (그녀의 집에 가지 말고, 직접 만나 얘기하거나 전화로 연락하려고도 하지 말라고)경고했다. 콘드로는 알겠다고 대답했다.

다음 날 두샤는 줄리에게서 전화 한 통을 받았다. 그녀는 콘드로가 그날 아침 전화를 해서 경찰이 그녀에게 무엇을 물었으며 그녀는 그들에게 뭐라고 답했는지 물었다고 했다. 콘드로는 자기가 줄리와 얘기하면 안 되는 상황이기 때문에 줄리에게 경찰에 가서 더는 아무 말도 하지 말고 이 통화에 대해서도 말하지 말라고 했다. 줄리는 자신이 거짓말 할 이유가 전혀 없기 때문에 아는 것 모두 경찰에 애기할 거라고 대답했다.

줄리는 두샤에게 콘드로의 폭력성 때문에 그가 굉장히 두렵다고 말했다. "내가 경찰에 말했다는 걸 알게 되면 그가 어떻게 할지 모르겠어요." 두샤는 줄리가 말한 내용을 서면 보고서에 적었다.

그 형사는 즉시 상황에 대응해서 체포 영장을 받으러 판사의 집으로 갔다. 그날 오후에 그는 이 사건의 책임자인 경사 스티븐 리함과 함께 콘드로가 마지막으로 목격된 크리스탈 스미스 집으로 차를 몰고 갔다. 그들이 문을 두드리자 콘드로가 나왔다. 그들은 목격자에게 접근한 혐의로 체포한다고 말했다. 그리고 콘드로에게 수갑을 채운 다음 그를 경찰차 뒷자리에 태우고는 미란다 원칙을 고지했다.

경찰 본부의 면담실에서 콘드로는 줄리 웨스트에게 말한 것을 부인했으며 그녀가 증인이라는 사실을 알고 있다는 것도 부인했다. 마침내 콘드로의 얘기를 충분히 들었다고 생각한 형사 두샤는 그에게 왜 진실을 말하지 않는지 물었다.

콘드로가 잠깐 동안 고개를 숙이고 있더니 고개를 들고 말했다. "나는 정말로 변호사가 필요합니다." 대화는 중단되었고 형사들은 콘드로를 구치소로 데려갔다. 그에게 2만 5,000달러의 보석금이 책정되었다. 그 액수는 곧 두 배가 되었다.

11
버려진 폭스바겐

같은 날 크리스탈 스미스도 두샤에게 진술하면서 콘드로가 자넷 라프레이와 경찰이 자신이 카라를 납치한 걸로 의심한다는 말을 했다고 했다. 콘드로는 학교 앞에서 두 소녀를 보았고 그 아이들과 얘기를 나누었으며 카라에게 차에서 내리라고 한 다음 일자리를 찾으러 갔다는 얘기를 그녀에게 몇 번이나 반복했다.

스미스는 콘드로에게 만일 그들이 그를 고소하면 어떻게 할 것인지 물었다.

"그래 봤자야. 나는 내 얘기만 계속 하면 되니까." 스미스는 콘드로가 이 말을 반복했다고 말했다. 그런 다음 스미스는 지난해 여름에 그들이 배틀 그라운드 호수에서 야영하며 숲에서 게임을 했던 얘기를 했다. 스미스는 콘드로에게 시체를 어떻게 할 생각인지 물었다.

콘드로가 대답했다. "시체도 없고, 목격자도 없고, 증거도 없어."

콘드로가 카라를 데려갔을 거라고 경찰이 짐작한 지역을 수색견들이 몇 번이나 살폈지만 아무것도 발견하지 못했다.

　이즈음에 경찰은 예전에 콘드로와 함께 고등학교에 다녔고 6~7년 전쯤 오리건의 웨이 태번에 있었던 목격자를 찾아냈는데, 그때 그곳에서 리마의 의붓아버지인 러스티 트랙슬러는 콘드로에게 리마를 죽였다며 소리를 질렀다고 했다. 그때 콘드로는 그에게 닥치라고 했고 주먹다짐이 이어졌다. 경찰이 콘드로에 대해 알아갈수록 폭력적 사건들은 계속해서 늘어갔다. 콘드로가 약 7년 동안 함께 살다가 헤어졌으며 둘 사이에 아이 하나를 두었던 또 다른 여성인 엘리자베스 앤 포드는 콘드로가 술을 심하게 마실 때마다 그를 집에서 내쫓았다고 말했다. 콘드로는 엘리자베스의 오빠와 싸우다가 그의 턱과 갈비뼈 세 대를 부러뜨렸다. 또한 그는 분노를 조절하지 못하고 벽에 있는 장작난로를 떼어서 그녀의 오빠에게 던지기도 했다. 엘리자베스는 결국 보안관 사무실에 신고해 콘드로가 자신에게 접근하지 못하도록 했다.

　마침내 우리는 법적으로도 조셉 콘드로를 따라잡고 있었다. 1996년 12월, 카라가 실종되고 한 달이 채 안 되어서 콘드로는 일곱 살 여자아이를 추행하고 열 살 여자아이를 강간한 혐의로 클라크 카운티에 있는 워싱턴주 상급법원에 소환되었는데, 두 사건 모두 1991년 9월에 일어났다. 검찰 측은 콘드로가 친구 집에 갔다가 거실에서 자고 있는 그 소녀들을 성추행했다고 주장했다. 재판은 다가오는 5월로 예정되었다.

그동안, 롱뷰의 경찰은 카라의 시신을 계속 수색하면서 목격자와 정보 제공자들이 콘드로가 자주 갔다고 증언한 몇몇 장소를 다시 찾았다. 그 중 한 곳은 롱뷰 서쪽, 마운트 솔로에 있는 썩어가는 빈집이었다. 아이들이 그곳에서 놀기를 좋아했고, 카라의 삼촌을 비롯해 카라 가족 몇몇이 카라의 실종 이후 수색을 하는 3주 동안에도 그곳에 왔지만 아무것도 발견하지 못했다.

1997년 1월 4일, 카라가 실종되고 두 달이 채 안 되었을 때, 경찰은 그 집에서부터 마운트 솔로에 이르는 나무가 우거진 외딴 비탈을 수색하고 있었다. 경찰은 협곡까지 갔다가 바퀴 없이 버려진 빨간색 녹슨 폭스바겐을 발견했다. 차는 남쪽을 향해 있었으며 오래된 워싱턴주 번호판이 붙어 있었다. 경찰 수색대는 차 안에서 카라의 검은색 리복 티셔츠와 브래지어를 발견했고, 그 다음 조수석 아래에서 머리가 뒷자리 쪽으로 향하고 두 발이 조수석 문 아래 있는 여자의 시체를 발견했다.

운전석 문틀 위 바로 맞은편의 나무와 충돌한 자국이 있었고 그 영향으로 차량이 움푹 패어 있었다. 이를 근거로 차량이 운전석 쪽으로 기울어지면서 나무에 부딪쳤을 것이고 그러면서 시체가 차량 아래 놓이고 그 위로 차량이 떨어졌을 거라는 사실을 짐작할 수 있었다.

리함 경사는 관할 지역의 법의학 전문가들에게 그곳에 와서 현장을 처리해달라고 요청했다. 법의학 전문가들이 현장에 도착했을 때, 롱뷰 경찰들은 시체에 접근할 수 있도록 윈치로 차량을 나무에서 떼어 바로 세웠다. 그리고 관련된 샘플을 모두 확보한 다음 나무를 잘라서 폭스바겐을 사건 현장에서 치우고 조사를 계속 진행했다.

시체의 상체는 심각하게 부패되었으며 갈비뼈 몇 개는 동물에 의한 훼손의 흔적을 보여주었다. 하지만 하반신은 완전히 차량의 아래에 깔려 있은 덕에 잘 보존되었다. 시체가 입고 있는 옷은 카라가 입고 있었다고 했던 팬티와 검은색 반바지와 일치했다. 근처에 있던 샘플들을 모은 다음, 범죄 현장 전문가들은 시체 아래의 흙을 떨어내고 두 부분으로 분리된 시체 운반용 부대로 시체 양쪽을 덮었다. 시체 운반용 부대를 테이프로 봉한 다음 시체를 주 범죄 연구소로 옮겼다. 치과 기록으로 그 시체가 카라임을 확인했다. 카울릿츠 카운티의 검시관 개리 그레이그는 카라가 '알 수 없는 수단에 의한 살인성 폭력'으로 사망했다고 발표했다.

시체와 그 주변에서 발견된 옷가지를 비롯해 모든 물리적 증거가 분석을 위해 독립 실험실과 샌디에고 경찰청 법의생물학 부서로 보내졌다. 카라의 몸과 옷에 묻은 정액으로 콘드로가 그 살인과 직접 관련 있다는 것이 밝혀졌다.

1997년 1월 27일 카울릿츠 카운티 지방 검사 제임스 J. 스토니어는 카라 러드의 죽음에 대해 조셉 콘드로를 가중 1급살인죄로 기소하는 내용을 담은 서류를 상급법원에 제출했다. 콘드로는 그의 안전을 위해 독방에 수감된 상태에서 재판을 기다렸다. 폭력적인 수감자들도 아동 추행범과 살인자들은 혐오하기 때문이다.

검찰이 콘드로에 대한 사형 구형을 준비할 때 그는 워싱턴주 밴쿠버의 클라크 카운티 교도소에 수감되어 있었으며, 그의 재판은 1998년 7월에 시작하는 것으로 예정되었다. 그러는 동안, 카울릿츠 카운티 검사수 바우어는 리마의 엄마인 다넬 킨과 논의한 뒤 콘드로에게 거래를 제안했다. 카라 러드와 리마 트랙슬러의 살인을 모두 인정하고 리마의 시신을 어디에 유기했는지 수사관들에게 말하면 검찰이 사형 선고를 청하지 않는다는 내용이었다.

1997년 5월, 콘드로는 추행과 강간 혐의로 클라크 카운티에서 재판을 받았다. 재판이 시작된 지 두 시간 반이 채 안 되어서 콘드로는 두 가지 죄목 모두에 대해 배심원의 유죄 판결을 받았으며 두 사건을 합해 총 302개월의 징역형을 선고받았다.

얼마간 생각해본 뒤에, 그리고 아마도 검사가 배심원들에게 얼마나 신뢰를 받는지 알아본 뒤에, 콘드로는 수 바우어의 제안을 받아들였다. 콘드로는 그렇게 한 이유가 사형을 피하기 위해서만은 아니라고 말했다. 자신의 아이들이 그에게 불리한 증언을 하지 않아도 되고 살해된 두 소녀의 가족을 위해 사건이 종결되어야 한다는 것도 생각했다고 한다.

살인자가 자신의 이익이 아닌 다른 뭔가를 위해 어떤 행동을 했다는 말을 들을 때가 있는데, 여기에 대해 나는 대단히 회의적이다.

롱뷰 경찰서 형사 스캇 맥다니엘과 20시간 넘게 면담을 하면서, 콘드로는 자신을 뱃속이 완전히 비워질 때까지 연못 바닥에서 기다리는 악어에 비유했다. 그러다가 악어는 물 표면으로 올라온다. 그것은 내가 오래 전 리마에게 일어난 일에 대한 그의 설명을 읽으면서 떨쳐내기 어려웠던 이미지였다.

모든 아동 살인은 소름끼치고 가슴 아프지만, 리마를 살해하는 과정에 대한 콘드로의 진술에서 가장 충격적이었던 부분은 그가 살인을 미리 계획하고 추진했다는 것이었다. 특히 중요한(그리고 비열한) 요소는 콘드로의 자백으로 드러났다. 그것은 여덟 살짜리 소녀가 콘드로 자신을 따라 나서도록 만든 방법이었다. 나중에 밝혀진 사실인데, 리마의 엄마는 자기를 대신한 누군가가 리마를 데리러 갈 때를 대비해 딸에게 비밀 암호를 알려주었다. 그 암호는 '유니콘'이었으며, 만일 리마를 데리러 온 사람이 암호를 모른다면 그는 믿을 수 없는 사람이었다. 조 콘드로가 리마의 부모와 아주 가까운 친구였기 때문에 리마의 의붓아버지 러스티는 그에게 암호를 알려주었다.

콘드로는 리마에게 부모님이 리마를 수영장에 데려가라고 자기를 보냈으며 부모님은 나중에 올 거라고 말했다. 나중에 콘드로는 이렇게 말했다. "리마가 집에 오는 걸 보면서 나는 차를 멈추고 '리마가 내 차에 타면 숲으로 데려가야지.'라고 생각했습니다. 그리고 리마가 내 차에 올라탔습니다."

콘드로는 또 수사관에게 자신이 카라와 욜란다를 그 버려진 집에 데려간 날이 '시운전'이었다고 말하기도 했다. "나는 그 두 아이를 모두 강간하고 죽이려고 계획했습니다." 수사기관에서 했던 그의 진술이다.

콘드로는 카라를 구타하고 강간한 후에 목을 졸라 살해하기로 마음먹었다. 그리고 시체는 쓰레기장에 유기하는 것으로 미리 결정하고 있었다. 여기서 기억해야 할 사실이 있다. 콘드로는 이 소녀의 가족과 가까운 사이였으며 소녀와도 알고 지내는 사이였다. 소녀에게 콘드로는 '조 아저씨'였다. 하지만 콘드로는 카라를 잔인하게 구타하는 걸 아무렇지도 않게 생각했으며, 그저 성폭행하고 살해하기 전에 필요한 비뚤어진 수단 정도로 여겼다. 콘드로가 미친 것은 아니지만, 이것은 우리들 대부분이 상상할 수 있는 가장 사악한 모습이었다. 그런 다음 그는 페기 딜츠의 집으로 갔고, 깨끗하게 샤워를 했으며, 옷을 빨았고 신발을 버렸다.

1999년 2월 26일, 콘드로는 짐 위메 판사 앞에서 카라 러드 죽음에 대해 1급 중범죄 살인과 리마 트랙슬러의 죽음에 대해 2급 고의 살인 혐의에 대해 유죄를 인정했다. 피해자의 친척들과 친구들이 참석한 이 공개 법정에서 콘드로는 자백 내용을 읽었다. 3월 5일, 판사 위메는 콘드로에게 55년 형을 선고했다. 이 선고는 콘드로가 1년 반 전에 받은 강간과 추행에 대한 유죄 선고의 최소 기간을 복역한 후에 집행이 시작될 예정이었다. 콘드로가 사형은 면했지만, 카운티 검사 짐 스토니어는 그가 절대 다시 석방되거나 가석방되지 않도록 하고 싶었다.

이 선고에 대해 리마의 엄마 다넬 킨은 이렇게 말했다.

"나는 지난 14년 동안 대답을 기다렸습니다. 하지만, 결국 대답을 얻었다고 해서 고통이 덜어지지는 않았습니다. 그가 나를 그렇게 오랫동안 속였다는 사실과 내내 진실을 알고 있었으면서 속였다는 사실을 생각하면, 오늘 인간의 탈을 쓰고 여기 앉아있는 그 괴물을 도저히 용서할 수가 없습니다."

12
벽 안에서

  교도소 내에서 일명 '벽들'이라고 불리는 왈라왈라의 워싱턴주 교도
소는 생긴 지 100년이 넘었으며, 오레곤주 경계 동남쪽의 팔루즈 언덕
과 블루마운틴스 사이 계곡에 있는 농지 한가운데 위치하고 있다. 교도
소의 건물들은 근처에서 퍼낸 진흙으로 만든 벽돌을 사용했고, 두꺼운
돌벽은 콘크리트와 컬럼비아강 유역에서 가져온 무거운 돌을 이용해서
지었다. 최악의 죄수들을 가두기 위해 만들어진 이 벽들은 오늘날까지
그 기능을 계속 하고 있으며, 지금은 벽 위에 꼬불꼬불하고 뾰족뾰족한
철조망을 설치하고 벽 가운데 부분에는 굵은 철사를 둘러서 기능을 강
화했다.

  이 교도소 당국의 목표는 수감자들이 운동을 하고 수업을 하고 교도
소 내의 다양한 상점과 관리부서에서 작업을 하면서 가능하면 바쁘게
움직이고 뭔가에 몰두하게 만드는 것이었다. 예전의 삼베 공장은 1921
년에 자동차 번호판 공장으로 바뀌었는데, 현재 매년 200만 개가 넘는

번호판을 생산한다. 교도소 내 일반 죄수들과 섞여 활동하거나 돌아다니는 것이 너무 위험하다고 판단되는 죄수들에 대해서는, 수감자가 하루에 23시간 자신의 방에 갇혀있고 감방문의 구멍을 통해 식사를 제공받으며 방 밖으로 나갈 때마다 적어도 두 명의 경비 요원의 감독을 받는 최대 안전시설이 있다.

이곳이 조셉 콘드로의 영원한 집이었다.

내가 굉장히 어렵게 느꼈던 수감자 면담들은 방송국에서 나를 따라 그 교도소 안으로 들어온 상태에서 진행한 것들이다. 내가 FBI에 있을 때, CBS의 《60분60Minutes》은 기자 레즐리 스탈과 촬영 팀이 나와 내 수사 지원팀 동료인 저드슨 레이를 따라 펜실베이니아주립대학교 근처 락뷰의 펜실베이니아주 교정 기관으로 들어가게 준비해놓았다. 우리는 필라델피아 북부에 있는 자신의 집 지하실에서 여러 명의 여성을 감금하고 살해한 혐의로 구속된 게리 마이클 하이드닉을 면담하러 그곳에 갔다. 그는 집 지하실에 구덩이를 파고 이 구덩이를 물로 채운 다음 한 명이나 그 이상의 여성을 집어넣고는 전선으로 충격을 가했다. 소설가 토머스 해리스는 이런 하이드닉의 범죄를 《양들의 침묵》에 등장하는 인물 버팔로 빌의 여러 성격 중 하나로 이용했다. 최근에 이 내용이 영화로 나왔고 미디어와 대중은 그 '실제 이야기'를 궁금해 했다. 하이드닉은 정신착란성 방위를 내세우려고 했지만, 나는 그가 지하실에서 여성들을 고문하면서 쾌락을 얻었던 바로 그 시기에 자신의 투자 전략을 이용해 주식 시장에서 60만 달러 넘게 벌었다는 걸 알게 되었다. 그는 1999년에 독극물 주사로 처형되었으며, 이 책을 쓰고 있는 현재까지 펜실베이니아주에서 사형을 당한 마지막 사람으로 기록되어 있다.

우리가 친밀감을 쌓으려고 해봤지만, 하이드닉은 친절하면서도 조심스러워했다. 그의 시선은 먼 곳을 바라보는 것 같았는데, 그간의 경험을 토대로 짐작하자면 그런 행동은 심한 편집증 증상의 하나이다. 그는 다른 재소자들로부터의 공격 탓에 이미 보호격리 상태에 있었는데, 그 때문에 사람들이 자신을 괴롭히려고 기를 쓰고 있다는 느낌(이 경우에는 실제 그대로의 느낌)이 더 심했을 것이다. 그가 교육을 많이 받진 못했어도 IQ가 높고 주식 시장에서 많은 돈을 벌었는데도 그랬다.

하이드닉은 자신이 이 여성들을 감금했다는 사실을 부인하지 못했지만, 방어할 수 없는 제도를 지키려고 애쓴 남부의 노예소유주들처럼 자신과 그 여성들은 생일과 명절을 함께 기념하는 행복한 가족이었다고 주장했다. 자신은 그 여성들에게 선물을 주고 맛있는 음식을 가져다주었다고 했다. 심지어 여성들을 즐겁게 해주려고 라디오를 구입했다는 얘기도 했는데, 저드슨은 그가 사실은 여성들의 비명을 가리기 위해 라디오를 이용한 거라고 말했다.

그렇다. 결국 그는 여성들 중 몇 명을 때렸다는 사실을 인정했지만, 그것은 부모가 아이를 위해 엉덩이를 때리는 것처럼 그 여성들을 위해서였다고 말했다. 그는 자신의 교회를 만들었는데, 그의 궁극적 계획은 이 여성들을 이용해 세상에서 '작은 하이드닉'들이 살아가도록 하는 것이었다. 이 얘기는 기이하게 들렸지만, 그는 자신이 진지하게 이 계획을 생각해 왔다고 주장했다. 그는 이런 식으로, 그러니까 섬뜩하면서도 차분하게 이야기를 계속 했고 결국 나는 그의 성장배경 속에서 문제들을 살펴보고 싶다고 말했다.

　내가 하이드닉 쪽으로 몸을 기울이며 말했다. "어머니 얘기를 해주세요."

　하이드닉이 갑자기 흥분한 것은 바로 그때였다. 그는 마이크를 떼고 나가버리려는 듯 자리에서 벌떡 일어섰다. 나는 우리가 조사해본 바로는 그와 같은 연쇄살인범 대부분이 어머니와 심각한 갈등을 겪고 있었거나 아니면 어머니를 잃는 가슴 아픈 사건을 겪었다고 말했다. 그때 하이드닉이 걷잡을 수 없을 정도로 흐느끼기 시작했다.

　내가 하이드닉을 그런 식으로 움직이게 만들 수 있었던 것은 면담 시작 전에 철저하게 조사를 한 덕이었다. 1940년대 후반과 1950년대 초반에 클리블랜드에서 게리 하이드닉과 남동생 테리는 냉정한 아버지의 손에서 감정적으로 학대당하며 자랐다. 아버지는 그를 무시하고 신체적으로 학대했으며, 알코올 중독자인 어머니는 게리가 두 살이고 테리가 아직 아기였을 때 아버지와 이혼했다. 두 형제는 엄마와 함께 살기 위해 그녀에게 갔지만, 몇 년도 채 지나지 않아서 엄마의 알코올 중독 때문에 어쩔 수 없이 혐오스러운 아버지에게 돌아가야 했다. 게리의 어머니는 1970년에 자살하기 전까지 세 번 더 결혼했다.

　카메라가 있는 곳에서 재소자와 관계를 발전시키는 데는 훨씬 더 오랜 시간이 걸린다. 대개는 그 재소자가 겁을 내서가 아니라 텔레비전 화면에 보기 좋게 나오려 하고 피해자라는 인상을 주는 데 지나치게 신경을 쓰기 때문이다. 면담 대상에 관한 객관적인 사실과 감정적인 진실에 이르려면 이 모든 과정을 지나야 한다. 또한 '숫자'라는 단순한 문제도 있다. 내가 FBI 직원 자격으로 면담했을 때에는 대화를 나누는 방에 한두 사람밖에 없었다. 하지만 텔레비전 촬영을 할 때에는 장비와 조명, 그리고 면담실을 준비하는데 많은 사람들이 필요했다. 너무 많은 사람들이 있거나 방이 너무 크면, 내가 원하는 방향으로 대화를 이끌어가기가 훨씬 더 힘들다. 콘드로가 나와 내 질문에 집중하게 하는 것만 해도 적어도 한 시간이 걸릴 거라는 사실을 나는 알고 있었다.

MSNBC 경영진은 내가 면담할 사람들을 정면으로 마주하면서 역겨움과 경멸을 노골적으로 보여주길 기대했다. 이렇게 서로 대립하는 방식은 팽팽하고 흥미진진한 장면을 만들어낼 수 있겠지만 내가 생각하는 생산적인 면담이 되지는 않는다. 이것은 우리가 초기에 교도소 면담을 할 때의 방식을 되풀이하는 것과 다름없었는데, 그때 우리 사무실의 상관들은 왜 우리가 살인자들과 그렇게 친밀해지는지 알고 싶어 했으며 교도소장들은 왜 면담이 그렇게 오래 걸리는지 궁금해 했다. 또한 내가 이 흉악한 사람들을 왜 그렇게 '점잖고' 친밀하게 대하는지 이해하지 못하는 텔레비전 시청자들은 당황스러울 수도 있다.

아마도 넷플릭스 《마인드 헌터》 시리즈의 첫 시즌에서 가장 많이 논의되는 면담장면은 〈에피소드 9〉에서 나오는 장면일 텐데, 영화에서 로버트 레슬러와 나의 캐릭터인 빌 텐치와 홀든 포드가 졸리엣에 있는 일리노이주 교도소에서 간호 실습생을 여러 명 살해한 리처드 스펙을 면담할 때였다. 스펙이 드러내는 경멸을 못 본 체하고 그를 면담에 끌어들이려고 노력하면서, 홀든은 "물 오른 조개 여덟 개를 누구 마음대로 없앴느냐?"고 넌지시 묻는다.

실제 면담도 이 장면과 아주 흡사했다. 우리는 그 교도소 회의실에 스펙 그리고 교정부서 카운슬러와 함께 있었으며, 스펙은 우리를 의식적으로 무시했다. 내가 카운슬러를 보며 물었다.

"이 사람이 뭘 했는지 알죠? 여덟 명의 여성을 죽였습니다. 그리고 그 여성들 중 몇 명은 아주 괜찮아 보였어요. 우리들에게서 여덟 개의 탱탱한 엉덩이를 뺏어갔죠. 불공평하지 않아요?"

스펙이 그 대화를 듣더니 나를 돌아보며 웃으면서 말했다. "너희들은 제 정신이 아니야. 너희들이나 나나 거기서 거기지." 바로 그때부터 면담이 본격적으로 시작되었다.

조셉 콘드로와 면담을 하기로 한 그 방은 대략 6m×12m였다. 팀원은 여덟 명이었고 세 대의 카메라가 설치되었다. 그리고 내가 콘드로의 수갑을 풀어달라고 요청했기 때문에 면담을 감독하고 혹시 있을지도 모를 콘드로의 폭력을 막기 위해 교정 직원도 여섯 명 정도 있었다.

자신의 감방에서 그곳으로 와 거기에 있는 모든 사람과 장비를 보았을 때 콘드로는 약간 충격을 받은 것 같았다. 콘드로는 몸집이 크고 통통했으며 강해보였다. 나와 악수를 할 때에는 내 손을 감싸 쥐었다. 내가 그의 파일을 다 읽은 다음이었기 때문에 그와 악수를 하는 순간 그 손으로 어린 여자아이들을 때리고 목 졸랐다는 사실을 떠올리지 않을 수 없었다.

그 면담을 준비하고 기록을 검토하면서, 나는 콘드로가 찰스 맨슨이 로버트 레슬러와 나를 마주하기 위해 의자 등에 올라갔던 것과 같은 반응(상대를 지배하고 싶어 하는 과대망상적 유형)을 할 거라고 기대했다.

하지만 조셉 콘드로에게서 찰스 맨슨과 같은 반응은 볼 수 없었다. 그 대신 우리 앞에 있는 남자는 고분고분한 태도로 자신이 저지른 살인들을 모두 다 말하려는 것처럼 보였다. 내가 무엇보다 먼저 해야 할 일은 어떻게든 콘드로가 카메라와 '관객'들을 의식하지 않게 하는 것이었다. 이렇게 하는 데는 얼마간의 시간이 걸렸고, 콘드로는 다른 사건에 대해서는 말하고 싶지 않다는 걸 내게 알리고 싶어 했다. 그는 다수의 다른 아동 살인사건에서 강력한 용의자였으며 법집행 기관에서는 또 다른 혐의를 씌워서 그를 사형수 수감동으로 보내고 싶어할 거라는 사실을 알고 있었다.

하지만 콘드로가 고분고분하다고 해서 대화가 쉬울 거라는 뜻은 아니었다. 다음과 같은 전략을 고수하면서, 나는 밥과 내가 FBI에서 범죄자 면담을 할 때처럼 그 면담을 해나갈 생각이었다. 수사관들에게 도움이 될 수 있는 명확한 대답들을 찾는다. 특히 면담 대상이 조심스러운 태도를 보인다면, 질문을 퍼붓지 않는다. 얼핏 보면 별다를 것 없이 보이는 부분도 있지만, 모든 세부 내용과 행동지표는 특정한 흉악범의 마음을 열고 이해하려고 애쓰는 나 같은 사람에게 중요하다.

나는 면담을 수월하게 시작했으며 과정도 순탄했다. "시간을 내서 나와 이야기를 해줘서 감사합니다. 지금 우리가 이루고자 노력하는 것은, 대중들은 물론 법집행 기관 종사자들이나 교사들을 제대로 교육해서 범죄 그 자체에 대해 이야기할 수 있게 하는 것입니다. 이를 위해 당신의 지나온 상황을 들여다보면서 일찍이 당신의 어린 시절에 나타난 어떤 지표로 인해 당신이 범죄에 이르게 되었는지를 알아보려고 합니다. 우리는 이 일이 아주 유익할 거라고 믿습니다. 그래서 나는 당신의 어린 시절에 대해 말하는 것으로 얘기를 시작하고 싶습니다."

내가 처음 꺼낸 얘기는 콘드로의 입양이었다. 그는 자신이 입양되었다고(18개월 즈음에) 확인해주었고 그를 입양한 부모님의 가족들이 어떻게 유럽에서 왔는지 자세하게 설명하면서 얘기를 시작했다. 흥미롭게도 콘드로는 엘리너 콘드로를 '새엄마'라고 말했는데, 이것은 심리적 애착장애의 표시가 될 수 있다고 나는 생각했다. 콘드로는 자신이 일곱 살 정도가 될 때까지 양부모가 그의 출신에 대해 얘기를 하지 않았다고 말했다.

내가 물었다. "그들이 입양 얘기를 했을 때 어떤 느낌이 들었나요?"

"여러 가지 느낌이 섞여 있었어요. 그러니까 나는 왜 사람들이 자기 아이를 버리는지 늘 궁금했거든요." 그가 대답했다.

"버려졌다는 느낌 뭐 그런 건가요?"

"그래요, 버려졌다는 느낌. 내 생각에 그런 느낌이 내가 어릴 적에 그러니까, 그렇게 행동했던 주요 이유들 중 하나였던 것 같아요."

그것은 낚시 같은 것이다. 물고기가 있을 거라고 믿는 곳에 낚싯줄을 던져서 미끼를 물고기들에게 보여주는 것이다.

내가 입양이라는 축복을 폄하하는 건 절대 아니지만, 가장 악명 높은 연쇄살인범들 다수가 입양되었다는 사실을 주목할 필요가 있다. 나이트 스토커인 리처드 라미레스, '샘의 아들' 데이비드 버코위츠, 힐사이드 교살자인 케네스 비안치, 여대생 살인자인 시어도어 번디, 그리고 뉴욕시와 롱아일랜드에서 매춘부들을 살해한 조엘 리프킨이 여기에 속한다. 입양된 아이들 대부분이 그들을 사랑해주는 부모 곁에서 잘 자란다. 하지만, 내 생각에 어린아이에게 이미 어떤 종류의 심리적 문제가 있다거나 반사회적 인격 장애가 나타나기 시작했다면, 자신이 버려졌거나 혹은 친부모에게 '거부'당한 것을 알면서 적대감, 권위에 대한 갈등, 부정적 태도라는 느낌이 더 커질 수 있는 것 같다. 하지만 바로 이런 이유들 때문에 입양은 그 범죄자가 자신의 동기와 행동을 '해명'하는 편리한 변명이 될 수도 있다.

콘드로는 자신이 폭력적으로 행동하기 시작한 것은 입양 사실을 알게 된 즈음이라고 기억했다. "나는 굉장히 폭력적으로 변해 갔어요. 그 당시 우리 학교에는 정신건강 프로그램이나 뭐 그런 것이 없었어요. 교장 선생님만 있었죠. 그러니까 교장 선생님이 하는 일이란 훈육하는 것이 전부였고, 나는 바로 그곳, 학교에서 행동하기 시작했는데, 사람들을 때리기 시작했어요. 나는 다른 아이들 누구보다 덩치가 컸거든요."

당연한 얘기지만, 많은 강력범들이 학창시절에 남을 괴롭히고 그들 자신도 괴롭힘을 당했다.

"당신은 가톨릭 학교에 다녔나요?"

"네, 가톨릭 학교(사립 가톨릭 학교)에 다녔고 그곳에서 정말 잘 했어요. 스포츠에서 뛰어났고 8학년이 되고 나서 공립학교에 갔죠. 그리고 바로 그때부터 본격적으로 마약을 하기 시작했어요."

"어떤 종류의 마약을 했나요?"

"주로 마리화나, LSD, 스피드……."

나는 그 나이에 콘드로가 남자아이들이나 여자아이들을 괴롭혔는지 물었다.

"주위에 있는 누구든지요."

"어릴 적에 성추행을 당한 적 있나요?"

"절대 없었습니다."

"당신 인생의 어떤 시점에서 [사디스트적 성적] 환상이 자라기 시작했습니까? 그것이 생긴 때를 기억하나요?"

"거의 같은 시기입니다."

예상할 수 있는 대답이었다. 그동안 내가 면담했던 모든 성범죄자들을 보면, 그들 중 50%가 열두 살에서 열네 살 사이에 처음으로 강간 환상을 갖게 되었다. 에드 켐퍼와 BTK 살인자 데니스 레이더는 10대가 되기 전에 폭력 범죄를 공상하기 시작했다. 켐퍼는 여동생 인형의 팔과 다리를 자르곤 했고 레이더는 묶인 여성들이 고문당하는 모습을 생생하게 그리곤 했다. 그 시점에서 누군가가 그들에게 개입하려 했다면 그 사건들이 어떻게 되었을지 생각해볼 필요가 있다.

콘드로는 여성들이 옷을 벗게 만든 다음 그들을 '실험'했다고 자세하게 설명하면서도 성관계를 한 것은 부인했다. 또한 워싱턴주 롱뷰로 이사 갔을 때 시작된 동물 학대(연쇄살인의 세 요소 중 핵심 구성요소)에 대해서도 얘기했다.

"나는 동네 불량배들로 알려진 아이들의 집단에 들어갔어요. 그러던 어느 날 내가 어울려 다니던 아이 하나가 '있잖아, 고양이들이 어디 있는지 알아. 가서 하찮은 것들을 죽이자.'라고 말했어요. 나는 그러고 싶었어요. 그 아이는 야구 방망이를 가지고 갔죠. 내가 처음 동물을 죽인 것이 바로 그때였어요."

콘드로는 그 뒤로 계속해서 커다란 나무 조각들로 동물들이 보지 않을 때 머리를 때렸다.

내가 물었다. "느낌이 어땠나요?"

"처음에는 좀 무서웠고 그 다음에는 흥분이 됐어요. 그러다 그곳에 있던 경찰이 조사를 시작했어요. 누군가 경찰에 신고를 한 건데, 우리는 나무로 올라가서 경찰이 그 지역 전체를 조사하는 모습을 지켜봤어요."

콘드로는 경찰에 붙잡히는 것이 걱정되었지만, 경찰을 피하는 것만큼은 짜릿했다. 아이들과 어울려 무방비 상태의 동물을 때려죽인 것에 대해서는 아무런 뉘우침이 없었다. 이 지점에 이르러서 우리는 콘드로가 다른 사람이 느끼는 고통에 전혀 공감하지 못한 채 성장했다는 것을 분명히 알 수 있었다.

내가 물었다. "이성과는 어떻게 어울렸나요? 내 말은, 데이트를 했습니까?"

콘드로가 대답했다. "네, 했어요. 데이트를 많이 했죠. 여자 친구가 많았어요." 그렇게 많은 여성들이 그에게서 무엇을 보았을지 나는 여전히 궁금했다.

"데이트를 할 때 특별히 좋아하는 연령대가 있었습니까? 가령 10대라든가 말이에요. 그런데 환상 속에서는 더 어린 사람이었나요?"

"네." 그가 대답했다. 나는 바로 이 지점이 정말로 흥미로웠다. "내가 나이를 먹고 있음에도 여자들은 대체로 같은 나이, 그러니까 나보다 어린 나이에 머물렀어요. 자연히 나이 차이가 점점 더 벌어지기 시작했고, 어느새 나는 그러니까 '어린아이'들을 추행하고 있었죠."

"지금 그 얘기는 당신은 나이가 들었지만 당신이 좋아하는 피해자의 나이는 변하지 않았다는 뜻이군요. 당신은 피해자들이 어느 정도의 연령이기를 바랐습니까?"

"학교에 다닐 때는 나보다 어린 여자들, 몇 학년 아래인 여자들을 좋아했어요."

"강박, 강박관념이었던 것처럼 들리는데요. 당신의 이런 강박관념들을 통제할 수 있었나요?"

콘드로가 인정했다. "항상 그것에 대해 생각했어요."

나는 콘드로도 데니스 레이더처럼 그림을 그렸는지 물었다.

"아니오. 그건 내 머릿속에만 있었어요. 그러니까 나는 그것을 늘 생각했어요. 사람들을 데리고 가서 강간하고 죽이는 것에 대해 생각했죠. 7학년 때였어요." 이런 유형들은 그 환상의 이상적인 대본을 종종 머릿속에서 연기해본다. 실제 범죄에서 대본대로 실현되는 일은 거의 없다.

"거기에는 많은 분노가 있었군요. 이런 분노가 어디에서……. 입양 사실을 알았던 일곱 살 때로 돌아가 보면, 당신에게 입양은 버려졌다는 것과 거의 같았는데, 당신이 생각하기에는……."

"그것도 한 부분이었지만, 나를 입양한 부모님, 그들은 굉장히, 굉장히 통제하는 사람들이었어요. 내가 더는 교회에 가고 싶지 않다고 엄마에게 말한 것이 기억나는데, 엄마는 나를 교회에 가게 했어요. 부모님은 내가 뭔가 하도록 만들었어요. 그리고 부모님은 서로에게 소리 지르며 서로를 정신적으로 학대하는 일이 많았어요. 늘 서로에게 소리를 지르곤 했죠."

콘드로는 그런 환경 때문에 자신이 '동네 아이들과 많은 일탈 행위'를 하게 되었다고 생각했다.

내가 물었다. "그게 무엇이었습니까? 일탈 행위라는 건 뭘 말하는 거죠?"

"흠, 그러니까 나는 남자아이들을 흠씬 패거나 여자아이들을 데리고 가서 날 위해 옷을 벗게 하고 우리들의 '작은 게임'을 했어요. 하지만 얼마 지나지 않아 그 동네의 모든 부모님이 나를 더는 자기 아이들과 놀지 못하게 한다는 걸 알았죠. 그리고 의붓아버지는 일자리 가까운 곳으로 가기 위해 우리를 데리고 워싱턴주 롱뷰로 이사했어요. 지금 생각하면, 그것이 내가 하던 행동 때문이었는지 아니면 그냥 아버지가 직장과 더 가까운 곳으로 가고 싶었던 건지 잘 모르겠어요. 두 가지 다 일 수도 있었을 거예요. 하지만 나는 그 이유에 대해서는 듣지 못했어요."

연쇄범죄자들에게서 보이는 재미있고 아주 한결같은 특징들 중 하나는 그들 내부에서 두 개의 감정적 개념이 끊임없이 싸우고 있다는 것이다. 하나는 자신이 당당하며 자격이 있다는 느낌이다. 또 하나는 마음속 깊이 자리 잡고 있으며 한 사람의 모든 면에 배인 열등감과 무능하다는 느낌이다. 나는 이것을 조셉 콘드로에게서 분명히 보았으며, 그것은 그의 성격과 인생관의 거의 모든 면에 스며 있었다.

부모님에 대한 콘드로의 태도는 상반된 두 가지 감정을 그대로 보여주었다. 가정생활에 문제가 있었으며 부모님이 늘 자신에게 소리를 지르는가 하면 서로를 감정적으로 학대했다는 얘기를 나에게 한 뒤에 콘드로는 이렇게 덧붙였다. "하지만 그들은 정말 좋은 분들이셨어요. 나는 그분들의 하나 밖에 없는 자식이었죠. 어릴 적 그분들은 내가 원하는 것은 모두 갖게 해주었어요. 아버지는 내게 돈의 가치를 가르쳐주었어요. 아버지는 내가 열두 살에 벌써 일하게 했고 나는 작은 조경사업을 할 수 있었어요. 그래요, 양부모님은 좋은 분들이었어요."

'돈의 가치'에 대해 말하자면 콘드로는 걸핏하면 일을 그만두었고, 어떻게 하면 친구들, 전처들, 여자 친구들에게 오랫동안 빌붙어 살 수 있는지를 알아낸 사람이었다. 이런 사람들에게 개념과 실제는 서로 다른 것이며 그것이 자신에게 어떻게 적용되는지 보지 않는다.

내가 말을 이었다. "마지막으로 당신이 정말로 넘어진 건 어느 지점이었나요? 언제 당신은 환상을 행동으로 옮기기 시작했습니까?"

"아마 열두 살이나 열세 살이었을 겁니다. 마을 상점에서 일하는 여자가 있었는데, 어느 날 밤 나는 그녀를 데려다가 옷을 벗기는 공상을 했어요. 그래서 강간에 필요한 물건을 준비한 다음 가게가 문을 닫는 시간인 열한 시에 그곳으로 갔어요. 그녀가 상점 문을 잠그고 있더군요. 나는 그 여자에게 차를 태워줄 수 있느냐고 물었고 그녀는 '그럼요.'라고 대답하더니 나를 자신의 차에 태웠어요. 나는 그녀를 칼로 위협해서 마운트 솔로 지역으로 운전하게 했어요. 그녀는 울먹거리면서 '제발 이러지 마세요! 제발 이러지 마세요!'라고 했고 나는 그렇게 하지 않았어요. 끝까지 하진 못했어요."

"그래서 멈춘 건가요? 그 여자에게 미안한 감정이 들었나요?"

"그래요, 그랬어요."

"그래서 그때 마음이 움직인 건가요? 어떤 느낌이 들었죠?"

"흠, 그건 내가 처음으로 한 행동이었어요. 내가 정말로 무슨 짓을 하고 있는지 몰랐어요."

"그러니까 환상 속에서는 모든 것이 완벽했지만, 현실에서는 상황이 계획한 대로 되지 않았다고 말하는 건가요? 자신이 아주 훌륭한 계획을 세웠다고 생각했지만, 그녀가 울 거라고는 예상하지 못했다는 거죠. 그녀가 그런 식으로 반응할 거라고는 예상 못했다고 말하면 맞는 걸까요?"

"그래요. 나중에는 그런 것들, 말하자면 그런 느낌을 극복했어요."

다시 말하면 그는 피해자들에게서 자신을 감정적으로 분리하는 법을 배웠고, 그래서 피해자들의 호소나 고통 때문에 마음이 흔들리거나 하려던 일을 끝내지 못하는 일은 없었다.

"그녀가 경찰에 신고하거나 그렇게 했나요?"

"그래요. 나는 그 일로 법정에 섰지만, 변호사가 구해줬죠."

그리고 그 결과 적어도 두 명의 무고한 여자아이가 죽었다.

13
"상황의 편리함"

우리는 콘드로의 어린 시절과 성격 형성기를 지났고, 이제 무엇보다 내가 흥미를 느꼈던 그에 관한 한 가지 질문을 향해 가고 있었다. '왜 콘드로는 그가 잘 아는 사람의 아이들을 유괴하고 죽이는 모험을 했을까?' 내가 생각하기에 많은 범죄를 저지르고도 잡히지 않을 만큼 똑똑한 사람이라면 그런 행동이 굉장히 위험하다는 걸 알 것 같았다.

그리고 그가 '사춘기 이전의 아이들을 피해자로 선택한 이유가 무엇인가?'라는 좀 더 근본적이고 심리학적인 의문이 이 질문과 밀접한 관계가 있었다. 스스로 무능하다는 느낌 때문에 자신이 동등하다고 느낄 수 있는 피해자들에게 이끌린 거라고 나는 직감했다. 이런 행동의 좀 더 가벼운 형태를 우리는 흔히 보는데, 고등학교를 졸업하고(혹은 졸업하지 않고) 나서도 또래들과 달리 자기를 우러러봐주는 나이 어린 아이들과 어울리려고 계속 학교에 오는 사람들이 그런 경우에 속한다.

내가 물었다. "당신은 왜 아이들을 표적으로 삼았습니까? 그러니까 내 말은, 왜 열여덟 살 된 여성이 아니었나요? 왜 어린아이였죠? 당신은 그것에 대해 생각할 시간이 충분히 있었어요. 그렇게 어린 피해자들에 집착하는 당신의 머릿속에서는 무슨 일이 일어나고 있었나요? 거기에서 벗어나기 위해 어떤 노력을 하고 있었습니까?"

콘드로의 대답은 놀라우리만치 직접적이고 간단했다.

"그냥 상황의 편리함이라고 생각합니다. 아이들은 아주 잘 믿고 뭐 그렇잖아요. 그리고 나는 그들의 가족과 아주 가까웠고, 그러니까, 나는 그냥 그들의 믿음을 이용한 거죠."

"말하자면, 정말로 당신에게 쉬운 표적이었군요."

"그렇습니다. 당시에 어린아이들은 쉬운 표적이었어요."

성장 과정을 보면서 다양한 심리적 이유로 콘드로가 어린 여자아이들을 더 좋아했다는 걸 알 수 있었고, 나는 그의 그런 성향이 주로 스스로를 무능하다고 느끼는 것과 관련있다고 여전히 확신했다. 하지만 어린 여자아이들을 표적으로 삼은 '전략적' 이유는, 물웅덩이 근처에서 가장 약한 영양을 고르려고 하는 사자처럼, 어린 여자아이들이 그에게 가장 쉬운 먹이였기 때문이다. 여덟 살 혹은 열두 살짜리 아이들이 열여덟 살처럼 싸울 수는 없었을 것이다.

하지만 살인을 시작하기 전에 콘드로는 자신이 추행한 여자아이들 중 누군가가 집에 가서 부모님에게 말하는 것이 걱정되지 않았을까?

콘드로도 인정했다. "그렇습니다. 어떤 여자아이를 추행했는데, 그 아이가 엄마에게 말했고 그 엄마가 내게 와서 따졌어요. 하지만……. 그 엄마는 그 일에 대해 아무런 조치도 취하지 않았어요. 나와 그 문제를 얘기하고 나서 그냥 갔죠. 나는 그녀가 경찰서에 갈 거라고 예상했는데 그러지 않았어요. 그 일을 신고하지 않기로 한 거예요."

콘드로가 마운트 솔로에서 열두 살 혹은 열세 살 아이를 칼로 협박한 그 사건, 그의 변호사덕에 벌을 받지 않고 지날 수 있었던 그 사건과 연관 지어서 이 진술을 생각해보자. 많은 부모들은 자신의 아이가 추행당했다는 사실이 지역 사회에 알려지게 될까봐 두려워하면서 경찰서에 가는 걸 꺼리며, 그로 인한 오명 혹은 아이들이 공개법정에서 증언해야하는 상황을 원치 않는다. 콘드로는 이런 '경기장 규칙들'을 잘 알았고 그 규칙들을 자신의 이익을 위해 이용하기 시작했다.

내가 물었다. "당신 인생의 그 지점에서(이제 우리는 어린 시절에 대해 얘기하고 있다.) 어떤 일이 있을 수 있었다고 생각하나요? 그러니까 어떤 일이 당신이 선을 넘지 않도록, 폭력적인 범죄를 저지르지 않도록 할 수 있었다고 생각하나요?"

"아뇨. 우리 같은 치한들은 대부분의 경우, 그런 성향이 유전자에 포함되어 세대에서 세대로 이어진다고 나는 생각합니다. 내 가족 중 한 사람이 지금 미국의 다른 감옥에 있습니다. 그 역시 치한이죠. 그래서 나는 정부에서 많은 연구를 진행하고 있는 알코올 중독이나 약물 중독처럼 이것도 국가적 차원에서 살펴봐야 하는 전염병이라고 생각합니다. 왜냐하면 나는 그것이 우리의 유전자 안에 있다고 믿기 때문입니다."

처음에는 이 말이 아주 분석적이고 수준 높게 들린다. 마치 콘드로가 그 자신이 단지 하나의 예에 속하는 문제를 폭넓은 시각으로 바라보면서 하는 말처럼 들리기 때문이다. 하지만 그 의미를 자세히 살펴보면, 자신의 범죄에 대해 책임지지 않겠다는 얘기라는 걸 알 수 있다. 그러니까 그 말은 이런 뜻이다. 그것은 알코올 중독과 같다. 그것은 약물 중독과 같다. 그것은 유전이다. '나는 누군가를 추행하고 죽이는 사람으로 태어났으며 그것에 대해 내가 바꿀 수 있는 건 하나도 없다. 그래서 그에 대한 연구를 하고 방법을 알아내는 것은 정부가 할 일이다.'

말도 안 되는 얘기다. 알코올 중독자가 술에 취했다고 해서 아내를 때리거나 자기 차로 보행자를 쳤을 때 책임이 사라지는 것은 아니다. 콘드로가 자신의 만족을 위해 누군가를 강간하고 죽이려는 강렬한 충동을 가졌을 수는 있지만, 그렇다고 해서 반드시 그렇게 해야 하는 것은 아니며 그것은 다른 누구라도 마찬가지다. 그의 범죄가 '거부할 수 없는' 것이 되기에는 그가 범죄를 저지르고 감추는 '가장 안전한' 방법에 너무나 관심이 많았다. 이것 모두 각자가 하는 선택일 뿐이다.

콘드로의 딸 코트니 역시 면담을 하면서 이런 전제를 부정했다. 그런 행동이 유전이라면 자신도 아버지처럼 살인 충동을 가졌을 거라고 그녀는 판단했다. 하지만 그녀는 단 한번도 누군가를 해치려는 충동을 느껴본 적이 없었다. 그녀 역시 아버지의 행동을 변명이 아닌 선택의 결과라는 것을 인정했다.

나는 계속해서 콘드로에게 물었다. "자신이 중독성 성격을 가지고 있다고 말하는 건가요?"

"그렇습니다. 굉장히 중독성이 강하고, 그러니까 '그 어느 때보다 지금' 그렇습니다."

"지금 더 그렇다고요? 여기에서도요? 어떤 식으로 말입니까?"

콘드로는 그냥 넘어갈 수 있는 경우와 내가 더 캐물을 수 있는 경우를 알아채면서 진술을 자주 수정했다. "모르겠습니다. 정말로 중독성인 건 아니고 그저 강박적 성격일지도 모르겠습니다. 감옥 안에서는 할 일이 아무것도 없습니다. 시간을 알아서 보내야 하고 시간을 알차게 써야 합니다. 그리고 대부분의 사람들이 마지못해 자기 방을 청소하고 프로그램을 짜고 스포츠를 하거나, 그러면서 시간을 보내죠……."

"당신은 뭘 하나요?"

"흠, 나는 내 방 청소를 많이 합니다. 다른 수감자들과 똑같아요. 내 방을 아주 깨끗하게 정돈하는 걸 좋아합니다."

무엇보다 콘드로는 다른 수감자들과 똑같지 않다. 그는 같다고 생각하고 싶겠지만 말이다. 콘드로는 아동을 추행하고 살인한 자이며, 그 사실 때문에 교도소 서열의 가장 아래에 있다. 그리고 콘드로는 감금되어 있으므로 더는 자신의 인생을 마음대로 관리하지 못한다. 그는 자신의 환상을 더는 실행하지 못한다는 사실에 좌절하고 있을 것이다. 그가 어떤 형태의 권리를 행사하는 한 가지 방법은 자신의 감방(그와 다른 수감자들이 어떤 통제권을 갖는 유일한 영역)을 청소하고 또 청소하는 것처럼 강박적인 행동들을 하는 것이다.

나는 또한 이 말이 그가 범죄를 저질렀던 당시에 생각했던 것을 이야기하는 출발점이 될 수 있을 거라고 생각했다. "당신 인생에서 그때가, 그러니까 사람들과의 관계나 일자리 문제가 마음대로 되지 않았던 시기였다고 생각합니까? 그래서 이것이 [범죄가] 그 방법이라고, 다시 말해, 범죄를 저지르는 때에는 당신이 '주인'이 되어서 뜻대로 행동할 수 있었다고 생각하는 겁니까?"

콘드로는 미끼를 물었고 자신의 행동을 다른 사람 탓으로 돌렸다.

"그것도 일부입니다. 내가 볼 때, 내 삶에서 많은 사람이 나를 통제하려 했습니다. 내 여자 친구들은 언제나 내가 변하길 원했고, 엄마도 내가 변하길 원했고, 아버지도 내가 변하길 원했고, 내 친구들 역시 내가 변해야 한다고 생각했습니다. 그러니까 나는 알코올 중독자였고 약물 중독자였으며 나는 단지 내 주위의 모든 사람을 학대하고 있었어요."

또 한번 그는 자신이 주위의 모든 사람을 학대하고 있었다고 인정하면서 어떤 통찰을 보여주고 어느 정도 책임을 지는 것 같았다. 하지만 그가 정말로 하려는 말은 모든 게 다른 사람들 탓이라는 것이었다. 주변의 모든 사람들이 그가 변하길 원한다면 혹시 그런 태도 속에 어떤 지혜가 있을지 모른다고 생각해야 하지만, 콘드로는 그런 태도를 그저 외부의 통제라고만 생각했다. 콘드로가 이런 억압을 피하는 방식은 약물과 알코올을 남용하는 것이었고, 이것은 또한 범죄를 저지르기 전에 망설임을 줄이는데 도움이 되는 효과도 있었을 것이다. 또한 그의 이런 태도는 자신의 나르시시즘과 자신이 아닌 다른 누구에게도 공감하지 못하는 성향을 보여준다. 내가 보기에 콘드로는 분노한 술꾼이었을 뿐이다. 그의 마음속은 세상을 향한 억눌린 분노로 가득 차 있었을 뿐만 아니라, 사실 진짜 피해자는 자신이라고 생각했기 때문에 피해자들에 대해서 공감이나 연민을 전혀 보이지 않았다. 자기가 저지른 범죄에 대해 일말의 책임감도 보이지 않는 것이다,

데니스 레이더는 'BTK의 시기'가 자신이 직업을 잃었기 때문에 시작되었다고 내게 말했다. "그것은 모두 내가 세스나에서 해고되었기 때문이었습니다. 아내와는 어떤 성적인 문제나 재정적 문제도 없었습니다. 모두 실직 때문이었습니다. 그것은 공정하지 않은 것 같았습니다. 나는 그 일을 정말 사랑했거든요."

내가 보기에 이 말은 아주 흥미로워서 분석해볼 만했다. 한쪽 면에서 보면, 정상적인 사람이라면 직장에서 해고되었다고 해서 네 명의 가족을 공포에 떨게 하고 고문하고 살해한 다음 나중에 그 일을 자랑하고 싶어 하지 않는다. 이 말은 단지 자신의 책임을 가볍게 하기 위한 변명일 뿐이다. 하지만 다른 면에서 보면, 이 말은 레이더의 심리적 기질을 그대로 보여준다. 그가 오랫동안 밧줄로 여성을 고문하는 상상에 빠져 있었고 마침내 이를 생각에서 행동으로 발전시킨 것만을 얘기하는 건 아니다. 레이더의 말은 그의 엄청난 나르시시즘을 보여준다. 그는 자신이 불공정한 어떤 일을 겪었기 때문에 피해자들과 피해 생존자들에게 수없이 잔인한 범죄를 저지르는 불공정한 행동으로 반응한 것은 아무 문제가 없다고 생각하는 것이다.

데니스 레이더는 아내와 두 아이가 있는 공무원이었다. 한때 그는 컵 스카우트 책임자였으며 교회의 운영위원장이었다. 하지만 그의 인생에서 가장 중요한 것은 그가 마음속에 품고 계획을 세우고 종이에 윤곽을 그려본 다음 밖으로 나가 실행한 결박과 고문 환상이었다.

비록 두 사람의 살인 환상이 똑같이 타락한 것이었지만, 콘드로와 레이더는 서명행위signature와 범행수법에서 차이를 보인다. 콘드로는 최소한의 노력을 들이거나 피해자의 저항을 최소화하면서 강간하고 살인하기를 원했다. 레이더에게 최고의 만족은 그의 손에 죽게 될 거라는 걸 알게 된 피해자들을 보면서 얻는 사디스트적 쾌락에서 왔다. 일단 여성 피해자들을 묶고 입에 재갈을 물리면 레이더는 대부분의 사디스트들과 달리 신체적 고통을 가하는 것에는 관심이 전혀 없었다. 그보다는 삶과 죽음을 결정할 수 있는 힘과 자신이 죽을 거라고 생각하는 피해자들의 모습을 즐겼다. 레이더에게 그 피해자는 그가 마음속으로 상상한 소름 끼치는 드라마들의 주연 배우였다. 하지만 콘드로에게 피해자는 다 쓰고 나면 버리는 소품일 뿐이었다.

나는 레이더의 성장 과정을 보면서 콘드로처럼 레이더도 동물들로부터 시작했다는 걸 알 수 있었다. 나는 레이더가 그 사실을 직면하게 했다. 내가 말했다. "데니스, 동물들에 대해 말해주세요."

레이더의 표정이 어두워졌다. 그가 말했다. "무슨 말을 하려는지 알아요." 당연히 그는 알고 있었다. 그는 우리 책들을 읽었고, 동물 학대가 연쇄살인의 3요소(야뇨증과 방화와 함께) 중 하나라는 걸 알았다. "하지만 나는 동물을 죽인 적이 절대 없어요. 결코 그런 일을 한 적이 없습니다." 나는 그가 사람들에게 한 일에 대해서는 자랑하다시피 하면서 작은 동물들을 학대한 것은 너무 수치스러워서 인정하지 못하는 모습이 흥미로웠다.

레이더처럼 자신의 행동을 부정하는 진술은 모든 연쇄살인자들과 흉악범들에게서 일반적으로 나타나는 것이다. 즉 그들의 말이 의미하는 것은 바로 이렇다. '다른 사람들은 중요하지 않다. 그들은 실재하지 않는다. 그리고 그들에게는 아무런 권리도 없다.' 이런 성향은 극단까지 이른 반사회적 인격장애자의 특징이며, 조셉 콘드로와 데니스 레이더 같은 살인자들은 이런 성향을 바탕으로 세상과 상호작용했다.

콘드로를 리마 트랙슬러 사건으로 돌아가게 할 시간이었다.

콘드로가 말하기 시작했다. "흠, 나는 리마의 새아버지인 러스티를 학교에서 만났어요. 그리고 어느 날 밤 바에서 다넬을 만났는데, 러스티가 나를 그녀에게 소개했고 우리는 친구가 되었죠. 그러니까 러스티와 나는 오랜 친구였어요. 나는 이 지역의 제련소에서 일하다가 우연히 다시 러스티를 만났어요. 그는 네바다에서 무슨 일을 하다가 돌아왔고 우리는 다시 어울려 다니기 시작했죠."

이제 이 짧은 이야기는 너무도 평범하고 단조로워서 시시하게 들리기까지 한다는 생각이 먼저 들 것이다. 그리고 다음 순간 콘드로가 자기 '오랜 친구'의 의붓딸을 죽였다는 사실이 떠오르면서 그 혹독한 현실을 다시 실감하게 된다. 범죄자들은 우리처럼 생겼고 우리처럼 말하고 대개는 우리처럼 행동한다. '하지만 그들은 우리처럼 생각하지 않는다.' 그들의 논리적 과정은 완전히 다르다.

여기까지 콘드로의 얘기가 평범한 삶에 대한 설명이었다면, 다음 얘기는 그의 일상생활과 사람들과의 관계가 실제로 어떻게 이루어졌는지 보여준다.

"음, 그때 우리는 마약과 술을 많이 먹었고 파티도 많이 했어요. 코카인이 우리가 주로 먹는 '약'이었죠. 러스티는 직업을 잃었고 다넬에게 차였던 것 같은데 실업 수당으로 살아가고 있었어요. 집을 얻었는데 집세를 제대로 내지 못했어요. 그래서 그는 내게 자기가 우리 집에 들어와서 살아도 되는지 물었고, 나는 '물론이지. 들어와서 살아도 돼.'라고 말했어요. 그때 나는 전처였던 줄리를 만나고 있어서 그 집에는 거의 들어가지 않았죠. 그러던 어느 날 우리는 이 대화를 했고 그가 내게 리마와 정해둔 암호를 말해주었어요."

"그 암호는 무엇이었나요?"

"유니콘이었어요. 그리고 어느 날 나는 리마가 거리를 걸어가는 걸 보았어요. 내가 상점에 갔다 왔는데, 그때까지도 리마가 거리를 걷고 있더군요. 나는 차를 세웠어요. 그냥 충동적으로 말이에요. 차를 세우고 라마를 태웠어요." 이것은 충동이 아니었다. 충동은 갑자기 생기고 금세 지나간다. 이것은 그에게 늘 있던 '힘'이었다. 그것은 우발적 범죄였다.

"그러면 아이에게 그 암호를 말했나요?"

"그래요, 그렇습니다. 내가 암호를 말하니까 리마가 차에 탔어요. 나는 리마를 차에 태우고 저머니 크리크 지역으로 갔어요." 콘드로는 그의 범행수법을 말할 때 무척이나 담담했다.

살인자들과의 대화를 하다보면 어떤 지점에서 늘 이 이야기에 이른다.

"조, 그날 무슨 일이 있었나요? 그러니까 스트레스의 원인이 무엇이었습니까? 무엇 때문에 당신이 범죄를 지지르게 되었고 그 대상이 이 아이, 리마가 된 겁니까?"

"글쎄요. 나는 리마를 겨냥했는데 우선 그 아이가 나를 믿었기 때문이고, 그 시기에 나는 어린 여자아이들에게 끌렸어요. 그래서 그 아이를 데려가기로 했고, 러스트가 알려준 암호도 알고 있었어요. 그리고 내가 말했듯 나는 그 상점에 가고 있었고, 상점에서 돌아오는 길에 여전히 그 아이가 거리를 걷는 걸 보았고, 나는 암호를 말했고, 그 아이는 내 차에 얼른 올라탔어요. 그래서 리마를 데리고 내 집으로 갔고 그 아이에게 내 픽업트럭에 그냥 있으라고 했고, 나는 집 안으로 들어간 다음 직장에 전화를 해서 그날 출근을 못하겠다고 했어요. 그리고 리마를 태우고 저머니 크리크로 가서 그 아이를 강간하고 살해했습니다."

"차에서 아이를 폭행 했나요, 아니면 차에서 내려서 했나요?"

"리마를 데리고 내가 알고 있던 오래된 수영장으로 갔어요. 아이는 거기에 그냥 서서 강을 바라보았는데 물살이 빠른 강이었어요. 거기에 수영을 할 수 있는 곳이 있었고 리마는 거기에 서서 그것을 보고 있었어요. 내가 오른쪽 주먹으로 아이의 머리 옆쪽을 쳤고, 아이는 의식을 잃고 쓰러졌어요. 그런 다음 아이를 강간했죠. 강간하는 동안 리마의 의식이 돌아오는 걸 보고 나는 목을 조르기 시작했어요."

"손으로 목을 조른 건가요?"

"그래요."

"리마가 당신을 보고 있었나요, 아니면 뒤에서 목을 졸랐나요?"

"아이는 나를 보고 있었습니다."

범죄자가 피해자의 목을 어떻게 조르는지 보면 그가 정말 살해할 의도가 있는지 아니면 양심에 걸려 주저하고 있는지, 또는 피해자의 고통에 공감하는지 알 수 있다. 여기에는 그런 거리낌이나 공감이 전혀 없었다. 콘드로와 리마는 마주보고 있었다. 이 사람은 리마가 신뢰하는 남자였지만, 그는 리마의 눈을 들여다보면서 목을 조르는 것에 전혀 거리낌이 없었다. 나는 피해자의 입장이 되어 보았다. 내가 피해자라면, 내게 영원히 남을 마지막 모습은 전적으로 믿었던 남자가 조금의 후회나 안타까움도 없이 내 생명을 빼앗고 있는 모습일 것이다.

내가 물었다. "아이를 마주보고 있으면, 힘들지 않아요? 나중에 되돌아볼 때 힘들지 않았나요?"

조금도 힘들지 않았던 것 같다. "그때 나는 이미 마음을 먹었어요. 그 아이가 알기 한참 전에, 그러니까 그 아이가 내 트럭에 탔을 때, 나는 그 아이를 죽일 거라고 이미 결정하고 있었어요."

내가 분명하게 물었다. "둘 사이에 뭐 그런 얘기가 전혀 없었나요? 리마는 자기가 뭐에 맞았는지 정말 몰랐나요? 당신은 리마의 의식을 잃게 한 후에, 그리고 나서 그 아이가 죽은 뒤에 성관계를 한 건가요?"

콘드로는 자신이 리마를 강간했을 때의 얘기를 내게 자세하게 설명했다. 마치 펑크 난 타이어를 교체하려고 애쓴 얘기를 할 때처럼 순서에 따라 솔직하게 설명했다. 그렇다. 그는 리마가 의식을 잃을 정도로 세게 머리를 쳤고, 그런 다음 리마가 의식을 잃었을 때 성관계를 했다. 그는 리마의 목을 졸랐고, 리마가 다시 정신을 차리고 숨을 몰아쉴 때도 계속 성폭행했다. 그런 다음 리마를 끌고 근처 개울로 가서 머리를 강제로 물속에 집어넣었다. 하지만 리마의 머리를 다시 올렸을 때 리마는 여전히 살아있었고 숨을 몰아쉬었다. 그래서 콘드로는 자기 주먹 만한 크기의 돌 하나를 쥐고 그것으로 리마가 죽을 때까지 머리를 내리쳤다.

콘드로의 말을 들으면서 나는 표정을 바꾸지 않기 위해서 의식적으로 노력했지만 피가 끓고 있었다. 나는 속으로 생각했다. '누군가가 사형을 받아야 한다면, 바로 이 사람이야.'

이 이야기를 생각하면 숨이 막힌다. 조셉 콘드로가 이 어린 여자아이에게 행한 완전한 타락과 악 때문이지만, 일정 부분 그 행위와 아이에 대해 그가 보이는 태도 때문이기도 하다. 콘드로가 피해자들이 죽음을 예감하면서 느끼는 감정적 고통을 즐기지는 않았지만, 그는 자신을 알고 신뢰한 사람들의 고통에 아주 분명하게 냉정하고 무신경했으므로 그 나름대로 레이더만큼 잔혹하고 사디스트적이다.

이 고백은 텔레비전 방송으로 내보내기에는 너무 노골적이었지만, 나는 맥고언이 자신의 범죄를 다시 체험한 것처럼 콘드로도 텔레비전 방송을 통해 그렇게 하도록 했다. 그때까지 콘드로는 자신이 한 일을 이렇게 자세하게 설명한 적이 단 한 번도 없었다. 경비요원들과 제작진이 듣고 있다는 사실은 중요하지 않은 것 같았으며, 콘드로는 자신이 정말로 어떤 사람인지, 다른 사람들이 어떻게 되든 상관없이 자신이 원하는 것을 어떻게 얻었는지 보여주었다.

대부분의 포식적 살인자들, 특히 사디스트적 살인자들(타인에게 물리적, 감정적으로 고통을 주고 그들이 무력하게 고통 받는 모습을 보며 주로 감정적 만족을 느끼는 살인자들)은 자신의 피해자들을 비인격화하고 사물처럼 대할 수 있어야 한다. 피해자가 아는 사람일 경우에는 그렇게 하기가 더 어렵지만 분명히 콘드로의 경우에는 그렇지 않았다. 그는 리마를 잘 알고 있었다. 리마의 엄마뿐만 아니라 의붓아버지와도 오랜 친구였다.

리마가 자라는 과정을 보았고 리마가 자신을 믿는다는 것을 알았다. 그는 리마를 좋아했고, 리마에게 나쁜 감정이 전혀 없었다. 보통 사람들이 생각할 때, 그가 리마를 비인격화할 방법이 전혀 없었다. 하지만 그는 리마를 강간하고 살해하겠다는 결심을 했고, 이를 체계적이고 냉정한 모습으로 실행할 수 있었다. 이런 사실 때문에 내게는 콘드로가 독특해 보였고, 그래서 그를 이해하고 싶었다.

자신이 알고 자신과 가까운 사람들을 죽이는 '포식적' 성격 유형들이 있지만, 일반적으로 조셉 콘드로의 사건에서 보이는 것과는 다른 유형의 정신역동을 보이며 그 범죄도 다른 형태를 띤다. 자신과 가까운 누군가를 죽이는 범죄자는 대개 배신, 복수, 혹은 분노를 심각하게 받아들이면서 행동을 시작하며, 종종 질투와 격분이라는 감정으로 더 흥분한다. 전처인 니콜 브라운 심슨과 그녀의 친구 로널드 골드먼을 살해한 O. J. 심슨 사건에서 이런 모습을 볼 수 있었다. 이런 상황에서 우리는 '과잉살상overkill(피해자를 죽게 하는데 필요한 정도보다 훨씬 더 큰 손상과 폭력을 가하는 것)'의 행동 증거를 볼 거라고 기대한다. 과잉살상의 전형적인 행동 패턴은 목이나 가슴에 촘촘하게 여러 개의 자창을 만들고 얼굴을 심각하게 훼손하는 것이다. 과잉살상은 분노에 휩싸여 상대를 처벌하는 것이 그 주된 목표인 살인이다. 로널드 골드먼은 좋지 않은 시간과 장소에 나타났을 뿐이다. 심슨은 그저 뜻밖에 나타난 위협을 없애기 위해 로널드 골드먼을 죽였을 뿐이었다. 그리고 니콜은 심슨이 잔인하게 처벌해야 하는 사람이었다.

리마 트랙슬러 살인은 그런 사건이 아니었다. 콘드로는 리마에게 아무런 분노가 없었다. 그에게는 리마나 리마의 부모를 응징하고 싶어 할 이유가 전혀 없었다. 리마를 싫어한다고 표현한 적도 전혀 없었다. 그는 그저 손쉽게 행할 수 있고 쾌락과 만족을 얻을 수 있기 때문에 리마에게 범죄를 저지르기로 결심했는데, 그야말로 순간적인 충동에서 결심한 것이었다. 그는 리마를 강간하기로 결심했고, 리마가 저항하지 않았기 때문에 강간은 아주 쉬웠을 것이다. 그는 리마가 몸부림치고 고통스러워하는 걸 즐기지 않았다. 작정했던 일을 마치자 그는 처벌을 피하기 위해 리마를 죽여야 했다. 리마가 목이 졸려 죽는다면 아무 문제가 없는 것이다. 만일 그렇지 않다면 다음 선택은 돌로 리마를 내리치는 것이었다. 그 과정은 도살장에서 소를 죽이는 것처럼 무심하고 냉정했다.

"시체를 어떻게 처리했습니까?" 이것 역시 언제나 내게 아주 중요한 질문들 중 하나다.

"그러니까, 나는 시간에 쫓겼어요. 다른 살인자들이 그러는 것처럼 가서 웅덩이를 파거나 하지는 않았고, 절벽에 기대 있던 크고 오래 된 통나무가 있었는데 리마의 시체를 그 뒤로 던진 다음 부근에 있는 양치식물을 한 무더기 모아 그 위에 뿌렸어요. 그렇게 시체를 최대한 가려두고 그곳을 떠났습니다. 리마의 옷은 모두 챙겨 롱뷰의 레이니어 다리로 가서 강물에 던졌죠."

이 엉성한 은폐 시도를 보면서 나는 콘드로가 아마도 약물이나 알코올의 영향을 받고 있었을 거라고 생각했다. 경찰이 콘드로의 친구들과 동료들 몇 명을 면담한 내용을 보고 우리는 그가 살인범으로 검거되지 않기 위해서는 경찰이 시체를 찾지 못하게 하는 것이 가장 중요하다고 말했다는 사실을 알았다. 이처럼 성급하고 부주의하게 시체를 처리했기 때문에 그를 쉽게 검거할 수도 있었을 것이다. 그렇게 되지 않았던 것은 단지 운이 좋아서였다.

콘드로도 내게 그렇게 인정했다. "그래서 나도 정말 놀랐어요. 시체가 부패하고 악취가 났거든요. 그곳은 사람들에게 잘 알려진 장소였어요. 강이지만 수영을 할 수 있는 곳이었거든요. 아무도 발견하지 못했다는 것이 놀라워요."

이것은 대부분의 사람들이 도무지 이해되지 않는다고 생각할 대목이다. 많은 논란을 불러 일으킨 유명한 저서 《예루살렘의 아이히만Eichmann in Jerusalem》에서, 철학자 한나 아렌트는 나치의 '악의 평범성'에 대해 썼다. 그 표현을 완벽하게 보여주는 전형이 여기 바로 내 앞에 있었다. 내가 콘드로에게 물었다. "그래서, 당신이 살인을 하고 집에 갔을 때 리마의 엄마가 당신에게 도움을 청했나요?"

"그렇습니다. 나는 그때 여자 친구 집에 갔고 여자 친구는 저녁을 하고 있었죠. 나는 집안 구석구석을 둘러보며 이런 저런 허드렛일을 했어요. 그리고 정확하게는 모르겠는데, 저녁 여섯 시쯤 되었을 거예요. 밖이 어두워졌는데 문 두드리는 소리가 들린 기억이 나요. 나가보니 다넬이었어요. 다넬은 리마가 왔었느냐고 물었고 우리가 오지 않았다고 대답하자 울음을 터뜨리면서 내 휴대폰으로 경찰서에 전화를 했어요. 그걸 보고 내 여자 친구가 나더러 다넬과 같이 가라고 했어요. 다넬이 괜찮은지 보라고 말이죠. 우리는 곧장 다른 사람의 집으로 갔는데, 다넬이 그들에게도 리마의 행방을 물었고, 그런 다음 우리는 차로 돌아와서 러스티의 집으로 갔어요. 러스티의 집 곳곳에 경찰이 있더군요. 경찰이 그의 집을 다 들쑤셔 놓고 있었어요. 경찰은 러스티가 리마의 실종에 책임이 있다고 생각했어요."

가까운 친구가 주요 용의자가 된 셈인데, 이는 콘드로에게서 경찰의 관심이 멀어지는 것이므로 그에게는 잘된 일이었다. 아니, 경찰은 처음부터 콘드로를 용의선상에 넣지 않았는데, 그가 피해자의 엄마인 다넬을 돕고 있었기 때문이다.

"경찰이 당신을 찾아 와서 면담했나요?"

"그때 경찰이 날 찾아와서 얘기하진 않았던 것 같아요. 그들이, 그 기자 이름이 리사 스넬이었던 것 같은데, 그 기자가 러스티에게 가서 얘기를 나눴고, 경찰이 러스티를 몇 차례 조사했고 그는 거짓말 탐지기 테스트를 통과하지 못했는데⋯⋯."

이런 사실들 때문에 나는 거짓말 탐지기 테스트를 절대 신뢰하지 못한다. 이미 범죄 이력이 있으며 현재 다른 범죄들에 연루되었을 수도 있는 용의자들에게 거짓말 탐지기는 대체로 효과가 없다. 뒤틀린 마음을 가진 그들은 자신의 범죄가 정당하다고, 즉 자신은 그렇게 할 자격이 있었다고 믿는다. 그러니까 몇몇 연쇄범죄자들이 지난 세월 동안 내게 말했듯, 경찰 앞에서도 거짓말을 할 수 있다면 상자에 대고 거짓말을 하는 것이 뭐가 그리 어렵겠는가?

"⋯⋯그들은 리마(의 시체)와 물건을 찾지 못했고, 그냥 그렇게 흐지부지 되었어요."

"잡힐 거라는 생각을 해 본 적 있나요? 잡히지 않을 거라고 생각해서 기분이 좋았습니까?"

"잡히지 않을 거라고 생각해서 기분이 아주 좋았죠."

"왜죠?"

"경찰은 러스티에게 주로 집중했고, 내게는 별로 신경 안 썼거든요."

"시체가 숨겨진 채로 있는지 확인하기 위해 현장에 다시 가본 적이 있습니까?"

"아뇨."

"한번도요?"

"그렇습니다. 절대 가지 않았어요."

우리가 미확인범들을 분석하는 방법들 중 하나는 그들이 하나 혹은 그 이상의 범죄 현장이나 시체를 유기한 현장에 다시 갔다는 어떤 증거가 있는지 여부다. 우리가 꼭 그 범죄자를 잡을 거라는 희망으로 범죄 현장을 감시하는 것은 아니지만, 범죄자가 그곳에 다시 가거나 가지 않는(어느 쪽이든) 행동에는 우리가 살펴봐야 할 면이 많이 있다.

살인자들이 현장에 다시 가는 것에는 주로 두 가지 이유가 있다. 하나는 서명행위signature로 분류할 수 있고 다른 하나는 범행수법으로 분류할 수 있다. 그 범죄의 정신적인 면 vs. 실제적인 면이다. 첫 번째는 그 범죄의 흥분과 감정을 다시 체험하는 것이다. 우리는 많은 범죄자가 범행 현장에 다시 가서 피해자의 몸 위에서 혹은 그 근처에서 자위행위 하는 것을 보았다. 얼마 전에 죽은 피해자들과 성관계를 하기 위해 다시 그곳에 가는 실제 시체 성애자들도 보았다. 테드 번디도 그중 하나였다. 분명히 콘드로는 이 범주에 해당되지 않았다. 그는 일단 피해자를 처치하면 그걸로 끝이었고, 이후에는 즐겁게 자기 일을 했다.

다른 이유는 방어적인 것이다. 자신이 시체를 제대로 숨겼는지, 경찰이나 지나가던 행인에게 시체가 발각되지 않을지를 확인하기 위한 것이다. 콘드로는 이런 유형의 행동과도 관계없다는 걸 분명히 보여주었다. 그는 범죄 현장이나 시체를 유기한 곳에 다시 가면 자신이 발각될 가능성이 더 커진다고 생각했다. 그 이유는 무엇이었을까? 무엇 때문에 그는 다른 범죄자와 다른 생각을 하게 되었을까?

'그가 자신의 피해자와 이미 관련되어 있었기 때문이다.' 모르는 사람들을 표적으로 삼는 다른 범죄자들과 달리 콘드로는 자신이 잠재적 용의자 범위 안에 있다는 사실과 그 지역에서 움직일 때 누군가 자신을 관찰하거나 자세히 살필 거라는 사실을 알았다. 리마를 살해한 후에 시간에 쫓겼다는 것 때문에 마음이 불편할 수도 있었겠지만, 경찰이 러스티에게 집중하고 있는 것 같았으므로 그냥 내버려두는 게 더 나았을 것이다.

콘드로가 수색에 협조하기로 하고 나서도 리마의 시체는 발견되지 않았고, 이는 특이한 경우이긴 했지만 콘드로에게는 분명 유리한 일이었다. 반대로 리마의 가족은 계속 고통 받아야 했지만 말이다.

내가 콘드로에게 말했다. "당신이 범인이라고 말했는데도, 지금까지 리마의 어머니는 딸이 살아있다는 희망을 버리지 않고 있어요. 그들은 딸의 시체를 찾지 못했기 때문에 딸이 어딘가에 살아있을 거라는 희망을 갖고 있어요. 하지만 이제는…… 희망이 없군요."

"그렇죠, 희망이 없죠. 그 아이는…… 그 아이는 내가 그 시체를 감출 때 죽어 있었으니까요."

"리마의 엄마에게 무슨 말을 할 수 있다면, 뭐라고 할 건가요?"

콘드로는 오래 생각하거나 반성하지도 않고 대답했다. "좀 어렵군요. 리마의 엄마에게 무슨 말을 해야 할지 모르겠어요. 어떤 사람의 아이를 죽이고 나서 그 사람에게 무슨 말을 하겠어요? 정말 할 말이 없죠. 그리고, 행동이 다 말해주잖아요."

14
그 사이에 피해자들이 있었다

조셉 큰드로는 1985년 사건과 1996년 사건, 이렇게 두 건의 살인에 대해 유죄 판결을 받았다. 성범죄자들에 대해 내가 알고 있는 모든 내용으로 판단해볼 때, 그가 11년 동안 숨어서 기다릴 수 있었다는 것이 나에게는 진실처럼 들리지 않았다.

나는 '배가 고플 때'까지 수면 아래에서 오랜 시간 기다리는 악어와 같은 그의 이미지에 대해 얘기를 시작했다. 내가 그에게 물었다. "정말 그렇게 오랫동안 견딜 수 있나요? 그렇게 견디게 해주는 건 대개 '환상'이겠죠. 내 말은, 머릿속으로 반복해서 그 범죄를 되살리는 건가요?"

그가 다시 한번 무미건조하게 대답했다. "환상도 그렇게 해주는 것의 일부였어요. 하지만 한 가지는 솔직하게 말하죠. 그 사이에 피해자가 있었어요. 절대 알려지지 않은 추행이 있었어요."

내가 말했다. "그렇게 얘기해주니 정말 반갑군요. 그 사건을 봤을 때, 나는 범인이 처음에 저지른 사건과 그 다음에 저지른 사건의 유형으로 판단해볼 때 절대 10년 동안 아무 일 없이 지낼 수는 없다고 말했거든요. 내가 얘기해본 사람들을 보면, 그들 중 일부는 '기념품'들, 즉 피해자의 물건들을 가져가거나 신문 기사들을 간직하지만 충동은 사라지지 않아요. 그것은 배출해야 하는 강박관념이죠. 그러니까 이런 저런 많은 사건들이 있었는데, 사건들이 신고되지 않았던 건가요?"

"그래요, 신고 되지 않은 사건들이 많이 있었어요."

"피해자들은 언제나 친구들, 당신의 친구들이었나요?"

"아뇨. 그들은 그냥, 내가 말했듯 그 당시에 나는 파티를 많이 좋아했고, 젊은 여자들이 늘 그곳에 있었어요. 열다섯 살, 열네 살, 어떤 때는 열세 살 아이들이 있었죠. 그리고 파티에서 이런저런 일들이 있었고, 피해자들은 그저 파티에서 만나는 여자들이었어요."

"그런 피해자들을 죽이지 않은 이유는 무엇인가요?"

"아마 아직 볼일이 다 안 끝났기 때문이었겠죠."

"그들에게 뭘 하고 싶었나요?"

"계속 추행하는 거죠."

"한동안 그들을 살려두는 것이 환상의 일부였나요? 당신이 피해자를 소유하는 이상적인 상황은 무엇이었습니까? 장소, 시간 무엇이든 그런 것들에 대해 처음부터 끝까지 환상을 완전하게 실행했습니까?"

"내 환상은 단지 죽이는 거였어요. 피해자들을 강간하고 살해하는 것이죠. 그것이 완전한 환상이었어요. 나의 살인, 내가 저질렀던 살인은 완전한 것의 가장 좋은 부분과 같았어요. 과거에 나는 이런 사람들, 그러니까 앞서 말했던 아이들이나 그런 사람들을 추행했어요. 아마도 그들을 좋아해서 죽이지 않았을 거예요."

하지만 그러고 나서 그는 이렇게 말을 이었다. "내 얘기를 해보면, 나는 그걸 환상으로 보지 않아요. 자유로운 몸이었을 때, 나는 그것을 내 삶의 일부라고 여겼어요. 내가 무슨 얘기를 하고 있는지 알 텐데, 내 삶의 일부로 생각하고 행동했어요. 그건 내 생활방식의 일부였어요."

범죄의 용이성과 편의성을 위해 주로 자신이 잘 아는 여자아이들을 표적으로 삼으려 한 것은 콘드로의 특별한 점이었지만, 다른 방식으로는 그도 잔인한 범죄자의 성격 유형을 보여주었다. 내 말은 그 감각에 대한 콘드로의 열망이 계속될 것이라는 의미다. 그러므로 콘드로가 감옥에 갇혀있는 이유인 된 네 번의 폭행과 두 번의 살인만 그가 저지른 잔인한 범죄로 밝혀진다면, 그는 내가 이해하고 분류하고 싶은 범죄자들의 여러 유형 중에서 극단적인 예외가 될 것이다. 반면, 그가 기소된 사건들 말고도 알려지지 않고 해결되지 않은 사건들이 있었다면 그 사실은 이런 종류의 성범죄자에 대해 우리가 알고 있는 바를 확인해줄 것이다. 어느 쪽이든 답을 얻는 것은 아주 중요했다.

"경찰 보고서를 읽어봤는데, 그걸 보면 경찰에서는 당신이 아마도 70명의 피해자를 대상으로 추행이나 뭐 그런 걸 했을 수 있고 심지어 살인까지 했을 가능성도 있다고 생각하는 것 같아요. 그것에 대해 당신은 무엇을 알고 있나요?"

"내가 읽은 것만요."

"그러니까 70 같은 숫자는, 당신이 70건의 사건을 더 저질렀을 수도 있다고 하는 건 과장이라는 말인가요?"

"대답할 수 없어요."

"대답하고 싶지 않은 건가요? 아니면 할 수 없는 건가요?"

"그래요, 대답하고 싶지 않아요."

왜냐하면 사형을 받을 수도 있다는 얘기이기 때문이다. 그것이 내 질문에 대한 대답이 되었다. 콘드로는 일단 잡히고 나면 자신이 실제로 한 것보다 더 많은 공격과 살인을 했다고 주장하면서 명성을 높이고 싶어 하는 그런 종류의 사람이 아니었다(실제로 그런 사람이 많다). 콘드로에게 살인은 아주 일상적인 일이어서 그는 그런 종류의 지위에는 별 관심이 없었다. 그래서 그가 솔직하게 대답하지 않으려 한다면, 그것은 얘기할 게 더 많기 때문일 것이다.

나는 어떤 여성의 어린 딸에게 접근하기 위해 그 여성과 가까워진 적이 있는지 물었다. 안타깝게도 이런 행동은 특정 유형의 성범죄자들에게서 드물지 않게 볼 수 있다. 콘드로는 부인했지만 나는 지금도 꽤 의심스럽다. 하지만, 그 면담을 하는 내내 나는 그가 자신이 저지른 어떤 범죄에도 스스로에게 책임이 있다고 생각하지 않는다는 느낌을 받았다. 그는 '경찰이 무능해서 그를 체포하지 못했기 때문에 계속 범죄를 저질렀다. 그리고 피해자의 가족들이 그와의 협상을 원했기 때문에 사형을 면했다.'라고 생각하는 것 같았다. 그의 마음속에서는 언제나 다른 사람들이 모든 것을 시작했다. 심지어 트랙슬러와 리마가 주고받는 비밀 암호를 알게 된 것도 그 가족이 알려줬기 때문이었다. 물론 콘드로가 요구한 것이 아니었다. 하지만 일단 암호를 알고 나서 콘드로는 그것을 자기 멋대로 이용했다.

"내 경우에 그들은 내가 거래를 할 수 있게 했어요. 나는 사형선고를 받을 수도 있었고, 검찰은 사형을 요구하고 있었어요. 그래서 그들은 피해자 가족들에게 갔고, 마침내 사건이 끝났을 때, 그러니까 나는 그들과 거래를 했어요. 그렇게 하겠다고 결정을 내린 것은 피해자 가족이었어요. 검찰에서 피해자의 가족들에게 갔고 그 얘기를 한 거예요. 그리고 나는 거기에 정의가 없다고 생각해요. 그들은 절대 내게 거래를 제안하면 안 되는 것이었어요."

내 말뜻을 알겠는가?

콘드로가 계속 말했다. "그들은 내가 사형선고를 받게 해야 했어요. 이런 범죄들을 저질렀으니 내가 죽었어야 한다고 생각해요. 그리고 그게, 내가 그냥 생각하기에…… 내 피해자들은 어떤 정의도 갖지 못했어요. 그들은 죽었어요. 나는 살아있고요. 그들은 무덤 속에 누워 있어요. 그들 중 하나는 아직 발견되지도 않았고요. 그러니까 내가 생각할 때 그 가족들이, 비록 그들이 리마 트랙슬러가 묻힌 곳을 찾으려 애쓰면서 옳은 일을 하려고 했고 또 그것이 다넬을 위한 최선의 일이라고 생각했지만, 마음속으로 나는 그것이 옳았다고 생각하지 않아요. 거기에는 정의가 없었어요. 그들은 자기 아이들을 실망시켰어요."

'마음속으로 나는 그것이 옳았다고 생각하지 않아요.'라고 말하는 이 사람을 당신은 믿을 수 있는가? 나는 내 진짜 감정을 드러내지 않기 위해서 그 감정들을 억누를 수 있도록 오랜 세월 훈련했지만, 그렇게 충격적인 진술을 들을 때면 때때로 평정심을 유지하기가 어렵다. 결국 콘드로 자신이 그를 죽음에서 구한 거래를 한 것이다. 그 상황에서 나는

MSNBC 경영진들이 원하는 종류의 반응을 얼마든지 끌어낼 수 있었겠지만, 그랬다면 역효과를 낳았을 것이다.

콘드로는 아무렇지도 않게 계속 정의로운 척했다.

"그러니까 살해된 사람이 내 아이라면, 나는 그 자가 사형선고를 받길 원할 겁니다. 검찰에 그와 거래하라고 절대 요청하지 않을 거예요. 그런 일을 절대 생각도 하지 않을 겁니다. 말하자면, 그를 죽이는 거죠. 그를 이 지구에서 없애버리는 겁니다."

나는 콘드로에게, 왜, 그때, 1급 살인에 대해 유죄를 인정하고 자신의 정의감을 따르지 않았는지 물을 뻔했다. 하지만 그가 계속 얘기하도록 놔두는 편이 낫다고 판단했다.

자신이 제의 받은 양형 거래(플리바게닝)가 피해자들에게 얼마나 부당한 것인지를 개탄하고 있는 콘드로에게 내가 물었다. "그렇다면, 그 양형 거래를 받아들인 것은 사형 선고를 피하려던 게 아니라는 건가요? 그런 이유가 아니었나요?"

"아무도 내게 양형 거래란 말을 언급하지 않았어요. 내가 그 생각을 한 겁니다." 그들이 그 양형 거래를 받아들였을 때 콘드로가 얼마나 놀랐을지!

"죽음이 두려웠나요?"

"아뇨, 내 말은, 오늘 죽어도 무섭지 않습니다."

'당연히 그렇겠지. 사형이 취소되었으니까.'라고 나는 생각했다.

"당신이 걱정한 것은…… 당신 아이들이 증언하는 걸 원하지 않았죠?" 나는 양형 거래가 그의 아이들과 전혀 관계없다는 걸 알면서 이 질문을 했다. 그는 아마도 아버지로서의 자신의 이미지만 생각했을 것이다. 그는 결코 훌륭한 아버지가 아니었다.

"그렇습니다, 아이들이 증인이 되어야 했기 때문에 그 생각을 하면 정말 괴로웠고, 그 일에 대해 생각하면 할수록 나는 내 아이들이 증인석에 서는 걸 바라지 않았어요. 그때 아이들은 어렸어요. 열다섯, 열넷, 열여섯 그 정도였어요. 그 아이들이 증인으로서 나서고, 그날 아침 무슨 일이 일어났는지 증언하고, 그런 다음 '아 맙소사, 내 증언 때문에 아버지가 사형선고를 받을 수도 있었어.' 같은 생각을 하면서 남은 인생을 사는 걸 원치 않았어요. 나는 내 아이들이 그 일에 조금이라도 연관되는 걸 원치 않았어요."

하지만 콘드로는 아이들의 정확한 나이도 알지 못했다. 게다가 그는 검찰이 증거를 모으고 그를 어떻게 할지 생각하는 동안 카운티 교도소에서 오래 기다리는 것에 싫증이 났다. "그 카운티 교도소에 있는 것에 싫증이 났어요. 몇 달인지도 모를 시간 동안(28개월 정도) 카운티 교도소 독방에 있었는데, 그건 나를 재소자들과 같이 둘 수 없기 때문이죠. 모두들, 교도소장과 지역사회 모두 나를 죽이고 싶어 했어요. 그래서 나는 그 모든 시련을 끝내고 싶었어요."

리마의 시신을 유기했던 장소에 대해 자세하게 알려주는 것으로 거래를 했지만, 콘드로는 그 장소를 찾을 수가 없었다. "그래요. 말하자면, 그동안 13년인가 14년이 흘렀고, 그 강, 그러니까 그 강은 물이 불어서 열네 번인가 열다섯 번 범람했어요. 그곳에 가야 했을 때, 나는 랜드마크를 알아보기 전까지는 거기가 맞는지도 확실히 알지 못했어요. 나는 시체를 유기한 장소를 그림으로 그렸거든요. 경찰들과 형사가 저머니 크리크에 있는 마을 사람들에게 가서 그 그림들을 보여주었고 그 사람들이 수영장이 있는 곳을 알려줬어요. 그곳에 갔을 때 나는 랜드마크나 그런 걸 알아보고서야 그 장소라는 걸 확신했죠."

콘드로는 강간과 살인 자체보다 시신이 있는 곳을 찾지 못한 것을 더 미안해하는 듯했다.

오랜 세월 연쇄살인자들을 관찰하고 그들과 소통하면서, 나는 그들 중 다수가 자신의 어머니에게 비정상적으로 집착한다는 사실을 발견했다. 켐퍼처럼 대개는 부정적으로 집착했지만 긍정적일 때도 있었다. 맥고언처럼 두 가지가 섞인 경우도 있었다. 나는 콘드로가 살아가면서 만났던 사람들에게 느꼈던 것보다 자신의 어머니에게 더 많은 동정심을 가지고 있는지 알고 싶었으며, 그의 어머니가 어떤 식으로든 그에게 영향을 미쳤는지도 알고 싶었다. 나는 콘드로에게 어머니의 죽음에 대해 물었다. 그의 어머니는 그가 카라 러드를 살해했을 즈음 세상을 떠났다.

콘드로가 솔직히 인정했다. "그래요, 내 어머니, 어머니의 죽음은 나와 내 의붓아버지에게 커다란 상실이었어요. 어머니가 돌아가신 후 아버지는 완전히 미쳤어요. 그래서 아버지를 요양원에 모셔야 했어요."

"아버지 상태가 나빠졌나요?"

"그렇습니다. 그러고 나서 아버지의 형제들이 개입했어요. 우리는 집이나 물건들을 처분하는 것이 최선이라고 결정을 내렸는데, 내가 그곳에서 더는 살고 싶지 않았거든요. 아버지가 당뇨병을 앓고 있었고 어머니도 편찮으셨고, 어머니가 내게 도움을 청했기 때문에 뭐 그런 이유로 두 분과 지내고 있었는데…….”

나는 내가 콘드로를 감정적으로 만들 수 있을지 알고 싶었다. 확실히 그는 자신의 범죄나 우정과 신뢰의 배신에 대해 별로 감정적이지 않았다.

“어머니를 정말로 사랑했나요?”

“아, 그럼요. 사랑했어요.”

“그래서 어머니의 죽음이 큰 충격이 되었나요?”

“그래요, 내 인생에서 가장 충격적인 일이었어요. 내가 어머니를 발견한 사람이었고, 나는 친구를 불렀는데, 그녀가 와주었고…… 그런데 나는 어떻게 해야 하는지 알 수가 없었어요. 나는 ‘뭘 해야 하지? 경찰서에 전화해서 와달라고 할까?’라고 했고, 친구는 ‘아니, 내가 다 알아서 할게.’라고 했어요. 그래서 친구가 우리를 대신해 일을 처리했어요. 경찰서에서 왔는데 그들은 어머니가 가망이 없다는 걸 확인하고는 검시관에게 전화를 했어요. 다음 날 나는 [어머니를 보러 갔는데] 어머니는 돌아가셨어요.”

“내가 읽은 바로는, 어머니는 훌륭한 여성이셨어요.”

“그래요, 아름다운 여인이었어요. 어머니는 친구가 많았어요.”

“그 일로 당신은 감정적으로 무너졌나요?”

“그래요, 그랬습니다. 그 일을 겪고 감정적으로 무너졌어요.” 내가 마침내 그에게 영향을 미쳤다고 생각했지만, 그가 쓰는 단어와 목소리 톤이 서로 너무 달라서 나는 그가 진짜 ‘감정’을 느꼈다기보다는 느낌의

'움직임'을 따라 가고 있다는 걸 알 수 있었다. 그러더니 그가 얼른 화제를 바꿨다. "하지만 나는 살아남았잖아요. 내 삶을 잘 살아낼 필요가 있었어요. 그리고 나는 머물 곳이 없었어요. 자넷과 버치가 내게 머물 곳을 제공해주었죠. 나는 어머니의 재산을 물려받아서 그때 돈이 많았고, 그들이 내게 자기들과 살자고 했고, 그래서……"

이 남자는 누구와도 진정으로 감정을 교류한 경험이 없었다는 걸 스스로 드러내고 있었다. 이런 태도는 그에게 살인이 왜 그렇게 쉬웠는지를 설명하는데 도움이 되었다.

내가 물었다. "그 돈을 금세 다 썼나요?"

"그래요, 차를 몇 대 샀고 페인트칠하는 도구도 좀 샀어요. 나는……그러니까 그때, 나는 집이나 그런 것들에 페인트칠을 했거든요."

"그리고요?"

"그리고 마약과 술을 사는데 많은 돈을 썼죠."

"마약과 술이라고요. 이제 다시 악어 얘기를 해봅시다. 그때가 '먹이를 먹을 시간'이었다는 말처럼 들리는군요. 어떻게 생각하나요? 그런 일들이 합해져 상황을 촉발한 건가요? 내 말은 당시의 여러 가지 일들 말이에요. 우울증이 있었고, 당신은 화가 났고, 당신의 친구들이 있었어요. 그리고 그들의 딸이 있었죠. 당신은 술과 마약을 하고 있었기 때문에, 즉 이런 것들이 범죄를 저지르게 하는 원인이 된다고 말하고 싶은 건가요?"

"내가 저지른 모든 일이 마약과 술 때문이라고 하지는 않을 겁니다. 그건 그냥 취미로 한 것일 뿐입니다. 하지만 정말로 깊이 들어가 보면,

카라 러드 살인은 내 환상을 실현한 것이라기보다 복수에 더 가까웠다고 생각합니다. 환상도 한 부분이었겠지만, 나는 복수를 하려고 했을 뿐이에요."

"그 복수에 대해 말해주세요."

"나에 대해 얘기하는 전화가 많이 왔어요. 그리고 자넷이 어느 날 갑자기 나를 집에서 쫓아냈고 나는 그 일에 대해 그 아이[카라]를 탓하기 시작했는데 나는 '흠, 내가 너희들을 위해 아주 많은 걸 해줬는데, 차와 이런 저런 것들을 사주고 온갖 것들을 다 해줬는데 나를 이렇게 집에서 쫓아낸다.'고 생각했죠. 하지만 그녀[자넷]의 입장에서 말해보면, 내가 너무 했어요. 그렇지만 나는 그걸 알지 못했는데, 내가 알코올 중독자, 마약 중독자, 뭐 그런 상태였으니까요. 나는 재미있고 편하게 지내고 있었지만, 자넷은 지긋지긋해했어요. 내 행동을 지겨워했고, 그래서 나를 쫓아내기로 마음먹었고 그렇게 한 거죠. 그래서 복수라는 걸 하게 되었어요. 하루는 어딘가를 가다가 아이들이 거리를 걸어가는 걸 봤어요. 아침마다 그러듯 학교에 가기 위해 시내버스를 타러 가는 길이었고, 나는 아이들에게 학교까지 태워다주겠다고 했어요."

"그 아이들을 데려가려고 준비했나요? 아니면 그냥 연습이었나요?"

"흠, 나중에 보니 그건 연습이었어요. 그 아이들을 학교까지 태워다주었고 내려주었고 그런 다음 니키가 학교에 가서 친구들과 놀고 그랬어요. 그 아이들은 내게 그날 학교를 빠지고 싶다고 했어요. 그래서 나는 그 아이들을 강으로, 그 버려진 집으로 데려갔고…… 그래요, 그건 연습이었어요. 그런 다음 한 시간쯤 뒤에 아이들을 데리고 다시 학교에 갔거든요. 그 아이들은 첫째와 둘째 수업을 빠진 거였죠. 하지만 아무도 아무 말도 하지 않았고, 학교에서는 부모님한테 전화도 하지 않았어요. 그 아이들은 그냥 수업을 빠진 거예요."

또 한번, 그가 잡히지 않거나 책임을 지지 않은 것은 다른 모든 사람의 잘못이었다.

"얼마나 지난 다음에 당신은……."

"아, 기억이 안 나요. 아마 한 달쯤, 한 달 반쯤."

한 달 반 뒤에 그는 돈이 다 떨어졌고 친구들 집에서 쫓겨났다.

내가 확인해주었다. "한 달 반 쯤 뒤였어요. 그리고 그 아이는 당신과 가까웠잖아요, 그렇죠? 내 말은, 그 아이는 당신을 '조 아저씨'라고 불렀잖아요."

"그래요, 나는 카라를 한동안 알고 지냈어요. 우리는 함께 카드놀이나 뭐 그런 걸 하기도 했죠. 내가 져줬어요."

"카라가 어떤 아이였는지 얘기해주겠어요?"

"그 아이는 아주 활기가 넘쳤어요. 동물들을 집에 데려오는 걸 좋아했죠. 하지만 무언가를 믿고 있을 때는 굉장히 반항적이기도 했어요. 그러니까 뭔가를 믿으면 굉장히 반항적이었죠. 자기가 믿는 것을 옹호했어요. 뭐, 그런 면에 대해서는 누구든 칭찬받아야 하는 거죠." 그렇다. 카라는 콘드로와 완전히 달랐다.

"그래서 이 범죄는 복수였고 아이 엄마에게 상처를 준 건가요?"

"그래요, 바로 그렇게 되었어요." 이번에도 콘드로는 합리화를 했다. 이것은 복수가 아니었다. 자넷에게 어떤 악감정을 가지고 있었든 아니었든 그는 이 범죄를 저질렀을 것이다. 그는 이미 그 사실을 우리에게 보여주었다.

우리 모두 복수하고 싶다는 충동을 때때로 느끼지만, 우리들 대부분은 그런 충동을 억누르고 통제할 수 있다. 실제 복수 살인은 연쇄범죄와 달리 한 번으로 끝나는 경향이 있다. 이런 유형의 살인들은 특정한 지표를 가지며 두 범주 중 하나에 속한다. 하나는 자신에게 상처를 주었다고 느끼거나 기분을 상하게 한 개인들에 대한 응징이며, 다른 하나는 자신이 괴롭힘을 당하거나 무시당했다고 느끼는(학교 총격 사건 범인들처럼) 전체 공동체에 대한 응징이다. 대체로 성범죄자가 어떤 무시나 모욕을 받는 것에 굉장히 민감한 경향이 있긴 하지만(다른 사람들의 느낌에는 전혀 마음을 쓰지 않으면서), 그들은 일반적으로 복수를 범행 동기로 삼지 않는다. 그들은 복수를 범행 동기로 삼을 필요가 없다. 콘드로의 사건에서 분명하게 볼 수 있는 것처럼 그들은 극도의 집착에 이미 얽매여 있기 때문이다.

복수가 동기였다고 주장하는 연쇄살인자들은 대개 어떤 형태로든 엉뚱한 대상에게 감정을 표출한다. 세일럼에 있는 오리건주 교도소에서 종신형으로 복역하는 리처드 로렌스 마퀘트를 면담한 적이 있는데, 그는 포틀랜드의 어느 바에서 한 여성을 유혹하려다 실패한 경험이 있었다. 그 일로 그는 모든 여성이 자신을 거부한다고 생각하면서 복수를 해나갔다. 그는 또 다른 여성을 꾀었고, 강간했고, 목 졸라 죽인 다음, 자신의 욕실에서 시신을 훼손했다. 그는 유죄 판결을 받고 모범수로 11년을 복역한 후 1973년에 가석방으로 풀려났다. 조 맥고언의 사건을 평가할 때에도 이 사건이 마음속에 있었다.

가석방 된 지 2년 후에 마퀘트는 나이트클럽에서 또 다른 여성을 유혹했다. 그리고 그 여성을 술집에서 100m정도 떨어진 곳에 있는 자신의 이동식 집으로 초대했다. 그곳에서 마퀘트는 피해자 모르게 자신의 귀두를 칼로 그은 다음 여성과 강제로 성관계를 했다.

내가 물었다. "왜죠?"

마퀘트는 피해자가 그에게 고통을 주고 있다고 생각하고 느끼고 싶었다고 대답했는데, 나는 그가 그런 식으로 자신의 범죄를 정당화하는 거라고 해석했다. 그는 성관계를 한 후 여성을 목 졸라 죽인 다음 펜치로 여성의 손톱을 모두 뽑았다. 나는 동요하지 않고 평소대로 숨을 쉬되 깊이 쉬고, 표정으로든 몸짓 언어로든 어떤 부정적인 표현도 드러내지 말아야 한다고 마음속으로 계속해서 스스로에게 말해야 했다. 하지만 솔직히 말하면, 그렇게 하는 것이 정말 힘들었다.

콘드로도 그 비슷한 사고 과정을 겪었다고 믿진 않았지만, 나는 콘드로가 어떻게 할 것인지 알아보기 위해 계속 그런 식의 질문을 해보았다. "이것은 뭐냐면, 뭔가를, 소유물 같은 것을, 아주 소중한 소유물 같은 것을 그 어머니에게서 빼앗는 것이 될까요?"

"그래요. 그날 아침 잠에서 깨었을 때, 나는 내가 무엇을 할지 알았어요. 내가 무엇을 원하는지, 뭐 그런 걸 완벽하게 알았고, 그래서 학교로 차를 몰고 갔는데……." 그리고 다시 한번 그는 두 소녀와 만난 일을 얘기했다.

하지만 잠에서 깨었을 때 무엇을 할지 알았다고 내게 말한 직후에 그는 처음에 했던 말을 다시 반복했다. "그래요, 이 모든 것은 그저 우연히 일어났어요. 그러니까 차 안에서 그 아이는 자기를 돼지 농장 같은 그런 곳에 데려다 줄 건지 물었는데, 그 아이는 그곳에 가서 아기 돼지들과 노는 걸 좋아했어요. 그래서 나는 그 아이에게 가고 싶으면 어디에서 나를 만나야 하는지 말했고, 가서 커피 한 잔을 산 다음 차를 타고 주위를 빙 돌았어요. 그 아이들이 내 차에 타면 둘 다 죽일 거라고 바로 그때 그 자리에서 마음먹었는데, 카라와 욜란다를 떼어놓을 수 없기 때문이었어요. 어디든 한 아이가 가면 다른 아이가 따라가거든요. 그리고 만일 그 아이들이 그날 아침 내 차에 탄다면, 그건 그 아이들 인생의 마지막 날이 되는 것이었어요. 그런데 카라만 왔고, 결국 그 아이만 내 차에 탔죠."

이 지점에 이르러 나는 콘드로와 그의 동기를 이해했다. 그랬다, 그는 자신을 집에서 쫓아낸 일 때문에 카라의 엄마와 새아버지에게 화가 났다. 그랬다, 그는 습관적인 알코올 중독자였고 마약 중독자였다. 그리고 그랬다, 그는 카라와 직접 충돌한 일이 얼마간 있었다. 하지만 근본적으로 그는 어린 여자아이들을 추행하고, 학대하고, 강간하는 걸 좋아했고, 리마가 그랬듯 카라도 그가 접근할 수 있는 아이였다. 콘드로 개인의 삶 전체를 보면 그 불행한 인생에서 어떤 것도 그의 사악함만큼 자신에게 중요하거나 성취감을 주지 않았으며, 그가 가장 잘 납득할 수 있는 것은 가장 쉽고 가장 직접적인 방법으로 그 사악함을 충족하는 것이었다.

콘드로가 실제로 그날 아침에 잠에서 깨었을 때 자넷과 버치에게 복수할 거라는 걸 알았을까? 그렇지 않으면 인도에서 두 아이를 본 순간 충동적으로 행동한 걸까? 그것은 중요하지 않다. 왜냐하면 조셉 콘드로는 그런 걸 그렇게 신중하고 철저하게 생각하지 않았기 때문이다. 어떤 식으로든 그는 자신의 욕망에 따라 행동했을 뿐이며 무엇으로도 스스로를 멈추지 않았다.

"욜란다는 카라가 당신과 간다는 걸 알았죠?"

"그래요." 콘드로가 여전히 카라의 가족과 함께 지냈어도 그의 행동이 위험할 수 있었겠지만, 그보다는 욜란다가 알았다는 사실 때문에 그 행동은 훨씬 위험성이 높은 범죄가 되었다. 그렇지만 카라는 혼자 있었다.

나는 콘드로가 카라와 차를 타고 가면서 어떤 대화를 나눴는지 물었다.

"별로 얘기를 나누지 않았어요. 그냥 카라를 그 집으로 데려갔고 얘기를 많이 나누진 않았어요."

"하지만 그 아이는 좋아했겠죠, 그렇죠? 자기가 위험에 빠졌다는 걸 모르니까요."

"네. 아니, 그 아이는 모르긴 하지만……. 내가 말했듯, 나는 그러니까…… 피해자의 믿음을 이용했고, 그건 대단한 거죠. 당신이 이런 종류의 범죄들을 저지를 때 그 사람은 당신을 믿어야 하고, 당신이 그들을 꾀어서……. 그 아이는 그날이 자기가 이 세상에 살아있는 마지막 날이 될 거라는 것을 전혀 몰랐어요. 아이가 배고프다고 해서 나는 마을 상점에 가서 아침을 사줬는데, 그 마을에서 살인을 저질렀어요. 나는 차에 연료를 넣었고, 아이를 그 버려진 집에 데려갔고 그곳에서, 그래요, 그곳에서 죽였어요."

비록 내가 이런 상황에 익숙하다 해도 이런 자들이 저지르는 악의 평범성에는 여전히 깜짝 놀란다. 그 정도는 더 심해졌다.

"처음에 어떤 일이 있었나요? 그 아이에게 뭐라고 말했죠? 그러니까 옷을 벗겼나요?"

"아뇨. 아이는 그냥 차에서 내려서 그 집으로 달려갔고, 놀고 뭐 그랬고, 나는 그 아이를 따라 집 안으로 들어갔어요. 우리는 이층으로 올라갔고, 나는 나무 막대를 하나 들었어요. 그 아이는 내가 아닌 다른 쪽을 보고 있었고 나는 그 아이의 정수리를 최대한 세게, 야구 방망이를 휘두르는 것처럼 쳤어요. 그리고 아이는 넘어졌고, 무릎을 꿇었고, 멍한 상태가 되었어요. 나는 다시 한번 쳤어요. 그 막대기로 머리를 두 번 쳤고 아이는 정신을 잃었어요. 그런 다음 아이를 강간했는데, 강간을 하는 도중에 아이가 깨어나서 결국 목을 졸라 죽였어요."

"왜 피해자들이 의식이 있는 것보다 의식이 없기를 원하는 거죠?"

"그건 그냥, 그건, 뭐냐면, 더 수월하니까요. 내게 그냥 더 수월했어요."

"당신은 듣고 싶지 않은 거예요. 피해자들이 소리치는 걸 듣고 싶지 않고, 울부짖고 애원하는 걸 듣고 싶지 않은 거죠?"

"그것도 이유 중 하나겠죠."

"그러니까 정말로, 그럴 때[피해자가 의식이 없을 때], 그것은 자위, 생명이 없는 몸과 하는 자위행위 같은 거죠? 흡사 그런 것 아닌가요?"

"모르겠어요. 그렇게 얘기한다면……."

나는 이야기를 어떻게 이어갈 것인지 정확하게 알았다.

"아이는 성폭행을 당했는데요. 항문과 질 등에 성폭행을 한 건가요?"
검시관의 보고서를 봤기 때문에 나는 그 대답을 이미 알고 있었다.

"흠, 내가 그 아이를 성폭행했기 때문에 그것에 대해서는 논란이 있는 것 같아요. 법의학자는 내가 그냥 항문으로 성폭행했다고 말했는데 그건 사실이 아니거든요. 하지만 증거가 있다고 하니 반박할 수는 없을 것 같은데요, 나는 질에 성폭행 했어요."

그건 사실이기 때문에 그 증거에 반박할 수 없을 것이다.

콘드로는 항문으로 성폭행했지만, 다른 사건에서와 달리 그 사실을 인정하고 싶어 하지 않았는데, 그가 자신에 대해 갖고 있는 이미지, 혹은 다른 사람들이 자신을 생각할 때 떠올려주길 바라는 이미지와 맞지 않았기 때문이다.

15
힘, 통제, 흥분

"조, 당신이 갖는 느낌들을 내게 설명해주세요. 성폭행, 강간, 살인을 하는 동안 어떤 느낌이 듭니까?"

나는 어떤 교도소 면담에서든 마지막 단계에 들어갈 때면 면담 대상이 범죄 직전, 범죄를 저지르는 동안, 그리고 범죄 후에 자신의 머릿속에서 무슨 일이 벌어지고 있었는지 요약하거나 확실히 말하게 하고 싶다. 왜냐하면 처음부터 이 조사의 궁극적인 목적은 범죄 현장과 시신 유기 장소에 남은 증거, 가해자와 피해자 모두에게 해당되는 범죄의 위험 수준, 그리고 주위 사람들에 의해 목격되었을 수도 있는 범죄 이후의 행동과 범죄자의 마음속에서 일어나고 있었던 일을 비교하여 연관성을 보여주는 것이었기 때문이다. 나는 특히 환상이 하는 역할을 분명히 보여주고 싶다. 내가 콘드로를 정확하게 이해했다면, 환상이 그렇게 많지 않았을 것이다. 실제로, 그 환상을 위해 살았던 레이더 같은 사람보다는 훨씬 적었을 것이다.

"내게, 그것은 힘, 통제, 흥분이었다고 생각합니다."

그 말은 분명히 내가 받은 인상과 일치했다. "아, 당신이 자신의 삶에서 절대 느끼지 못했던 것, 그때 당신에게 필요했던 그런 것입니까?"

"그렇습니다. 내가 전에 말했듯, 그것은 복수였습니다. 일종의 복수 같은 것이었죠. 하지만 내 피해자들에 관해 말하면, 그것은 내가 그들을 지배하는 힘이었습니다. 사람들은 그럴 때, 적어도 나는 그럴 때 아드레날린이 나오면서 아주, 아주 흥분하는데, 나는 그런 살인을 저지를 때 아주 흥분합니다." 그것은 계획을 한 게 아니었다. 그가 해야 하는 어떤 것이었을 뿐이다. 나중에 '기념품'이나 기억으로 그 폭행을 다시 '체험' 할 수는 없었다. 일단 저지르고 나면 그걸로 끝이었다. 시신을 숨기는 문제가 남을 뿐이었다. 내가 만난 대부분의 성범죄자들과는 다르게 조셉 콘드로는 주로 현재에 사는 것처럼 보였다.

"범죄를 저지를 때 아드레날린이 분출된다고 했죠. 그런데 그것은 신체적으로, 심리적으로 어떤 느낌입니까? 내 말은 좋은 느낌이냐는 겁니다."

"예를 하나 들어보죠. 카라 러드의 시신을 숨길 때, 폭스바겐 아래에 시신을 놓았죠. 그 폭스바겐의 차체가 낮아서 바닥에 붙어있다시피 했는데, 그때 내 안에서 엄청난 양의 아드레날린이 나와서 정말로 혼자 차를 들어 올려 나무에 기대 놓았어요. 그리고 나서 그들[경찰]이 왔고, 그들은 시체를 꺼내기 위해, 그러니까 그 아이에게서 차체를 떼어내기 위해 윈치를 비롯해 온갖 도구를 이용해야 했죠. 그걸 나 혼자 들어 올린 거예요. 거짓말 하는 게 아니에요. 그때 그 정도로 많은 양의 아드레날린이 내 몸에서 분출되었어요. 취한 것 같았죠."

"그래서 만일 범죄 직후에 내가 당신을 맞닥뜨린다면, 흠, 당신이 어떻게 보일까요? 당신은 어떻게 반응할까요?"

"바로 지금의 나처럼 행동할 겁니다."

"땀을 흘리면서 초조해하지 않을까요?" 내가 조사했던 대부분의 연쇄살인자들처럼 말이다.

"아니, 정말 그렇지 않습니다. 피해자들을 죽였을 때 나는 그렇지 않았거든요. 더할 나위 없이 차분한 상태였어요."

"그런데 만일 내가 당신을 심문하는 수사관이라면, 당신은 긴장을 해서 땀을 흘리며 내 눈을 피하지 않을까요? 그 상황에서도 침착할 수 있다고 생각하나요?"

"카라 러드 사건에서 그랬어요. 그들이 나를 불러 심문하고 나서 보내줬죠."

이 대화로 콘드로에 대해 많은 걸 알게 되었다. 조안 댈러샌드로를 죽일 때 극도로 흥분하고 불안한 상태였으며 심지어 내게 그 얘기를 할 때도 그랬던 조 맥고언과 달리, 콘드로는 차분하고 침착했다. 그가 얘기할 때 맥박과 혈압이 크게 오르지도 않았다고 나는 장담할 수 있다. 그리고 내가 조사한 내용과 그가 인정한 내용을 보면, 그가 평범한 날에도 성폭행과 살인을 저지를 수 있었기 때문에 맥고언처럼 아주 위험한 인물이지만, 감정적 요인은 서로 반대였다.

"우리가 전화로 얘기할 때, 당신은 당신을 만족시켰던 것은 그 일을 계획하고 생각한 것이라고 말했어요. 설명해줄 수 있나요?"

"맞아요. 계획이라는 부분 역시 중요한 요소인데, 그 과정도 날 흥분하게 만들기 때문이에요. 그건 환상이라고 생각해요. 실제로 자리에 앉아서 이런 걸 계획하지는 않아요. 시간을 두고 그것에 대해 생각하고 그러다 보면 앞뒤가 맞게 되죠."

그가 현재형으로 대답했다는 걸 주목하라. 이런 종류의 생각은 여전히 그가 누리는 매일의 삶에서 아주 많은 부분을 차지한다.

"카라 얘기를 해보면, 그 아이를 죽이고 난 다음 무엇을 했나요? 어디로 갔나요?"

"흠, 그 아이를 담요로 싸서 내 차 앞자리에 놓은 다음, 차를 몰고 마운트 솔로 지역으로 갔어요. 카라를 어딘가 다른 곳으로 데려가고 싶었지만, 시간이 얼마나 걸릴 지 확실히 알 수가 없었어요. 시간에 쫓기면서 움직이고 있었거든요. 그래서 그 아이를 마운트 솔로 꼭대기로 데려가서 거기에 두기로 했어요. 그리고 그렇게 했죠. 그 아이의 시신을 폭스바겐 아래에 숨긴 거예요."

"왜 시신을 담요로 쌌나요?"

"내 차에 피나 뭐 그런 것, 증거가 남는 걸 원하지 않았기 때문이에요."

"차에 무슨 증거가 남았나요? 그 뒤에 세차를 했습니까?"

"아뇨, 내 차는 아주 깨끗했습니다. 그냥 닦기만 했어요."

"시신을 폭스바겐 아래 두었는데, 지금 와서 생각해보면 그렇게 하는 게 잘한 일이었나요?"

"그때 내게는 그랬어요. 나는 시신을 처리하려 했고, 그곳은 말하자면 숨기기에 좋은 장소였어요. 만일 카라를 내가 계획했던 그 장소로 데려갔다면 그들은 아마 절대 찾지 못했을 거예요."

"카라를 익숙한 장소, 당신이 편안하게 느끼는 장소로 데려간 건가요?" 범인들은 대개 자신의 안전지대에 끌리는 경향이 있다.

"그래요, 거기는 내게 익숙했어요."

"그러면 어느 시점에서는 사람들이 당신을 보았을 것이기 때문에, 즉 당신이 누군가를 폭행하고 살해하고 돌아오는 모습을 보았을 것이기 때문에 당신은 알리바이를 만들어둬야 했을 거예요. 무엇을 했나요?"

"일자리 지원서를 냈어요."

"그 시간을 어떻게 채웠나요?"

"사람들하고 얘기를 나누면서 그들이 나와 얘기를 나눴다는 걸 확실히 인지하게 했어요. '아, 늦어서 미안해요.'라고 말하거나, 그냥 사람들을 만날 때마다 서른 다른 방식으로 타임라인을 만들려고 했지만, 그건 효과가 없었어요."

"그 다음에는 어디로 갔나요? 집으로 가려고 했나요?"

"그래요. 우선 신발과 셔츠와 그런 걸 가져다 없앴어요."

"왜죠?"

"어떤 발자국과 내 신발이 일치할까봐 걱정되었기 때문이죠. 그래서 신발을 가지고 나가서 한 짝은 도시 한 편에 있는 쓰레기통에 넣었고 나머지 한 짝은 다른 곳으로 가서 그곳 쓰레기통에 넣었어요. 셔츠는 자동차 매장이 있는 골목으로 가서 차창을 통해 진흙 웅덩이에 던졌어요. 그런 다음 집으로 가서 옷을 갈아입고, 샤워를 하고, 옷을 빨고, 그리고 학부모 역할…… 아니, 학부모와 교사의 면담 같은 것은 아니었어요. 아들을 학교에 태워다줘야 했어요. 그래서 줄리의 집으로 가서 아이를 태웠어요."

콘드로가 학부모와 교사 면담을 하는 것과 아들을 태워다 줘야 하는 걸 혼동하지만, 여기에서 내게 굉장히 흥미로웠던 사실은 그의 생각이 정확히 '구분'되어 있다는 것이었다. 그는 어린 여자아이를 강간하고 살해하고 모든 증거를 없애려 하고 나서도 양심의 가책이나 반성 같은 것은 전혀 없이 자신의 아이와 관계된 세세한 일에 집중했다. 성범죄자로서 그는 자신이 어린 여자아이들을 공격하고 강간하려 한다는 걸 알고 있다. 하지만 아버지로서 그는 학부모와 교사 회의에 참석해야 하고 아들을 제 시간에 학교에 데려다줘야 한다는 것도 알고 있다.

그는 다음과 같이 대화를 나누며 이런 태도를 본질적으로 인정했다.

"그 가족에게 조금이라도 얘기했습니까?"

"몇 번 전화를 한 것 같아요. 하지만 자넷이 전화를 해서는 내가 자기 아이를 데려갔다고 비난했는데, 나는 확실하게 부인했어요."

"그리고 이것은 복수 살인이었고, 그렇죠……?"

"그때 나는 자넷이 무슨 생각을 하든 상관하지 않았어요. 나는 이미 행동을 끝낸 다음이었고 그러니까 그걸로 끝이었어요. 그냥 내 일을 시작했죠. 그 일에 대해 다시 생각하지 않았어요." 이번에 그는 내가 꺼낸 복수 얘기에도 주의를 기울이지 않았다. 자신의 마음속에서 복수가 가장 중요한 게 아니라는 걸 그는 알고 있었다.

그리고 우리들 대부분이 이해하기 어려울 수 있지만, 이런 자들 중 다수가 콘드로만큼이나 구분하는 것에 능숙하다. 10대 여자아이를 강간하고 죽였지만 아들의 학부모와 교사 회의에 제 시간에 가는 식이다.

존 웨인 게이시 주니어는 시카고 지역에서 성공을 거둔 사교적인 건설업자였으며, 아내와 두 명의 의붓딸이 있었다. 그는 시에서 하는 일에 적극적이었고 민주당의 정치 활동에도 참여했는데 퍼스트레이디인 로절린 카터와 함께 사진을 찍을 정도로 유명했다. 지역의 무스 클럽 회원으로 활동하며 퍼레이드나 기금 마련 행사에서, 그리고 지역 병원에서 아픈 아이들을 위해 피에로 공연을 하면서 더 유명해졌다. 그런 다양한 활동에 참여하지 않았을 때, 그는 적어도 서른 세 명의 어린 남자아이들을 강간하고 살해했으며, 그 시신을 노우드 공원에 있는 그의 단층 주택 좁은 뒷마당에 묻거나 데스 플레인스강에 유기했다.

미확인범이었으며 내가 FBI에서 일하는 동안 많은 시간을 들여 추적했던 '그린강의 살인자' 게리 리지웨이는 결혼을 하고 안정적인 직업을 갖고 있었다. 영국 태생의 연쇄살인범 데이빗 러셀 윌리엄스는 결혼을 한 캐나다 공군 대령이었다. 이런 범죄자들은 뚜렷하게 다른 '두 개의 정신세계'에 아무렇지 않게 존재한다.

이것으로 소시오패스인 범죄자들과 다른 사람들이 구분된다.

내가 콘드로에게 물었다. "당신은 이 일로 잡히지 않을 거라고 생각했나요? 마음이 편안했습니까?"

"그 일에 대해 아주 편안했어요. 하지만 아이의 시신이 발견되었죠."

"그런데 전혀 무섭지 않았나요? 그 후에 술을 마셨나요? 만일 내가 당신을 관찰하고 있었다면, 당신의 행동이 바뀌고 다르게 반응하는 모습이 보였을까요?"

"아뇨, 나는 내 삶을 살았어요. 지금처럼 평온했죠."

"정말입니까?"

"그래요."

"이 사건으로 즉시 고소당하진 않았어요. 왜 그런 거죠?"

"나를 살인으로 고소하기 위해서는 시체가 필요했어요. 시체가 있어야 하잖아요."

"DNA에 대해 생각한 적 있나요? 어떤 시점에서든 그것에 대해 생각해봤습니까?"

"그래요. 생각했지만, 걱정하지는 않았어요."

"왜죠?"

"내 인생에서 그 시절의 나는 그냥 아무 걱정도 하지 않았어요. 나는 그랬어요. 나는 완전히 통제 불능이었어요. 아마 잡힐 때까지 그런 일을 계속 했을 거예요." '그건' 확실하다.

"화학적 거세나 실제적 거세가 영향을 미칠 거라고 생각합니까?"

"아뇨."

이 점에 대해 나는 그의 의견에 동의하지만, 계속해서 질문했다.

"왜인가요?"

"그건 이런 사람들의 머리에 박혀 있는 거예요. 나는 그것이 세대에서 세대로 전해진 '유전'이라고 생각합니다. 내 경우를 보면, 나는 아이였을 때, 그리고 잡힐 때까지 살아가는 동안 내내 그걸 하는 것에 대해 생각했어요. 그러니까 어린 여자아이들과 성관계를 갖는 것, 그게 내가 생각했던 거예요. 나는 멈추지 않았을 겁니다."

그렇다. 콘드로는 입양되었고 그의 부모님은 입양한 걸 후회했다는 그의 말이 맞을 수도 있다. 하지만 콘드로의 성장배경 혹은 그와 부모님의 관계를 볼 때, 부모님이 하거나 하지 않은 어떤 일이 그가 성범죄자나 살인자가 되는데 큰 역할을 했다고 암시하는 어떤 점도 드러나지 않았다. 본성 vs. 양육 등식에서, 콘드로는 어떤 사람들은 그런 식으로 태어나며 극적이고 시기적절한 개입이 없다면 이런 위험한 경향들을 그대로 지니고 자란다는 증거가 된다. 그리고 솔직히 말하면, 다수의 사건에서 이 데이터가 작용하는지에 대해서는 전혀 확실하지 않다.

나는 계속 말을 이었다.

"그래서 당신은 자신이 있었군요. 마침내 경찰이 와서 당신을 체포했을 때, 충격을 받았나요?"

"아뇨, 충격 받지 않았습니다. 친구 집에 있는데 그들이 와서 문을 두드렸어요. 나는 증인을 매수한 혐의로 체포되었어요. 그들이 내 전처와 얘기했고, 내게 [그 사건에 대해 그녀와 말하지] 말라고 했거든요. 그것이 그들이 나를 가두는 이유였어요. 그리고 다른 여자아이 두 명이 나서서 내가 자기들을 성폭행이나 추행 등을 했다고 말한 것 같은데, 이 혐의가 추가되었어요."

"그 두 아이를, 그 아이들을 추행했나요?"

"그래요."

"그렇다고요? 그 아이들은 몇 살이었죠?"

"모르겠어요. 어렸던 것 같아요. 아주 어렸어요."

"발각되지 않았다면, 계속 했을 건가요?"

"그래요."

"계속 살인을 했을까요?"

"그렇습니다."

"그러면서 마음이 편안했나요?"

"살인을 하는 것에 대해 정말 편안하게 느꼈습니다. 내 말은 내게 살인은, 그것은 이제 제 2의 본성과 같았어요. 나는 언제나 계속 했어요. 대상이 아이가 아닐 수도 있었죠. 내 인생에서 그 시기에는 누구라도 나를 화나게 하거나 그러니까 나를 경멸하거나 뭐 그런다고 생각이 드는 사람이면 누구라도 대상이 될 수 있었을 겁니다."

하지만 우리가 밝혔던 것처럼, 그의 살인은 복수를 하거나 피해자를 벌하거나 아니면 다른 어떤 동기와도 정말로 관계가 없었다. 살인은 그저 그가 하고 싶었던 무엇이었을 뿐이다.

나는 콘드로에게 많은 걸 물었고, 그는 내가 한 거의 모든 질문에 대답했다. 하지만 한 가지 질문이 내 머릿속을 맴돌았다. 위험성에 관한 질문이다. 나에게 이 질문은 콘드로의 사건과 그의 사고 과정에서 가장 흥미로운 부분들 중 하나였다.

내가 말했다. "당신 사건에서 특이한 점은 당신이 피해자들과 정말로 잘 아는 사이였고, 그 가족들도 알았다는 겁니다. 내 말은, 그런 사실이 당신에게 아주 큰 위험이 될 수 있었다는 건데요. 왜 전혀 모르는 사람들이 아닌 아는 사람들을 범행대상으로 삼았는지 나는 여전히 정말 모르겠고, 이해하지 못하겠습니다."

"이미 말했듯, 신뢰가 있었으니까요. 신뢰가 있었고 그래서 내게 더 편했죠. 낯선 사람들이나 뭐 그런 사람들에게도 시도해봤는데, 그들은 항상 저항했어요. 도망가거나 뭐 그러려고 했고, 나는 그러니까…… 그런 일을 하고 싶진 않았어요. 모든 것이 완벽하게 진행되기를 원했고, 그렇게 되었어요. 내가 하려고 했던 걸 완수했어요."

나와 내 동료들만큼 면담을 많이 하다보면, 어떤 것들은 범죄자가 말하려 하기 전에 대부분 알게 된다. 그 패턴에는 거의 언제나 비슷한 점들이 있다. 조셉 콘드로는 어느 정도 문제가 있는 가정에서 자란 문제아였다. 자기보다 작고 약한 아이들을 괴롭히면서 분노와 좌절을 드러냈다. 술과 약물 중독 문제도 있었는데, 그래서 폭력적으로 행동한 건 아니지만 이 중독 때문에 더 충동적으로 변했다. 그가 충동적이긴 했지만, 아무렇게나 범죄를 계획하지는 않았다.

이 사건을 중요하게 만드는 가장 의미심장한 요소는 그의 범행수법, 처음에 수사관들을 속이고 곁길로 빠지게 만든 범행수법이었다. 콘드로는 낯선 사람들을 찾아다니는 것보다 친구들의 아이들을 대상으로 하는 것이 더 안전하다고 생각했다. 그는 상대를 통제하는 문제에 대해 걱정할 필요가 없었는데, 이것은 낯선 사람들을 범행대상으로 삼는 범죄자들에게는 주요한 문제이고 도전이다. 콘드로는 이미 상대의 신뢰를 얻었고, 그가 범행대상으로 삼은 피해자들은 기꺼이 그를 따라 갔다. 콘드로는 위험성이 높은 범죄를 구성하는 것에 대해 완전히 다른 인식을 지니고 있었다.

신뢰를 수반하는 범행수법은 모든 범주에서, 말하자면 가장 폭력적인 범죄자에서부터 폭력적이지 않은 기업 범죄자들까지 모든 범죄자에 의해 사용되었다. 에드 켐퍼는 샌타크루즈 주변에서 히치하이킹을 하는 여학생을 보고 차를 세우고는 어디까지 가는지 물었다. 그리고 마치 그곳까지 태워 줄 시간이 있는지 생각해보듯 시계를 보면서 고개를 가로저은 다음, 결국 여학생을 자신의 차에 태웠다고 우리에게 말했다. 그렇게 하면서 자신의 잠재적 피해자가 감정적으로 무장해제하고 경계를 풀게 하곤 했다는 것이다.

10억 달러 상당의 다단계 금융 사기꾼 버니 메도프도 이런 식으로 상대를 대했다. 잠재적 고객들이 접근하면 그는 자신의 헤지펀드는 가입자가 다 찼으며 더는 새로운 투자자가 필요하지 않다고 말하곤 했다. 그의 펀드에 가입하면 두둑한 수익을 안정적으로 얻을 수 있다는 명성을 들은 고객들이 계속 조르면, 그는 '마지못해' 그들을 위해 특별 예외를 만들곤 했다. 그리고 난 다음에는 고객들에게 자신은 너무 바빠서 '소규모' 투자자들을 상대할 수 없으므로 투자는 자기에게 맡기고 그냥 수익금만 가져가라고 말했다.

두 경우 모두에서 신뢰를 만드는 것이 범행수법이었으며, 범인은 자신이 전적으로 의도한 일을 전혀 하고 싶지 않은 척 하는 방법으로 아무것도 모르는 피해자들을 속이고 그들을 범행대상으로 삼아 이용할 수 있었다.

친구들과 경찰 모두 조셉 콘드로를 용의자로 보지 않는데, 그가 실종된 아이들을 걱정하고 마음 아파하는 척했고 심지어는 그 아이들을 찾는데 함께 나서기도 했기 때문이다. 우리는 이런 태도를 이전에 낯선 사람을 납치한 사건들에서 봤는데, 이때 미확인범은 수색을 돕고 조사에도 협조한다. 이런 태도는 심지어 조셉 맥고언 사건처럼 다소 낯선 사람의 시나리오에서 보이기도 한다. 종종 범인은 수사망에서 벗어나기 위해 가짜 정보를 제공하려 하기도 한다.

요약해서 말하면, 콘드로의 성장배경은 전형적이라고 할 수 있지만, 그가 선호하는 피해자(친구의 아이들)는 이전 사건에서 내가 본 적이 없는 모습이었다.

여기에서 얻은 교훈이 있다. 모든 사람은 잠재적 용의자이며, 외양이나 태도에 속지 말아야 한다는 것이다.

우리가 그 범죄의 '서명signature'과 '범행수법modus operandi'이라고 부르는 요소를 나란히 놓고 주목해보자. 그는 자신의 비뚤어진 정신병을 어떻게 행동으로 옮길지 결정하는 과정을 설명할 때 냉철하고 분석적이다.

아주 많은 다른 살인자와 범죄자처럼, 조셉 콘드로는 눈앞에 흥분이나 자극이 전혀 없는 감옥에 갇히고 나서야 자신이 물려받은 유산과 영성을 깨닫게 되었다(혹은 그렇다고 주장했다). 흔히 잔인한 범죄자들은 감옥에서 자신의 영성을 발견하거나 혹은 적어도 그렇다고 주장한다. 데니스 레이더가 내게 말했다. "나는 기독교도입니다. 늘 그랬어요. 오테로 가족(그의 첫 번째 피해자라고 알려진 사람들로 다섯 명의 가족)을 살해하고 나서, 나는 내 안에서 살인 충동과 싸울 수 있도록 도움을 달라고 신에게 기도하기 시작했어요. 내게 가장 큰 두려움, 즉 체포되는 것보다 훨씬 더 큰 두려움은 주님이 내게 하늘나라로 들어갈 수 있게 허락하실 것인지, 아니면 내가 영원히 벌을 받게 하실 것인지를 모른다는 것이었어요."

나는 사후 세계에 대한 그의 진실한 믿음을 의심하지 않았다. 사실 이 점이 아주 흥미롭다고 생각했는데, 그는 자신이 죽인 여성들이 다음 세상에서 그를 위해 성 노예로 봉사할 거라는 믿음을 갖고 있다는 사실을 내가 알고 있었기 때문이다. 그런 일을 저지르고 나서도 하늘나라에 들어갈 수 있을지 모른다고 생각한다는 사실이 그의 악의에 찬 나르시시즘을 그대로 말해준다.

내가 콘드로에게 물었다. "자, 더 높은 영적인 삶으로 가려면 마음속에 있는 말을 털어놓아야 하지 않을까요? 더 높은 형태의 삶으로 가기 위해서는 어떤 죄든 당신이 지은 모든 죄를 인정해야 할 것 같은데요?"

"죽기 전에 나쁜 짓을 다 털어놓는 것은 언제나 좋은 거죠. 그래요. 언젠가 어떤 사람이 내게 그렇게 말했는데, 나는 지금도 그 말을 믿어요. 그러니까 당신이 말한 것처럼 죄나 잘못을 다 털어놓아야 하고, 그렇게 하지 않으면 영적 세상을 끝없이 떠돌아다니죠. 절대 하늘나라로 갈 수가 없어요. 그냥 길 잃은 영혼이 되는 거예요."

어린아이들을 강간하고 살해하는 일을 그처럼 대수롭지 않고 하찮게 생각하는 사람이 사후에 길 잃은 영혼이 되는 것에 그렇게 관심을 기울이고 있다는 사실이 도무지 믿어지지 않았다.

"길 잃은 영혼이 되고 싶지 않은 건가요?"

"그럼요. 내가 태어났을 때 나는 길 잃은 영혼이었다고 생각해요." 다시 한번 어떤 것도 정말로 그의 잘못이 아니다.

"하지만 당신은, 당신은 상황을 바꿀 수 있잖아요? 그것이 지금 당신의 영적 믿음입니까?"

"상황을 바꾸는 것에 대해 나는 모릅니다. 그것은 창조주가 할 일이에요."

"어떤 후회도 없나요?"

"없어요. 내 아이들에게 더 좋은 아버지가 되었어야 한다는 후회는 있어요. 그것 말고는 어떤 후회도 없어요. 전혀요."

"1985년 당신의 첫 번째 피해자에 대해 아무 후회도 없다고요? 어떤 후회도 없나요?"

"없어요."

"1996년은 어떤가요? 그 사건에 대해서도 아무 후회가 없나요?"

"없어요."

"달리 할 수 있었던 것도요?"

"아, 그 아이[카라 러드]를 다른 장소로 데려가야 했어요."

"그러면 그 아이가 발견되지 않았을까요?"

"흠, 그래야 했어요. 시신을 찾지 못하게 하는 게 목적이었어요."

"자신이 미쳤다고 생각하나요?"

"그래요, 내게 문제가 좀 있다고 생각해요."

"흠, 과거에 사람들이 당신을 괴물이라고 불렀잖아요. 어떻게 생각하나요? 자신이 괴물이라고 생각하나요?"

"감옥에 오기 전에는 그랬어요. 지금은 수감자일 뿐이에요."

"여기에서 어떤 치료를 받고 있나요?"

"아뇨."

"원할 때 상담을 받을 수 있습니까?"

"그래요. 가끔 정신건강 상담사를 만나는데, 그냥…… 그들은 내게 밤에 자는데 도움 되는 약을 줬어요. 나는 누구와도 당신과 앉아있는 것처럼 앉아서 내 사건에 대해 얘기해본 적이 없었어요."

"그러고 싶어 했나요? 아니면 그저 관심이 없었나요?"

"아뇨, 절대 그러고 싶지 않았어요. 지금까지, 지금까지는 전혀 그렇지 않았어요."

"면담에는 왜 응하기로 한 건가요?"

"방송국에서 많은 사람이 내게 연락했고, 면담을 권했어요. 그리고 나는 항상 거절했죠. 이제 나는 그 가족들을 위해서뿐만 아니라 나를 위해서도 끝내야 한다고 생각해요. 그건 이 일을 잊고 나가기 위한 커다란 걸음이에요."

우리 면담에서 폭력이 적나라하게 묘사되었기 때문에, 처음으로 공개된 다큐멘터리에서는 여기에서 이야기된 것의 일부분만 소개할 수 있었다. 아이러니컬하게도 MSNBC의 경영진이 그 면담 테이프를 보았을 때, 그들은 나보다 조셉 콘드로의 '퍼포먼스'에 훨씬 더 깊은 인상을 받았다. 그들은 내가 콘드로와 대립하기를 바랐다. 내가 콘드로를 똑바로 마주보면서 그가 한 끔찍한 일들에 분노를 표현하길 바랐다. 그들은 내가 '슈퍼캅'이 되길 바랐던 것 같다.

내 개인적 느낌이 어떻든, 강력범과의 모든 교도소 면담에서 내게 중요한 것은 면담 대상과 신뢰를 쌓아서 할 수 있는 한 많은 것을 알아내는 것이지 내 도덕적 분노를 표현하는 것은 아니다. 그렇게 해봐야 아무것도 얻을 수 없다. 사실, 린다 스타시가 《뉴욕 포스트New York Post》에 그 프로그램에 관해 쓴 리뷰를 읽었을 때, 나는 내 반응들 중 하나에 관한 그녀의 의견을 보고 놀랐다. "평소에 동요하지 않는 더글러스가 친구의 여덟 살 된 어린 딸을 죽인 콘도로에게 마침내 더 할 수 없는 혐오감을 느끼며 이렇게 말한다. '하지만 당신은 어린 여자아이를 죽였어요!'" 이것은 아마도 내가 경계심을 최대한 누그러뜨린 상황이었을 것이다.

카메라 앞에서 현실 세계의 클린트 이스트우드를 연기한다면 사람들이 흥미로워할 것이고, 콘도로를 훨씬 두들겨 팬다면 분명 보는 사람들의 마음이 흡족할 테지만(비록 현실에서는 그렇게 하면 감옥에 갇히겠지만), 나는 내가 늘 사용해온 것이 아닌 다른 어떤 접근법도 역효과를 낳을 것이며, 내가 FBI에 있을 때 그 방법이 아주 효과가 있었다는 걸 설명하려고 했다. 내 역할은 범죄자들이 말하도록 하는 것이며, 그들의 마음속에서 어떤 일이 일어나고 있고 일어나고 있었는지 알아내는 것이다. 서로 대립하고 도덕적으로 분노하는 것으로는 그런 목적을 이룰 수 없다. 결국, 살인자들과 얘기하는 것은 동작 하나하나까지 신중하게 생각해 가면서 긴 시간 동안 게임을 이어가는 것이다. 드러나지 않는 이면에는 충격이나 분노와 같은 감정들이 존재하지만, 이 감정들이 표면에 드러나는 순간 상황은 우리에게 불리해진다.

그 리뷰들이 만족스럽긴 했지만 MSNBC가 바라던 바는 아닌 것 같았고, 그 시리즈는 방송 프로그램으로 채택되지 못했다. 사실 살인자의 심리 깊숙이 들어가는 것이 어떤 것인가를 적절하게 전달하는 유일한 방법은 바로 이런 책 속에 있을 지도 모른다. 비록 넷플릭스의 드라마 《마인드 헌터》시리즈가 이런 정신적 대립의 분위기와 느낌을 분명히 전달했지만 말이다.

2012년 5월 3일, 조셉 로버트 콘드로는 왈라왈라의 교도소에서 52세의 나이로 사망했다. 짤막한 부고에는 그가 자연사했다고 기록되어 있었다. 사망증명서에는 C형 간염으로 인한 말기 간질환이 구체적 이유로 기록되었다. 콘드로는 미시간주 바라가 카운티의 피너리 인디언 묘지에 묻혔다.

지역 신문에는 그 죽음을 '엄청난 짐을 덜었다.'라고 표현한 카라의 엄마 자넷의 말이 실렸다.

우리의 연구와 경험에 비추어도 콘드로는 독특한 인물이었으며, 그는 잘 알고 있는 사람들의 아이들을 표적으로 삼아 반복적으로 강간하고 살해한 유일한 사람이었다. 이 사실 자체만으로도 우리는 그동안의 지식과 이해를 확장할 수 있었다. 누구라도 용의자가 될 수 있으며 전통적으로 결백을 나타내는 지표들(경찰에 협조하고 사람들과 함께 수색하고 알리바이를 제공하는 것을 비롯한 여러 행동들)을 맥락과 정황증거에 대비해서 평가해야 한다는 사실을 새롭게 알게 되었기 때문이다.

콘드로의 행동에는 '중독'이라는 특성이 있었다. 그는 마약과 술에 의존했다. 그리고 그의 사건에서, 그런 중독 행동은 성추행, 강간, 살인으로 표출되었다. 콘드로와의 면담에서 내가 알게 된 사실이 있는데, 우리가 일련의 사건들(어떤 형태의 사건이라도)을 분석해보면 범인의 심리적

기저에 힘과 통제에 대한 요구가 있을 수 있지만, 그 요구는 범죄자가 충동 억제를 잘 하지 못하는 것과 연결된다는 점이었다. 그것은 중독성과 관련이 있다. 하지만, 그렇다고 해서 그가 자신의 행위를 통제하지 못하는 것은 아니다. 콘드로의 사건에서 성폭행으로 힘과 통제를 발휘하려는 충동은 범죄를 저지르기 전에 신중하게 계획하는 것, 그리고 범죄를 저지르고 난 다음 치밀하게 은폐하고 알리바이를 만드는 것과 서로 관련이 있었다. 술과 마약 때문에 그 범죄자가 부주의해지고 모험을 감수할 수도 있지만, 자신이 검거되는 걸 원하지 않는다는 것이다. '죽음에 대한 동경'은 자신이 아닌 피해자에게만 해당되는 것일 뿐이다.

이 모든 것은 수사관에게 무엇을 의미하는가? 첫째, 피해자와 가깝고 범행을 저지를 만한 명백한 동기가 없는 사람이라면 그런 일을 하지 않았을 것이므로 용의자에서 제외할 수 있다는 우리의 본능과 편견을 면밀히 살펴야 한다. 콘드로는 조사를 받기 위해 몇 번이나 불려왔다. 햄릿은 그의 가장 친한 친구 호레이쇼에게 이렇게 말했다. "하늘과 땅 사이에는 인간의 철학으로 설명할 수 없는 일이 많다네, 호레이쇼."

둘째, 어떤 식으로든 피해자와 가깝거나 피해자와 관련된 어떤 개인이 뭔가에 중독되어 있거나 혹은 충동 억제에 문제가 있다는 사실이 수사 결과 확인되었다면, 그 사람은 용의자 목록에서 상위에 두어야 한다.

셋째, 콘드로를 보면서 일상적으로 폭력적인 성향을 드러내는 사람(전화기를 벽에서 떼어내고, 벌컥 화를 내며 집안의 물건들을 부수고, 혹은 함께 사는 사람이 접근금지 명령을 원할 정도의 사람)이라면 분명 그 폭력의 정도가 높아지거나 심해질 수 있다는 걸 재확인할 수 있다. 우리가 말하듯,

"행동은 개인성을 반영"하기 때문이다.

그리고 그런 인식이 생명을 구할 수 있다.

III

죽음의 천사

16
신의 역할을 하다

　엄청나게 많은 사람을 죽이고도 잡히지 않았던 대부분의 연쇄살인자가 밤이면 피해자들에 접근하는 '잭 더 리퍼'가 아니며, 심지어 아름다운 젊은 여성들을 유혹하고, 유인하고, 납치하고, 폭행하고 죽이는 '테드 번디'도 아니라는 사실을 알고 많은 사람이 놀란다. 실제로, 그리고 아이러니컬하게도 그들은 다른 이들을 돕는 아주 성스러운 직업을 갖고 있는 사람들, 피해자들이나 그 가족들이 의심하지 않으므로 그들에게 자신의 신분이나 얼굴을 굳이 숨기려 하지 않는 사람들이다. 그래서 많은 경우, 범죄가 발생했다는 걸 경찰이 인지하는 것에도 오랜 세월이 걸리기 때문에 그 사건은 드러나지 않는다.

　늘 미소를 짓고 성격이 명랑하며 다정다감한 오하이오 태생의 온순한 남자, 도널드 하비는 아마도 미국 역사에서 가장 많은 사람을 죽인 연쇄살인범일 것이다. 1970년에서 1987년 사이에 무려 87명 정도를 죽였을 텐데, 도널드 하비는 이 모두를 조셉 콘드로처럼 눈에 띄지 않게 숨겼다. 하지만 콘드로가 조셉 맥고언과 달랐던 것처럼 도널드 하비는 콘드로와 달랐다. 그가 주로 선택한 피해자들은 저항하거나 맞서 싸우지 못하는 병원의 나이 많은 남자와 여자들이었다. 체포되어 재판을 받을 때까지 도널드 하비는 죽음의 천사라는 이름을 자랑스럽게 간직했다.

도널드 하비는 MSNBC의 파일럿 프로그램을 위해 내가 두 번째로 만난 살인자였다.

하비가 마침내 체포되어 심문을 받았을 때, 나는 심문을 지켜본 뒤 그의 자백을 끌어낼 수 있는 방법에 대해 그 자리에서 상담해달라는 요청을 받았다. 하지만 나중에 보니 하비는 자신을 심문하는 FBI 요원들에게 거리낌 없이 말했다. 심문자들은 재판을 위해 사건을 일관성 있게 정리해야 했으므로 그의 범행 동기에 관심을 두었다. 나는 그의 범행 동기뿐만 아니라 각각의 범죄 이전, 범죄를 저지르는 동안, 범죄 이후에 그가 실제로 한 행동에도 관심을 가졌다. 어떻게 그리고 왜 하비는 그런 사람이 되었는가? 어떻게 그는 그렇게 효율적으로 죽이는 법을 배웠으며, 어떤 요소들 때문에 그의 범행이 그처럼 오랫동안 발각되지 않았는가? 그는 살인 충동을 가지고 태어났는가? 아니면 잘못된 교육을 받고 자라면서 엉뚱한 사람에게 보복이나 응징을 하려고 한 결과가 살인 충동이 된 것인가? 그를 멈추기 위해 무엇을 할 수 있었으며 그의 범죄와 같은 범죄들이 다시 일어나지 않도록 하기 위해 지금 무엇을 해야 하는가? 바로 이 질문에 대한 대답이 내가 그 면담에서 얻고 싶었던 것이다.

만일 도널드 하비가 단 한 번만 범행을 저지른 범죄자였다면, 그가 흥미롭고 기이했겠지만 수사 관점에서 그렇게 중요하지는 않았을 것이다. 안타깝게도 그는 《범죄 분류 매뉴얼》에서 '의료 살인'이라는 범주에 해당하는 살인을 수없이 저지른 살인자였다.

모든 연쇄살인자는 그 자신의 고유한 방식으로 끔찍하고 무시무시하다. 하지만 어떤 면에서 도널드 하비의 행동은 특히 비열한데, 콘드로처럼 그도 신뢰를 이용했기 때문이다. 하지만 콘드로와 달리 하비는 우리가 가장 소중하게 여기는 가치들 중 하나를 왜곡했다. 바로, 아픈 사람들을 치료하고 위로하는 임무다.

아픈 사람을 치료하고 위로하는 이들이 스릴러 영화에 등장하는 범죄자 유형이 될 수는 없을 것이다. 우리는 도널드 하비 같은 사람들이 테드 번디, 찰스 맨슨, 혹은 존 웨인 게이시처럼 위험한 사람이라고 생각하지 않을지도 모른다. 하지만 이는 착각이다. 그래도 다행인 것은 사람들 대부분이 그런 유형을 절대 만나지 않을 거라는 사실이다. 하지만 하비 같은 사람들이 그림자 속에 숨어 있는 것이 아니라고 해서, 즉 전혀 의심하지 않는 채 일상생활을 하며 살아가는 피해자들을 덮치기 위해 때를 기다리는 것이 아니라고 해서, 그들이 위험하지 않다는 뜻은 아니다. 그들의 피해자들은 대개 좀 더 전통적인 연쇄살인자들의 피해자들과 같다. 나이가 많고 아무런 대비가 없는 사람들이다. 우리는 이런 사람들의 표적이 젊고 아름다운 여성들일 거라고 생각하지만, 누구보다 취약한 사람들이 그 피해자가 될 가능성이 높다. 그래서 어린아이들, 노인들, 매춘부들, 마약 중독자들, 노숙자들, 그리고 여러 소외된 집단들이 연쇄살인자들의 주요 표적이 된다.

이미 말했듯, 하비 같은 범죄자는 훨씬 더 '생산적'인 연쇄살인자가 될 수 있다고 개인적으로 생각한다. 어느 시점이 되면 대부분의 사람들은 자신 때문이든 가족 때문이든 의료 시설에 있을 것이기 때문이다.

처음부터 병원은 대부분의 사람들에게 아주 무서운 곳이다. 심지어 '기본 절차'에 해당하는 치료를 받을 때도 결과를 절대 확신하지 못한다. 만일 우리가 수술용 마스크를 쓰거나 간호사 명찰을 하고 있는 의료진을 믿을 수 없다고 느끼는 지점에 이른다면, 병원은 악몽이나 공포 영화의 내용이 되고 만다.

내가 입원했을 때를 생각해보면, 통증이 심하거나 화가 나서 간호사에게 심한 말을 한다고 해서 그 사람이 나를 죽이겠다고 결심할지도 모른다는 생각을 한번도 해본 적이 없었다. 1983년 12월, 내가 '그린 리버의 살인자'를 찾던 시기에 바이러스성 뇌염에 걸려 시애틀의 스위디시 병원에서 혼수상태로 있었을 때, 어떤 간호사나 혹은 신의 역할을 하려는 병원 잡역부가 '내 고통을 끝내주기로' 결심했다면 어떻게 되었을까? 누구라도 다음 피해자가 될 수 있었다.

경찰과 형사들이 이런 유형의 범죄자를 보통 인식하지 못하거나 감시하지도 않기 때문에, 내가 이런 면담에서 범인의 행동을 살피며 가장 중요하게 생각하는 점은 이것이다.

'이런 살인자들을 우리가 어떻게 알아보고 정체를 밝힐 것인가?'

도널드 하비는 1952년 4월 15일, 오하이오주 버틀러 카운티에서 레이

와 골디 하비의 세 자녀 중 첫째로 태어났다. 하비가 태어난 직후, 그의 부모는 애팔래치아 산맥에 있는 컴벌랜드 동쪽 경사지에 위치한 외딴 시골 지역인 켄터키주 분빌로 이사를 했다. 레이와 골디는 담배 농사를 지었다. 두 사람은 종교생활을 열심히 하면서 지역의 침례교회에도 정기적으로 출석했다. 사람들 말에 따르면, 도널드는 검은 머리카락이 곱슬곱슬하고 갈색 눈은 커다란 착하고 잘생긴 아이였으며 전혀 말썽을 부리지 않았다. 도널드의 초등학교 교장은 그를 밝고 사교적이며 옷을 말쑥하게 차려입고 아이들에게 인기가 좋은 아이로 기억했다. 예전 학급 친구들 몇 명은 그를 혼자 있기 좋아하고 선생님들에게 아부하는 아이로 기억했다.

소문을 들어보면, 도널드 하비는 분빌 고등학교에서 모범생이었으며 성적도 거의 A와 B를 받았지만, 공부에 싫증을 느껴서 졸업 전에 학교를 그만두었다. 테니스와 골프용품을 파는 상점에서 일하면서 통신 강좌로 공부해 열여섯 살이 되었을 때 고졸학력인증서를 받았다. 대체로 굉장히 평범한 이야기다.

하지만 이 평범해 보이는 보통의 어린 시절은 개별적으로 혹은 집단적으로 하비의 미래에 상당한 영향을 끼쳤을 것이다. 도널드가 태어난 지 6개월 되었을 때, 아버지가 그를 안고 잠들었다가 그만 바닥에 떨어뜨렸다. 겉으로 보기에는 심각하게 다친 것 같지 않았다. 다섯 살이 되었을 때 도널드는 트럭 발판에서 떨어져 머리를 부딪쳤다. 완전히 의식을 잃은 것은 아니었지만 뒤통수에 13cm 정도의 상처가 생겼다. 그리고 여러 기록을 보면, 도널드의 어린 시절 내내 그 부모는 서로 신경을 곤두세우고 이따금 폭력을 휘두르기도 했는데, 그럼에도 골디는 자신의 아들이 사랑이 넘치는 가정에서 자랐다고 말했다.

이런 트라우마들이 도널드 하비의 감정을 형성하는데 역할을 했을까? 법의학 커뮤니티에서는 뇌 손상과 뇌 이상이 강력 범죄에 미치는 영향에 관해서 논쟁이 계속되고 있다. 영상 연구와 부검 결과, 다수의 살인자가 다양한 종류의 뇌병변 장애를 가지고 있는 것으로 밝혀졌다. 결정론 진영에 있는 사람들, 즉 일탈 행동의 대부분이 명백한 생리적 원인의 영향을 받는다고 믿는 사람들은 이런 병변들을 범죄자가 그런 식으로 행동한 이유로 지적한다. '자유 의지' 진영의 사람들은 이런 병변들은 원인이라기보다 증상일 수 있다고 말한다. 즉 이 병변들은 이런 사람들이 어린 시절 보여주듯 충동적이고 위험을 무릅쓰는 행동을 하기 때문에 다친 결과라는 것이다.

도널드 하비 사건에서 이런 사고들이 어떤 영향을 주었다는 증거는 전혀 없지만, 그가 어린 시절에 겪은 다른 사건들은 우려할 만한 이유가 된다. 연쇄범죄자들이 결손가정에서 자랐거나 성장 과정에서 학대를 받은 경우가 흔히 있기 때문에, 나는 그 면담을 준비하는 동안 하비의 정신세계가 형성되는데 거의 분명하게 영향을 미친 사건이 있었는지 밝히는 데 특별히 관심을 가졌다. 버지니아의 라드퍼드 대학 심리학부에서 만든 상세 보고서를 보면, 네 살 무렵부터 하비는 엄마의 이복형제인 웨인에게 성적으로 학대를 당했는데, 웨인은 하비에게 오럴 섹스를 강요하고 자위행위를 돕게 했다. 1년 뒤 어린 도널드는 나이 든 이웃사람에게도 성추행을 당한 듯했다. 두 사람 모두 하비가 스무 살이 될 때까지 그런 관계를 유지할 수 있었다.

아이들은 자신이 받은 학대를 아무에게도 말하지 않도록 쉽게 위협받고 조종당할 수 있다. 하지만 아이들이 어느 정도 나이를 먹어 신체적으로 충분히 강해지면, 그들은 저항하거나 누군가에게 이를 말할 것이다. 하비는 이런 성적 접근이 싫다고 말할 만큼 나이가 들었음에도 그렇게 하지 않았다. 그 즈음 하비는 삼촌과 이웃사람을 조종하고 갈취해 자신이 원하는 걸 얻을 수 있다는 사실을 알게 되었다. 나중에 그는 이웃 사람이 돈을 줄 때는 좋았다고 말했다. 마침내 열여섯 살이 되어 고졸학력인증서를 받을 무렵, 그는 처음으로 서로 합의한 성관계를 했다. 다음 해에는 또 다른 남자와 이따금 만나기 시작했으며 이 관계는 15년 동안 계속되었다.

고향에 싫증이 난 하비는 오하이오주 신시내티로 이사했고 지역 공장에서 일자리를 얻었다. 하지만 일하는 속도가 느리다는 이유로 공장에서 해고되었다. 며칠 뒤에 그의 어머니가 그에게 전화해서 할아버지를 찾아가 보라고 했는데, 그때 할아버지는 분빌에서 멀지 않은 켄터키주 런던의 가톨릭 병원인 메리마운트 병원에 있었다. 실업자였던 하비는 기꺼이 가겠다고 했다.

하비는 그 병원에서 많은 시간을 보냈고 얼마 지나지 않아 간호사와 관리자로 일하는 수녀들의 환심을 샀다. 직장이라는 환경에서 다른 사람들을 매료시키고 그들과 친해지는 이 타고난 능력은 도널드 하비가 반복하고 반복해서 사용하던 특성이었다. 그는 다른 사람을 기분 좋게 하려고 언제나 그들의 이익을 먼저 생각하는 그런 젊은이처럼 보였다. 수녀들 중 하나가 하비에게 병원에서 일해 보지 않겠느냐고 물었다. 그는 직업이 필요했고 특별히 공장으로 돌아가고 싶지도 않아서 그 제안을 흔쾌히 받아들였다. 그는 병원이나 의료 시설에서 일해 본 경험이 없었지만, 잡역부로 일하면서 환자들을 씻기고 침대를 정리하고 환자용 변기를 바꾸고 검사를 위해 그들을 병원 여기저기로 데려가고 카테터를 삽입하고 약을 나눠주고 그밖에 다른 일들을 했다. 하비는 그 일을 즐겼으며, 병원 직원들도 하비를 좋아하고 그의 적극적인 태도를 고마워했다.

1970년 5월 30일, 저녁 근무를 하던 중인 열여덟 살 된 잡역부가 여든 여덟 살 된 뇌졸중 환자 로건 에반스의 상태를 확인하러 들어왔다. 로건 에반스를 담당하는 수녀는 하비에게 그 환자가 자신의 정맥주사관을 뺐으니 목욕을 시키고 줄을 다시 삽입해야 한다고 말했다.

하비가 침대 시트를 젖히는데 에반스의 대변이 그의 손에 묻은 게 보였다. 그리고 하비가 몸을 구부리자 에반스는 더러워진 시트를 그의 얼굴에 문질렀다. 하비는 머리끝까지 화가 나서 자신도 모르게 에반스를 푸른색 비닐 시트에 싸여 있는 베개로 질식시켰다. 나중에 그는 이렇게 기억했다. "그걸 보는 순간 더는 견딜 수가 없었어요. 정신을 차릴 수가 없었죠. 나는 그 사람을 도와주러 갔는데 그는 그걸 내 얼굴에 문지르려고 하는 거예요."

하비는 베개로 에반스의 코와 입을 계속 누르면서 그의 심장박동 소리가 점점 희미해지다 멈추는 것을 청진기로 들었다. 그런 다음 비닐 시트를 처리하고 시신을 씻기고 침대 시트를 갈고 에반스에게 새 환자복을 입힌 다음 샤워를 했다. 그리고 근무 중인 간호사에게 가서 에반스가 죽은 것 같다고 알렸다.

사망한 환자는 장례식장으로 옮겨졌다. 하비는 이렇게 말했다.

"아무도 그 죽음에 대해 의문을 갖지 않았습니다."

이 살인에 관련된 세부적인 사실이 어떻든 법집행 기관의 관점에서 볼 때 이것은 일어날 수 있는 최악의 사건인데, 연쇄살인자로 가는 길의 출발점이 될 수 있기 때문이다. 어떤 사람이 처음 범행을 저질렀는데 아무 일도 없다는 걸 일단 깨닫게 되면, 자신이 가진 힘을 의식하면서 스스로의 신화를 만들기 시작한다. 즉, 그는 경찰이나 주변의 모든 사람보다 자신이 더 똑똑하다고 생각한다.

데니스 레이더와 데이비드 버코위츠는 분명 이런 예에 속한다. 둘 중 누구도 다른 사람들에 비해 월등히 똑똑하지 않았지만, 둘 다 여러 건의 살인을 저지르고도 들키지 않았다는 사실을 자신들은 똑똑하고 법집행 기관은 멍청하다는 증거라고 생각했다. 보통 사람들도 그런 것처럼, 연쇄살인범들은 행운을 개인의 능력으로 오해하기도 한다. 그리고 미확인범의 정체가 얼마나 빨리 밝혀지는지 혹은 얼마나 빨리 범죄자가 체포되는지에 이 행운이 종종 결정적 역할을 한다는 것을 우리는 인정해야 한다.

몇 건의 살인을 저지르고도 잡히지 않았을 때 버코위츠는 자신이 뛰어난 살인자라고 믿기 시작했다. 온 언론이 그의 이야기를 하고 100명의 인원으로 구성된 태스크포스 팀이 그를 찾는데 투입되었다. 이 모든 상황을 보면서 그는 분명 자신이 이런 범행에 아주 능숙하다고 판단했다. 버코위츠는 뉴욕경찰청의 사건 담당 형사이며 나중에 형사 반장이 된 조셉 보렐리에게 꽤 조리 있는 편지를 썼다. 편지에서 그는 자신의 이름을 '샘의 아들'이라고 하면서, '퀸스의 사람들'에게 자신이 군주와 같다고 말했다. 그리고 마지막에 '살인자이며 괴물이'라고 서명했다.

버코위츠가 이해하지 못한 사실은 행운이 그를 보호할 수 있었던 것처럼 언제든 행운이 끝날 수도 있다는 것이었다. 주차위반 딱지와 마지막 범죄 현장에 남겨진 그의 이름이 연결될 때 그랬던 것처럼 말이다.

어떤 면에서 버코위츠와 하비는 비슷한 동기 부여 모델을 보여준다. 버코위츠가 이성애자고 하비가 동성애자긴 했지만, 두 사람 모두 인격 형성기에 성적으로 억압당했다. 하비는 어린 시절 그가 알고 신뢰할 수도 있었던 사람들에게 추행을 당했다. 버코위츠는 군에 복무하는 동안 매춘부와 처음으로 성관계를 가졌고 그 매춘부에게서 성병이 옮았다. 두 남성은 인생 경험과 개인 능력에 따라 각자 다른 방식으로 살인을 했겠지만(버코위츠는 강력한 무기인 권총으로 살인을 했고 하비는 의료 장비와 약물을 이용해서 살인을 했다.), 두 사람 모두 분노와 낮은 자존감 때문에 살인을 했다.

버코위츠와의 면담에서 얻은 아주 흥미로운 통찰들 중 하나는, 그가 자신이 저지른 살인들에 대해 항상 생각하고 있었다는 것이다. 어느 날 밤 범행 대상을 찾을 수 없었을 때, 그는 과거에 성공적으로 살인을 했던 범죄 장소에 가서 그 당시에 범죄를 저지르며 맛보았던 힘과 성적 에너지의 느낌을 되살리려고 자위를 할 정도였다.

이와 대조적으로 도널드 하비는 우발적 피해자들을 거의 끝도 없이 손에 넣을 수 있었으므로 굳이 찾으러 다닐 필요가 없었다. 버코위츠 같은 사람과 비교해 실제로 아주 똑똑했던 하비는 자신의 환경을 주의 깊게 관찰하고 그 시스템의 작동 방식(이 경우에는 병원의 정해진 절차)을 역이용해서 자신이 원하는 걸 얼마든지 할 수 있었다. 그는 어떤 병원에서든 보안의 취약점을 재빨리 파악할 수 있다고 내게 자랑했다. 예를 들어, 그는 병원 경영진이 그의 근무를 더 자주 교대시켰거나 정기적으로 그를 다른 부서에 배치했더라면 살인을 하는 것이 더 어려웠을 거라고 생각했다. 같은 직원과 같은 환자들이 있는 단일 병동에 배정되었다는 사실 때문에 그는 들키지 않고 자신만만하고 편안하게 사악한 범죄를 저지를 수 있었다.

도널드 하비가 이런 사실을 확실히 깨닫기까지는 오랜 시간이 걸리지 않았다.

다음 날, 하비는 제임스 타이리에게 맞지 않는 크기의 카테터를 사용했다. 하비는 이것이 사고라고 주장했지만, 타이리가 카테터를 제거해 달라고 소리쳤을 때 하비는 환자가 피를 토하고 죽을 때까지 손바닥 끝으로 그를 제지했다.

불과 3주 뒤에 하비는 엘리자베스 와이어트라는 나이든 여자의 병실에 있었는데, 그녀는 하비에게 고통이 덜할 수 있게 죽기를 기도하고 있으며 자신의 의지로 죽을 수 있길 바란다고 말했다. 하비는 산소 공급을 하지 않는 방법으로 그녀를 도왔다. 몇 시간 뒤에, 간호사는 환자가 죽은 것을 발견했다.

다음 달에 하비는 유진 매퀸을 엎어놓아서 호흡 장애 환자인 그가 숨을 쉴 수 없게 했다. 그는 폐에 물이 찼는데, 그 다음에 하비는 간호사의 지시에 따라 그를 목욕시켰다. 매퀸이 사망 선고를 받았을 때 사망 원인에 대한 조사는 전혀 이루어지지 않았고, 단지 몇몇 병원 직원이 환자가 죽은 것도 모르고 목욕시켰다며 하비를 놀렸다.

첫 번째 살인을 한 지, 그러니까 로건 에반스를 죽인 지 두 달이 채 지나지 않아서 하비는 벤 길버트에게 카테터를 꽂으러 갔다. 하지만 환자가 금속 소변기를 던지는 바람에 하비는 정신을 잃고 말았다. 방향감각을 잃고 정신적으로 불안정했던 길버트가 하비를 무엇인가를 훔치러 온 도둑으로 착각했던 것 같다. 하비는 의식을 되찾고 나서 복수할 방법을 찾았다. 그날 저녁 길버트 방으로 다시 간 하비는 환자에게 맞는 18Fr 카테터가 아닌 그보다 지름이 큰 20Fr의 여성용 카테터를 사용했다. 그런 다음 곧게 편 철사 옷걸이로 카테터를 깊숙이 넣어 방광과 창자에 구멍을 냈다. 길버트는 내출혈로 쇼크 상태가 되었다가 혼수상태에 빠졌다. 하비는 옷걸이와 카테터를 빼서 없앴다. 그런 다음 18Fr 카테터를 다시 꽂고는 그가 병실에 들어갔을 때 환자가 아무 반응이 없었다고 보고했다. 길버트는 나흘 뒤에 전격성 감염으로 사망했다. 이것이 우리가 '계획적 살인'이라고 분명하게 말할 수 있는 도날드 하비의 첫 번째 살인이었다.

이런 일이 있을법해 보이지 않지만, 아무도 이 죽음들 중 어떤 것에 대해 의심하거나 그 특정한 병실들에 하비가 있었다는 사실과 연관 짓지 않았던 것 같다. 살인을 하고도 들키지 않을 때마다, 자신이 우월하고 지략이 풍부하다는 하비의 믿음은 더 강해졌다.

열아홉 번째 생일을 맞이하기 전에 하비는 메리마운트에서 적어도 열다섯 명의 환자를 죽였다.

하비는 매번 환자와 시스템의 취약함을 자신에게 유리하게 이용했다. 그는 결함이 있는 산소통을 하비 윌리엄스와 모드 니콜스에게 사용했다. 나중에 그는 윌리엄스의 죽음이 사고라고 말했지만, 니콜스 부인은 심한 욕창에 감염되어 구더기가 우글거리는 탓에 직원들이 그녀를 제대로 돌보려 하질 않는 걸 보고 죽였다고 했다. 또 그는 윌리엄 볼링의 산소통을 작동시키지 않았는데, 환자가 너무 힘들게 호흡해야 한다는 이유에서였다. 그래서 윌리엄 볼링은 중증의 심근 경색으로 죽었다. 비올라 리드 완은 백혈병을 앓고 있었는데, 하비는 그녀에게서 나쁜 냄새가 난다고 생각했다. 그래서 로건 에반스를 죽였을 때처럼 비닐 시트로 싼 베개를 사용해 그녀의 고통을 끝내기로 결심했다. 하지만 누군가가 들어오는 바람에 멈춰야 했다. 그래서 나중에 하비는 결함이 있는 산소통을 환자에게 연결하고는 그녀가 죽기를 기다렸다.

이 죽음들 중 어떤 것에 대해서도 겉으로 드러난 것과 다른 이유가 있을 거라는 의심을 기초로 조사가 이루어지지 않았다. 그래서 하비는 계속 피해자를 늘릴 수 있었다. 내가 볼 때, 하비가 자신을 부진아로 보았던 것이 분명했다. 그는 의사와 간호사들이 중요한 모든 지위를 차지하고 존중받는 환경에서 잡역부로 일했다. 그래서 자신이 그 '게임'에 그들보다 더 유능하다는 걸 증명하려고 했다. 사실, 그는 그 게임을 조롱하려 했다.

하비는 신부전을 앓고 있는 사일러스 버트너를 질식시켜 죽이려고 여러 번 시도했지만, 매번 방해를 받았다. 하비는 다시 한번 그 결함 있는 산소통을 사용했다. 또한 하비는 샘 캐롤이 폐렴과 장폐색으로 충분히 고통 받았으며 존 콤스는 심부전을 충분히 오래 견뎠다고 판단했다. 그는 두 사람 모두 작동 불량의 산소통을 이용해 죽였다. 또한 팔의 화상으로 치료받던 매기 롤링스를 질식시켜 죽였다. 하비는 그녀의 얼굴과 베개 사이에 비닐봉지를 끼워서 나중에 부검을 했을 때 기도에서 어떤 섬유도 검출되지 않게 했다.

하비는 진통제도 사용했다. 마가렛 해리슨의 경우에는 데메롤, 모르핀, 코데인 같은 진통제를 과다하게 투여해서 죽였는데, 그것들 모두 다른 환자에게 전해질 약이었다. 울혈성심부전으로 입원했던 밀턴 브라이언트 새서는 간호사 스테이션의 약장에서 훔친 모르핀을 과도하게 투여해 죽였다. 하비는 피하주사바늘을 변기에 넣고 흘려보내려고 했지만 변기 파이프가 막혀버렸다. 하지만 누구도 그 일을 새서의 죽음과 연결 짓지 않았다.

병원에서 근무한 첫해부터 이어진 이 죽음들로는 충분하지 않은 듯, 하비는 이제 추가적으로 시체들이 어떤 모습인지에 대해 배우기 시작했다. 그러는 동안 하비는 자녀가 있는 기혼의 장의사인 버논 미든과 관계를 시작했다. 미든은 하비에게 시체에 대해, 그리고 사람이 어떻게 죽었는지를 보여주는 신체적 증거에 대해 많은 걸 가르쳐주었다. 하비는 특히 질식사의 징후들을 숨기거나 감추는 방법에 관심이 있었다.

이것은 하비가 가까운 미래에 이용할 정보였다.

1971년 3월 말 경에 하비는 메리마운트 병원을 떠났는데, 아마도 자신
의 범죄가 발각되어 체포될까봐 두려워서였을 것이다. 아니면 단순히
우울했을 수도 있는데, 그해 봄에 하비는 자신이 살았던 빈 아파트 욕
실에 불을 지르는 방법으로 자살을 시도했기 때문이다. 하지만 하비는
다른 사람을 죽이는 것과는 달리 자신을 죽이는 데는 능하지 못했다.
그는 재물 파괴 혐의로 체포되어 50달러의 벌금을 냈다.

그 직후, 하비는 절도죄로 체포되었다. 술이 취한 상태에서 그는 체포
하는 경찰들에게 메리마운트에서 열다섯 명을 죽인 일을 횡설수설했
다. 경찰은 이 진술에 대해 하비를 심문하고 그의 범죄를 확인하려 했
다. 하지만 증거가 전혀 없었으며, 그 병원에 있는 사람 누구도 하비가
그 죽음들과 관련 있다고 믿지 않았다. 하비는 경미한 절도 혐의에 대
해 유죄를 인정했고 이번에도 약간의 벌금을 물었다.

라드퍼드 대학 보고서를 보면 이 시기에 하비는 루스 앤 호지스라는
여성과 처음으로 이성 교제를 했는데, 그녀의 가족과 지내는 동안 켄터
키주 프랭크퍼트에서 일자리에 지원했다. 그는 술에 취한 저녁이면 그
녀와 벌거벗고 있었던 일은 기억하면서도 그밖의 다른 것은 기억이 나
지 않는다고 했다. 이후 9개월이 지나 호지스는 아들을 낳았고, 아버지
이름을 따서 아이 이름을 하비라고 지었다. 수년에 걸쳐서 그는 아버지
노릇을 받아들였다가 거부했다가를 반복했다.

1971년 6월에 하비는 미 공군에 입대했다. 군복무를 하는 동안 짐이
라는 남자와 짧은 연애를 했는데, 나중에 그를 죽이고 싶은 충동이 있
었다고 털어놓았다. 군대처럼 엄격하게 통제된 환경에서는 잡힐 수도

있다는 두려움 때문에 실행에 옮기지 못했던 것 같다.

하지만 하비는 군대에서 오래 견디지 못했다. 또 한번 자살시도를 했는데, 이번에는 감기약인 나이퀼을 과다 복용했다. 이 일로 공군에서는 하비가 과거에 경찰에 체포된 적이 있으며 자기가 병원에서 사람을 죽였다고 켄터키에서 경찰에게 제정신이 아닌 것처럼 횡설수설했다는 사실을 알게 되었다. 공군에서는 이런 일이 반복되는 걸 원치 않으므로 하비는 1972년 3월에 전역했다.

계속되는 우울증과 가족과의 불화로 하비는 다시 자살시도를 했고 병원으로 실려 갔다. 이번에는 진정제인 플라시딜과 항불안제 이퀴닐을 과다복용 했다. 병원에서는 위세척을 한 다음 하비를 켄터키주 렉싱턴에 있는 재향군인병원의 정신병동으로 보냈다. 그곳에서 하비는 스스로를 통제하지 못했기 때문에 종종 강제로 제압당해야 했다. 병원에서는 하비에게 전기충격 요법을 반복해서 시행했는데, 이것은 만성 우울증을 치료하는데 대개는 굉장히 효과적이다. 하지만 도널드 하비의 경우, 이 요법은 거의 효과가 없었다. 하비가 퇴원했을 때, 하비의 부모는 아들에게 더는 집에서 함께 지내지 못하겠다고 말했다.

1972년에 몇 달 동안 하비는 렉싱턴의 카디널 힐 재활병원에서 파트타임 간호조무사로 일했는데, 그러는 동안 근처 재향군인병원에서 계속 외래로 치료를 받았다. 그리고 굿사마리탄 병원에서 부업을 하기도 했다. 그 기간 동안 두 명의 남자와 사귀었고, 그들 각각과 함께 살기도 했다.

하지만 이 시기에서 가장 중요한 사실이라면 하비가 어떤 병원에서도 사람을 죽이려 하지 않았다는 것이다. 이것은 하비가 신의 역할을 하려는 충동과 강박을 통제하려 했기 때문일 것이다. 그게 아니라면 메리카운트 병원에 있을 때보다 더 철저하게 감독을 받은 탓에 잡힐까봐 두려워서였을 수도 있다. 병원이라는 환경은 하비가 편안함을 느끼는 곳이었고, 병원에서 손쉽게 접근할 수 있는 피해자들에게 범죄를 저지를 수 없다면 낯선 곳에서 다른 사람들에게 범죄를 저지르기는 훨씬 더 벅찰 것이다.

하지만 상황이 다시 변하려 하고 있었다.

17
야간근무

1975년 9월, 하비는 다시 신시내티로 돌아간 뒤 그곳 보훈병원에서 야간근무 일자리를 얻었다. 하비가 해야 하는 일의 범위는 넓었고, 그는 자신이 필요한 곳이면 어디에서든 일을 했다. 그리고 간호조무사, 심장 카테터 전문가, 청소부, 영안실 보조 등 여러 역할을 해냈다. 이렇게 여러 가지 일을 맡은 덕에 하비는 감독받지 않고 병원의 모든 곳을 그야말로 마음대로 다닐 수 있었다. 그는 특히 영안실에서 일하는 것을 좋아했으며 할 수 있는 한 모든 걸 배우려고 노력했다.

바로 이런 역할을 하면서 하비는 오컬트에 관심을 갖게 되었다. 몇 년 동안 하비는 마술과 신비주의 관련된 것에 매료되었지만, 그의 관심은 그때까지 제자리를 찾지 못했다. 하비는 오컬티즘과 마법 관련 주제에 전념하는 그룹에 들어가고 싶어 했다. 하지만 여기에는 문제가 있었다. 이 그룹은 이성애 커플들만 가입을 받아주었는데 하비는 독신 게이 남자였다. 그래서 하비와 또 다른 남자는 이미 그룹에 가입한 남자들의 아내나 여성 파트너들과 짝을 이루어 가입 절차를 밟았다.

악마숭배, 오컬트, 마술, 마법(혹은 사람들이 그런 이름으로 부를 수 있는 어떤 것이든)과 강력 범죄 사이의 관계에 대해서는 오랜 세월 동안 많은 논의가 있었다. 1980년대와 1990년대에 이 문제는 한동안 거의 모든 텔레비전 토크쇼의 주제였으며, 경찰에서는 실제로 컨설턴트들을 고용해 사탄적 의식과 관련된 살인을 알아내는 방법을 배우기도 했다. 비록 미디어와 일반 대중, 다수의 법집행 기관에서는 이런 제의적인 범죄들이 곳곳에서 일어나고 있다고 확신했지만, FBI는 각각의 주장을 철저하게 조사하고서도 단 하나의 타당한 예도 찾지 못했다. 내 친구이며 굉장히 존경받는 동료, 특별 수사관을 지낸 케네스 래닝은 이 즈음 〈'의식을 위한' 아동 학대 혐의에 관한 수사관 가이드Investigator's Guide to Allegations of 'Ritual' Child Abuse〉라는 제목의 획기적인 논문을 썼는데, 이 논문에서 그는 전반적인 현상의 문제점을 근본적으로 밝혔다. 켄은 여러 주장을 외계인 납치의 수많은 설명에 비유하면서 "내가 아는 어떤 사건에서도 조직화된 사탄 숭배의 증거는 발견되지 않았다."라고 썼다.

그렇다면 이런 주장은 도널드 하비 같은 능동적인 연쇄살인범이 오컬트에 깊은 관심을 갖고 그것에 몰두하는 그룹에 가입한 사실과 어떻게 연결될 수 있을까?

기본적인 대답은, 하비의 살인은 오컬트가 동기가 된 것이 아니며 종교 의식이나 유사종교적 요소가 있는 것도 결코 아니라는 것이다. 하비가 살인을 한 것과 같은 이유(자신에 대한 불만족과 힘에 대한 갈망)로 오컬티즘에 관심을 갖게 되었을 수는 있지만, 사탄주의나 흑마술 때문에 그가 살인을 하게 된 것은 아니었다. 그것은 원인이라기보다 징후라고 할 수 있다. 무능한 사람이 오컬트를 통해 힘이나 혹은 다른 만족스러운 삶의 차원을 얻으려 할 수도 있지만, 이것은 하비가 살인을 한 '이유'와는 아무런 관계도 없었다. 공군에 복무할 때와 렉싱턴에서 지내던 비교적 짧은 기간 동안 살인을 하지 않았지만, 그 뒤에 곧 하비는 다시 살인을 시작했다.

이후의 10년 동안 도널드 하비는 보훈병원에서 적어도 열다섯 명이 넘는 환자들을 살해하면서 관련 지식과 방법, 독창성을 확대해 갔다. 여전히 산소 공급을 차단하는 방법을 썼지만, 그것 말고도 질식, 비소, 청산가리를 사용했고 환자의 후식에 과거의 방식인 쥐약을 넣기도 했다. 청산가리는 혈압을 신속하게 낮추고, 혈관을 확장하고, 당뇨병 환자의 혈액 속 케톤 상태를 측정하는 등의 목적을 위해 합법적으로 사용하는 약물이다. 하비는 청산가리가 정맥주사 줄에 들어가거나 환자의 엉덩이에 직접 주사될 때에도 동일한 효과를 낸다는 걸 발견했다. 그는 병원 약장에서 이 약물을 조금씩 서서히 빼내 결국 30파운드 정도를 집에 모아두었다! 또한 그는 의학 저널들을 공부하면서 자신의 죄를 감추는 방법들을 보다 확실하게 습득했다. 하지만 하비에게 가장 크게 도움이 되었던 것은 다른 연쇄살인자들과 달리 그가 저지른 살인들은 모두 자연사로 여겨졌다는 사실이다.

하비는 한동안 남자와 데이트를 하고 있었지만, 둘은 자주 말다툼을 했다. 어느 날 유난히 심하게 말다툼을 하고 난 뒤 하비는 그 남자의 아이스크림에 비소를 넣었다. 살인을 의도하고 했던 행동은 아니었고, 그냥 파트너를 아프고 불편하게 하고 싶어서였다. 하지만 이 행동은 하비가 처음으로 병원 바깥에서 누군가를 해치려고 시도한 행동이라는 점에서 중요했다.

이런 일이 반복되고 하비의 행동이 점점 과감해진다는 것은 사회 전체에 가해지는 위험이 점점 증가한다는 점에서 중요한 티핑 포인트가된다. 사실상 모든 연쇄살인자는 스스로 가장 안전하다고 생각하는 곳에서 범행을 시작한다. 그것은 그의 집, 일터, 그가 잘 아는 공원과 가까운 곳일 수 있고 아니면 그가 편안하고 자신만만하게 느끼는 곳이면 어디든 될 수 있다. 연쇄살인자나 강간범 사건을 맡을 때 우리는 항상 그 연쇄사건들의 첫 번째 범죄가 일어난 장소에 특히 주의를 기울이는데, 그것이 범인에 대해 많은 걸 말해주기 때문이다.

잭 더 리퍼처럼 미치광이 같고 불안정한 살인자의 사건을 조사할 때도 우리는 런던 이스트엔드의 지도를 연구하고 범죄 현장들을 순서대로 집어내면서 첫 번째와 두 번째 안전지대를 분명하게 알아낼 수 있었다. 하비의 첫 번째 안전지대는 병동이었다. 거기에서는 어느 누구도 그의 행동을 방해하거나 그의 행동에 특별히 관심을 기울이지 않았다. 경험을 통해 하비는 병동이라는 환경에서는 자유롭게 활동할 수 있다는 걸 알았다.

일단 안전지대 밖에서 살인을 시도하려고 준비하면서, 하비는 연쇄살인자로서 엄청나게 진화하고 발전했다. 그는 새로운 위험 요소들을 평가해본 뒤 그것들을 받아들일 준비가 되었다고 결론 내렸다. 하비에게 살인은 이제 자신이 특별한 상황에 있다고 생각할 때 실행하는 어떤 일이 아니었다. 이제는 죽음이 발생한 장소보다 죽음 그 자체가 하비를 정의했다. 하비의 안전지대가 확대되면서, 그의 잠재적 피해자들에게 안전한 공간은 없어졌다.

같은 해(1980년)에 하비는 칼 호이웰러라는 남자와 동거했다. 하지만 칼이 월요일마다 지역 공원에서 다른 남자들을 유혹한다는 걸 알고 나서 하비는 일요일마다 칼의 음식에 적은 양의 비소를 넣어 그가 월요일 모험을 하지 못하게 했다.

칼은 이웃 사람과 친했는데, 하비는 그 이웃 사람이 둘의 관계를 위협하고 둘을 갈라놓으려 한다고 생각했다. 그래서 그녀를 아크릴산으로 독살하려 했고, 그 방법이 효과가 없자 병원에서 가져온 살아있는 AIDS 바이러스로 감염시키려 했다. 하지만 어떤 방법도 효과가 없자 역시 병원에서 훔쳐온 B형 간염 혈청을 그녀의 음료에 탔다. 이 감염은 아주 심해서 그녀는 병원에 입원해야 했으며, 그곳에서 적절한 진단과 치료를 받았다. 하지만 그 누구도 그녀의 병을 부정행위나 도널드 하비와 연결 짓지 않았다.

하비는 헬렌 메츠거라는 또 다른 이웃도 칼에게 위협이 된다고 생각했다. 그래서 남은 음식에 비소를 뿌려 그녀에게 주었고, 그녀의 냉장고에 있는 마요네즈 병에도 비소를 뿌렸다. 몇 주 뒤에는 비소를 섞은 파이를 주기도 했다. 헬렌은 마비가 진행되었으며 호흡을 제대로 하기 위해 기관절개술을 받아야 했다. 하지만 기관절개술을 받고 난 뒤에 출혈이 시작되었고 의식을 잃었다. 그리고 다시는 깨어나지 못했다. 병원에서는 근육이 마비되는 길랭 - 바레 증후군으로 폐까지 영향을 받아 사망에 이른 것으로 보았다.

하비는 좋아하던 이웃이라며 헬렌의 장례식에서 관을 메겠다고 나섰다. 나중에 그는 헬렌 메츠거 부인에게 죽게 할 만큼의 비소를 줄 의도는 없었으며 단지 약간의 고통만 주려 했다고 주장했다. 헬렌 메츠거의 장례식 다음 날 그녀의 아파트에 모여 있던 가족에게 바로 그 일이 일어났다. 깨진 병에 있던 마요네즈를 먹고 나서 가족 중 몇 명이 복통을 일으켰다. 하지만 다행히 그들 모두 회복되었다. 그들의 병은 원인이 밝혀지지 않은 식중독으로 기록되었다.

칼과 지내면서 살인에 대한 하비의 욕망은 더 높아졌다. 하비는 칼의 부모와 말다툼을 하고 나서 그들의 음식에 비소를 넣기 시작했다. 칼의 아버지 헨리 호이웰러는 뇌졸중을 일으켜 프로비던스 병원에 입원했다. 며칠 뒤 하비는 병원으로 헨리를 보러 가서는 그가 후식으로 먹는 푸딩에도 비소를 더 넣었다. 헨리는 그날 밤 신부전과 뇌졸중의 영향으로 죽었다. 다음 해를 지나면서, 하비는 칼의 엄마인 마가렛의 음식에도 계속해서 간간이 비소를 탔지만 죽이지는 못했다.

하지만 하비는 어쩌다 보니 칼의 처남 하워드 베터를 죽였다. 하비는 메탄올, 즉 메틸알코올의 접착식 라벨을 제거했고 그 메탄올 일부를 보드카 병에도 저장해 놓았다. 칼이 그 사실을 몰랐거나 아니면 병을 혼동해서 하워드에게 병 안의 액체를 몇 잔 따라주었다. 메탄올은 독성이 아주 강했으므로 하워드는 병의 액체를 마신 즉시 병이 났다. 그리고 심장마비로 죽었다.

1984년 1월 즈음, 칼은 하비의 변덕스러운 행동과 기분 변화에 질려서 그에게 집에서 나가라고 요구했다. 칼의 이런 태도에 너무나 화가 난 하비는 다음 2년에 걸쳐 칼을 독살하려고 여러 차례 시도했다. 하지만 한번도 성공하지 못했다. 하비는 또 다른 전 남자 친구인 제임스 펠루소를 독살했는데, 심장병을 앓고 있던 제임스 펠루소는 하비에게 자신이 스스로를 돌볼 수 없는 시점이 되면 '도와달라고' 미리 요청을 해두었다. 하비는 그의 칵테일과 푸딩에 비소를 넣었다. 제임스는 보훈병원에 실려 온 뒤 그곳에서 죽었다. 그가 심장병을 앓고 있었기 때문에 부검은 이루어지지 않았다.

또한 하비는 이웃 에드워드 윌슨이 마시는 소화제에도 비소를 넣었다. 윌슨과 칼은 공과금 문제로 말다툼을 했는데, 하비는 자신이 칼과 문제가 있긴 했어도 그를 보호하고 싶었다. 윌슨은 그 독을 마시고 나서 닷새 뒤에 죽었다.

같은 시기, 언제나 근면했던 하비는 그 병원에서 영안실 관리인으로 승진했다. 이것은 하비가 신나치 비주류 집단인 국가사회당에 가입한 시기와 대략 일치한다. 그는 나치의 목표를 지지하지 않으며 그것을 무너뜨리기 위해 내부 정찰을 하고 있었다고 주장했다. 이 사실을 알았을 때, 나는 그가 공개적으로 내세우는 동기가 의심스러웠다. 악과 증오로 가득한 임무를 띤 조직에 가입한 것은 내가 볼 때 하비가 오컬티즘에 매혹된 것과 비슷해보였다. 어떻든 아무도 알지 못한다고 해도 모든 것은 힘, 그리고 그가 그것을 휘두르며 얻는 성적 흥분에 관계된 것이라고 나는 생각했다.

1985년 7월 18일, 운명이 마침내 도널드 하비의 발목을 잡았다. 하비가 병원을 떠날 때, 그의 행동을 수상하게 여기던 경비원들이 앞을 막아섰다. 그들은 하비가 들고 있는 운동용 가방을 수색하겠다고 요청했다. 경비원들은 그 가방 안에서 38구경 권총을 발견했는데, 총기 소지는 보훈병원 정책에 완전히 위배되는 것이었다. 그들은 또한 코카인 스푼을 비롯해 피하주사기 몇 개, 수술용 장갑과 가위들, 약 봉투도 발견했다. 의학 교재 몇 권과 오컬트 책, 그리고 베트남계와 인도계 혼혈 연쇄살인범으로 1970년대에 동남아시아 일대에서 서양인 관광객들을 대상으로 범행을 저지른 샤를 소브라즈의 전기도 있었다. 병원 직원이 하비의 라커를 뒤졌을 때, 그곳에는 현미경 검사를 하기 위해 절단한 다음 파라핀을 입힌 작은 간 시료도 있었다. 하비는 아마 칼 호이웰러가 그 총을 자기 가방에 넣었을 거라고 주장했다.

그 조사 과정에서 얼마간의 오류와 부정이 있었지만, 병원 측에서 하비를 고소하는 것은 쉽지 않았을 것이다. 더욱이 그들은 평판이 나빠질까봐 걱정했던 것 같다. 그래서 하비를 조용히 사직하게 하고 총기 소지가 금지된 장소인 병원에서 총기를 소지했다는 이유로 벌금 50달러를 내게 하는데 동의했다. 그 사고에 관한 어떤 내용도 범죄 기록에 전혀 남지 않았으며, 하비가 다른 범죄를 저질렀는지 알아보려는 시도도 전혀 이루어지지 않았다.

7개월 뒤인 1986년 2월, 하비는 또 다른 병원에서 일자리를 얻었다. 이번에는 신시내티의 대니얼 드레이크 메모리얼에서 파트타임 간호조무사로 일했다. 이후의 조사에서 알아낸 바에 따르면 어떤 사람도 하비에게 이전 직업이나 그가 일을 그만둔 이유를 묻지 않았다. 하비에 대해 뭐라고 말을 하든, 그는 자신의 '직업'에 한결같이 충실하고 열심이었다.

드레이크에서 하비가 첫 번째로 한 살인의 피해자는 너대니얼 왓슨이라는 반혼수상태의 남자였는데, 하비는 쓰레기통 안에 넣는 젖은 비닐봉지로 그를 질식시켜 죽였다. 그는 이전에도 몇 번이나 왓슨을 죽이려고 했지만 매번 방해를 받았다. 그런 일은 이전에 경험한 터라 이제는 준비가 되어 있었다. 이번에는 하비의 동기가 이상하게 두 가지로 나뉘었다. 일단 하비는 왓슨이 식물인간 상태에 있으면서 위관을 통해 음식을 먹는 치욕을 당해서는 안 된다고 생각했으며, 또한 그 환자가 죽어 마땅한 유죄 선고를 받은 강간범(입증되지는 않았다.)이라는 얘기를 들었다. 왓슨은 채 한 시간도 지나지 않아서 죽은 상태로 간호사에게 발견되었다.

나흘 뒤 하비는 또 다른 환자인 레온 넬슨을 같은 방식으로 죽였다.

그는 또 다른 두 명을 독살하고 난 뒤 직원 평가에서 열 개 항목 중 여섯 개에서 '좋음'을 받았고 나머지 네 개에서 '양호'를 받았다.

다음 10개월 동안 도널드 하비는 적어도 스물한 명의 환자를 더 죽였다. 그가 즐겨 쓰는 방법들은 비소와 청산가리를 이용한 독살이었지만, 남자 환자 한 명과 여자 환자 한 명에게는 결장루낭(장루주머니)에 사용하는 접착제거제인 디타촐을 위관을 통해 투입하기도 했다.

이 시기에 하비는 개인적인 문제들을 갖고 있었다. 칼과의 관계가 마침내 완전히 끝났으며 우울증 때문에 치료사를 만나기 시작했다. 오컬트 의식에 더 집착했으며, 이번에는 자신의 차를 몰고 산길로 가서 다시 한번 자살시도를 했다. 결국 살아남긴 했지만 머리를 다쳤고, 병원으로 다시 돌아와 결국 파멸의 길로 들어섰다.

마흔네 살인 존 파월은 헬멧을 쓰지 않은 채 오토바이 사고를 당해 몇 달 동안 혼수상태에 있었다. 아주 희미하게 회복의 기미를 보이기도 했지만 전반적으로 나빠졌으며 회복할 가능성이 희박했다. 그래서 의사들은 그가 갑자기 죽었을 때 별로 놀라지 않았다. 교통사고 사망자는 모두 부검을 받아서 정확한 사인을 밝혀야 한다는 것이 해밀턴 카운티 검시국의 정책이었다.

존 파월의 부검은 법의 심리학자면서 생화학 전문가인 리 리먼 박사가 주도했다. 리먼 박사는 체강을 열자마자 분명한 냄새를 맡았는데, 그 냄새를 쓴 아몬드 냄새에 비유했다. 리먼 박사는 즉시 청산가리를 떠올렸으며, 사인을 밝히기 위한 감별진단에서 살인을 첫째 순위에 두었다.

"쓴 아몬드 냄새가 어떤지는 모르지만, 청산가리 냄새가 어떤지는 알고 있습니다." 리먼 박사는 일간지 《신시내티 인콰이어러Cincinnati Enquirer》의 하워드 윌킨슨에게 이렇게 말했다.

부검을 마친 뒤 리먼 박사는 자신의 의심에 확신을 얻기 위해 조직 샘플을 준비해서 실험실 세 곳으로 보냈다. 세 실험실 모두 청산가리에 대해 양성반응이 나왔다는 보고서를 보냈다.

리먼은 신시내티 경찰국에 이 사실을 알렸고, 존 파월의 죽음에 관한 수사가 시작되었다. 형사들은 순서에 따라 파월의 아내부터 시작해 그의 가족과 친구들, 그리고 그가 접촉했던 사람들에게 초점을 맞췄으며 아내를 불러 심문도 했다. 이것이 표준 절차다. 남편이 식물인간 상태에 있고 청구서가 쌓여가는 상황에서, 아마도 파월의 아내는 모든 시련이 끝나길 바랐을 것이다. 하지만 경찰은 그녀나 다른 가족이 파월이 죽기를 바란다거나 그에게 악의를 품고 있다는 어떤 동기나 증거도 찾지 못했다. 다음 수사 단계는 파월에게 접근하거나 그의 병실에 드나들 수 있었던 병원 직원에 대한 조사였다. 조사를 시작한 지 얼마 지나지 않아 도널드 하비가 그 대상이 되었다. 병원의 다른 직원들이 거짓말 탐지기 조사를 받겠다고 지원했으므로, 하비도 거짓말 탐지기를 통과하는 방법에 관한 책을 산 뒤 그 조사에 지원했다.

하지만 거짓말 탐지기 조사를 받기로 한 날 하비는 병가를 냈고, 나중에 불려가 조사를 받았다. 형사 제임스 로손과 로널드 캠던이 심문을 했는데, 결국 하비는 파월이 측은했으며 그가 고통 받는 걸 보고 싶지 않아서 위관에 청산가리를 넣었다고 실토했다.

형사들은 수색영장을 발부받아 하비의 아파트를 수색해서 청산가리와 비소가 들어있는 병들, 독살과 오컬티즘에 관한 책들, 파월 살인에 대해 상세히 적은 일기를 찾아냈다. 1987년 4월 6일, 하비는 존 파월의 사망에 관해 가중처벌을 받는 1급 살인죄로 기소되었다. 하비는 정신이상을 이유로 내세우면서 무죄를 호소했고 20만 달러의의 보석금을 조건으로 구금되었다. 법원은 해밀턴 카운티 지방 검사보를 지내고 변호사 개업을 한 윌리엄 빌 웰런을 하비의 국선변호인으로 지명했다.

다음 달 열린 적격성 심사에서 하비를 검사한 정신과 의사와 심리학자가 증언을 했다. 두 사람 모두 피고가 어린 시절의 경험에서 비롯된 것으로 짐작되는 우울증 병력을 가지고 있지만, 선악을 구분하며 정신병 환자가 아니고 정신적 결함도 전혀 없다고 결론 내렸다. 이와 마찬가지로 중요한 사실은, 하비가 웰런에게 자신이 처음에 정신이상을 이유로 무죄를 호소하긴 했지만 정신착란성 방위를 주장하고 싶지는 않다고 말했다는 것이다. 웰런은 그 죽음이 안락사이며, 파월이 의식불명 상태에서 깨어날 가망이 없었고, 옳건 그르건 하비는 자신이 파월의 가정을 위한 일을 한다고 생각했다는 사실에 근거해서 가벼운 형량을 받아내겠다고 결심했다.

하지만 빌 웰런이 당시 신시내티의 CBS 계열사였던 WCPO-TV 뉴스 앵커 팻 미나르친에게서 전화 한 통을 받으면서 그의 임무는 더 복잡해졌다. 미나르친이 또 다른 기자와 함께 드레이크 병원에서 발생한 다른 죽음들 역시 하비에게 책임이 있을지 모른다는 의구심을 방송에서 이야기한 뒤에 간호사들과 다른 병원 직원들에게서 많은 전화를 받았다. 전화를 한 사람들 대부분이 익명이었는데, 그들은 하비가 범인일 수도 있다고 생각되는 미심쩍은 죽음에 대해 미나르친에게 얘기했다.

미나르친은 이 정보원들을 만나고 직접 조사를 하면서, 하비가 그 병원에서 일을 했을 때와 하지 않았을 때의 사망자 숫자를 면밀하게 비교했다. 하지만 자신에게 정보를 준 직원들의 자리를 위태롭게 할지도 모른다는 두려움 때문에 그 내용을 공개하고 싶어 하지 않았다. 자신의 선택들을 저울질하면서, 미나르친은 웰런에게 연락해 WCPO는 하비와 관련되었을 수 있는 죽음들에 관해 기사를 싣는 걸 고려하고 있다고 얘기하기로 했다.

나중에 웰런은 《인콰이어러》에 이렇게 말했다. "나는 도널드 하비와 얘기하기 위해 곧장 그 교도소로 갔습니다. 그에게 솔직하게 물었죠. '도널드, 또 다른 사람을 죽였나요?'"

하비는 그렇다고 인정했다. 웰런은 얼마나 많은 사람을 죽였느냐고 물었다.

하비는 말해줄 수 없다고 했다.

웰런이 화를 내며 그가 다그쳤다.

"내게 솔직하게 말해야 합니다!"

하비는 자신이 그 질문을 피하는 게 아니라고 설명하면서 대답했다.

"내 말을 이해하지 못하는군요. 난 대략의 숫자만 얘기할 수 있을 뿐이에요." 하비는 그 숫자가 대략 70명가량 일 거라고 생각했다.

"그가 대략의 숫자라는 단어를 말했을 때, 내가 곤경에 빠졌다는 걸 알았습니다." 웰런은 신문 인터뷰에서 이렇게 회고했다. 그 순간 변호사 웰런은 자신이 윤리적인 딜레마에 빠졌다는 걸 깨달았다. 그에게는 널리 인정받는 변호사로서의 능력을 최대한 발휘해 의뢰인을 변호할 엄숙한 책임이 있었다. 동시에 웰런은 하비가 고의적으로 저지른 범죄들에 심한 혐오감을 느꼈으며 그가 다른 사람을 마음대로 해친 행동을 변호하는 것은 옳지 않다는 것도 알고 있었다. 결국 웰런은 도널드 하비를 오하이오의 전기의자에 앉지 않게 하는 것이 자신의 주된 임무라고 결론 내렸다.

웰런은 이전에 함께 근무했으며 해밀턴 카운티 검사를 지낸 조셉 디터스에게 연락했다. 웰런과 디터스는 테이블을 사이에 두고 앉아서 도널드 하비가 자신이 한 일을 설명하는 걸 들었다. 웰런은 다른 사건들이 있었으며 정부에 거래를 제안했다고 디터스에게 말했다. 즉 카운티 검사 아서 M. 네이 주니어가 사형을 구형하지 않는다면 하비가 유죄를 인정한다는 조건이었다. 오하이오 법에 따르면 두 건의 살인을 저지른 피고에게는 사형을 선고할 수 있었는데, 하비는 오래 전에 비공식적으로 그 기준을 넘었다.

웰런은 주 정부에서 수사를 통해 모든 죽음을 입증하는 것이 굉장히 어려울 거라는 사실을 알고 있었다. 일단 목격자가 없었으며 대부분의 경우 부검이나 다른 검시 해부가 전혀 이루어지지 않았기 때문이다. 사랑하는 사람들이 자연사했는지 아니면 살해당했는지 모르는 채 많은 친척과 친구, 생존자가 이러지도 저러지도 못하는 상태로 있었다. 최근의 상황 전개로 수많은 불법 사망 민사소송을 위한 길을 닦을 수도 있다는 걸 두 변호사 모두 알고 있었다.

디터스는 수사관들이 하비의 자백 없이도 또 다른 살인을 입증할 충분한 증거를 찾을 수 있을 거라고 확신했고, 하비가 의심을 받는 사건들을 조사하기 위해 인근의 여러 주에서 의학 전문가와 과학 전문가들을 찾았다.

형량 거래에 대한 압력을 가하기 위해 웰런은 네이에게 데드라인을 주었고, 자신의 입장을 유지하기 위해 팻 미나르친과 동맹을 유지했다.

웰런과 네이는 하비가 스물여덟 건의 살인에 대해 유죄를 인정하고 완전한 자백을 하게 만들어서 연이어 세 번의 종신형을 받도록 했다. 당시의 가석방 법에 따르면, 하비는 90대 중반이 되기 전까지 석방이 될 수 없을 거라는 걸 의미했다.

하비의 자백은 열두 시간 동안 계속되었으며, 그가 자신이 저지른 살인 모두를 차근차근 천천히 그리고 굉장히 상세하게 얘기했다고 디터스는 우리에게 전했다. 그 내용이 너무도 믿기 힘들어서 얘기를 듣는 사람들은 하비가 정말 그 모든 행동을 하는 게 가능했는지 어쩌면 그냥 떠벌리는 건 아닌지 의심했다. 하지만 확인을 하기 위해 당국은 하비의 진술에 따라 독을 회수할 수 있는 열두 개의 시신을 파냈다. 디터스는 이렇게 말했다.

"그가 우리에게 말한 모든 사실을 확인했습니다."

결국 웰런은 하비가 68명을 죽였다고 믿게 되었다.

오하이오에서 거래를 한 뒤 웰런은 켄터키주 로렐 카운티의 검사장 토머스 핸디에게 가서 메리마운트 병원에서 발생한 아홉 건의 살인 자백에 대해서도 비슷한 합의를 했다. 순회재판 판사 루이스 호퍼는 오하이오와 같은 종신형들을 선고했다.

오하이오주에서 선고를 받고 켄터키주에서도 같은 형량을 선고받고 나서도, 하비는 다른 살인들을 계속 '기억했다.' 해밀턴 카운티와 형량 거래를 한 결과, 하비는 계속 진행 중인 수사에 완전히 협력하지 않는다면 사형이 선고될 수도 있는 새롭게 밝혀진 사건에 대해 기소가 될 수도 있었다.

하비는 《렉싱턴 헤럴드 리더》에서 이렇게 말했다. "나를 냉혹한 살인자라고 묘사했지만, 나는 나 자신을 그렇게 보지 않습니다. 내가 아주 따뜻하고 사랑이 많은 사람이라고 생각합니다."

18
살인자를 만드는 것

내가 도널드 하비를 면담하는데 특히 관심을 가졌던 이유들 중 하나는, 사실 그가 체포되었을 때 그 사건 자문을 했기 때문이다. 보훈병원들이 연방 시설이기 때문에 그곳에서 일어난 살인사건에 대해서는 FBI에 관할권이 있었다. 따라서 FBI에서는 하비의 일터와 그의 개인 기록을 모두 조사했다.

콴티코에 있을 때 나는 신시내티 사무소를 담당하는 특별 요원(관료 용어로 SAC라고 한다.)에게서 전화 한 통을 받았다. 그는 도널드 하비를 면담할 때 가장 효과적일 수 있는 면담 방법과 심문 전략에 대해 현장 상담을 해달라고 요청했다. 나는 그날 신시내티로 갔다. 사무소에 도착해서 그 SAC뿐만 아니라 사건에 배당된 다른 요원 두 명도 함께 만났다. 그들에게서 하비의 성장 배경과 사건에 대한 자세한 기록을 받았는데, 우리가 작성한 것과 비슷한 내용이었다. 이전에 나는 누가 심문을 하는 게 좋은지 또는 누가 해야 하는지에 대해 성격이나 태도에 근거해 가장 적합하다고 생각되는 요원을 선택해달라는 요청을 많이 받았다. 때때로 나는 SAC가 직접(당시에는 언제나 남자였다.) 면담을 하라고 제안했는데, 용의자들이 권위를 존중하기 때문이다. 면담을 해 달라는 요청을 받을 때도 있었지만, 나는 지도하는 역할이 더 좋았다. 게다가 내가 면담 과정에 관여하면 법정에서 증언하는 데 내 일정의 대부분을 쓰게 될 터인데, 그것은 내 임무가 아니었다.

검토를 마치고 나는 그 요원들을 다시 만나 공격적이지 않은 접근, 부드러운 면담 태도를 제안했다. 그들의 개인감정이 어떻든 상대에게 공감한다는 표현을 하고, 하비의 피해자들 모두 어차피 죽을 사람들이었으며 하비는 그저 그들을 고통에서 구하려고 했다는 사실을 알고 있다는 걸 보여주라고 했다. 이런 접근법을 써서 하비가 계속 얘기하게 하고 그 과정에서 각각의 살인을 할 때의 진짜 의도를 드러내게 할 수 있길 나는 바랐다. 나는 하비에게 이해한다는 인상을 주고 그의 체면을 살릴 수 있는 시나리오를 전개하라고 요원들을 지도했다. 그리고 하비의 범죄들을 '안락'사로 언급해야 하며 '살인'이나 '살해' 같은 단어를 삼가라고도 조언했다.

이 사건에 배당된 요원들은 하비와 비슷한 나이였다. 나는 FBI 사무실에서 하비를 면담할 것을 제안했는데, 그렇게 하면 힘, 즉 FBI가 가진 힘 그리고 하비가 더는 갖지 못하는 힘을 보여줄 수 있기 때문이었다.

하비와 면담을 진행할 방에는 한 면이 유리창인 거울이 있어서 나와 다른 사람들이 그 면담을 지켜보면서 요원들에게 조언을 할 수 있었다.

하비가 그 당시에는 전과가 없었고 FBI는 여전히 그를 수사하는 과정에 있었으므로 우리가 할 일이 그리 많지는 않았다. 하지만 하비가 자신의 정체가 밝혀지고 체포된 것에 안도하는 듯 했고 모든 상황에 대해 어느 정도 담담해하고 있다는 걸 우리는 알고 있었다. 그래서 나는 요원들에게 하비가 자신이 연루된 범죄에 대해 거리낌 없이 말할 가능성이 크다고 말했다. 당시에 알려지지 않은 것은 그가 죽인 환자들의 숫자였기 때문에 내가 제안한 그의 체면을 살리는 시나리오는 여전히 필요했다.

하비가 심문실로 이끌려왔다. 그는 우호적으로 보였지만, '걸렸군.'이라고 말하는 듯 음흉한 표정을 지었다. 요원들은 하비에게 먼저 그의 성장 과정에 대해 상세하게 질문하다가 범죄로 얘기를 이어갔다. 어떤 정교한 면담 기법도 쓸 필요가 없을 거라는 것이 이내 확실해졌는데, 하비가 얘기를 하고 싶어 했기 때문이다. 흡사 그가 연극 무대 위에서 독백을 하는 것 같았다.

이 면담은 요원들이 하비와 하게 될 많은 면담들 중 첫 번째가 될 터였다. 나는 나 자신의 목적을 위해 행동적 관점에서 하비를 면담하고 싶었지만, 그 사건은 너무나 복잡해서 그럴 시간이 없었다. 하지만 아마도 언젠가는 그럴 기회가 있을 거라고 생각했다.

도널드 하비, 수감번호 A-199449는 루카스빌의 남부 오하이오 교정 시설에 금방 적응했다. 그는 징계 기록이 전혀 없는 협조적인 죄수였으며, 자신과 같은 사람들이 병원에서 일하지 못하도록 하는 방법에 관해 의료 보안 회사에서 제작하는 교육용 비디오에 참여하는 것에 동의하기도 했다.

루카스빌 교정시설은 내가 방문했던 많은 교도소들과 달리 고딕 양식이 풍기는 억압적인 분위기가 없었다. 켄터키주 국경 근처에 위치한 그곳은 현대식 벽돌공장 단지로 보이기도 하고 어떻게 보면 제약회사처럼도 보이는데, 한가운데 있는 감시탑은 다른 환경이었다면 항공관제탑이라고 착각했을 것이다. 하지만 비교적 부드러운 그 외양에 속으면 안 된다. 오하이오 사형수 수감동뿐만 아니라 그 교도소 역시 그 주에서 가장 폭력적인 범죄자들이 있는 곳이다.

면담을 하기 위해 하비를 만났을 때, 나는 우리가 한번도 만난 적은 없지만 FBI가 그를 만나 심문할 준비를 할 때 상담해준 적이 있다고 말했다. 요원들이 심문을 하는 동안 나는 하비에게서 정보를 얻도록 도울 수 있을지 알아보기 위해 옆방에서 지켜보았지만, 나중에 보니 하비 스스로 굉장히 스스럼없이 말했다고 털어놓았다.

이전의 이런 저런 행동 패턴을 근거로 나는 하비가 90%에서 95% 정도 솔직할 거라고 기대했다. 내가 흥미를 느낀 것은 그 나머지 5%에서 10%였다.

면담실은 가로 6m×세로 9m 정도였고 불빛이 환했다. 악수를 할 때 하비는 활짝 웃으며 나를 맞이했다. 나도 같이 미소를 지으며 별로 힘을 주지 않고 그의 손을 잡았다.

"그래서 그 벽 뒤에 있었나요?"

하비가 환한 미소를 지으며 부드러운 남부 억양으로 내게 물었다. 그는 여전히 악의가 없고 유쾌해 보이는 남자였으며, 머리를 짧게 자르고

콧수염을 기르고 플라스틱 테 안경을 썼다. 체포될 때의 잘 생기고 머리가 곱슬곱슬했던 남자보다 더 부드럽고, 둥글고, 나이가 들었다. 하비가 교육용 비디오 제작에 참여했다는 걸 알고서 나는 만일 그가 자신의 어린 시절과 학창 시절, 인격 형성기에 대해서도 마찬가지로 숨김없이 모두 얘기한다면 큰 기여를 하는 것이며 그의 조언이 다른 사람들이 탈선하지 않도록 하는데 도움이 될 거라고 강조했다.

면담을 준비하는 내내 하비는 계속 매력적이고 협조적으로 보였는데, 그는 나와 함께 그곳에서 일하는 모든 제작진의 비위를 맞추고 싶어 하는 것 같았다. 하비가 첫 번째로 요구한 것은 그 면담과 촬영의 모든 준비를 맡은 제작자 트리샤 소렐스 도일을 만나는 것이었다. 컬럼비아 로스쿨을 졸업한 트리샤는 《60분》, 《ABC 뉴스 프라임타임ABC News Primetime》, 《20/20》을 비롯해 여러 편의 주요 텔레비전 프로그램 작업을 했으며 에미상을 수상했다. 그녀는 아주 매력적인 여성이기도 하다.

트리샤가 말했다. "안녕하세요, 만나서 반갑습니다."

하비가 대답했다. "안녕하세요. 당신은 내가 지금껏 만나본 사람들 중 가장 훌륭한 스토커예요. 당신이 네 달 동안 나를 스토킹 했기 때문에 내가 지금 이 면담을 하는 겁니다."

나는 트리샤가 훌륭하다는 말에 동의했고, 트리샤도 부정하지 않으며 하비에게 칭찬해줘서 고맙다고 인사했다. 그리고 그 말을 자기 상사에게 해주겠냐고 농담으로 물었다. 하비는 내게 트리샤를 FBI 요원으로 뽑아야 한다고 말하기도 했다. 하비는 동성애자였지만, 나는 그가 자신이 정상적이고 평범한 사람이라는 걸 보여주기 위해 예쁜 여자에게 추파를 던지고 있다는 인상을 받았다.

교도관들에게 들은 얘기로는 하비가 가능하면 멋지게 보이기 위해 꼭 옷을 세탁하고 다림질하고 싶어 했다고 한다. 실제로 하비가 재판에 출석했을 때 찍은 오래된 사진들을 보면, 외모와 옷차림에 어찌나 신경을 썼던지 변호사와 피고를 구분하기 어려웠다. 면담이 끝난 뒤에 하비는 꽃무늬 편지지에 트리샤에게 주는 편지를 썼다.

도널드 하비에 대해 내가 강한 호기심을 느낀 것은 대부분의 연쇄살인자들이 끊임없이 '사냥'을 나서고 그들 중 일부는 거의 밤마다 나서기 때문이었다. 그 사냥이 환상의 핵심 요소이며 때때로 범죄 그 자체만큼이나 만족감을 느끼게 한다. 나는 연쇄범죄자를 물웅덩이 근처의 영양한 무리를 지켜보고 있는 아프리카 세렝게티 평원의 사자에 비유했다. 어떻게든 그 사자는 몇 백 마리 혹은 몇 천 마리의 동물에서 단 한 마리를 선택하고 쫓는다. 사자는 그 한 마리의 동물이 다른 동물들에 비해 피해자가 될 가능성이 높게 혹은 피해자가 되기에 좋게 만드는 약점, 취약함을 알아채도록 스스로를 훈련했다. 그것은 사냥하는 동물의 가장 중요한 능력이다.

그러나 하비는 동물원의 사자에 더 가깝다. 그는 먹잇감을 사냥할 필요가 없었다. 먹잇감이 매일 그의 앞에 '차려졌다.' 그러니 그는 어디에서 흥분을 느꼈을까? 어디에서 만족감을 얻었을까? 무엇이 사냥 그 자체를 대체했을까? 아니면 그의 마음속에서는 병원이라는 한정된 공간 안에서도 사냥을 한 것일까?

천성 vs. 양육의 질문을 여기에 적용해보면, 하비가 '만들어진' 범주에 속하는지 아니면 '타고난' 범주에 속하는지 물어야 한다. 앞에서 언급했듯, 타고난 성향이 어느 정도 있는 것처럼 보이는데 우리는 그것을 이해할 만큼 신경과학에 대해 충분히 알지 못한다. 그것은 유전일까? 아마 그럴 것이다. 하지만 잔인한 범죄자의 성장 과정을 연구하다보면 그런 성향을 갖지 않는 형제자매를 보게 된다. 혹은 어느 정도 같은 성향을 갖고 있다 해도 그것들을 정반대로 드러내는 형제자매도 보게 된다.

이런 경우의 아주 흥미로운 예는 시어도어 카진스키(유나바머라는 이름으로도 알려졌다.)와 동생 데이비드다. 두 젊은이는 굉장히 똑똑했고, 둘 다 원시적인 환경에서 잠시 혼자 살았으며, 둘 다 사회를 개선한다는 비전을 가지고 있었다. 하지만 시어도어는 아주 위험한 연쇄 폭파범이 되었고 데이비드는 사회사업가이며 불교 신자가 되었다. '유나바머 선언문'이 공개 되었을 때, 데이비드와 아내는 그것을 만든 사람이 시어도어 카진스키라는 불길한 예감이 들었다. 철저한 윤리의식으로 무장한 데이비드는 결국 그 선언문의 작성자가 형이라고 제보했다. 데이비드가 수사에 협조하면서 요구한 단 하나의 조건은 형에게 사형선고를 내리지 말아달라는 것이었는데, 이 일은 같은 성장배경에서 자란 두 형제가 얼마나 다른 사람으로 성장했는지에 대해 많은 것을 알려준다. 시어도어는 무고한 사람을 살해하려고 했다. 데이비드는 죄 지은 사람이라고 해도 처형하는 것에는 동의할 수 없었다.

앞에서 언급한 유타의 연쇄살인범 게리 길모어, 그러니까 1976년 미국 대법원이 사형 제도를 부활시킨 이후 처음으로 처형되었으며 퓰리처상 수상작인 노먼 메일러의 《남자의 진실The Executioner's Song》의 소재가 된 게리 길모어에게는 유명한 저널리스트이자 작가, 음악 비평가인 미칼 길모어라는 동생이 있었다.

우리가 조사한 내용을 보면, 타고난 신경학적 요소들 그리고 문제가 있는 어린 시절과 청소년기의 '결합'은 반사회적 성격의 가장 흔한 원인이 된다는 걸 알 수 있다. 데이비드와 미칼처럼 법을 준수하는 형제들이라는 우리의 비공식적 통제 집단이 보여주듯, 어느 하나, 또는 다른 영향이 없다면 폭력 성향이 있는 범죄자는 절대 나타나지 않을 가능성이 있다. 하지만 이 문제는 이것 아니면 저것으로 결론을 내는 실험실 실험이 아니다. 현재의 신경심리학과 범죄학 발달 단계에서 우리가 제시할 수 있는 최선은 '이론'이다.

문제가 있거나 불우한 성장 배경을 사람에 따라 서로 다르게 받아들인다는 사실에 주목해보자. 조셉 맥고언의 경우, 그가 결혼하려 할 때 매사를 통제하고 지배하는 어머니가 반대한 것은 그를 궁지로 내몰기에 충분했던 듯하다. 조셉 콘드로는 자신이 입양되었다는 사실을 알고 혼란스러워했지만, 그보다는 올바른 판단과 충동 조절 부족이 그의 성장기에 더 큰 역할을 했을 가능성이 크다.

사실 도널드 하비의 어린 시절 트라우마에는 열두 살 때 성폭행을 당했고 반신불수가 진행되었던 어머니도 한 부분을 차지했다. 반신불수는 자연적으로 시작되었다기보다 외부 자극으로 생긴 것이었다. 그녀는 아직 10대였을 때 스물아홉 살이었던 도널드의 아버지와 결혼했다. 하비는 어머니가 남편을 아버지 대하듯 존경했다고 생각하는데, 이 말이 억지스럽게 들리진 않는다.

타고난 성향이 무엇이든 도널드 하비에게 성격 형성기는 그의 정신 발달에 결정적 역할을 했던 것 같다. 일단 가벼운 대화가 끝나고 나서 내가 처음으로 꺼낸 주제는 내가 알기로 하비가 네 살 때부터 다른 사람들에게 받은 학대였다.

　　온순하고 담담한 태도로 하비는 이것(그보다 겨우 아홉 살 많은 삼촌에게 당한 일)이 그가 기억하는 첫 번째 성적 학대라고 분명히 말했다. 도널드 하비가 다섯 살 반쯤 되었을 때, "이웃에 사는 남자도 나와 관계를 하기 시작했어요."라고 그가 말했다. 하비의 삼촌은 남자아이들이라면 그런 걸 하는 거라고 말했고, 이웃 남자는 만일 다른 사람에게 얘기하면 하비의 엄마와 아버지를 총으로 쏠 것이고 그러면 하비는 고아원에 가야 할 거라고 말했다. 또한 하비는 삼촌이 나중에 '문란한 섹스'에 빠졌으며 그의 첫 번째 아내와 두 번째 아내를 때렸다고 주장했다. 당시에 하비는 너무 어렸기 때문에 삼촌의 첫 번째 아내를 기억하지 못했지만, 삼촌과 그의 두 번째 아내와는 스리섬에 빠졌고, 이런 식으로 그의 삼촌이 '발기할 수 있었다.'고 했다.

　　자, 나는 폭력적이거나 해로운 행동을 절대 용인하거나 용서하지 않으며, 학대로 가득한 어린 시절을 보냈다는 사실이 폭력 성향이 있는 어른이 된 것에 대한 합리화가 될 수는 없다고 생각한다. 하지만 하비가 어린 시절에 아내를 때리는 남자를 보는 것은 말할 것도 없고 두 사람과 원치 않은 관계를 가진 걸 생각한다면, 어떻게 그가 이런 트라우마를 겪게 한 영향력을 가진 사람들, 그리고 자신보다 더 강하다고 생각한 사람들에게 유독 부정적인 감정을 가지고 성장하게 되었을지는 어렵지 않게 알 수 있다.

물론 이 두 아동 추행범이 어린 도널드의 성적 지향에 영향을 미쳤는지 여부는 알지 못하지만, 나는 그럴지도 모른다는 생각이 든다. 과학적으로 남성의 동성애는 타고나는 것이며 아마도 태어나기 전에 결정되는 거라는 이론이 꽤 설득력을 얻고 있다. 하지만 흥미로운 점은 도널드가 이 두 연쇄 아동 강간범에게 어떻게 '앙갚음 했는가'다. 하비는 그들을 고발하거나 보복을 하기보다 성장해서 10대 후반이 되었을 때 그들과의 관계에서 동등해지기로 했다고 내게 말했다. 그는 자신의 존엄성을 요구하려고 했다. 사실, 하비는 열일곱 살에서 열여덟 살까지 1년 동안 삼촌과 그의 두 번째 아내와 함께 살다가 그 후에 메리마운트 병원에 일하러 갔다고 내게 말했다.

하비는 우리가 연쇄살인범들에게서 흔히 보는 어린 시절 행동들을 별로 보이지 않았다. 나는 그것이 그다지 놀랍지 않았는데, 살해한 사람의 숫자가 끔찍할 정도로 많긴 했어도 그는 대부분의 연쇄살인범들과 달랐기 때문이다. 어린 시절 트라우마를 겪었지만 그는 오줌싸개가 아니었다. 불을 지르지도 않았다. 그리고 두 번의 사건을 제외하고는 작은 동물들을 해치거나 잔인하게 다루지 않았다. 한번은 그의 엄마가 갓 부화한 병아리를 이웃 농장에 돌려주라고 했는데, 도널드 하비는 돌려주는 대신 병아리의 목을 비틀었다.

1966년 시카고의 기숙사에서 여덟 명의 간호 실습생을 강간하고 살해한 리처드 스펙을 면담했을 때, 그는 자신이 교도소 방에서 참새를 애완동물로 키웠다고 말했다. 교도소의 교도관들이 그에게 새를 기르면 안 된다고 말하자 리처드 스펙은 그들 앞에서 손으로 새를 잡아 죽인 다음 덮개가 없는 선풍기로 던졌다. 그것은 모두 힘과 통제에 관한 것이었다. 나는 리처드 스펙의 사건에서도 하비에게서 보았던 것과 유사한 감정의 전개를 보았다.

병아리 사건 이후, 열여섯 살쯤 되었을 때 도널드 하비는 이웃사람의 소 두 마리를 숲 속으로 끌고 가서 목을 베었다. 그는 소들을 해치려고 그런 게 아니라 이웃사람에게 경제적 손실을 주고 싶어서 그렇게 했다고 말했다. 하비가 선택한 방법과 관련해서는 그가 닭이나 소를 죽이는 것이 정상적인 일상생활의 한 부분인 농업 사회에서 자랐다는 사실을 기억할 필요가 있다. 비정상인 것은 그가 이 세 마리 동물을 도살한 이유였다.

나는 하비에게 천성 vs. 양육에 관한 의견을 물었다. 그는 콘드로와 반대로 대답하면서 다시 나를 겨냥했다.

"그러니까 당신은 기본적으로 이렇게 [묻고 있군요.] 나쁜 씨앗으로 태어나는 사람이 있는 건가요? 글쎄 아닌 것 같은데요. 환경을 생각해 보세요. 그들은 어쩌면 좋은⋯⋯. 내 말은, 당신이 연쇄살인범이 아니라고 누가 그러던가요? 그러니까 당신도 그런 사람들하고 대화하는 것에 매료되어 있어요. 당신도 한니발 렉터처럼 될 수 있어요, 모르는 일이에요."

토머스 해리스가 《레드 드래곤Red Dragon》과 《양들의 침묵》을 쓰기 전에 우리 FBI 부서를 방문해서 나와 내 동료들과 함께 광범위하게 이야기를 나눈 것은 사실이다. 하지만 우리가 논의를 위해 하비의 전제를 받아들인다 해도, 우리 사이의 주요한 차이는 내가 그렇게 '매료'되었다 해도 나는 나가서 누군가를 살해하지 않았다는 것이다. 그리고 연쇄살인범들 중 경찰이 되고 싶어 했거나 경찰에 투신하려다가 실패한 사람들의 비율이 높은 것은 그들이 대중에게 봉사하고 평화를 유지한다는 더 높은 소명보다는 개인적으로 힘을 갖고 타인을 지배하려는 욕망을 지녔을 뿐임을 말해준다.

내가 대답했다.

"당신이 지금 하는 말은 내가 하던 대답입니다. 그러니까 나쁜 씨앗으로 태어난 사람들이 나가서 다른 이를 죽이는 게 아닐 거라고 생각합니다. 특별한 일들이 일어난다고 생각하지만, 그 다음은 개인에게 달려 있습니다. 살면서 받는 그 스트레스들에 어떻게 반응할 것인가에 달려 있는 겁니다. 당신은 물러날 수 있고, 그것을 극복할 수 있으며, 성공할 수 있고, 아니면 그 스트레스를 겉으로 드러내면서 다른 사람들을 공격할 수도 있습니다."

신기하게도 하비는 다시 얘기를 시작했다. "우리 가족은 양쪽 다 종교적이었어요. 엄마와 아버지는 교회에 다녔는데, 대체로 일요일마다 갔죠."

"당신도 그랬잖아요." 나는 조 콘드로가 '감옥 안에서 정말로 종교적'으로 되었으며 데니스 레이더는 체포될 당시 캔자스주 파크시티에 있는 루터 교회의 전직 운영위원장이었다는 걸 떠올리면서 말했다.

다시 한번 하비는 아주 날카로운 통찰력을 보여주었다. 그는 젊은 시절에 규칙적으로 교회에 다녔다는 것을 인정했지만, 그것은 예배가 끝난 뒤 마을 여성들이 그가 집에서 먹는 음식보다 더 좋고 맛있는 음식을 제공했기 때문이라고 했다. 하비가 이 여성들을 위해 허드렛일을 해주면 그들이 사탕과 비스킷과 그레이비 소스를 주곤 했는데, 이것을 하비는 좋아했다. "나는 아주 어린 나이에 사람을 조종하는 법을 배웠어요."라고 그는 말했다. 이 재능은 하비가 선생님의 총애를 받는 학생이었던 학창시절을 비롯해 삶의 모든 면에 영향을 미쳤다.

하비는 거리낌 없이 살인들을 자백했지만, 내가 그의 첫 번째 살인(로건 에반스)에 대해 묻자 이미 준비해놓은 정신적 핑계를 댔다. "내가 상담한 정신과 의사나 뭐 그런 사람 말을 들어보면, 내가 더 견딜 수 없는 상황이라고 했어요. 그러니까 나는 참을 만큼 참았고, 그가 내 얼굴에 변을 묻혔을 때 그게 한계점이었어요."

"정신과 의사들이 당신에게 그렇게 얘기했기 때문에, 그런 일이 일어났다고 생각한 겁니까?"

"내가 내릴 수 없는 롤러코스터에 타게 한 거죠."

이것은 내가 살인자들과 마주 대할 때마다 가장 흔하게 등장한 주제인 듯하다. 자신이 살인을 시작하게 된 외부 원인이 거의 언제나 있는 것이다. 그 결과, 거의 모든 연쇄살인범은 자신의 범죄가 정당하거나 아니면 적어도 그것을 설명할 수 있다고 믿는다. 그들은 자신을 진정한 피해자라고 인식한다. 이것은 그들이 극도의 나르시시즘을 갖고 있다는 또 다른 표시다. 그리고 만일 교도소 정신과 의사가 그 구실을 준다면, 그래, 훨씬 더 좋다.

그리고 하비는 그처럼 잘 익혀놓은 조종이라는 기술을 절대 멈추지 않았다. 그는 내게 두 명의 게이 잡역부가 그를 켄터키주 런던에서 장의사에게 소개해준 얘기를 했는데, 그 장의사는 아이가 셋 있는 기혼자였으며 양성애자였다. 하비 말을 들어보면, 그 남자는 관이나 얼음을 가득 채운 욕조에서 성관계하는 걸 좋아했다. 그는 또한 하비가 오컬트라는 문제에 발을 들여놓게 한 사람이기도 했다.

나는 하비에게 그도 관과 욕조 성관계를 같이 했는지 물었다.

"얼음에서 했어요. 차가웠죠. 별로 마음에 들지는 않았어요. 그리고 나는 차가운 샤워를 했고 그는 온갖 종류의……. 그 남자는 당신이 악마 숭배라고 할 수도 있는, 그런 걸 좋아했어요. 그리고 피로 샤워하는 걸 좋아했어요. 그는 시체들에서 신체의 일부를 훔쳤고, 사고로 부서진 자동차나 그런 것 안에서 죽은 사람들의 신체 일부를 항상 가지고 오곤 했어요."

하비 같은 사람에게도, 그 모든 게 아주 으스스하게 들린다. 그래서 그는 왜 이 이상한 사람과 어울렸을까?

"그는 내게 비닐봉지를 이용하는 법을 알려줬어요. 다른 것들을 사용하는 방법도 알려줬고, 그러니까 부검을 하면 법의학자들이 섬유든 뭐든 찾아낼 수 있잖아요. 베개를 혼수상태 환자의 얼굴에 대고 누르거나 입과 코 안에 넣으면 어떤 흔적이 남지만 비닐봉지는 그렇지가 않아요."

이 고등학교 중퇴자는 여전히 항상 배우고 있었다.

하비가 악마 숭배 얘기를 꺼냈을 때 나는 그의 파일에서 읽은 '던컨' 얘기를 꺼냈다.

많은 사람이 어린 시절에 상상의 친구를 가지고 있었다. 하지만 나는 어른이 되어서도 비슷한 것을 가지고 있는, 혹은 적어도 그렇다고 주장하는 연쇄범죄자들을 꽤 많이 만났다. 이 '친구들'은 몇 가지 형태를 띠었다. 검사들이 가장 흔히 보는 것은 아마도 다중인격장애가 원인이 되어 생기는 형태들일 것이다.

실제 생활에서 MPD(흔히 해리성정체성장애라고 한다.)는 아주 드문 현상이며, 일반적으로 심하게 학대받아서 더 강한 인격이나 혹은 실제 인격과 분리된 다른 인격으로 '도피'하는 어린아이들에게서 나타난다. 이것은 매우 현실적이고 마음 아픈 경우다.

아마도 성인에게서 나타난 MPD의 가장 잘 알려진 경우는 크리스틴 크리스 시즈모어였는데, 그녀의 삶은 1950년대 책과 영화《이브의 세 얼굴The Three Faces of Eve》에 묘사되었다. 1980년대에 시즈모어는 실제 다중인격장애가 어떤 건지 우리가 이해하는데 도움을 주기 위해 콴티코의 범죄심리학 수업에 강연을 하러 왔다. 어떤 시점에서 그녀는 스무 개나 되는 다른 인격을 가졌는데, 태어날 때부터 그 인격들이 자신에게 있었던 것 같다고 얘기했다. 그녀는 섬세하고 설득력 있게 주장했다.

법집행 기관에 있는 우리가 볼 때 MPD라는 주장은 대부분의 경우 체포 이후에 나타난다. 용의자 혹은 피고가 자기 주위 사람들에게 자신이 하나 이상의 인격을 가지고 있다는 표시를 전혀 하지 않았을지도 모르지만, 불리한 증거가 확실하고 행동을 설명할 다른 방법이 없다면 그 용의자나 피고 혹은 변호인은 다중인격장애를 내세우며 방어한다. 다시 말하면, 그의 '몸'이 살인을 저질렀을지 모르지만, 동기와 범행 의도(글자 그대로, '범죄 행위를 하려는 생각')를 가진 것은 그의 몸에서 활동하는 또 다른 인격이었다. 법적으로도 범행 의도와 행위는 범죄를 구성하기 위해 필요한 요소다.

래리 진 벨은 1985년 사우스캐롤라이나의 컬럼비아에서 열일곱 살인 샤리 페이 스미스를 납치하고 살해했는데, 살해하기 전에 그녀가 고통스러워하는 부모와 자매에게 가슴이 찢어지는 '유언장'을 보내게 했다. FBI 프로파일링과 경찰의 뛰어난 활약이 완벽하게 합해져 래리 진벨의 정체가 밝혀지고 체포되었을 때, 우리가 그에게 자백을 끌어낼 수있을지 알아보기 위해 나는 그를 심문했다. 나는 MPD 카드를 썼고, 얼마 지나지 않아 그는 '좋은' 래리 진 벨은 그런 일을 절대 할 수 없었으며 '나쁜' 래리 진 벨이 했을 거라고 인정했다. 나는 그 이후에 좋은 래리 진 벨이 어떻게 되었는지에 대해서는 별 관심이 없었지만, 나쁜 래리 진 벨이 1996년 10월 4일에 전기의자에서 감전사 당했을 때 만족하지 않았다고는 말할 수 없을 것 같다.

사촌 안젤로 부오노 주니어와 함께 캘리포니아 언덕 위의 교살자 사건에서 1977년부터 1978년까지 적어도 열 명의 젊은 여성을 살해한 사디스트적인 살인자 케네스 비안치는 1983년 재판을 받으며 악의적인 두 번째 인격 때문에 정신이상 상태였다는 변명을 내세웠다. 그는 법원이 지명한 몇 명의 정신과 의사에게 거짓말이 아니라고 주장했다. 콴티코의 동료들과 나는 펜실베이니아 대학의 저명한 정신과 의사이며 최면과 기억 왜곡 분야를 개척한 마틴 오른 박사에게 자문을 구했다. 비안치 재판에서 오른 박사는 실제 다중인격장애 환자들은 세 개 혹은 그 이상의 서로 다른 인격을 가지는 경향이 있다고 증언했다. 다음 날 비안치는 갑자기 빌리라는 또 다른 인격을 드러내 보였는데, 그가 이전에는 한 번도 언급하지 않은 이름이었다.

여기에서 도널드 하비 얘기로 돌아가 보자. 어떤 특정한 때에 그는 던컨이라는 사악한 영혼에 의해 동기를 부여받았으며, 이전에 저지른 몇 건의 살인은 그와 의논했다고 주장했다. 그가 염두에 둔 피해자들을 나타내는 양초들을 세워놓았을 때 촛불 하나가 깜빡거리면, 그건 그 사람을 죽여야 한다고 던컨이 보내는 표시였다는 것이다.

첫째, 내가 시사했듯 내 FBI 동료 켄 래닝은 사탄 의식 살인이 동기가 되는 것은 실제로 존재하지 않으며, 그래서 만일 던컨의 이야기가 사실이라면 이것은 아주 희귀한 경우여서 범죄 연대기에서 그야말로 확실하게 주목할 만하다고 주장했다. 그것도 그렇지만 이런 주장은 법의학적 관점에서도 말이 되지 않았다. 대부분은 아니라고 해도, 이런 살인들 중 다수가 우발적 범죄였으며 그 중 일부는 완전히 즉흥적이었다. 그래서 던컨이 판단할 수 있도록 잠재적 피해자들을 나열해 놓았다는 건 말이 되지 않았다. 던컨은 케네스 비안치가 내세운 빌, 그리고 데이비드 버코위츠가 자기에게 뉴욕에서 젊은 커플들을 살해하게 했다고 주장한 3,000년 된 악마, 그러니까 이웃인 샘 커가 기르는 검은 개 속에 살고 있다던 그 악마처럼 그냥 가짜일 뿐이라고 나는 본능적으로 직감했다.

내가 아티카에서 버코위츠를 면담했을 때, 그는 개 이야기를 내가 믿게 하려고 했다. 내가 말했다. "이봐요, 데이비드. 말도 안 되는 얘기 집어치워요. 개는 아무 상관도 없었어요." 사실 그 얘기는 버코위츠가 체포될 때까지 존재하지도 않았다. 그는 웃으며 고개를 끄덕이더니 내 말이 맞다고 인정했다.

프로파일러 일을 하면서 나는 이런 식으로 아바타를 만들어 죄를 덮어씌우려는 특성을 꽤 자주 보았다.

원래 제목이 《만일 내가 그것을 했다면If I Did It》이었다가 골드먼 가족이 민사소송에 근거해 권리를 획득하면서 나중에 《내가 그것을 했다Did It》로 출간된 그의 책에서, O. J. 심슨은 전처인 니콜 브라운과 그녀의 친구 로널드 골드먼의 살해를 마치 O. J.가 실제로 범죄를 저지른 것처럼 설명한다. 법집행 기관과 행동분석 분야에서 40년 넘게 일한 내 시각에서 보면, 살인사건들에 대한 O. J.의 무죄선고 이후 몇 년이 지나 집필된 이 책은 도덕규범에 대한 심슨의 경멸, 니콜을 향해 남아있는 분노와 그녀에 대한 지배력을 다른 방식으로 보여주는 것일 뿐이었다. 다시 말하면, 반사회적인 나르시시스트의 행위였다.

하지만 심슨 역시 그의 이야기에 아바타를 가져온다. 1994년 6월 12일 밤에 일어난 일을 이야기하면서, 심슨은 친구 찰리(그의 책이 나오기 이전에 수사 과정 어디에서도 나오지 않았던 이름)가 그에게 "니콜의 집에서 무슨 일이 일어나고 있는지 너는 믿지 못할 거야."라고 말하면서 그녀가 남자들과 어울린다는 걸 암시한다고 책에서 쓴다. 프로이트 학파의 정신과의사들은 찰리를 O. J.의 정체성, 그 개인성의 감정적이고 충동적인 부분이라고 했다. 법집행 기관의 동료들과 나는 그것을 그냥 범행 동기라고 한다. 이렇게 가상의 존재를 사용하면 범죄자가 폭력 행위에서 분리될 뿐만 아니라 피해자, 그리고 그가 피해자에게 했던 일에서 그의 존재가 사라지게 된다.

하비에게는 찰리가 없었지만, 대신 그에게는 던컨이 있었다.

"그래서, 던컨 이 기상천외한 남자가……" 내가 하비에게 말을 꺼냈다.

"당신이 던컨을 봐야 해요. 그가 당신을 해치울 수도 있어요." 하비가 짓궂은 웃음을 지으며 대답했다.

우리는 도널드 하비가 20대 초반일 때 던컨이 나타났으며, 따라서 던컨은 하비의 초기 살인에 대해서는 책임이 없다는 사실을 명확히 했다.

"그러니까, 당신은 던컨을 비난할 수 없는 거죠?"

"글쎄요, 던컨은 아마도 내 인생 내내 나와 함께 있었어요."

"그렇게 생각해요?"

하비가 다시 미소를 지었다. 그가 나를 가지고 노는 것처럼 보였다. 전직 연방 요원을 능숙하게 다룰 수 있다는 생각은 분명 굉장히 흥미로웠다. 그가 물었다. "당신은 상상의 친구가 없었나요? 그러면 어떻게 카우보이 놀이와 인디언 놀이를 할 건가요? 경찰이 되고 싶나요? 자, 당신은 연방 요원이었어요. 그렇죠?"

하비는 사람들이 자라면 그게 무엇이든 어릴 때 상상하는 사람이 된다는 걸 암시하는 듯했다. 어릴 적에 나는 수의사가 되고 싶었으며 FBI 요원은 직업으로 한번도 생각해보지 않았다. 하지만 그의 말이 그렇게 이상한 얘기는 아니다. 하비는 상상의 친구 던컨이 자신이 성인기에 들어서기 전에 나타났으며 '직업' 선택에 동기를 부여했다는 얘기를 하려고 했던 걸까?

나는 켄터키주 런던의 그날 밤, 하비가 완전히 취해서 처음 열다섯 명을 죽인 일을 자백했을 때의 얘기로 다시 돌아갔다. 나는 그에게 아무도 그의 말을 믿지 않은 게 사실이냐고 물었다.

하비가 분명하게 말했다. "아무도 믿지 않았어요. 그들은 내가 아주 상상력이 풍부하다고 말했어요. 나를 정신과 의사와 만나게 했고, 내가 자살충동을 느끼는지, 술에 취했는지, 마리화나를 피우고 있었는지 물었어요. 아니요. 내가 처음 술을 마시고 모든 얘기를 털어놓은 거였어요. 내 말은 정말 믿을 만한 거였죠."

나 같은 사람에게 아이러니는 기결수가 정신과 의사들이나 다른 치료사들에게 얘기하는 내용을 내가 늘 의심한다는 것인데, 그들은 자신이 치료되었고, 무해하며, 개선되었고, 깨달음을 얻었다 등의 말을 치료사들이 믿게 해서 얻어야 하는 결정적인 뭔가가 있기 때문이다. 그리고 나는 이런 자들을 너무 쉽게 믿는 사법 환경의 치료사들에게 비판적이다. 그런데 여기에서 우리는 정반대의 상황에 있었다. 우리는 앞에 있는 이 사람이 범죄자여야 했고, 법집행 기관 직원과 치료사들은 그가 틀림없이 진실을 말하고 있다고 믿어야 했다. 그런데 그들은 그가 '아주 풍부한 상상력'을 가지고 있다고 결론 내렸다. 그리고 그 말을 믿지 않은 탓에 그를 석방해서 계속 살인을 하게 했다.

여기에 교훈이 있다면, 그것은 무엇일까?

보통의 사람들은 범죄자들이 완전히 다르게 생각한다는 현실을 잘 이해하지 못한다. 우리는 자신의 경험과 인생관의 관점에서 그들을 평가하고 싶어 하며, 그런 다음 '잘못된' 것이 무엇인지 알아내려 하는 경향이 있다. 다시 말하면, '어떤 일탈된 부분을 찾아내 다시 고치면 그들이 다시 '정상적'으로 생각하도록 할 수 있을까?'를 알아내려 한다. 글쎄. 많은 경우에 행동을 결정하거나 그 행동에 영향을 미치는 일탈적인 부분이 있다. 하지만 어떤 개인이 그의 범죄 충동에 따라 행동할 즈음이면, 그 일탈 부분은 대부분 아주 완벽하게 그의 전체 인격에 흡수되어서 우리가 결함 있는 기계 부품을 들어내듯 그것을 들어내고 다른 것으로 대체할 수가 없다. 그런 이유로 강력범에게 갱생이라는 개념은 문제가 아주 많다.

일단 훼손되면, 그것을 바로잡는 것은 대개의 경우 거의 불가능하다.

19
"나는 조금도 변하지 않았다"

도널드 하비의 기록이 충격적이긴 하지만, 그의 사건에는 크게 우려되는 또 다른 요소가 있는 것 같다. 즉, 그는 안전할 거라고 생각되는 시설에서 오랫동안 아무에게도 들키지 않고 사람들을 죽일 수 있었다. 어떻게 하비는 그처럼 오랫동안 성공적으로 그런 일을 할 수 있었을까? 그 시스템에는 어떤 보호 장치나 안전조치(어떤 형태의 패턴 인식 같은 것도)가 마련되어 있지 않은 건가? 대답은 하비가 시설의 모든 시스템을 잘 알고 있었다는 것이다. 사실 그는 시스템관리자보다 더 잘 알고 있었다.

하비는 주변 사람들을 지켜보고 그들의 습관과 정해진 근무 형태를 확인하면서(누가 신중하며 누가 게을러서 후속 점검을 하지 않는지) 마음 편하게 일을 계획하고 실천할 수 있었다고 설명했다. "가만히 앉아서 모든 걸 그저 보기만 하는 나 같은 사람들이 있어요. 그래요, 나 같은 사람들은 아무도 신경 쓰지 않죠. 하지만 가끔은 그런 사람들을 잘 지켜봐야 해요."

어떤 병동에서 근무를 하게 되든, 하비는 복도의 어느 쪽에서 정규간호사인 RN이 근무하고 어느 쪽에서 실무 간호사인 LPN이 근무하는지 모두 파악했으며 실무 간호사 쪽에서 도와달라고 부탁할 가능성이 많다는 것도 알았다.

다시 말해서, 그 자신이 프로파일러가 되었다.

"일을 하러 병원에 가면, 사람들을 보는 겁니다. 가장 편하게 사람들을 살필 수 있는 곳으로 가죠. 그리고 사람들이 어떤 종류의 유니폼을 입는지, 어떻게 행동하는지, 어떻게 쉬는지 봅니다. 그들이 병원에 들어와 물건들을 내려놓죠. 그러면 그걸 집어 와서 그날은 어떤 종류의 유니폼을 입는지 보는 겁니다. 그들이 여러 종류의 유니폼을 입는다면, 아주 좋아요! 아무 유니폼이나 받아서 그냥 입으면 된다는 뜻이니까요. 다섯 가지나 여섯 가지 다른 색을 입을 수 있는 거예요. 바로 오늘, 나는 내가 들어가고 싶은 어떤 병원도 통과할 수 있어요. 나에게 하루만 시간을 줘보세요."

그러니까 하비가 하는 말은, 여러 병원에서 직원들이 직책에 따라 다른 모양의 유니폼을 입기 때문에 어떤 사람들이 어떤 유니폼을 입는지 알기만 하면 얼마든지 하나의 직책에서 다른 직책으로 변신할 수 있다는 뜻이었다고 생각한다.

내가 물었다. "당신이 할 수 있다고 확신합니다."

"'안녕하세요?' 그러니까 누구누구가 어디 있죠? 아니면 '아, 그러니까 누구누구를 오늘 못 봤는데요.' 그러면 그들이 말하죠, '아, 네, 그러니까 당신은······.' 그들은 당신이 누구 얘기를 하는지 몰라요. 미스 존슨인지 미스 스미스인지, 누구인지 모르는 거예요."

"당신이 병원에 익숙해서인가요?"

"누구라도 속아 넘어갈 수 있게 얘기를 잘해야 해요."

"당신은 안전지대에 있어요. 당신이 일하는 병원 내부 말이에요." 거의 모든 범죄자가 자신의 안전지대에서 일한다. 안전지대는 지리적인 영역(집에서 가깝거나 자신에게 익숙한 어떤 곳)일 수 있다. 또 안전지대는 조셉 콘드로가 친구의 딸들에게 편안하게 접근했던 것처럼 인간관계와 관련된 구역일 수도 있다. 아니면 하비의 병원들처럼 특별한 환경일 수도 있는데, 이곳에서 하비는 무력한 피해자들을 끝도 없이 찾을 수 있다는 걸 알고 있었다.

보호시설에 하비 같은 살인자들이 존재하며 그래서 취약하다는 것은 하비 같은 살인자가 더 많이 존재한다는 사실로 드러난다. 하비가 병원에서 일하기 전과 후에, 건강보호 체계 안에서 살인자들이 자신을 의지하고 신뢰하는 사람들을 표적으로 삼은 예들은 항상 있었다. 아마도 가장 많은 의학적 살인 기록을 가진 사람은 간호사나 잡역부가 아니라 잉글랜드 맨체스터의 해럴드 프레드릭 시프먼 박사였을 것이다. 그는 또 다른 면에서도 주목할 만하다. 범죄 대부분이 병원이라는 환경 밖에서 일어났다는 사실뿐만 아니라 살해 동기라는 면에서도 시프먼의 사건은 우리가 이전에 본 사건들을 능가한다.

해럴드 프레드릭 시프먼은 1946년 1월 14일 노팅엄의 노동자 계급

가정에서 여러 형제들 중 중간으로 태어났으며, 지배적인 어머니는 시프먼을 특히 편애하고 그에게 우월감을 심어주려 했다. 시프먼이 10대가 되었을 때 어머니가 폐암에 걸렸고, 그는 어머니를 간호하면서 의학에 관심을 갖게 되었다. 어머니가 돌아가셨을 때 그는 엄청난 충격을 받았으며 2년 뒤 리즈 대학에 입학해서 의학 공부를 계속 했다. 그러다 프림로즈를 만나 결혼했는데, 그때 그의 나이는 열아홉 살 아내는 열일곱 살이었으며 첫째 아이를 임신한 지 5개월 째였다.

의과대학과 인턴 과정을 마친 다음 시프먼은 웨스트요크셔주 토드모던에 있는 아브라함 오머로드 메디컬 센터에서 가정의로 일을 시작했다. 그곳에서 일을 잘 했지만 진통제 페치딘에 중독되었으며 결국 그 약의 처방전을 위조하다가 적발되었다. 그는 약물 재활프로그램을 시작했고, 위조에 대해 벌금을 물었으며, 하이드에 있는 도니브룩 메디컬 센터에서 일했다. 그곳에서 20년 가까이 일하는 동안 그는 부지런하고 헌신적인 의사로 알려졌고, 환자들은 그를 좋아하고 신뢰했다. 1993년에 시프먼은 하이드의 마켓 스트리트 21번지에 자신의 병원을 열었다.

지역의 장의사가 시프먼 박사의 환자들 중 사망자 숫자가 이상하리만치 많고, 사망자들 모두가 옷을 다 입은 채로 앉거나 혹은 비스듬히 기댄 채로 죽은 것 같다는 사실에 주목했다. 장의사가 시프먼에게 이에 대해 물었지만, 시프먼은 걱정할 것이 전혀 없다고 잘라 말했다. 그의 동료들 중 한 사람인 수잔 부스 박사도 비슷한 형태를 눈여겨보다가 지역 검시국에 알렸고, 검시국에서는 다시 지역 경찰에 알렸다. 비밀 수사가 시작되었지만 드러난 건 아무것도 없었다.

시프먼은 나이가 지긋하거나 노인인 여성 환자들에게 특별히 관심을 기울이는 것 같았고 자주 왕진을 갔는데, 환자들은 그의 이런 면에 고마워했다.

이들 의학적 살인자들 모두를 보면 항상 그들을 파멸시키는 한 가지 사건이 늘 있는데, 엉성하게 일을 처리하거나 서두른 탓에 법적으로 부검이 필요해지거나 어떤 사람이 뭔가 이상하다는 걸 알아차리고 끝까지 추적하는 그런 특별한 상황이 벌어지는 것이다.

하이드의 시장을 지냈고 대학 교수의 미망인이었던 캐슬린 그런디는 여든 한 살의 정정하고 활동적인 여성이었는데, 시프먼이 방문한 뒤 얼마 지나지 않아 집에서 사망한 채로 발견되었다. 그녀의 딸인 안젤라 우드러프는 어머니의 갑작스러운 죽음에 큰 충격을 받았고, 시프먼에게 시신을 장례식장으로 옮기기 전에 부검을 해야 하는지 물었지만 그 의사는 부검이 필요 없다고 대답했다. 그는 캐슬린 그런디의 사망 이유를 '노령'이라고 적었고 사망 신고서에 서명 했다.

변호사였던 안젤라는 어머니의 재정문제를 처리했다. 그녀는 어머니 캐슬린이 그녀가 알고 있는 것보다 더 최근의 날짜로 유언장을 작성했으며, 시프먼 박사에게 재산 대부분을 남긴 걸 알고 충격을 받았다. 바로 그때 안젤라는 시프먼을 살인자로 의심하기 시작했다. 그녀는 지역 경찰에 연락하고 경찰 서장 버나드 포스틀스에게 자신의 생각을 이야기했다. 버나드 포스틀스도 같은 결론을 내렸다. 버나드는 법원 명령을 받아 캐슬린 그런디의 시신을 무덤에서 파냈다. 부검 결과 체내에서 많은 양의 헤로인이 검출되었는데, 헤로인은 말기 암 환자들의 통증 조절을 위해 사용되는 강력한 진통제이며 시프먼의 방문과 같은 기간에 투여되었다.

경찰이 수색 영장을 받아 시프먼 집을 수색한 결과 많은 환자에 대한 진료 기록, 온갖 진귀한 보석들, 그리고 그런디의 깜짝 유언이 작성된 타자기가 발견되었다.

경찰은 시프먼이 진료한 모든 나이 든 환자들의 사망 기록을 검토한 다음, 집에서 사망한 사람들과 화장하지 않은 사망자들을 집중적으로 조사해서 시신을 검사할 수 있게 했다. 당연한 일이지만, 시프먼은 환자의 죽음을 비통해하는 많은 가족을 부추겨 화장을 선택하게 했고 그런 식으로 자신의 범죄 증거를 없앴다.

컴퓨터에 입력된 시간 기록과 함께 환자 기록들을 꼼꼼하게 조사한 결과 시프먼이 많은 피해자의 차트를 수정해서 그들의 상태가 겉으로 드러나는 사망 원인과 더욱 일치하게 만들었다는 사실이 밝혀졌는데, 이런 이유로 초기 수사에서 결정적인 증거가 별로 나오지 않았던 것이었다. 하지만 이 조사를 진행하고 또한 피해자일 가능성이 있는 여러 사망자 시신을 발굴해 부검한 결과, 시프먼은 열다섯 건의 살인 혐의로 기소되었다.

재판은 1999년 10월 5일 랭커셔주 프레스턴 크라운 법원에서 시작되었다. 당연한 일이지만, 피고 측은 시프먼 박사가 환자를 죽게 했다면 그것은 모두 그들이 겪어야 하는 극단적 고통에 대한 연민 때문이라는 주장을 내세웠다. 많이 듣던 이야기 아닌가?

검찰은 시프먼이 삶과 죽음을 결정하는 힘을 즐긴 것이며, 피해자로 추정되는 사람들 중 누구도 불치병을 앓고 있지 않았다고 반박했다.

의학적 증거를 제시하고 피해자들 대부분이 모르핀 독성으로 사망했다는 사실을 보여준 다음, 검찰은 지문과 필체 분석을 통해 캐슬린 그런디는 원래 이행하려 했던 유언장에 손도 대지 않았음을 증명했다.

2000년 1월 31일, 엿새 동안의 숙고를 거친 뒤 배심원단은 해럴드 시프먼이 모두 열다섯 건의 살인과 한 건의 문서 위조에 대해 유죄임을 선고했다. 영국에서는 '종신형' 선고를 받으면 가석방의 가능성이 사실상 없다.

재판과 형의 선고가 있은 뒤, 고등법원 판사인 데임 자넷 스미스가 의장을 맡아 2년간의 진료 감사가 시행되었는데, '시프먼 연구'라는 이름의 이 감사에서는 시프먼이 24년 동안 최소한 236명의 환자를 살해했을 거라고 결론 내렸다. 이렇게 해서 시프먼은 영국 역사에서 가장 많은 사람을 죽인 연쇄살인자가 되었다. 그의 피해자들 중 약 80%가 여성이었다. 시프먼은 뻔뻔하게 자신의 완전한 무죄를 계속 주장했지만, 스미스 판사는 그녀의 위원회에서 결정적 증거가 없는 더 많은 죽음을 조사했다고 말했다.

웨스트요크셔주에 위치한 HM 웨이크필드 교도소, 경비가 삼엄한 이곳의 이른 아침 점검 시간에 시프먼은 58번째 생일을 하루 앞두고 자신의 방에서 목을 매어 사망한 채 발견되었다. 그는 창문 빗장에 침대 시트를 묶어 목을 매었다.

시프먼과 하비 같은 살인자들은 자신이 있는 시설의 시스템을 이용할 줄 알았지만, 그런 기회가 있다고 해서 범죄를 저지르고도 무사히 빠져나갈 수 있는 건 아니었다. 그(혹은 이런 형태의 범죄에서는 때때로 그녀)는 그런 시스템 속에서 어떻게 행동해야 하는지도 알아야 한다.

하비가 내게 말했다. "언제나 친절해야 합니다. 그게 가장 중요한 핵심이에요. 상냥하게 행동해야 하지만, 의심을 받을 정도로 상냥해서는 안됩니다. 사람들이 늘 당신에게 친절할 때 당신도 언제나 그들에게 친절해야 합니다." 이런 태도는 테드 번디 유형의 성범죄자와 비슷한데, 마음속으로는 살인 의도를 품고 있으면서 겉으로는 매력적으로 보이는 것이다.

다른 연쇄범죄자들의 경우에서 언급했듯, 우리가 그들의 몸을 가둘 수는 있지만 그들의 마음은 계속 자유롭게 범죄들을 반복해서 체험하며 자신이 범죄를 저지르고 최고의 만족감을 맛보았던 순간들로 돌아간다. 나는 하비에게 밤에 혼자 있을 때면 어떤 생각을 하는지 물었다. 암흑 속에 있는 그의 영혼을 일깨우는, 특별히 소중하게 여기는 특정한 살인들이 있었는가? 이 물음에 대한 그의 대답은 놀라웠다.

"나는 집을, 바로 지금 통나무집을 짓고 있어요. 나는 잡지를 하나 보고 있고, 그러면서 두 개, 세 개, 네 개의 방을 지금 바로 만들어요. 하지만, 화장실은 세 개만 있어요."

"마음속에서 그렇게 하고 있는 건가요?"

"그래요, 그렇습니다. 어떤 때는 종이에 적기도 해요. 그래요, 우리는 [그와 던컨?] 짓고 있어요. 그리고 아마도 다음 해에는 달라질 거예요. 교회나 뭐 그런 걸로요."

수감되어 있는 다른 흉악범들이 이런 반응을 보였다면 나는 대개는 헛소리라고 생각했을 것이다. 하지만 도널드 하비처럼 아무렇지도 않게 살인을 한 사람의 경우, 그것은 실제로 가능한 것이다. 가령 깨어있는 시간 대부분을 온 가족을 묶고, 고문하고, 죽이는 공상을 하면서 보내고 심지어 자신의 생각 대부분을 줄거리가 있는 그림으로 남기기까지 했던 데니스 레이더와 달리, 하비는 계속 자신의 일을 했다. 그리고 그의 일에 누군가를 죽이는 것이 포함된다면 분명 그의 기분은 더 좋아졌지만, 데니스처럼 계속 그 생각에 빠져있었던 것 같지는 않았다. 내게 말한 것처럼 그는 하려고 하는 일을 편안하게 할 수 있도록 자신이 속한 환경과 동료들을 굉장히 광범위하게 연구했고, 그래서 누군가를 죽일 수 있는 기회가 왔을 때 그것을 잡을 수 있었다.

그렇지만, 나는 하비가 그 일에 대해 전혀 생각하지 않았다거나 공상하지 않았다는 말을 받아들일 수 없었다. 그래서 다른 접근법을 시도했다. 마음속에서 집을 짓는 것이 그의 최근 환상이라면, 그의 성장기 혹은 병원에서 일하기 시작하고 나서는 아무 힘도 없는 사람들을 죽이는 것이 주된 환상이었다는 것인가?

하비는 그 범죄들이 환상이 아닌 '현실'이라고 주장했다.

"아니, 내 말은, 전혀 그렇지 않아요. 그것은 칼과 같고 내가 만난 모든 사람들과도 같아요. 나는 그냥 넘어가지 않았어요. 이런 식이죠. '나와 있고 싶지 않다면, 잘 가세요. 부디 몸조심하세요.'

"잘 가세요."가 "널 알게 되어서 좋았어."를 의미한 건지 아니면 "네 인생은 끝이다."를 의미했는지 그는 의도적으로 모호하게 남겨놓았다. 하지만 그의 범죄 이력을 보면 그를 괴롭힌 사람이라면 누구라도 사망자 명단에 쉽게 오를 수 있었던 게 분명했다.

하비는 자신이 감옥에서도 똑같은 태도를 취했다고 말했다. 모든 사람에게 친절하게 대하면서 "안녕하세요."라고 인사하고 더러운 세탁물을 나르고 사무실을 청소했다. 나는 그가 일반 재소자들과 같이 있지 않고 보호감호를 받고 있다는 걸 지적했지만, 그는 그것은 자신의 선택이 아니라 당국의 선택이라고 대답했다. 그는 일반 재소자들과도 잘 지냈다.

하비는 그 나름의 방식으로 조셉 콘드로만큼 현실적이었는데, 그는 이미 알고 있는 피해자의 신뢰를 얻는 것이 훨씬 쉽다는 걸 알았고 경찰이 시신을 발견하지만 않으면 들키지 않고 일을 처리할 수 있다고 생각했다. 영안실에서 일하고 부검을 도우면서 하비는 각각의 약이나 병이 사람 몸에 어떤 영향과 증거를 남기는지 알게 되었다. 뿐만 아니라 겉으로 보이는 사망 원인이 무엇인가에 따라, 살인의 실제 원인에 집중할 수도 없을 것 같은 특정 프로토콜대로 부검이 이루어진다는 사실도 알았다.

"보세요. [살인의] 한 가지 방법입니다. 심장병 환자가 있다면, 그가 심장마비를 일으킬 정도로 척수액을 충분히 뽑아냅니다. 폐렴 치료를 받은 여성이 하나 있었죠. 나는 그녀가 가래 때문에 숨을 쉴 수 없게 했고, 그래서 그녀는 말하자면 질식해 죽었어요."

심장병을 앓던 환자가 심장마비로 죽은 것 같다면, 병리학자가 척수액을 확인할 이유는 전혀 없다. 그리고 폐렴을 앓던 여성이 폐렴으로 죽은 것 같아 보였으므로 의심할 것이 전혀 없었던 것이다. 뿐만 아니라, 하비는 명확한 징후가 있지 않다면 대부분의 병원 사망자들이 부검을 받지 않는다는 걸 알고 있었다.

내가 하비에게 물었다. "과거를 되돌아보면, 당신을 여기 있게 한 환자인 파월에게 뭔가를 다르게 했을 수도 있나요?"

그 질문에 대한 대답은 명확하다는 듯 하비가 말했다. "글쎄요, 나는 절대 그에게 청산가리를 주지 않았을 겁니다. 위루관을 더 확실하게 치웠을 거예요. 그래도, 과거로 돌아가서 자책할 수는 없어요. 더는 자책하지 않으려고 합니다."

그리고 물론, 그 끔찍한 죽음들은 정말로 그의 잘못이 아니었다. 하비가 곧게 편 옷걸이를 밀어 넣은 탓에 복막염으로 죽은 그 사람, 그 사람이 죽은 것은 도널드 하비가 금속 소변기로 머리를 맞고 나서도 계속 그 환자를 돌보게 한 '병원 측의 부실한 보안' 때문이었다.

이런 반응은 드물지 않다. 언젠가 한 강간범이 레스토랑의 바 스툴에 앉아 있는 여성을 보았던 때를 내게 얘기했다. 짧은 치마를 입고 속옷은 입지 않은 걸로 봐서 그 여성은 강간을 당하길 기대하고 있었고, 그래서 그는 그렇게 했을 뿐이었다는 것이다.

나는 하비에게 그가 하고 있는 것이 바로 투사라고 지적했다. 그는 '내가 한 행동이 잘못되었다.'는 걸 인정했지만, 자신은 열여덟 살이었으며 그런 상황에 어떻게 대처해야 하는지 듣지 못했다며 스스로를 합리화했다. 요컨대 그는 병원과 책임을 나누려고 했다. "아니, 그들은 죽음이라는 부분에는 책임이 없어요. 환자를 꼼짝 못하게 해놓고 나더러 그들을 돌보라고 했으니 그들의 안전에 책임이 있는 거죠. 나는 그들을 묶지 않았어요. 그들은 이미 묶여 있었어요."

하비가 다른 사람들이 자신처럼 범죄를 저지르는 걸 막기 위해 공공봉사로 병원 보안 영상 촬영에 참여하기로 한 것을 기억하는가? 90대가 되기 전에 가석방이 된다면 무엇을 하고 싶으냐고 내가 물었을 때 하비는 이렇게 대답했다.

"글쎄요. 당신이 연쇄살인범들이나 범죄자들과 얘기하는 걸 좋아하니까, 나는 당신과 같이 일할 거라고 생각하는데요. 우리는 좋은 팀이잖아요. 그들(프로파일러들)이 생각해내지 못하는 걸 나는 생각해낼 수 있거든요."

내가 아무리 노력한다 해도, 이 사람은 내가 감정적으로 다가갈 수 없는 사람이었다. 그가 허물어져서 내게 자신의 진정한 취약함을 보여주는 그 지점까지는 닿을 수가 없었다. 그의 방어 기제는 어떤 일이든 그저 표면만 가볍게 스치는 것으로 이루어진 듯했다.

체포되고 몇 건의 살인에 대해 유죄 판결을 받은 이후, 테드 번디는 교수나 프로파일러들이 그의 깊고 어두운 범죄 심리를 이해하도록 도와달라고 하는 걸 즐겼다. 번디는 사람들이 생각하는 연쇄살인자의 전형에 가까웠다. 잘 생기고, 똑똑하고, 매력적이며, 말을 잘하고, 수완이 좋았다. 그리고 그는 1970년대에 워싱턴주에서 플로리다주에 걸쳐 적어도 서른 명의 젊은 여성을 잔인하게 살해했다. 전직 경찰관이자 범죄물 작가로 지금은 고인이 된 앤 룰은 시애틀에 위치한 성폭력 위기 센터에서 테드 번디와 함께 근무하는 동안 그에게 어두운 비밀이 있을 거라는 의심은 절대 하지 않았다. 사실 그녀는 번디가 상담 전화 업무를 하면서 실제로 사람들을 돕고 생명을 구한다고 믿었다.

수사지원 팀 출신의 빌 하그마이어는 번디의 마지막 거주지, 즉 스타키에 있는 플로리다주 교도소의 사형수 수감 건물 독방동으로 가서 그와 이야기를 했다. FBI 요원과 이야기하는 것은 아마도 그의 자존심을 최고로 높여주었을 것이다. 여러 가지 장점을 타고 났지만 번디는 힘든 어린 시절을 보냈으며, 체포된 대부분의 연쇄범죄자들처럼 그 역시 범죄의 책임을 재빨리 외부 요인들로 돌렸다. 그의 경우에는 폭력적인 포르노물이었다. 포르노물을 보며 아이디어를 얻고 욕망이 커졌다 해도, 내면에 살인 충동이 없었다면 그는 살인자가 되지 않았을 것이다.

하그마이어의 면담 내용을 보며 두 가지를 알게 되었다. 첫째, 번디가 피해자로 선택한 아름다운 여성들을 잔인하게 성폭행하고 살인한 것은 그에게 가장 중요하거나 만족을 주는 범죄 요소가 아니었다. 번디가 정말로 자신을 사로잡았다고 설명한 것은, 피해자를 찾으러 다니고 잡고 그 다음에 데니스 레이더처럼 나 아닌 다른 인간의 삶과 죽음을 결정할 수 있는 최고의 힘을 가졌을 때의 전율이었다. 번디는 그가 워싱턴주의 사마미쉬호에서 재니스 오트와 데니스 내스런드라는 두 여성을 납치했을 때, 자신이 안전하다고 생각하는 동안은 그들을 살려뒀고 그가 한 사람을 죽일 때에는 다른 한 사람이 이를 지켜보게 했다고 말했다. 번디에게 가장 큰 사디스트적 쾌락을 준 것은 바로 이런 것이었다. 번디는 그렇게 많은 수의 젊고 아름다운 여성을 죽인 이유에 대해 그러고 싶었기 때문이라고 하그마이어에게 말했다. 그는 또 자신이 피해자들을 완전하게 소유하는 신비한 경험 때문에 그 행위를 즐긴다는 말도 했다. 이런 면에서 번디는 같은 시기에 행동하던 레이더와도 비슷했다.

번디의 면담을 보며 내가 깊은 인상을 받은 또 하나는, 그가 어떤 딜레마에서도 벗어날 수 있는 자신의 능력에 대해 대단한 자신감을 갖고 있었다는 것이다. 이런 자신감은 그가 모든 범죄 현장에서 그랬던 것처럼 살인 혐의로 재판을 받기 위해 유타주에서 송환된 후 임시로 감금되어 있던 콜로라도주 애스펀의 핏킨 카운티 법원의 교도소에서도 물리적으로 탈출한 것으로 나타났다. 결국 8일 뒤에 잡혔지만, 6개월 뒤 그러니까 살인사건 재판이 시작되기 직전에 다시 탈출했다. 그는 플로리다주 탤러해시 주변을 차를 타고 돌아다니다 순찰 경관에게 제지당하기도 했지만, 경찰이 번호판을 확인하기 위해 순찰차로 다시 간 틈을 타 달아났다.

하지만 물리적 탈출이 그의 유일한 탈출 전략은 아니었다. 마침내 검거되었을 때에도 번디는 유죄를 인정하지 않고 미제 살인사건들을 '해결하는 것을 돕겠다.'고 제안하는 방법으로 더 가벼운 형량을 선고받을 수 있도록 거래할 수 있다고 생각했다. 또한 번디는 자신을 면담하고 싶어 하는 교수나 프로파일러들과 얘기를 나누면서 자신이 죽이기에는 너무 '귀중'하며 따라서 특별 대접을 받을 만한 사람이 되고 있다고 느꼈다. 마침내 재판에 나왔을 때는 자신이 직접 변호하고 아주 훌륭한 국선 변호인인 마이클 미네르바는 그냥 '돕기만 하도록' 허락해달라고 거만하게 요구했다.

정말로 최후의 순간이 가까워지고 이제 사형수 수감동에서 자신의 마지막 운명을 받아들여야 했을 때, 번디는 사형집행을 피하기 위해 할 수 있는 것은 뭐든 하기 위해 필사적이었다. 그는 빌 하그마이어 그리고 워싱턴주의 범죄 수사관이며 초기 '테드 살인사건들'로 형사 일을 시작했던 로버트 케펠 박사 두 사람에게 당국과의 중재를 통해 자신을 살려달라고 사정했다. 결국, 마흔 두 살의 번디가 그처럼 과시하던 풍부한 지략은 그에게 아무 도움이 되지 않았다. 그는 1989년 1월 24일에 전기의자에서 처형당했다. 빌은 처형 전날까지 곁에 있었는데, 번디가 그렇게 많은 사람에게 절대로 보여주지 않았던 '인간적인 친절함'을 그에게는 얼마간 보여주었다.

같은 유형의 연쇄살인자는 아니지만, 도널드 하비도 같은 종류의 뒤틀린 자부심을 보여주었다. 나 같은 사람이 면담을 요청했다는 사실 때문에 분명 그는 스스로를 중요한 존재라고 생각했다.

나는 하비에게 어머니가 돌아가신다면 마음이 어떨지 물었다.

"어머니는 나보다 나이가 그렇게 많지는 않아서, 누가 먼저 떠날지는 알 수 없어요."

"그러니까 어머니가 돌아가신다면 정말 끔찍한 일이라는 거죠?"

"당연히 그렇죠. 어떤 부모든, 친척이든 잃는다는 것은 끔찍하죠."

그러면, 아버지가 죽었을 때는 마음이 어땠을까?

"그때 나는 젊었어요."

가족은 어떨까?

"감옥 밖에 있는 사람들은 당신 가족이에요. 내 가족은 감옥 안의 사람들이고요."

하비는 그 살인들에 대해 어떤 뉘우침도 보이지 않았다. "실제로 체포되기 전까지 나는 그것을 살인으로 생각하지 않았어요. 나는 늘 그것을, 그러니까 자비라고 생각했어요. 오늘날 그들에게는 호스피스와 조력 자살이라는 선택이 있죠."

내가 이렇게 지적했다. "그들에게는 선택권이 있잖아요."

하비는 내 말에 동의했지만, 그들 대부분이 선택할 위치에 있지 않으며 그들을 대신해서 선택해줄 가까운 가족도 전혀 없었다고 반박했다. 하지만 흥미롭게도, 자신이 한 일을 안락사나 조력 자살로 설명하는 대신 그는 이렇게 말했다. "나는 판사이고 배심원이고 사형집행인이었어요." '사형집행인'은 우리가 보통 안락사와 연관 짓는 단어가 아니다.

내가 말했다. "하지만 그들 모두 안락사는 아니었어요."

"그래요, 모두 그렇지는 않았죠."

"그리고 다른 방법들을 다시 알아보죠. 당신은 베갯잇을 한 번 언급했어요. 다른 방법들은 무엇입니까?" 나는 그가 사용한 방법들을 모두 알았지만, 그가 자신이 '자비'를 위해 죽인 피해자들과 다른 개인적 이유로 죽인 피해자들을 구분하는지 알고 싶었다.

하비가 얘기를 시작했다.

"모르핀을 사용했어요. 켄터키에서는, 특히 1970년대에 작은 병원에서는 그렇게 철저하게 관리되지 않기 때문에 모르핀을 사용했죠. 그들은 모르핀을 냉장고에 보관했어요. 그리고 청산가리를 사용했어요. 비소를 사용했어요. 접착제 제거제도 사용했어요. 흠, 비닐봉지도 사용했군요."

"실험을 하고 있었나요? 아니면 그건 그냥 손에 넣을 수 있는 것이었나요?"

"가장 빨리 죽게 하는 방법을 쓰고 싶었어요. 그리고 산소 호흡기의 코드 몇 개를 뽑기도 했어요. 접착제 제거제를 사용했는데, 그렇게 하면 기도가 가래로 막혀서 폐렴으로 죽거든요. 링거 안에 청산가리를 넣었어요. 그걸 주사하는 거죠. 흑인에게는 청산가리가 나타나지 않지만 백인에게는 나타나요. 그걸 넣을 때…… 주사기로 넣지 않고 링거 안에 넣는데, 아, 나는 그걸 영양보급관에 넣고는 했는데 그게 걸린 거예요. 내가 서둘렀어요."

이 모든 것이 그에게 얼마나 평온하고 질서정연한지 잘 보라.

나는 스스로를 정의의 집행자라고 여기는 그의 생각을 끝까지 알아보고 싶었다. "너대니엘 왓슨은 어떤가요?"

"그는 강간범이었어요."

"그가 강간범이었다고 '생각'하는군요."

"아니, 그는 강간범이었어요. 카운티 교도소에 있었어요."

나는 이전에 그 사건을 조사했다. "사실인지 아닌지 조금 미심쩍기도 하고, 그게……."

하비가 내 말을 잘랐다. "흠, 그는 여섯 명의 여자를 강간해서 심문을 받았고 나중에 뇌졸중에 걸렸어요. 그는 백인 여자를 볼 때마다 발기를 했죠. 흑인 여성이나 남성을 볼 때는 아니었어요. 의사를 만날 때도 의사가 백인이면 발기를 했어요. 그래서 그를 죽였어요. 그러니까 그는 상태가 좋지 않았어요. 정말 상태가 좋지 않았어요."

왓슨이 강간범이라는 믿을 만한 증거가 없었지만 하비는 그 믿음에 매달렸는데, 그 믿음을 살인에 대한 편리한 구실로 내세울 수 있었기 때문이다.

내가 물었다. "그래서 그를 없애도 괜찮다고 생각한 건가요?"

그러자 하비가 화제를 바꾸더니, 혼수상태였던 왓슨의 몸이 부자연스러울 만큼 수축되었으며 만성적인 욕창이 있었고, 그를 옮기려면 두 사람이 있어야 했다고 설명했다. 하비는 그를 카렌 앤 퀸란과 비교했는데, 펜실베이니아의 젊은 여성 카렌이 1975년에 약 몇 알과 술을 함께 먹은 뒤 의식을 잃고 회복 불가능한 혼수상태에 빠지자, 가톨릭 신자였던 가족은 인공호흡기를 제거하고 그녀를 '자연스러운 상태'로 되돌리려 했다. 항소법원 판사가 퀸란 가족의 요구를 받아들여 퀸란에게서 인공호흡기를 제거하고 난 뒤에도, 그녀는 영양 보급관만으로 영양을 섭취하면서 10년 가까이 살았다. 이 사건은 죽을 권리를 인정하는 문제에 전 국민이 관심을 갖는 계기가 되었다. 하비는 왓슨이 그런 운명을 겪기를 바라지 않았다고 주장했다.

그러니까 이것은 일거양득인 셈이었다. 하비는 왓슨이 강간범이어서 그리고 가망 없는 뇌졸중 환자여서 죽인 것이다. 이 얘기를 꺼낸 이유는 자신의 주변 환경이나 동료들에 대한 아주 논리적이고 체계적인 분석과 아무 힘없는 사람들을 계속 죽인 이유에 대한 완전히 혼란스럽고 자기변명 같은 추론이 얼마나 대조적인지 분명히 보여주기 위해서다.

점점 더 명확해진 것은, 다른 사람들을 대하는 하비의 극히 양면적이고 미숙한 성향이었다. 그러니까 하비는 어떤 사람과 잘 지내거나 아니면 그럭저럭 지내다가도 어느 순간 자기를 화나게 하면 상대가 누구든 미성년자 수준으로 대응하고 공상하는 것(그의 경우에는 자신을 짜증스럽게 하는 상대에게 행동하는 것) 같았다.

하비에게 그가 AIDS 바이러스와 B형 간염을 감염시키려 했을 뿐만 아니라 독살하려고도 했던 이웃집 사람에 대해 물었을 때 이런 느낌이 분명해졌다.

하비가 대답했다.

"게이들을 사랑하는 것. 그것이 그녀가 가진 전부예요. 친구들 모두 게이 남자들이었어요. 그녀는 그들과 있는 것이 안전하다고 느꼈어요. 그녀는 훌륭한 요리사였고, 사실 대부분의 시간 동안 정말로 근사했어요."

그러면 하비는 왜 그녀를 죽이려고 했을까? 도널드가 칼을 속이고 다른 여성들과 바람을 피운 얘기를 그녀가 하고 있다고 생각했기 때문이다. 아마도 그녀는 칼이 자신보다 도널드 하비와 더 많은 시간을 보낸다는 이유로 분개했던 것 같다. '그녀가 대부분의 시간 동안은 정말로 근사했다.'는 사실에도 불구하고, 내가 그녀 얘기를 꺼냈을 때 하비가 실제로 보인 유일한 반응은 그녀를 죽이는 데는 비소가 더 낫고 효과적인 방법이었을 거라고 말한 것이었다.

반면, 하비는 칼을 죽이고 싶지 않았다고 했다. 하비는 그가 '바람을 피우지 않고 공원이나 그런 데 가지 않을' 정도의 비소만 주었다고 분명히 말했다.

하지만 얼마간 시간이 지나자 그 정도로는 칼을 통제하기에 충분하지 않았다. "마침내, 성적인 문제에서 그와 사이가 굉장히 나빠졌어요. 그는 설사를 하고 토하면서도 밖으로 나갔어요."

나는 병원 밖에서 일어난 살인 몇 건을 더 살펴보았다.

이웃인 헬렌 메츠거가 있었다. "그녀는 아주 멋진 여성이었어요. 칼이 그녀에게서 10만 달러 정도를 훔쳤는데 그녀가 경찰에게 가려고 했어요. 내가 조사를 받고 있었고 그 병원에서 일을 망치고 싶지 않았기 때문에 그녀가 경찰에 가려는 걸 그대로 두고 볼 수가 없었죠."

안락사에 대해 얘기하면서 하비는 종양 병동에 있을 때 가장 힘들었다고 말했는데, 환자들 중 대다수가 죽음과 가까이 있는 데다 다른 가족이 없는 탓에 그가 기본적으로 그들을 고통에서 구하는 일을 맡았기 때문이었다고 했다. 일반 병동에 있었더라면 잘 해냈을 거라고 하비는 생각했는데, 그런 생각은 당연히 그가 이미 내게 보여준 스스로에 대한 묘사와 전혀 다르다.

하비의 단순하고 느긋한 페르소나는 번디 스타일의 풍부한 지략과 범죄에 관한 상상과 연결되었다.

너대니얼 왓슨의 죽음이 의심을 불러 일으켰을 때, 그는 탈출할 계획을 정교하게 세웠다. 그 계획은 너무도 정교해서 실제 생활에서 이룰 수 있는 뭔가가 아닌 미스터리 소설이나 스릴러처럼 들릴 정도였다.

하비는 자신과 닮은 남자를 찾아서 3일이나 4일 밤 동안 지역의 게이 바를 돌아다녔다고 내게 말했다. 드디어 적당한 후보를 찾았을 때, 그는 자신이 병원에서 일하는데 AIDS가 걱정이 되며, 그래서 섹스를 하기 전에 상대 남자의 피를 검사할 수 있게 해줘야 한다고 말했다. 그렇게 해서 혈액 샘플을 얻었고, 그것으로 AIDS 검사가 아닌 혈액형 검사를 했다.

당시 하비는 천연 가스로 난방을 하는 이동식 주택에 살았다. 그는 다이너마이트를 구할 수 있다고 한 장의사를 알고 있었는데 묘지를 팔 때 땅 아래에 커다란 바위가 있으면 때때로 다이너마이트를 사용하기 때문이었다. 하비의 생각은 자신을 닮은 이 사람을 살해한 다음 그의 시신을 이동식 주택에 가져다두고 가스 폭발이 있었던 것처럼 꾸미는 것이었다.

나는 하비에게 어디로 갈 계획이었는지 물었다. 내가 짐작하기에 가장 좋은 곳은 멕시코라고 말했다. 이상하게도 그것은 하비가 내게 밝히지 않으려고 하는 한 가지였다. 세월이 지난 뒤에도 여전히 가슴에 품고 있는 탈출 계획의 일부인 것처럼 말이다.

어쨌든 그 계획으로는 아무 결과도 얻지 못했다. 하비를 꽤 많이 닮았다고 생각한 그 남자는 알고 보니 혈액형이 달랐다. 그리고 하비는 혈액형이 일치하는 것만으로는 충분하지 않다는 걸 나중에 알았다고 말했다. 그 계획은 DNA 분석으로도 밝혀질 수 있었다. 하지만 짐작건대 하비는 그 즈음에 이미 도망 다니고 있었을 것이다.

하지만 여기에서 재미있는 점은 상상의 범위인데, 하비는 집짓기를 상상하고 있었던 것처럼 탈출 계획을 상상하고 있었다는 것이다. 나는 번디가 조종하고 회피하는 재능에 자신감을 가지면서 그랬던 것처럼 하비도 자신의 감정을 평온하게 유지하기 위해서는 이런 꿈들을 필요로 한다는 인상을 받았다. 다시 말해서, 실제 삶에서는 그렇지 않다 해도 적어도 하비의 마음속에서는 도망갈 어딘가가 늘 있었다. 이것은 다른 연쇄범죄자들이 적극적으로 공상을 하며 살아가는 것과 같다.

그런 공상과 비슷한 사고는 도널드 하비 정신의 많은 면에 스며들었다. 내가 왜 그처럼 우울해져서 몇 번이나 자살을 시도했는지 물었을 때, 하비는 "내가 자살하고 싶었다면 제대로 해냈을 겁니다."라고 대수롭지 않게 말했다.

나는 모든 일을 단순하고 피상적인 수준으로 유지하려 하는 이런 면이 그의 타고난 성격이라고 믿게 되었다. 다른 병원 직원들과 함께 받기로 한 거짓말 탐지기 조사를 피하기 위해 병원에 출근하지 않았던 그날 얘기를 꺼내자, 하비는 정확한 날짜를 기억하지 못한다고 주장하면서도 이렇게 말했다. "소시오패스들은 원하기만 하면 통과할 수 있다는 걸 알고 있었어요."

내가 물었다. "자신을 소시오패스라고 생각하나요?"

"흠, 대부분의 사람이 바로 그렇게 나를 생각하죠. 당신은 어떻게 생각하나요?"

그는 상냥하고 행복해보이기까지 하는 미소를 다시 지었다.

"나는 그냥 도널드 하비예요. 조금도 변하지 않았어요. 나는 갱생되었어요. 이제 완전히 괜찮아요. 거리로 돌아갈 준비가 되었어요."

자신의 내면과 동기를 진지하게 마주하지 못하거나 마주하지 않으려는 하비의 특징을 이보다 더 명확히 보여주는 것도 없는 듯하다. 혹은 그렇지 않다면, 하비는 이미 그렇게 했는데 다른 사람들이 너무 멍청해서 이해하지 못한다고 생각한다.

면담이 끝나갈 때, 하비는 근본적으로 이렇게까지는 인정했다. "나는 물질적인 것을 보지 않아요. 그렇죠? 35년 동안 나는 자유로운 사람이었어요. 내가 하고 있는 일이 옳다고 생각했고, 내가 돌보던 환자들, 그러니까 나는 그들이 편안하게 떠날 수 있게 했다고 생각하고 싶어요. 그들은 내게 허락하지 않았어요. 그래요. 하지만 그 환자들 중 일부는 그들을 대신해 허락할 사람이 아무도 없었어요. 그래서 나는 내 상태가 나빠질 경우를 대비해서 생전에 유서를 작성할 거예요. 좋은 병원들이 있지만, 얘기하자면 나는 식물인간이 되면서까지 살고 싶지는 않아요."

"당신이 다른 사람들에게 한 것처럼 누군가가 당신에게 그렇게 하도록 하고 싶은가요?"

하비가 또 말했다. "그들이 그렇게 하기를 원한다면 그렇게 하라고 해요. 흠, 그렇지만 잡히지는 말아야죠. 빌어먹을, 잡히지 말아야 해요. 왜냐하면, 잡힌 다음에 당신이 가게 될 그 작은 감방과 화장실이 그렇게 훌륭하진 않거든요!"

하비의 말은 결국 예언이 되었다. 2017년 3월 28일 오후, 하비는 톨레도 교정기관의 자기 방에서 누군가에게 맞아서 의식을 잃은 채 발견되었다. 몸에 난 상처들은 누군가 무기를 쓰지 않고 강하게 쳐서 생긴 것이었으며, 폭행범은 또 다른 수감자인 걸로 생각되었다. 교도소 대변인들 말에 따르면, 살인자와 피해자 모두 보호 감호소에 있었다고 했다. 하비는 의식을 다시 찾지 못하고 이틀 뒤 톨레도의 머시 헬스 세인트 빈센트 의료센터에서 죽었다. 그는 예순 네 살이었으며, 첫 번째 가능한 가석방 날짜가 약 30년 남아 있었다.

20
추락한 천사

도널드 하비와의 대화에서 한 발 물러나 차분히 생각해보면, 그가 자신이 저지른 살인들에 대해 무심하게 말하는 방식과 그 살인들이 그의 정신을 규정하는 방식에 대해 자칫하면 그냥 넘어갈 수 있다는 걸 알게 된다. 도널드 하비가 자신이 '괜찮은 사람이고 아주 따뜻하고 다정한 사람'이라고 말했을 때, 그는 그냥 경솔한 것이 아니었다. 우리는 분명 그를 그런 식으로 보지 않지만, 그는 뉘른베르크의 나치 피고인들, 특히 강제수용소 사령관들과 직원들 그리고 굴욕과 죽음이라는 시스템을 가동하는데 연관된 사람들이 불러일으킨 것들과 비슷한 도덕적이고 철학적인 의문을 불러일으킨다. 그들의 논리 체계(사이코패스들이 고안하고 국가 관료제가 '정상화 한' 체계)안에서 이 하급자들이 하던 일은 용인될 뿐만 아니라 건설적이기도 했다. 그들은 그들이 하고 있는 일을 정말로 믿었거나 아니면 모든 도덕적 문제를 더 높은 권위에 맡겼다.

마찬가지로 하비는 확실하게 자신의 논리 체계를 만들었으며 그 안에서 그가 한 일(안락사의 방법으로 혹은 복수의 천사 역할로)은 용인되고 유익한 것이었다. 하비를 고용한 시설들은 그가 하고 있는 일을 보지 못했거나 아니면 그의 환자들과 교대 근무에 관련된 죽음의 패턴들을 굳이 알려고 하지 않았다. 그리고 안타깝게도 이런 일은 드물지 않게 일어난다. 시설이나 기관은 내부에서 일어난 문제에 관여하거나 너무 깊이 파헤쳐서 법적으로 얽히는 걸 원치 않는 경향이 있다. 문제를 다음 사람에게 넘기거나 먼 미래로 미루는 편이 훨씬 더 쉽다. 가톨릭 교회 관리들이 문제를 일으킨 성직자들의 범죄를 정확히 조사하고 처리하기 보다는 그들을 다른 지역이나 교구로 보내는 편이 더 수월하고 조직이 덜 위험해진다고 생각했기 때문에 수백 명 혹은 수천 명에 이르는 많은 수의 아이가 성적 학대를 당했던 것 아닌가? 하비의 지능이 어느 정도인지 파악하기는 힘들지만, 지적 수준에서 보면 그는 지략이 굉장히 뛰어나며 범죄 수법이 아주 정교하다. 하지만 감정적 수준에서는 정반대였다. 이 두 가지 면이 결합된 결과 그는 특히 위험하고 성공적인 살인자가 되었다.

안타까운 사실은 하비 같은 사람들이 언제나 존재한다는 것이다.

1987년 신시내티에서 열린 선고심리에서 하비는 이렇게 진술했다.

"여러 명의 도널드 하비가 있습니다."

그의 말이 옳았다. 이전에도 그랬고 이후에도 그랬다.

《범죄 분류 매뉴얼》 초판에서 우리는 병원 살인들을 '개인적 원인의 살인' 범주에 넣었다. 하지만 이런 살인이 비교적 자주 일어났기 때문에 세 번째 판을 출간할 때는 그것을 '개인적 원인'에서 독립시켜 '의료 살인'이라는 새로운 범주를 만들었다.

도널드 하비가 한 일은 의료 살인의 하위 범주인 '가짜 안락사 살인'으로 분류된다.

찰스 에드먼드 컬런이라는 남자도 도널드 하비의 발자취를 그대로 따랐다. 컬런이 자녀가 있고 이혼한 이성애자라는 사실만 제외하면 그의 사건은 하비의 사건과 묘하게 비슷하며, 우리가 하는 범죄자 면담의 가치를 아주 생생하게 보여준다. 우리가 도널드 하비를 '이해'했기 때문에 찰스 컬런과 같은 사람도 이해하는 것이다.

컬런은 겸손한 사람이었으며 도널드 하비처럼 어린 시절의 트라우마를 가지고 있었다. 1960년에 뉴저지주 웨스트 오렌지에서 태어난 컬런은 여덟 아이들 중 막내였다. 쉰여덟 살의 버스 기사였던 그의 아버지는 찰스가 아기일 때 죽었다. 하비처럼 컬런도 몇 번 자살시도를 했는데, 성인이 되기도 전에 있었던 일이다. 그는 아홉 살 때 가정용 화학실험용품에 있던 화학약품을 마셔서 처음 자살시도를 했다. 컬런이 열일곱 살 때 어머니가 자동차 사고로 죽었다. 그때 차를 몰던 사람은 그의 누나였다. 하비처럼 컬런도 군대(그의 경우에는 해군)에 입대했지만 정서불안 증세를 보여 의병제대를 했고 또 자살을 시도했다. 그리고 하비처럼 컬런도 여러 병원에 근무하면서 정해진 순서와 절차를 연구했고, 병원 관리 시스템의 허점을 이용했다.

사실 찰스 컬런에게 도널드 하비를 닮지 않은 단 한 가지 주요 특징이 있다면, 하비의 외적 매력이었다. 컬런은 대부분의 사람이 보는 순간 이상하다고 생각할 만큼 내성적인 외톨이었다.

컬런은 16년이라는 세월 동안 뉴저지와 펜실베이니아의 아홉 개 병원에서 간호사로 일했는데, 그 기간에 적어도 서른 명의 환자를 죽였다. 어쩌면 그 열 배일지도 몰랐다. 컬런을 비롯해 아무도 확실한 숫자를 알지 못했다.

하비처럼 컬런도 자신이 사람들을 괴로움과 고통에서 구하는 '자비의 천사'라고 주장했다. 또한 하비의 경우에 그랬던 것처럼, 컬런도 그의 환자들 중 다수가 불치병이 아니었거나 회복될 가능성이 있었다. 하비가 그랬던 것처럼 컬런도 앞뒤가 맞지 않은 합리화를 했고 자신의 동기를 철저하게 알아내지 못하는 것 같았다. 그리고 자신이 결국 죽게 한 환자들 가까이에 자신을 배치했다며 병원들을 비난했다. 컬런이 선택한 무기들은 인슐린, 에피네프린(아드레날린), 그리고 심장 치료제인 디곡신이었다.

컬런은 하비보다 더 여러 차례 의심을 불러일으켰고, 그때마다 병원과 법집행 당국은 사람의 목숨을 뺏는 그의 일을 끝낼 기회가 있었다. 컬런의 근무 시간에 환자 사망률이 비정상적으로 높다는 걸 알아채고 다른 간호사들이 몇 번이나 신고했으며, 근무 실적이 좋지 않다는 이유로 컬런이 해고된 경우도 몇 번 있었다. 펜실베이니아의 베들레헴에 있는 성 누가병원에서는(내 계산으로는 컬런이 일곱 번째로 근무했던 병원) 거의 사용하지 않는 약의 상당량이 사라지자 자동적으로 새로운 약으로 대체했다. 다시 비슷한 양이 사라지면 병원에서는 관례대로 대체할 뿐 전혀 의심하지 않았고 심지어 어떤 질문도 하지 않았다. 나중에 컬런은 절도가 이루어진 모든 곳에 자신의 지문(비유적으로 그리고 글자 그대로)

이 있었다고 말했다.

하지만 매번 병원 측은 충분한 증거가 없다거나 상황이 너무 모호하다고 결론 내리면서 일을 그르쳤다. 이것은 전국적인 간호사 부족에 어느 정도 원인이 있었는데, 이런 상황 때문에 컬런은 그렇지 않으면 해고되었을 직장에 그대로 있을 수 있었다. 또한 병원 측에서는 그들 병동에서 생명이 위태로운 상황에 처한 사람들이 평균 사망률 이상으로 사망하게 하는 어떤 일이 벌어지고 있을지 모른다는 사실을 인정하고 싶어하지 않았다. 그런 일이 벌어지고 있다는 암시만 있어도 불확실성, 비난, 재정적 위험 노출 등이 든 판도라의 상자를 열 수 있었기 때문이다.

컬런이 나중에 형사에게 말했다.

"어떻게 펜실베이니아 수사관들은 범인이 나라는 것을 입증하고, 내 자격증을 가져갈 충분한 증거가 있다는 생각을 안 했는지 정말 모르겠어요. 나는 사건이 일어났던 모든 밤, 모든 시간에 있었던 유일한 사람이었거든요."

결국 컬런의 완전한 몰락은 2003년 뉴저지주 서머빌의 서머싯 메디컬 센터에서 시작되었는데, 이 시기에 그는 병원 중환자실에서 1년 정도 근무하고 있었다. 늦은 봄 즈음, 병원 컴퓨터 기록 시스템에서 컬런이 자기 담당이 아닌 환자들의 기록을 검색하고 있다는 사실이 드러났으며, 다른 직원은 컬런이 자기 담당이 아닌 환자들의 방에 있는 것을 반복적으로 발견했다. 약 대부분은 잠긴 약장에 보관되며 픽시스라는 자동 분배 시스템으로 관리되었는데, 잠긴 약장을 열기 위해서는 컴퓨터 접속 코드가 있어야 했다. 컴퓨터 기록을 보면 컬런이 그의 담당 환자 누구에게도 처방된 적 없는 약들을 가져간 것으로 드러났다. 컬런은 종종 자신의 흔적을 감추기 위해 주문을 재빨리 삭제한 다음 몇 분 뒤에 같은 처방을 주문하곤 했다.

같은 시기에 '뉴저지 독극물 정보와 교육 시스템'의 이사 스티븐 마커스 박사는 네 건의 죽음이 의심스러우며 직원이 고의로 환자들을 죽였을 가능성이 있다고 병원 관리부에 우려를 전달했다. 병원 직원들은 마커스 박사의 우려를 축소하거나 완화하려고 했지만, 마커스 박사는 의견을 굽히지 않았다. 그는 이 사건을 주의 보건노인복지부에 보고할 것이며 자신이 그 대화를 녹음해 두었다고 병원 측에 말했다. 병원에서는 그의 말에 관심을 갖긴 했지만, 수사가 시작될 때까지도 컬런이 중환자 병동에서 그대로 근무하게 했다. 그러는 동안에도 의심스러운 사망은 계속되었다.

환자 한 사람이 10월에 심한 저혈당으로 사망(인슐린 과다 투여의 가능성이 있음을 의미한다.)하자 병원 관리부는 결국 법집행 당국에 보고했다. 수사를 시작한 경찰은 컬런이 8월에 치명적이진 않았지만 인슐린을 과다 투여한 것을 비롯해 오랫동안 실수와 관리 소홀이 있었음을 발견했다. 뉴저지와 펜실베이니아의 많은 병원에서 컬런이 오랜 세월에 걸쳐 채용되고 해고된 기록에 대해서도 이 시기에 면밀한 조사가 이루어졌다. 이런 상황에서 서머셋 메디컬 센터는 흔히들 쉽게 빠져나갈 수 있는 방법으로 생각하는 그 방법을 쓰기로 했다. 구직 지원서에 거짓말을 했다는 이유로 컬런을 해고한 것이다. 그러는 동안 경찰 수사는 계속되었다.

컬런은 2003년 12월 12일에 레스토랑에서 식사를 하다가 체포되었다. 그는 한 건의 살인과 한 건의 살인 미수로 기소되었다. 이틀 뒤에 컬런은 서머셋 카운티 형사들인 티모시 브라운과 다니엘 볼드윈과 면담을 하기로 했다. 그리고 도널드 하비처럼 컬런도 면담을 진행하던 수사관들에게 충격을 주었다. 일곱 시간 동안 이어진 심문에서 컬런은 40여 명의 병원 환자를 죽였다고 자백했다.

심문을 시작하고 여섯 시간이 지난 뒤에 브라운이 물었다. "찰스, 이 모든 얘기에서 생기는 질문은 '왜?'입니다. 그 세월 내내 당신이 야기한 죽음 뒤에 있는 '왜?'를 설명해줄 수 있습니까?"

"내 의도는 내가 일을 하면서 본 사람들의 고통을 줄여주는 것이었습니다." 컬런의 이 말은 하비가 말한 것과 같았다. 그는 또 간호하는 일을 그만둘 생각을 했다는 말도 했는데, 그 일을 계속하는 한 "내가 이런 상황에 놓이면 나는…… 고통을 끝내야 한다고 생각할 거라는 걸 알았기 때문"이라고 했다. 하지만 그는 그 일을 계속 해야 했다. 돈을 벌어야 했고, '자녀를 돌보지 않는 아빠'가 되고 싶지 않았으며, 간호 업무만큼 돈을 벌 수 있는 다른 직업을 찾을 수 없다는 걸 알았기 때문이다.

그는 "사람들의 고통을 덜어주려 했다 해도, 내가 한 일에 죄책감을 느꼈어요. 오랫동안 아무것도 하지 않을 때도 있었지만, 그러다가 다시 돌아왔고 어쩔 수 없다는 느낌이 들었어요. 사람들이 아프고, 죽고, 비인간적으로 대접받는 것을 볼 수 없다고 느꼈어요. 때때로 내가 할 수 있다고 느껴지는 유일한 일은 그들의 고통을 끝내주는 것이었고, 내게 그럴 권리가 있다고 생각하지는 않지만 어쨌든 그렇게 했습니다."라고 인정했다.

1970년대와 80년대에 연쇄살인자들을 연구하기 시작하면서 우리는 연쇄살인자들 대부분이 범죄와 범죄 사이에 우리가 '냉각'기라고 하는 것을 갖는다는 사실을 알게 되었는데, 그 기간은 며칠, 몇 주, 혹은 몇 년이 될 수도 있었다. 하지만 내부의 압력이 다시 커지면서 그들은 범죄를 되풀이하곤 했다.

거의 모든 연쇄범죄자의 내면에는 서로 대립하는 두 요소가 있다. 당당함, 특별함, 자격이 있다는 느낌과 함께 뿌리 깊이 자리하고 있는 무능함, 무기력이라는 느낌, 그리고 삶에서 당연히 누려야 하는 기회를 갖지 못했다는 생각이다. 그리고 두 사람 모두 전통적인 의미에서의 범죄자가 아니라고 해도 우리는 이 특징들을 하비와 컬런에게서 분명하게 볼 수 있다. 마음속에 억눌렀던 무기력하고 권리를 박탈당했다는 느낌이 점점 커져서 결국 그들은 불운한 환자들을 상대로 신의 역할을 하면서 자신의 힘, 즉 그들의 뒤틀린 마음속에 있는 선함과 자비를 보여줘야만 했다. 그 살인은 힘과 전능함에 대한 그들의 요구를 채워주며 동시에 그들이 마땅히 받아야 하는 것을 주지 않은 사회에 반격하고 싶어 하는 잠재의식 혹은 반무의식 속의 욕구를 만족시켜준다.

2006년 3월 2일에 컬런은 열한 번의 종신형을 선고받았으며, 따라서 397년 안에는 가석방 자격이 없다. 그는 지금 트렌턴의 뉴저지주 교도소에 있는데, 이곳은 조셉 맥고언이 있는 곳이기도 하다.

법집행 기관에서는 하비가 저질렀던 것과 같은 범죄에 대해 굉장히 많은 관심을 갖고 있다. 안타깝게도 대개 우리는 범죄자가 분명하거나 고의가 아닌 어떤 실수를 하고 나서야 관여한다. 마침내 그런 범죄자를 조사하기 시작하면, 그들이 어떤 형태의 응징과 보복을 할 수밖에 없게 만든 초창기의 혼란과 장애를 이해하게 된다. 도널드 하비는 누구도 다시는 자신을 무시하지 못하게 하려고 했다.

하비, 컬런, 시프먼과 같은 의료 살인자들을 연구하면서 우리는 어떤 지점에서 수사를 고려해야 한다는 생각을 하게 되는데, 이런 고려를 하려면 법집행 기관뿐만 아니라 약물이나 의료 장비의 절도 혹은 살인 같은 강력 범죄 등의 불법 행위를 조사하고 밝혀내는 훈련을 평소에 받지 않는 사람들도 높은 수준의 인식을 갖춰야 한다. 특정한 유형의 병원 환경이라고 해도 사망자 숫자나 예상치 않은 합병증이 통계적으로 이상하리만치 증가한다면 예외 없이 충분히 의심하고 마땅히 병원 측이 조사를 해야 하며, 그런 다음 필요하다면 법집행 기관의 수사를 받아야 한다. 그리고 우선적으로 '특정한 개인이 해당 층에서 근무하거나 그곳에 있었던 것과 어떤 관련이 있는가?'를 조사해야 한다.

《범죄 분류 매뉴얼》에는 이런 내용이 있다. "《미국간호학잡지American Journal of Nursing》 기사에 인용된 아홉 건의 가짜 안락사 살인자들 사건에서 용의자의 존재와 높은 숫자의 의심스러운 죽음 사이의 연관성은 의심해볼 만한 상당한 이유가 되며 대배심원들이 기소하기에 충분하다고 여겨졌다."

또 다른 고려사항은 같은 환자에게서 혹은 여러 환자들에게서 비정상적으로 높은 비율의 심폐소생술이 시행되는지의 여부다. 특별히 중요한 지표는 같은 사람이 이 현장들 중 여러 곳에 있거나 혹은 실제로 응급상황 코드를 외치는 것이다.

만일 용의자가 직업을 자주 바꿨다면, 그것은 분명 의심을 해봐야 하는 요소다. 우리가 보았듯 안타깝게도 병원 관리자들은 때때로 직원을 의심할 만한 단서를 더 조사하기보다는 그냥 그를 내보내는 것이 더 편하다고 생각한다.

의학은 정밀과학이 아니기 때문에 예측 못한 결과들이 발생한다는 걸 우리 모두 인정한다. 하지만 이런 유형의 범죄에서 수사를 고려할 때 가장 중요한 것은 패턴의 인식이다. 가장 취약한 집단에 속하는 병원에서 보안에 실패하면 그 위험성이 너무도 크다. 도널드 하비와 했던 면담에서 드러난 한 가지는 그가 전혀 뉘우치지 않으며 살인을 저지르고도 처벌받지 않는 것을 정말 좋아한다는 사실이었기 때문이다.

슈퍼바이크 살인 │ 칼라와 찰리에게 무슨 일이 일어났는가? │ 무엇이 토드를 움직이게 했는가?

"아무도 내가 어떤 것이든
하게 만들지 않았다"

"좋든 나쁘든, 나는 여전히 알고 싶다." | 계획적인 범죄 대 계획적이지 않은 범죄 | 본성과 양육

21
슈퍼바이크 살인

2004년 후반, 나는 사우스캐롤라이나의 한 대학에서 강의를 하고 있었다. 어느 날, 스파턴버그 카운티 보안관 사무실의 앨런 우드 경사가 나를 찾아 왔다. 그는 1년 전 체즈니라는 도시에서 네 사람이 총에 맞아 죽은 사건을 내게 말했다.

우드가 말했다. "뭐든 우리에게 도움이 될 만한 일을 해주시겠습니까?"

"내게 정보를 준다면, 사이코패스라는 명백한 증거가 있는지, 또 제가 뭔가를 할 수 있을지 보겠습니다." 이렇게 대답하면서도 내가 도움이 될 수 있을지 의심스러웠는데, 흔히 일상적인 강도사건에서는 행동 증거가 많이 남지 않기 때문이다.

집에 돌아왔을 때 우드에게서 전화가 왔다. 그는 전화로 보충 설명을 하고 나서 범죄 현장의 정보와 사진, 부검 절차, 그리고 다른 기록들을 보내주었다.

2003년 11월 6일 오후 세 시가 막 지났을 즈음, 체즈니 외곽에 위치한 슈퍼바이크 모터스포츠 오토바이 상점과 수리점에 노엘 리라는 주인의 친구이자 손님이 왔다. 체즈니는 사우스캐롤라이나의 북서쪽에 있는 작은 농업 공동체다. 노엘 리는 상점에서 세 구의 시체와 함께 유혈이 낭자한 현장을 보고는 911에 전화했다.

"지금 있는 곳이 어디입니까?"

"그게, 슈퍼바이크 모터스포츠입니다. 모두가 총에 맞은 것 같아요! 다들 쓰러져 있고 주위에 피가 흥건합니다. 주인의 어머니도 총에 맞았고, 정비사도 총에 맞았는데……."

경찰이 도착했고, 피해자들은 상점 주인인 스캇 폰더(30세), 서비스 관리자인 브라이언 루카스(29세), 정비사 크리스 셔벗(26세), 폰더의 어머니이자 상점에서 파트타임 경리로 일하던 비벌리 가이(52세)로 밝혀졌다. 네 사람 모두 여러 발의 총에 맞아 사망했으며 두 가지 종류의 탄피, 니켈 탄피와 황동 탄피 열여덟 개가 현장에 흩어져 있었다.

수사관들이 보기에 총을 쏜 사람 혹은 총을 쏜 사람들은 그 상점에 들어온 뒤 뒤쪽 매장으로 가서 셔벗을 쏘고, 그런 다음 앞쪽 전시실로 가서 가이를 쏜 것 같았다. 루카스는 앞쪽 출입구에 쓰러져 있었으며 폰더는 주차장에 쓰러져 있었는데, 가이가 죽은 것을 보고 도움을 구하러 달려가고 있었던 것 같았다. 그곳에는 지문이나 DNA 증거가 전혀 없었다.

분명히 대량 살인으로 분류될 사건이었다. 하지만 중요한 지표만으로 보면 발생할 수 없는 일이었다. 즉, 서류가방에는 은행에 넣을 현금이 몇 천 달러 있었고 값비싸고 쉽게 가져갈 수 있는 오토바이들이 많았지만 아무것도 없어지지 않았다. 그래서 처음에는 이 사건이 범죄 집단에 의한 살인이라고 생각되었지만 나중에는 어떤 형태의 직장 폭력으로 보였다. 그리고 증거를 근거로 사건을 재구성해 보면, 먼저 정비사가 오토바이를 수리하다가 위에서 쏜 총에 뒤통수를 맞은 것 같았다. 그는 범인이 상점에 들어오는 걸 알지도 못했을 것이다. 그런 다음 범인은 재빨리 앞쪽으로 갔다가 화장실에서 나오는 가이와 마주쳤고 즉시 그녀를 쐈다.

리는 보안관 보들에게 자신이 상점에 들어올 때 젊은 남자와 여자가 나가는 걸 봤다고 말했다. 이 대량 살인 얘기를 듣고 나섰던 켈리 시스크는 아들에게 사준 장난감 차의 값을 지불하려고 네 살짜리 아들과 함께 30분 전쯤 그 상점에 왔다고 말한다. 그는 스캇이 검은색 가와사키 카타나 600 오토바이를 구경하는 손님을 응대하고 있는 걸 보았다. 그때 시스크는 두 가지 생각이 들었다. 그 손님은 날씨가 꽤 따뜻했는데도 검은색 컬럼비아 플리스 재킷을 입고 있었으며, 오토바이를 그렇게 많이 다뤄본 것 같진 않았다. 형사들이 도착했을 때 배송 준비를 마친 검은색 카와사키 카타나 600은 상점 안에 있었다. 매매 증서가 작성되었지만, 증서에 이름은 없었다. 시스크는 그 손님의 인상착의를 설명했고, 이 설명에 따라 만들어진 인물 스케치가 사람들에게 뿌려졌다. 모든 정황을 고려해볼 때, 시스크는 총격 사건이 있기 전에 슈퍼바이크 상점을 떠난 마지막 손님이었다.

보안관 사무실에서는 많은 단서를 계속 추적하고 여러 의견을 모았다. 범인은 기분이 상한 직원일 수 있었고 불만스러워 하는 고객일 수도 있었으며, 아니면 번창하던 그 상점을 망하게 하려고 경쟁 상점에서 고용한 사람일 수도 있었다. 그렇다면 리가 본 그 젊은 남자가 총을 쏜 범인이고 여자는 망을 본 것일까? 리 자신도 살인사건 직후에 혼자 나타났다는 이유로 의심을 받았다.

비벌리 가이가 주요 표적일 가능성은 거의 없었고, 스캇 폰더나 브라이언 루카스와 관련해서도 의심을 일으킬 만한 점이 전혀 없었다. 크리스 셔벗이 불법 약물과 관련 있다는 소문이 있었지만, 확실하게 드러난 것은 전혀 없었다.

그러다가 굉장히 흥미롭고 결정적인 증거가 나타났다. 보안관 사무실은 슬픔에 잠긴 스캇 폰더의 아내 멜리사에게 전화해서 살인사건 직후에 그녀가 낳은 남자아기는 스캇의 아기가 아니라고 말했다. 멜리사가 이전에 사무실을 방문했다가 그곳에서 아기 기저귀를 간 적이 있었는데, 이때 그들이 DNA 샘플을 채취했다. 그리고 이 샘플은 범죄 현장에서 채취한 스캇의 혈액과 일치하지 않았다.

멜리사는 믿을 수 없을 만큼 충격을 받았으며 그 결과를 인정하지 않았다. 그녀와 스캇은 더할 나위 없이 사랑했다. 그녀가 생각할 수 있는 유일한 가능성은 병원에서 아기가 바뀐 것인데, 그것은 전혀 설득력이 없었다. 멜리사는 흥분해서 테스트를 한번 더 해달라고 요구했다. 당국은 그 요구를 들어주었다. 그 결과 아기가 스캇의 아기가 아니라는 사실뿐만 아니라 아이의 아버지가 스캇의 친한 친구이자 사업 파트너인 브라이언 루카스라는 사실까지 밝혀졌다!

삼각관계가 틀어진 걸까? 브라이언 루카스의 결혼생활에 문제가 있다는 소문이 있었고, 살인사건 직전 브라이언이 혼자서 집을 보러 다니는 모습이 목격되기도 했다. 형사들은 멜리사를 의심했는데, 그들이 스캇의 죽음을 전했을 때 멜리사가 자세한 내용을 듣고 싶어 하지 않았기 때문이다. 나중에 그녀는 남편이 활기차게 살았을 때의 모습을 기억하고 싶어서라고 설명했다.

나는 스캇의 친자확인 검사에서 DNA 증거가 어떻게 나왔는지 알지 못했지만, 내가 받은 자료들을 분석한 결과 브라이언과 멜리사 사이에 어떤 관계가 있다는 생각은 들지 않았으며 설령 있다 해도 범죄와 관련 있는 것 같지는 않았다. 스캇과 브라이언은 둘 다 살해당했으며, 스캇과 멜리사의 배경에는 두 사람이 어떤 문제를 갖고 있다는 사실을 암시하는 것이 전혀 없었다. 멜리사를 아는 사람들 모두 그녀가 남편의 죽음으로 엄청난 충격에 빠졌다고 분명히 말했다. 그러므로 그 시나리오가 말이 되게 하려면 너무 많은 논리적 비약을 해야 했다. 보안관 사무실에서는 마약의 가능성을 조사했지만 아무것도 알아내지 못했고, 내가 보기에 현장에도 마약 중독의 표시라고 할 만한 것이 전혀 없었다.

그 살인사건이 일어나고 18개월이 지난 뒤, 보안관 부서에서는 범죄 현장에서 채취한 브라이언과 스캇의 혈액을 담은 병의 이름표가 잘못되었다는 내용을 전달받았다. 그러니까 멜리사의 아이 아빠는 스캇이었으며, 슈퍼바이크 살인사건과 관련해서 적어도 안타까운 장면 하나는 해결된 셈이었다.

경쟁 관계에 있는 사업체에서 살인을 계획했다는 건 가능했을까? 그

것이 불가능하진 않았지만 쉽게 확인할 수 있었고, 내 경험으로 볼 때 그것은 적법한 사업체가 일하는 방식이 아니다. 범죄 조직도 더는 그런 식으로 행동하지 않는다.

나는 우드에게 전화해서 내 의견을 전달했다. 그는 내 말을 메모해서 나중에 그것을 내게 다시 보여주었다. 두 종류의 탄피가 있긴 했지만, 그건 개인이 저지른 일이었다. 나는 그 살인자가 불만을 품은 직원이나 손님이며, 어떤 이유로 화가 많이 난 손님일 가능성이 아주 크다고 말했다. 직원이라면 추적하기 더 쉬울 것이었다. 총을 여러 번 계속 쏘았다는 것은 이것이 강도질을 하려다 실패한 게 아니라는 것과 어느 한 사람이 아니라 거기에 있는 모든 사람을 공격 대상으로 했다는 것을 나타낸다. 폭력적이고 성적인 범죄들과 달리 이 사건에서 그 미확인범의 나이는 결정적 요인이 아니었으며, 그래서 나이를 짐작하고 잠재적으로 어떤 용의자들을 배제하는 것은 의미가 없었다.

그는 자신의 불만을 한 사람 혹은 그 이상의 사람에게 얘기했을 것이며, 어떤 시점이 되어서는 폭발 직전에 이르렀다. 이 공격은 철저하게 계획되었고 효율적이었다. 그는 사전에 아마도 사격 연습장에서 총 쏘는 것을 연습했을 것이다. 그리고 먼저 범행 장소를 살펴보면서 다른 손님들이 없다는 것을 확인하고, 켈리 시스크가 떠나자 이제 안전하다는 확신을 했을 것이다.

범행 후에 그는 보안관 사무실에서 어떤 확실한 단서를 가지고 있을 경우 수사와 뉴스 보도에 집착했을 것이며, 나는 이걸 두고 '잘난 척 나선다.'고 하곤 했다 이런 사람들 중 일부는 경찰에 혼선을 주거나 도움을 준다는 인상을 주기 위해 직접 나서서 수사에 참여한다. 가령 자신이 거기를 지나갔는데 그때 특정 종류의 차가 현장을 떠나는 장면을 본 것 같다고 말하는 식이다. 누군가 우연히 그를 봤다면 그의 존재를 '설명'해주기까지 할 것이다. 이런 행동은 수사를 방해할 뿐이다.

범죄가 일어난 지 오랜 시간이 지나도록 체포되지 않으면, 그 잠재적 용의자의 행동은 다시 정상으로 돌아갈 것이다. 하지만 나는 그가 몇 사람에게 뭔가를 얘기했으며, 아마도 자신이 일을 얼마나 빈틈없이 처리했고 자신에게 모욕을 준 이 사람들에게 어떻게 복수했는지 떠벌렸을 거라고 확신했다.

비록 그가 더는 '이상하게' 행동하지 않더라도, 나는 두 가지 사전 대책을 제안했다. 하나는 전체 고객 파일을 들여다보면서 불만 편지를 찾거나 혹은 눈에 띄거나 어떤 단서를 가리키는 것이 있는지 살펴보는 것이었다. 다른 하나는 지역 언론 매체에서 사건 이야기를 다루고 미확인범이 범행 직후에 어떻게 행동했을지 설명하게 해서 누군가 그런 행동을 목격했거나 혹은 미확인범에게 사건 이야기를 들었는지 알아보는 것이었다.

나를 인터뷰하고 나서 기자 자넷 S. 스펜서는 《스파턴버그 헤럴드 저널Spartanburg Herald-Journal》과 《고업스테이트GoUpstate》에 사건 이야기를 싣고 '화가 난 무장 강도 살인자'라는 제목으로 온라인 뉴스에도 기사를 제공했으며 내 견해도 함께 소개했다.

스펜서는 이렇게 썼다.

"폰더와 루카스가 도망가면서 총에 맞은 횟수는 그 살인자가 억눌린 분노를 그들에게 터뜨렸음을 나타낸 거라고 더글라스는 설명한다. 더글라스는 강도가 동기는 아니라고 말했다. 범인은 금전 등록기의 돈에 전혀 손을 대지 않았다. 피해자들 몸에서 보석이나 소지품도 없어지지 않았다. 이 사건은 마약과 관련된 대량 살인에도 맞지 않는다고 더글라스는 말했는데…….

파일을 확인해보면 불만이 쌓인 손님들이 있었다는 증거가 있으며, 피해자들과 이전에 거래를 할 때도 그렇고 상점 자체에 불만이 있는 손님들도 있었다고 더글라스는 말했다. 더글라스는 '그리고 그 미확인범은 몇 달 동안 보복할 생각을 하고 있었을지도 모릅니다.'라고도 말했다."

기사에는 또 범행 전후의 행동에 대한 설명도 실렸다. "'그는 훈련을 해왔습니다. 아마도 그런 게 있다면 지역의 사격 훈련장에 갔거나, 아니면 숲 속에 가서 사격 훈련을 했을 겁니다. 그는 상점에서 정확하게 모든 총알을 쐈습니다.'라고 더글라스는 말했으며…… 그는 누군가와 의견이 맞지 않을 때에는 해결이 될 때까지 싸우는 성미 급한 사람일 가능성이 있다. 더글라스는 또 '이 사건에서 그는 대화를 하기 보다는 총으로 결판을 냈습니다.'라고도 말했다. 그 살인자는 전혀 뉘우치지 않고, 그래서 네 명을 전부 죽일 수 있었다."

더 많은 단서가 나타나고 수사관들이 계속 노력했는데도 사건 해결은 진전을 보이지 않았다. 그리고 살인자는 여전히 잡히지 않았다.

22
칼라와 찰리에게 무슨 일이 일어났는가?

서른 살의 칼라 빅토리아 브라운과 서른 두 살의 찰스 데이비드 카버가 실종되었고, 그들을 잘 아는 사람들은 둘의 안전을 걱정하며 공포에 휩싸였다. 두 사람은 사우스캐롤라이나 북서쪽 외딴 곳 앤더슨에서 함께 살고 있었는데, 2016년 8월 31일에 이곳을 나서는 것이 마지막으로 목격되었다. 두 사람은 몇 달 동안 데이트를 했으며, 그들의 친구들은 둘의 관계가 진지하다는 걸 알았다. 그날 이후로 둘 중 누구에게서도 문자 메시지가 오지 않았다.

나는 당시에는 이 일에 대해 전혀 몰랐다가 신문에 후속 기사들이 실리기 시작하면서 어느 정도 알게 되었다. 그리고 방대한 사건 파일을 보면서 나머지 내용을 알 수 있었다.

카버는 니콜 '니키' 누네스 카버와 결혼했지만, 두 사람은 이혼 과정에 있었다.

카버의 어머니인 조안 쉬플렛은 자신과 아들은 하루도 빠짐없이 잠깐이라도 대화를 한다고 말했다. 그녀는 두 사람이 살고 있는 아파트 단지의 관리인에게 전화를 했다. 관리인이 두 사람의 아파트에 갔지만 집 안에는 그들의 흔적이 전혀 없었으며, 칼라의 포메라니안 강아지인 로미오는 먹을 것도 마실 것도 없는 상태였다. 칼라의 어머니, 바비 뉴섬은 칼라가 자발적으로 로미오를 떠났을 리가 절대 없다고 주장했다. 그리고 그곳에는 카버의 자동차인 흰색 폰티악의 흔적이 없었다.

두 사람의 사진이 실린 포스터가 배포되고 경찰은 수색을 시작했다. 카버의 페이스북 페이지에 두 사람이 잘 있으며 함께 떠났다는 내용의 뭔가 아리송한 내용이 포스팅 되었지만, 쉬플렛은 아들이 쓴 것 같지 않다고 수사관들에게 말했다. 누군가가 그의 계정을 해킹한 걸 수도 있었다. 그리고 칼라나 카버 어느 쪽에서든 소식을 들었다는 사람은 여전히 나타나지 않았다.

10월 18일, 스파턴버그 카운티 보안관 사무실의 레터맨 경사는 앤더슨에서 온 형사 두 명의 방문을 받았다. 그 형사들은 자신들이 실종자 사건을 수사하고 있는데 칼라가 100에이커 크기의 숲 속에 묻혀 있다는 정보를 입수했다고 말했다. 칼라 브라운의 휴대폰은 스파턴버그 남쪽 우드러프의 이동전화 기지국에서 마지막으로 신호가 잡혔다. 칼라의 휴대폰 신호가 잡힌 이동전화 기지국 주변 3km 안에서 형사들이 입수한 정보와 일치하는 유일한 장소는 토드 크리스토퍼 콜헤프라는 마흔다섯 살 된 그 지역의 성공한 부동산 브로커의 땅이었는데, 그는 스파턴버그 남서쪽에 위치한 무어의 킹슬리 파크 구역에 살고 있었으며 조종사 면허를 소지했고 BMW 스포츠카를 소유했다. 우드러프는

8~9km 더 남쪽에 있었다.

보안관 사무실에서는 콜헤프의 소유지 위로 헬리콥터를 띄워서 카버의 자동차 같은 단서나 증거를 찾았다. 하지만 빽빽한 숲 때문에 아무것도 보이지 않았다. 법원의 명령을 받아 레터맨은 콜헤프의 휴대폰 기록을 입수했고, 2주 뒤에 도착한 기록을 검토한 결과 칼라가 실종되었던 시점에 그녀와 부동산 중개인이 휴대폰으로 긴밀히 연락하고 있었다는 걸 발견했다. 그 정도면 콜헤프의 소유지와 집 모두에 대해 수색영장을 받아내는 데 충분했다.

11월 3일, 보안관 사무실에서는 두 팀을 보냈다. 한 팀은 무어에 있는 콜헤프의 집으로 보내고 다른 한 팀은 그의 우드러프 소유지로 보냈다.

숲 깊숙이 들어간 우드러프 팀은 가장 가까운 도로와 1.2㎞ 떨어진 지점에서 4.5m×9m 크기의 녹색 금속 코넥스 선적 컨테이너를 발견했다. 컨테이너는 다섯 개의 자물쇠로 잠겨 있었다. 우드러프 팀이 자물쇠들을 부수려고 큰 망치로 작업을 한 지 15분 정도가 흘렀다.

갑자기 한 사람이 말했다. "그만!" 레터맨은 누군가가 컨테이너 안에서 두드리는 소리를 들었다고 생각했다. 그가 컨테이너를 두드려보았다.

금속 벽을 통해 '살려주세요!'라는 희미한 소리가 들렸다.

토치 램프를 비롯해 그 소유지의 헛간에서 찾은 전동 공구들을 사용해서 보안관 대리들이 자물쇠를 절단하고 문을 열었다. 그리고 총을 겨누며 서둘러 안으로 들어갔다.

그 어두운 공간 안에 들어가니 옷을 다 입고 안경을 쓴 채 사슬에 묶이고 수갑이 채워진 칼라 브라운이 있었다. "그 여자다! 그 여자야!" 선임 보안관 대리가 내부를 살피면서 소리쳤다. "괜찮아요? 이것들은 절단기고 이 사람은 구급대원입니다. 이제 당신을 밖으로 데리고 나갈 겁니다, 괜찮겠어요?"

보안관 대리들이 칼라 브라운을 풀어주는 동안 한 사람이 물었다. "남자는 어디 있는지 알아요?"

"찰리요?" 칼라가 여전히 얼떨떨해하며 말했다.

"그렇습니다."

"그가 총으로 쐈어요."

"총으로 쐈다고요? 누가 총을 쐈어요?"

"토드 콜헤프가 찰리 카버의 가슴을 세 번이나 쐈어요."

레터맨 팀은 그 내용을 무어 팀에게 전달했다. 선임 수사관 톰 클라크는 수사관 찰린 에젤, 마크 개디와 함께 토드 콜헤프의 집으로 가서 몸무게가 135kg 정도 나가고 부스스한 모습의 그를 만나 그들이 이미 알고 있는 내용을 말했다. 콜헤프는 변호사를 불러달라는 것과 자신의 어머니와 얘기할 수 있게 해 달라는 것을 요구했다. 그는 수갑이 채워진 채 스파턴버그 구치소에 갇혔고, 그곳에서 콜헤프의 두 가지 요구가 모두 받아들여졌다.

그러는 동안 우드러프 팀은 콜헤프의 차고 위에 있는 집을 수색해서 사슬과 족쇄를 발견했다. 보안관 대리들 중 한 사람이 말했다. "평소에 보기 힘든 물건들이에요."

보안관 대리들은 콜헤프의 소유지에서 눈에 안 띄도록 누렇게 얼룩을 묻힌 카버의 차를 발견했는데, 차는 나뭇가지들 아래 찌그러진 채

덤불로 뒤덮여 있었다. 보안관 대리들은 또한 모양만 갖춘 채 안은 텅 빈 무덤도 발견했다.

검사를 받기 위해 구급차에 실려 병원으로 가면서, 칼라 브라운은 콜헤프에게 들은 말을 형사들에게 털어놓았다. 콜헤프가 '몇 년 전' 일어난 오토바이 상점의 대량 살인의 범인이 바로 자신이라고 말했다는 것이다. 사건이 일어난 지 13년이 지났을 때였다.

자진해서 네 시간이나 이어간 자백을 시작하면서 콜헤프가 이렇게 얘기했을 때 놀랄 일은 더 있었다. "당신들을 위해 몇 가지 사건을 끝내려고 합니다." 그는 슈퍼바이크 살인에 사용한 베레타 권총과 탄약의 종류 등 사람들에게 알려지지 않았던 자세한 이야기들을 확인해주었다. 그리고 2015년 12월 22일에 실종 신고 된 지역 주민 스물아홉 살 조니 조 콕시와 스물여섯 살 메건 리 맥크로 콕시를 어떻게 죽였는지도 설명했다. 콜헤프는 자신이 임대한 건물들 중 몇 채를 청소하기 위해 그 커플을 고용했으며 물건들을 가지러 우드러프의 자기 집에 잠시 들렀다고 말했다. 하지만 두 사람이 그 집에 도착했을 때, 콜헤프는 조니가 칼을 꺼내는 모습을 보고는 그들이 도둑질하려 한다고 생각했다. 심문이 있고 며칠 뒤, 콜헤프는 두 사람을 묻은 자기 소유의 그 장소로 수사관들을 데려갔다. 그는 조니를 그 자리에서 총으로 쐈고 메건은 며칠 동안 살려두면서 어떻게 할지 생각하다가, 마침내 죽이는 것밖에는 다른 방법이 없어서 그렇게 결정했다고 말했다.

심문 내내 콜헤프는 차분하고 참을성 있고 담담했으며, 붙잡히고 나서는 어느 정도 뉘우침이나 후회를 느꼈겠지만 그런 감정을 전혀 표현하지 않았다고 형사들은 보고했다. 그가 드러낸 유일한 감정은 때때로 자신의 솜씨를 자랑스러워한 것이었다.

콜헤프가 심문실에서 형사 두 명과 마주 앉아서 말했다. "나는 30초도 안 되어서 그 건물을 청소했어요. 당신들이 봤으면 잘했다고 했을 거예요. 평소에는 내가 약하지만 살인을 할 때는 강하죠."

콜헤프는 또 멕시코의 후아레스로 몇 번 '사냥 여행'을 갔을 때 다른 남자들 몇 명과 함께 마약상들을 죽였다고도 말했다.

하지만 보안관 사무실에서 칼라의 폭로로 토드 콜헤프라는 이름을 처음 알게 된 것은 아니었다. 슈퍼바이크 수사를 하는 동안, 보안관 사무실에서는 오토바이 상점의 목록에 있는 모든 고객에게 같은 내용의 편지를 보내서 사건에 관한 정보나 범인을 체포하는데 도움이 될 만한 정보가 있으면 연락해 달라고 당부했다. 당연히 콜헤프는 응답하지 않았다. 하지만 수사관들은 고객 목록에 있는 수백 명의 고객들을 일일이 심문할 정도로 철저하지는 못했다.

만일 그렇게 했더라면 콜헤프의 이름이 분명히 눈에 띄었을 것인데, 오토바이 구입과 관계있는 어떤 일(오토바이를 반품하려는 시도에서 단서를 포착했을 수도 있지만) 때문이 아니라 그가 성범죄자로 등록되어 있었기 때문이다. 그런 사실을 확인했다면 적어도 콜헤프를 불러서 면담할 정도의 관심은 충분히 생겼을 것이다.

흔히 이런 식으로 범죄들이 해결된다. 그러니까 간접적 접근법을 통해 해결되는 것이다. 뉴욕의 '샘의 아들' 살인사건을 끝내게 한 단서는 데이비드 버코위츠가 자신의 자동차 포드 갤럭시를 마지막 살인 지점

근처 소화전에 너무 가까이 세운 탓에 발행된 주차위반 딱지였다.

콜헤프가 저지른 일곱 건의 살인이 주는 끔찍한 공포에도 불구하고, 미디어가 가장 흥미롭고 자극적으로 다룬 부분은 콜헤프가 젊은 여성을 두 달 넘게 사슬로 묶어놓고 포로와 성 노예로 삼은 것처럼 보인다는 것이었다. 검사를 받고 회복하기 위해 이송되고 이후에 연이어 면담을 한 병실에서 칼라 브라운은 8월 31일 아침에 찰리와 함께 콜헤프의 집으로 간 이야기를 했다. 칼라는 콜헤프에게 고용된 상태였고 찰리는 칼라를 돕기 위해 함께 간 것이었다. 칼라는 소셜 미디어에 일자리를 찾는다는 내용을 올린 후에 콜헤프 집과 그의 부동산 회사를 청소하는 일을 했다. 콜헤프는 칼라를 반복해서 고용했지만, 경찰에서 심문을 받을 때에는 칼라가 하루치 일을 하는데 사흘이 걸렸다며 불평했다.

칼라 브라운의 구조 소식을 처음 들었을 때, 나는 그녀가 감금, 학대, 고문, 강간을 범죄의 특징으로 하는 가학성 성애자의 피해자라고 짐작했다. 나는 필라델피아에 있는 자신의 집 지하실에서 여성들을 감금하고, 강간하고, 학대한 게리 하이드닉이 즉각 떠올랐는데, 동료 주드 레이와 함께 펜실베이니아의 교도소에서 그를 면담한 적이 있다. 하지만 내가 외모를 근거로 성급하게 결론 내렸다는 걸 깨닫게 되었다.

콜헤프는 칼라와 찰리에게 무어에 있는 집에서 차를 타고 약 15분 거리에 위치한 자신의 소유지, 그러니까 그가 농장이라고 부르는 곳의 문을 열어줘야 하기 때문에 차를 타고 자기 소유의 숲으로 갈 거라고 말했다. 소유지의 입구에 이르자 콜헤프는 차에서 내려 철문을 열었고, 찰리 차가 통과하고 나서 다시 잠갔다.

그들은 1km정도 콜헤프의 차를 따라 갔고, 들판과 숲을 지나 헛간 형태의 지붕이 있는 커다란 2층짜리 차고, 작은 공구 창고, 그리고 철제 컨테이너가 있는 땅에 이르렀다. 콜헤프는 두 사람을 차고 안으로 데리고 들어가서 그들에게 각각 가지치기 가위와 물 한 병씩을 주었다. 그리고 두 사람에게 길에서 덤불을 치워야 하는데 어디에서 시작해야 하는지 직접 시범을 보여주겠다고 했다. 세 사람은 다시 밖으로 나왔지만, 콜헤프는 뭔가를 가지러 다시 안으로 들어가야 한다고 했다. 칼라와 찰리는 서로 손을 잡고 몇 분 동안 밖에 서서 기다렸다.

콜헤프는 칼칼와 찰리가 자기에게서 뭔가를 훔쳐갈 거라고 얘기하는 걸 들었으며 그래서 다시 나와서 찰리의 가슴에 세 발의 총을 쐈다고 주장했다. 콜헤프는 자신을 현장에 데려온 수사관들에게 그의 총 글록 22를 잡은 다음 "밖으로 나와 바로 여기에서 그를 쓰러뜨렸습니다."라고 얘기했다.

칼라는 자기 눈앞의 광경을 믿을 수 없어서 멍하게 서 있었는데 콜헤프가 그녀를 강제로 차고 안으로 끌고 가면서 순순히 따라오지 않으면 찰리와 똑같이 해주겠다고 말했다고 전했다. 콜헤프는 칼라의 두 손을 등 뒤로 돌려 수갑을 채우고 발목에도 수갑을 채운 다음 공처럼 둥글게 말은 천으로 입에 재갈을 물렸다. 그리고 찰리를 처리하러 가야 한다고 했다. 콜헤프는 더할 나위 없이 차분했다.

20분쯤 지난 뒤 그는 칼라를 다시 데리고 나왔다. 찰리의 몸은 푸른색 방수포에 싸인 채 트랙터의 앞쪽 로더 버킷 안에 눕혀져 있었다. 콜헤프는 칼라에게 얼마 전에 또 다른 여자를 잡았지만, 어떤 시점에서 그 여자가 '그를 화나게 해서' 뒤통수를 총으로 쏴서 죽였다고 했다. 콜헤프는 자신이 그것 말고도 살인을 많이, 그러니까 100건 가깝게 저질렀는데 그 중 몇 건은 감옥에 있는 동안 이따금 정부 지시로 풀려나 외국에 가서 사람을 죽인 거라고 말했다.

감금하고 첫 2주 동안 콜헤프는 칼라를 코넥스 컨테이너 벽에 사슬로 묶어놓고는 하루에 두 번 좀 더 큰 건물로 데려가서 음식을 먹게 하고 '무엇이든 그가 성적으로 원한 것' 하게 했다. 칼라가 성적 접근을 거절하면, 콜헤프는 강요하진 않았다. "하지만 그는 내가 왜 그곳에 있는지, 그리고 쓸모가 없어지면 나를 더 잡고 있을 필요가 없을 것이니 그냥 쏴 버릴 것이라는 사실을 아주 분명하게 밝혔어요. 그는 내가 쓸 만한 여자라면, 나에게 살인하는 법을 가르치고 날 자기 파트너로 삼을 거라고 했어요."

감금된 채로 하루하루 지내는 동안, 칼라는 대부분 컨테이너 안에 있다가 주로 어두워지면 그 집으로 이끌려가서 식사를 하고 욕실을 사용했다. 칼라는 콜헤프가 자기에게 더 잘해주도록 협조하려 했다고 말했다.

보안관 척 라이트는 칼라 브라운이 2만 5,000달러의 보상금을 받을 거라고 발표했는데, 오래 전부터 슈퍼바이크 살인사건의 범인 체포와 유죄 선고에 결정적인 정보를 제공한 사람에게 주기로 되어 있었던 보상금이었다.

심문을 받는 동안, 콜헤프는 그가 칼라 브라운에게 했고 또 그녀와 함께 한 범행을 인정하면서도 약간은 다른 시각을 보였다. 콜헤프는 칼라를 때리지 않았고, 신체에 해를 끼치지 않았으며, 성관계는 그녀의 주도하에 서로 합의한 것이었다고 주장했다. 칼라 브라운은 필요한 물건 목록을 길게 적었고, 콜헤프는 그녀를 만족시키기 위해 아마존에서 그 물건들을 꼼꼼하게 주문했다고 말했다. 칼라는 콜헤프가 자신에게 분명히 반한 것 같다고 말했지만, 콜헤프는 칼라 브라운을 코넥스 컨테이너에 가둔 이유가 충동적으로 찰리 카버를 죽인 뒤에 그녀를 어떻게 해야 할지 몰라서였다고 말했다.

콜헤프는 칼라가 약물 중독자며 자신이 그녀를 잡고 있는 동안 "마약 중독에서 벗어나게 했다."고 말했다. 또 그는 자신이 "마약상들 때문에 아주 힘들었다."고 말했으며 칼라가 자신이 준 돈으로 마약을 구입하는 것에 분노했다.

제7 순회법원 변호사 배리 바넷은 형량 거래를 제시하기 전에 피해자 가족들과 의논하면서, 그들이 함께 내린 결정을 따르겠다고 말했다. 처형이 집행되기 위해서는 몇십 년 혹은 그 이상이 필요할 것이라고 대부분의 사람들이 인식했다. 아버지 얼굴도 보지 못했던 스캇 폰터 주니어는 합의에 대해 어머니 멜리사의 의견에 동의했다.

2017년 5월 26일, 사형을 받을 수도 있는 재판을 피하는 대신 토드 콜헤프는 일곱 번의 살인과 두 번의 납치, 한 번의 성폭행, 무기를 소지하고 저지른 네 번의 강력범죄에 대해 유죄를 인정했다. 그는 가석방의 가능성 없이 일곱 번 연속 종신형에 60년을 더한 형을 선고받았다.

23
무엇이 토드를 움직이게 했는가?

토드 콜헤프의 검거에 관해 읽었을 때, 나는 살인자가 잡힐 때면 항상 그랬듯 기뻤다. 또한 슈퍼바이크 미확인범에 대한 내 프로파일이 정확했다는 것도 기뻤지만, 수사관들이 고객 목록 전부를 살펴보고 하나하나 확인하지 않은 점은 아쉬웠다. 하지만 내가 그 사건에 대해 뭔가 할 수 있는 일이 있을 거라고는 생각하지 않았다.

마리아 오즈는 다큐멘터리 영화 제작자로 방송저널리즘 계통에서 10년을 보냈으며, 이 분야의 추적 보도 부문에서 수상한 경력도 있다. 제작자이자 감독인 남편 앤디와 함께 미네소타 주 미니애폴리스의 교외에 위치한 이던 프레리에 영화위원회Committee Films를 만들기도 했다. 2016년 어느 날 오후에 그녀는 협력 제작자들 중 한 사람인 스티븐 가렛을 만나고 있었는데, 그때 스티븐 가렛은 사우스캐롤라이나의 스파턴버그에 사는 사촌 개리에게서 문자를 한 통 받았다.

부동산 중개인인 개리 가렛이 스티븐에게 보낸 문자 내용은 충격적이었다. 그의 이전 상사인 토드 콜헤프가 체포되고 일곱 건의 살인으로 기소되었는데, 개리가 자신의 인생 이야기를 써주길 원한다는 내용이었다. 콜헤프는 '진짜 이야기'의 90%는 드러나지 않았다고 주장하고 있었다. 스티븐은 마리아가 추적 저널리즘에서 일한 경력이 있다는 걸 알고 있었기 때문에 그녀가 자신의 사촌에게 미디어와 관련해 어떤 조언을 해줄 수 있을 거라고 생각했다.

마리아도 나처럼 뉴스를 보고 칼라 브라운의 구조소식에 대해 알고 있었다. 그녀는 개리와 전화 통화를 하면서 기소된 살인자 이야기를 다루려 한다면 무엇을 고려해야 하고 무엇을 조심해야 하는지 이야기해 주었다. 그리고 자신의 진짜 이야기를 써 달라는 콜헤프의 요구는 그녀의 기자로서의 본능을 일깨웠다. "콜헤프가 그의 얘기를 우리에게 들려주고 싶어 할까요?" 마리아가 개리에게 물었다. 개리는 모르겠다고 대답했고, 이 지점에서 마리아는 콜헤프가 자신과 얘기할 수 있는지 알아보라고 제안했다.

그리고 얼마 지나지 않아 마리아는 스파턴버그 카운티 교도소에 있는 콜헤프와 전화통화를 했다. 규정에 따라 통화는 15분씩 두 번으로 제한되었고, 마리아는 통화 내용을 녹음했다. 마리아는 당시의 상황을 이렇게 회상한다.

"그가 말하는 태도를 보고 나는 깜짝 놀랐어요. '네, 부인. 아니오, 부인.' 마치 남부 신사 같았어요. 그는 사망자 수가 기소된 건수보다 훨씬 많다고 내게 말했어요. 거리낌 없이, 아주 차분하게 말하더군요. 나는 그냥 계속 질문을 했어요. 그는 찰리 카버를 죽인 것에 대해 유감으로 생각한다고 했고, 칼라를 절대 강간하지 않았으며 두 사람 사이의 성관계는 모두 합의에 의한 것이라고 주장했어요.

나는 드러나지 않은 90%의 내용이 어떤 것인지 알고 싶다고 했어요. 콜헤프는 얘기하겠다고 했고 유죄를 인정할 작정이라고 했습니다. 나는 방송을 개입시킬 수 있을지 알고 싶었어요. 범죄 보도를 하는 동안 범인 수사와 관련된 내용을 다루면서, 대체 무엇이 어떤 사람에게 살인을 저지르게 하는지에 늘 관심이 있었거든요. 그는 왜 다른 사람들과 다르게 행동하는가? 그전에 우리는 《인베스티게이션 디스커버리 Investigation Discovery》와 뭔가를 진행하려 하고 있었는데, 콜헤프 이야기는 완벽한 주제 같았어요."

마리아는 《인베스티게이션 디스커버리》 방송의 제작자와 논의했고, 그는 방송 프로젝트를 위한 조사에 자금을 지원하기로 했다. 마리아는 사우스캐롤라이나로 가서 카운티 교도소의 화상 회의 시스템을 통해 콜헤프와 얘기할 수 있었다. 모습을 드러낸 여섯 개의 에피소드 텔레비전 시리즈의 제목은 〈연쇄살인범: 사슬에 묶이지 않은 악마〉다. 이 제목은 그가 10대 강간 사건으로 구속되어 형이 확정되기 전의 기록에서, 이웃 사람이 그를 '사슬에 묶인 악마'로 표현했다고 한 데서 나온 것이다.

마리아는 더 철저히 조사를 해나가는 한편 콜헤프와도 계속 얘기를 나눴다. 그녀가 말했다. "몇 번 대화를 한 뒤에, 나는 이전에 이 일을 했던 사람, 기소되고 자백한 살인자들과 얘기해본 사람을 만나봐야 한다고 마음먹었습니다."

바로 이때 마리아가 내게 연락을 했고, 함께 얼마간 논의를 하고 나서 내가 콜헤프를 면담하기로 했다. 마리아는 기자다운 끈기로 정보공개FOI 청구를 이용해서 해당 사건 파일을 얻었으며, 그녀의 재능 있는 조사원 젠 블랭크가 이 파일을 방대한 바인더와 폴더로 꼼꼼하게 정리해서 내게 보냈다.

이즈음 콜헤프는 유죄를 인정하고 형 선고를 받아 사우스캐롤라이나의 컬럼비아에 있는 브로드리버 교정기관에 수감되어 있었는데, 이곳은 규칙이 엄격해서 재소자를 만나는 것이 그가 지역 교도소에 있을 때보다 훨씬 힘들었다. 그리고 솔직히 말하면, 콜헤프가 죄를 인정하고 나서 교도소 직원들은 그에게 어떤 특혜도 주지 않으려 했다. 사실, 콜헤프는 그곳에서 악명 높았기 때문에 꽤 오랫동안 일반 수감자들과 따로 떨어져서 수감되어 있었다.

하지만 마리아는 편지와 이메일로 콜헤프와 계속 연락했다. 가렛과 함께 마리아는 콜헤프가 형사들에게 주지 않은 정보를 얻을 수 있었다.

콜헤프는 자신이 겨우 10대였을 때 애리조나에서 첫 번째 총기 범죄를 저질렀다고 마리아에게 말했다.

그래요, 애리조나에서 누군가를 총으로 쐈는데, 마약상은 아니고 갱단에 들어가고 싶어 하는 어떤 멍청이였어요. 그리고 어쩌다 보니 그가 갱단에 들어갈 때 나도 모르게 얽히게 되었어요. 그가 내 친구를 쐈거든요. 그리고 어느 날 밤 나는 주차장에 있는 그의 차에 총을 쐈죠. 그가 어떻게 되었는지 전혀 알 수 없었고 심지어 그가 총에 맞

있는지도 알 수 없었어요. 그때 나는 열네 살이었어요. 어렸고 겁을 먹었죠. 창문으로 총을 쏘다가 총알이 다 떨어지자 그곳에서 도망쳤고, 총을 골목길의 쓰레기통에 버렸어요.

콜헤프는 예전에 살던 헌트 클럽 아파트 단지에서 그에게 말을 걸려고 하던 폭력배 두 명을 죽였다고도 했다.

그의 설명을 들어보면, 기골이 장대한 한 사람과 그보다는 덩치가 작은 사람, 이렇게 두 남자가 자신의 앞을 막아섰다고 했다. 덩치가 작은 남자가 앞으로 나오면서 칼을 휘둘렀다. 다른 남자는 망치를 들고 있었다. 콜헤프는 열쇠를 놓아버리고 주머니에 넣어 두었던 칼 두 개를 양손에 하나씩 잡았다. 칼을 쥐고 있던 남자가 팔을 뻗치자 콜헤프는 그의 손목을 베어서 무기를 떨어뜨리게 했다. 그는 콜헤프를 발로 차려고 했지만, 콜헤프는 그의 허벅지 안쪽을 칼로 그은 다음 가슴을 찔렀다. 그러자 망치를 들고 있던 덩치 큰 남자가 겁을 먹고 달아나기 시작했다. 콜헤프는 뒤에서 그의 머리카락을 움켜쥐고는 목 옆 부분을 찔렀다.

콜헤프는 아파트로 가서 수건과 담요, 샤워 커튼을 가져와 덩치가 작은 남자를 싼 다음 자신의 아큐라 레전드 트렁크에 실었다. 그리고 차 뒷좌석을 낮추고는 샤워 커튼을 펼쳐 덩치 큰 남자의 몸 일부를 싸고 얼굴 위에 타월을 덮었다. 다시 아파트로 가 주방에서 가장 큰 냄비를 찾아서 물을 채우고, 열 번 넘게 왔다 갔다 하면서 주차장 바닥의 피를 씻어내려고 했다. 그리고 차를 타고 달리다가 폐쇄된 도로를 발견하고 그 너머에 시체들을 묻었다.

콜헤프가 마리아에게 말했다. "협곡에 있는 바리케이드 뒤에 시체들을 놓았습니다. 아직 아무도 그걸 발견하지 못한 것이 놀랍군요."

그 시체들은 발견되지 않았다.

내 얘기를 하면 나는 콜헤프와의 면담을 굉장히 기대하고 있었는데, 그는 우리가 대부분의 연쇄살인범에게 적용할 수 있는 전통적 범주에 맞지 않아보였기 때문이다. 나는 마리아가 정보공개 청구에 따라 입수한 체포와 심문 기록, 그리고 헌트 클럽 살인처럼 콜헤프가 마리아에게 얘기한 내용을 검토했다. 그런 다음 이런 사실들을 종합했다. 토드 콜헤프는 성공한 부동산 중개인으로 다른 중개인들을 직원으로 두고 있었다. 그리고 콜헤프는 기량이 뛰어난 조종사이기도 했다. 그의 범죄들 중 어떤 것도 돈을 벌기 위한 것, 즉 개인적 이익을 위한 것으로 분류될 수 없었다. 그의 전 재산은 합법적으로 번 것이었다. 전부는 아니라 해도 그의 범죄들 중에서 일부에는 얼마 정도의 성적인 요소가 섞여 있었지만, 그것이 무엇을 의미하는지 혹은 주요 동기인지에 대해서 나는 정말로 알지 못했다. 콜헤프는 마약상들을 싫어했고, 이건 또 다른 문제지만 법적으로 직접 구입할 수 없는 무기를 구해줄 수 있는 사람이 있다면 기꺼이 그와 함께 일하려 했던 것 같다. 대부분의 범죄자가 그렇듯 콜헤프도 처음에는 모든 걸 부인하다가 심문관들에게 솔직하고 단도직입적으로 말했다. 가끔 자신의 사격 실력을 자랑하기도 했지만, 콜헤프가 찰리 카버를 쏘고 나서 그랬다고 칼라 브라운이 설명한 것처럼 그는 면담하는 동안 차분하고 침착했다.

슈퍼바이크 살인은 철저하게 계획적이었다. 콕시와 카버의 살인은 계획적인 요소와 계획적이지 않은 요소가 뒤섞인 모습을 보였다. 콜헤프는 카버를 어떻게 죽였는지에 대해서는 설명했지만, 심문하는 동안 그를 죽인 이유에 대해서는 제대로 설명하지 못했다. 그는 어두운 선적 컨테이너에 감금한 여성과 여러 차례 성관계를 가졌지만 그녀가 저항하면 그만 두었다고 주장했는데, 솔직히 말해 이 기간 동안 그의 행동들은 기존의 강간범 유형 중 어떤 것과도 맞지 않았다. 그는 자신이 한 일은 잘못이라고 인정했으며 그 행동에 대해 다른 누구도 탓하지 않았다. 그렇다면 '무엇이 토드 콜헤프를 움직이게 했을까?'

표면적으로 보면 콜헤프는 내가 생각할 수 있는 어떤 연쇄살인자보다 성공적이고 생산적인 삶을 살았다. 그는 센트럴 아리조나 대학에서 컴퓨터 공학 학사학위를 받았다. 그래픽 디자이너로 1년 넘게 일하기도 했다. 자가용 비행기 조종사 자격증을 받기 위한 연방항공국의 시험에 합격했다. 사우스캐롤라이나의 부동산 시험에도 합격했으며 중개사 자격증을 따서 무어에 있는 자신의 집에서 회사를 운영했다. 콜헤프는 아마존에서 물건들을 구입하고 온라인 리뷰를 쓰기도 했다.

그 온라인 리뷰들 중 일부를 보니 콜헤프 성격의 또 다른 면이 드러났다. 사슬톱에 대해 그는 이렇게 썼다. "성능이 아주 좋다. 사슬톱을 들고 쫓아갈 때 가만히 서 있는 이웃사람을 만나는 것은 어려운 일이다. 사슬톱은 사용하기 쉬워야 한다."

칼을 받고 나서는 이렇게 썼다. "아직 아무도 찔러보지는 않았지만…… 그렇지만…… 나는 그 꿈을 계속 간직하고 있으며, 그렇게 할 때면 이 칼처럼 좋은 도구로 할 것이다."

접이식 삽에 대해서는 이렇게 썼다. "시체를 숨겨야 할 때를 대비해 이걸 차에 싣고 다녀라. 큰 삽은 집에 두어라."

숨길 수 있는 자물쇠에 대해서는 이렇게 썼다. "성능이 아주 좋다. 또한 누군가가 말대답하면, 옛날 방식으로 돌아가서 이 자물쇠를 양말 안에 넣고 때려라. 그들은 때리는 당신과 달리 딱딱한 쇠를 좋아하지 않을 것이다. 이 자물쇠는 선적 컨테이너에 쓰면 아주 좋다."

콜헤프는 1971년 3월 7일 플로리다주 포트 로더데일에서 토드 크리스토퍼 삼셀로 태어났다. 그의 부모인 레지나와 윌리엄은 콜헤프가 두 살 때 이혼했다. 레지나가 양육권을 가지고 있었지만 이내 칼 콜헤프라는 남자와 재혼했는데, 칼 콜헤프는 자신의 아이 둘이 있었지만, 토드 콜헤프가 다섯 살 때 그를 입양했다. 토드 콜헤프는 평균 이상의 지능을 가지고 있었다. 하지만, 천성적으로 예민했고, 걸핏하면 화를 내고 공격적이었으며, 반항하는 아이였다. 그리고 의붓아버지와도 끊임없이 충돌했다. 동물을 잔혹하게 다루고 다른 아이들을 적대시한 증거도 있다. 가족이 조지아에 살고 있는 동안, 당시 아홉 살이던 콜헤프는 분노 조절을 위해 3개월 반 동안 주립 정신병원에 있어야 했다. 이후에 콜헤프 가족은 사우스캐롤라이나로 이사했고, 그곳에서 콜헤프는 말썽을 일으켜서 보이스카우트에서 쫓겨났다. 콜헤프는 친아버지와 살고 싶어 했는데, 친아버지를 제대로 알지 못했지만 그러면 더 잘 살 수 있을 거라고 생각했다. 그래서 만일 친아버지에게 보내주지 않으면 자살하겠다고 위협하기도 했다. 엄마 레지나는 자포자기하는 마음으로 결국 동의했지만, 그동안 남편 칼과의 결혼생활에서도 갈등을 겪고 있었다(두 사람은 이혼하고 재결합하고 다시 이혼했다). 콜헤프는 친아버지와 살기 위해 아리조나의 템피로 갔는데, 그곳에서 아버지는 '빌리스 립'이라는 레스토랑을 소유하고 있었다.

얼마 지나지 않아 콜헤프는 아버지에게 환멸을 느꼈는데, 아버지는 늘 여자 친구들과 데이트를 하고 다니면서 아들에게는 거의 신경을 쓰지 않았다고 그는 말했다. 콜헤프는 엄마 레지나에게 다시 돌아가고 싶다고 말했지만, 레지나는 아들을 전남편에게 두기 위해 구실을 찾았다.

아버지와 사는 동안 콜헤프는 계속 더 엇나가다가 결국 1986년에 애리조나 납치 사건으로 유죄 판결을 받았다. 열다섯 살이었던 콜헤프는 아버지의 22구경 권총을 가지고 열네 살짜리 여자아이가 살고 있는 이웃집에 갔다. 그 집에서 여자아이는 남동생과 여동생을 돌보고 있었다. 콜헤프는 그 여자아이를 강제로 집에 데려온 다음, 1층에 있는 자기 침실로 끌고 가서 입에 강력 접착테이프를 붙이고 두 손을 등 뒤에서 묶은 다음 강간했다. 그녀는 콜헤프의 여자 친구가 아니었지만, 그는 그녀가 자신의 여자 친구가 되길 바랐다. 사실 그녀는 학교에서 다른 남학생에게 관심이 있었다. 콜헤프는 이전에 네 번이나 그녀를 자기 집에 데려오려 했지만 거절당했고, 결국 그녀에게 총구를 들이댈 생각을 했다.

그 사건 이후, 어떤 일이 있었는지에 대해서는 토드 콜헤프의 설명과 그 소녀의 설명에 차이가 있다. 콜헤프는 소녀가 밖으로 뛰어나간 그의 개를 같이 찾아주겠다고 했고, 그 다음에 그가 그녀를 집으로 데려왔다고 말했다. 그리고 콜헤프는 자신이 한 행동을 누구에게 얘기하면 그녀의 어린 동생들을 죽이겠다고 위협한 것은 인정했다. 소녀는 콜헤프가 초조하게 방안을 왔다 갔다 하면서 그녀를 죽일지 말지 속으로 갈등했다고 말했고, 그의 개를 찾으러 다녔다는 것은 집에 없었던 이유를 설명하기 위해 그녀가 꾸며낸 이야기이며, 자신을 보내주면 개를 찾으러 다녔다고 부모님에게 얘기하겠노라고 콜헤프에게 약속했다고 했다.

하지만 소녀가 집에 오기 전에, 그녀의 다섯 살 된 동생이 누나가 집에 없는 걸 알아차리고 불안해했다. 동생은 911에 전화하는 법을 얼마 전에 배웠다. 부모님이 집에 돌아왔을 때는 경찰이 이미 집에 와 있었다. 잠시 뒤에 소녀가 집에 와서 개 얘기를 했지만, 그러고 나서 울음을 터뜨리며 강간에 대해 자세히 얘기했다.

경찰이 콜헤프의 집에 가보니 콜헤프가 아버지의 총인 라이플을 들고 천장을 겨누고 있었다. 보호관찰관이 왜 소녀를 폭행했는지 묻자 그는 잘 모르겠다고 대답했지만, 그 도시를 떠나 있던 아버지에게 반항하는 행동일 수도 있었을 것이다. 그는 또 그 소녀가 열네 살이 아니라 열여섯 살이라고 생각했다고도 했다. 그러나 나중에는 그냥 소녀와 얘기를 하고 여자 친구가 되어 달라고 설득하고 싶었을 뿐이지만 "상황이 감당할 수 없어졌다."고 했다.

《그린빌 뉴스Greenville News》에 팀 스미스가 쓴 기사 내용은 다음과 같았다.

"소녀의 부모는 '그 강간으로 가족 전체가 엄청난 충격'을 받았다고 경찰에 말했다. 소녀는 울었고 보호관찰관과 면담하는 거의 내내 제대로 얘기를 하지 못했으며 소녀의 부모님은 딸의 성적과 체육 활동이 엉망이 되었다고 말했다."

이 사실은 20년 뒤에 사우스캐롤라이나에서 부동산 자격증을 얻기 위해 콜헤프가 제시했던 범죄에 대한 설명과 극명하게 대조된다. 2006년 사우스캐롤라이나 노동, 허가 및 규제국에 보낸 편지에서 콜헤프는 자신과 당시 여자 친구는 그때 둘 다 열다섯 살이었는데, 아버지가 집에 없는 동안 그의 집에서 말다툼을 했다고 썼다. 그는 어리석게도 아버지의 권총을 집어 들었는데, 그 총은 집에 혼자 있는 동안 강도가 들어올까봐 겁이 나서 꺼내놓았던 것이었다. 그는 소녀에게 둘이 대화를 통해 의견 차이를 해소할 때까지 움직이지 말라고 했다. 그의 설명을 들어보면, 소녀의 부모님이 딸과 통화가 되지 않자 경찰을 불렀고 경찰이 그 집에 나타났다는 것이다. 그 거짓 편지는 효과가 있었고, 그에게 부동산 자격증이 주어졌다.

하지만 범죄 그 자체의 유죄 판결은 그렇지 않았다. 콜헤프는 납치, 성폭행, 그리고 아동을 대상으로 위험한 범죄를 저지른 혐의로 기소되었다. 보호관찰 기록을 보면 콜헤프가 애정과 관심에 굶주렸다는 이웃의 말을 인용하면서도 성인으로서 기소해야 한다고 권고했다. 그는 다른 고소를 취하하는 대신 납치에 대해 유죄를 인정하기로 했다. 그는 징역 15년을 선고받았고 성범죄자로 기록되었다.

감옥에 있는 동안 콜헤프는 컴퓨터 공학 학위를 받았다. 14년을 복역하고 2001년 8월에 석방되자 그는 어머니가 살고 있는 스파턴버그로 이사했다. 그곳에서 그래픽 디자이너 일자리를 얻어 2003년 11월까지 일했는데, 슈퍼바이크 살인이 일어난 때와 같은 달이었다. 콜헤프는 2003년에 그린빌 테크니컬 대학에 입학했다가 나중에 사우스캐롤라이나 업스테이트 대학으로 옮겼고 2007년에는 경영학과 마케팅 학사 학위를 받았다. 그즈음 콜헤프는 부동산 사업에서 이미 자리를 잡았다.

처음에 콜헤프는 새로운 길에 들어선 것 같았고, 동료들의 이야기도 이런 인식을 뒷받침한다. 개리 가렛의 말을 들어보면, 콜헤프는 좋은 상사였고 부동산 사업에 전념했으며 의욕이 넘쳤는데 특히 마케팅에 집중했다고 한다. 그리고 고객을 대신해 굉장히 공격적으로 일했다. 부동산 대리인들을 잘 대했기 때문에 지역 부동산 협회에 그에 대한 불만이 거의 제기되지 않았다. 《그린빌 뉴스》에는 이런 기사가 실리기도 했다. "모기지 대출기관들은 그를 '의사소통에 능한 사람'이며 함께 얘기하면 즐거운 사람'이고 '자신의 고객들을 위해 거래를 성사시키는 것에 대해 말하자면 그는 최고다.'라고 설명했다. 어느 건축업자는 그를 '믿을 수 없을 만큼 매력적'이라고 했다."

하지만 시간이 지나면서 그의 내면에서 뭔가 변화가 생긴 것 같았다. 개리는 그가 '정상적인 사람'에서 자기애가 강하고 공격적인 사람으로 변했다고 말했다. 콜헤프는 자신의 총을 자랑하기 시작했다. 그에 대해 불만들이 점점 쌓여갔다. 그리고 몸무게가 눈에 띄게 늘었다. 이것은 메건과 조니 콕시가 2015년 말에 사라진 직후에 일어난 일들이었다.

살인에는 언제나 동기가 있는데, 그 동기가 명확하지 않거나 선뜻 이해할 수 없는 것이라 해도 그렇다. 그 동기가 데니스 레이더 같은 사람이 피해자가 죽는 모습을 지켜보면서 그녀의 두려움과 괴로움을 관찰할 수 있는 데서 느끼는 힘이나 사디스트적인 흥분처럼 광포한 것이라 해도 마찬가지다. 하지만 토드 콜헤프는 그런 종류의 살인자가 아니었다. 살인을 할 때마다, 그에게는 좀더 '논리적'이고 '실제적'인 이유가 있었다.

카버 살인은 나를 가장 당혹스럽게 한 사건이었다. 토드 콜헤프가 마리아 오즈에게 말한 내용을 들어보면, 찰리와 칼라가 콜헤프의 돈을 빼앗은 다음 그 돈으로 칼라를 위한 마약을 사자고 하는 얘기를 엿들었다고 했다. 우리는 마약상들 그리고 자신이 이용당하고 있다는 생각이 그에게 두 가지 뜨거운 쟁점이라는 걸 알았고, 그래서 이해할 수 있다. 하지만, 이는 또한 콜헤프가 콕시 살인에서 사용했던 변명과도 아주 비슷했다. 그는 단순히 편집증 환자였을까? 그렇지 않으면 남자들을 제거해서 그 여성들을 소유하고 통제하려 한 것에 대한 변명이었을까?

콜헤프가 체포된 후 스파턴버그 카운티 구치소에서 그를 처음 심문하는 동안, 그는 코넥스 컨테이너를 감옥으로 사용하기 위해 준비한 것이 아니라고 했다. 그런 게 아니라, 그 컨테이너는 "내 음식과 무기를 보관하려고 만든 것이며 차고 건물을 짓기 전에 내 자동차를 안전하게 두기 위해 만든 것"이라고 했다. 콜헤프는 조니를 쏜 다음 그곳에 메건 콕시를 가둬두기 전에 깨끗이 치워야 했다고 말했다. "처음에 나는 그녀를 대체 어떻게 해야 할지 몰라 약간 혼란스러웠어요. 여기에 둬야 하나? 아니면 저기에 둬야 하나? 아니면 버려야 하나? 대체 어떻게 해야 하지? 경찰에 전화를 할까? 아 빌어먹을, 나는 불법으로 총기를 소지했잖아. 아, 이런, 이런 빌어먹을, 이런 제길! 그 여자를 어떻게 해야 하지?"

엉망이고 마구잡이처럼 보이는 카버의 살인과 콕시의 납치는 13년 전에 있었던 슈퍼바이크 살인과 확연하게 대조되었는데, 슈퍼바이크 살인은 완전히 다른 유형의 범죄였다. 사건에 관련된 사실들과 콜헤프가 수사관들에게 이야기한 내용을 종합해보면, 슈퍼바이크 살인은 《범죄 분류 매뉴얼》에서 '집단 살인과 개인적 원인: 개인적 복수와 집단적 보복 살인'으로 분류된다. 한 사람이 두 가지 유형의 범죄를 저지를 수 있다는 사실에 나는 흥미가 생겼다.

우리는 콜헤프를 '포식자'로 분류해야 할 텐데, 그가 슈퍼바이크 살인을 계획한 방식과 후아레즈에서 마약상들을 죽였다고 얘기한 방식 때문이다. 하지만 내 마음을 사로잡은 것은 그는 내가 만나본 다른 강력범과 다르다는 사실 때문이었다. 그는 잠재적 피해자들을 찾지 않았다. 대부분의 경우 피해자들은 스스로 그의 앞에 나타났다. 하지만 그는 우발적으로 피해자들을 겨냥하지도 않았다. 그보다는 실제든 상상이든 그는 자신에게 가해진 잘못에 대응해서 사람들을 죽였다.

나는 슈퍼바이크 살인, 후아레즈 살인(만일 사실이라면), 그리고 콕시와 카버 살인 등이 다양한 상황을 나타낸다는 사실에 대해서도 흥미를 느꼈다. 내가 연구한 연쇄살인자들이나 심지어 조셉 맥고언처럼 한 사람의 피해자만 죽인 살인자들과 달리, 콜헤프는 어떤 분명한 패턴에 속하지 않았다. 나는 그에 대해 더 알고 싶었다.

콜헤프는 2003년에 슈퍼바이크 모터스포츠에서 오토바이(스즈키 GSX-R750)를 9,000달러에 샀다고 보안관 사무실 형사들에게 말했다. 그는 오토바이 타는 법을 잘 몰랐으며, 연습을 하려고 하니 오토바이가 그에게 잘 맞지 않았다. 그는 상점에 다시 갔다. "애초에 스즈키를 사는 것이 아니라고 생각했어요. 더 작은 오토바이나 그 비슷한 걸로 바꿀 수 있는지 알아보려고 했죠." 하지만 그는 그들이 "그것에 대해, 그러니까 내가 그런 종류의 오토바이를 못 타는 것에 대해 약간 무례하게 행동했어요."라고 말했다. 그래서 콜헤프는 그들이 자신을 조롱하는 거라고 생각했다.

사흘 뒤, 콜헤프는 오토바이를 도둑맞았는데 슈퍼바이크에서 그 오토바이를 배달했기 때문에 그곳에 있는 누군가가 훔친 거라고 믿었다. 그래서 절도 신고를 하러 경찰에 연락했는데 "그 경찰이 나를 놀려서" 분노가 더 커졌다고 했다.

콜헤프는 계속 슈퍼바이크에 가서 다른 모델들 위에 앉아보고 그것을 타는 상상을 했다. 그러다 매니저와 주인이 서로에게 '대충 모욕적인 무슨 말'을 하는 것을 들었다. 그는 권총(베레타 92FS)을 샀는데, 성범죄자로 등록되어 있기 때문에 제 3자를 통해 불법적으로 손에 넣어야 했다.

2003년 11월 6일, 상점 안을 살피면서 손님들이 모두 떠난 걸 확인한 뒤에 콜헤프는 다시 안으로 들어갔다. 그리고 검은색 가와사키 카타나 600이 있는 곳으로 간 다음 그 위에 앉아서 오토바이를 살펴보는 척하다가 그것을 사겠다고 말했다. 정비공이 오토바이를 상점 안으로 다시 끌고 들어가 준비를 했다. 콜헤프는 잠깐 기다렸다가 라텍스 장갑을 한 손에 두 개씩 끼고 상점 안으로 들어갔다. 우선 총구를 아래로 겨냥해서 그 정비공을 두 번 쏜 다음, 남은 광기를 다스리며 걸어가다가 총알을 다시 장전하기 위해 한 번 멈췄는데, 아마도 그래서 니켈 탄피와 황동 탄피가 현장에 있게 되었을 수도 있다. 하지만 현장 증거를 보면 주도면밀한 콜헤프가 처음부터 총알을 섞어서 장전했을 수도 있다.

콜헤프는 그렇게 해서 '원하는 결과'를 얻었다고 말했다.

그는 상점 밖으로 나와서 자신의 아큐라 레전드를 타고 현장을 떠났다. 집에 와서는 총을 분해해서 그 부품을 고양이 화장실용 모래 속에 묻은 다음 몇 개의 쓰레기통과 큰 쓰레기 용기에 버렸다.

콜헤프는 남은 인생을 감옥에서 보낼 거라는 걸 안다고 형사들에게 털어놓았다. 그러면서 이제 유일한 관심은 자신의 현금과 재산을 엄마와 오랫동안 사귄 여자 친구에게 맡겨서 딸의 교육비를 지불할 수 있는 방법을 알아내는 것이라고 말했다.

24
"좋든 나쁘든, 나는 여전히 알고 싶다"

내가 위원회에 있었는데도, 토드 콜헤프가 나와 면담을 약속하기까지 시간이 걸렸다. 내가 콜헤프에게 편지를 보내 나를 소개하고 나서, 콜헤프는 마리아에게 보낸 이메일에서 이렇게 썼다. "존 더글라스에게 확신이 들지 않습니다. 내가 이해하는 그는 결과물보다 겉으로 보이는 걸 더 중요하게 생각하며 좋은 것을 독차지하려 하는 사람입니다."

최근에 출간된 우리의 책 《법과 질서Law & Disorder》를 마리아에게서 받아 읽고 난 후 콜헤프는 다음과 같이 썼는데, 아마도 마리아와 쌓아온 관계를 존중해서 보낸 답이었던 것 같다.

더글라스가 그의 책 《법과 질서》에서 재소자들, 특히 사형수 수감 건물에 있는 재소자들에게 편지를 쓰거나 그들과 어떤 식으로든 관계를 맺는 여자들에 대해 모두 애처롭다고 한 것을 보고 아주 비열하다는 생각이 들었으며 그가 썩 마음에 들지 않았습니다. 그 여자들이 그의 책을 산 사람이라는 사실을 생각하면, 그는 잔인하게 말하는 걸 즐기는 사람인 것 같습니다. 우리가 도무지 가까워질 것 같지 않지만, 그의 이력과 경험은 존중합니다. 그와 만나는 것에 동의할 생각인데……. 그들이(자신들이) 알아낸 것을 내게 설명해 준다면 나도 프로파일러에게 숨김없이 말할 겁니다. 좋든 나쁘든, 나는 여전히 알고 싶습니다.

자신을 아주 잘 이해하고 있었던 에드 켐프를 제외하면, 자신이 그렇게 행동했던 이유를 알아내는 일에 이처럼 관심 있는 연쇄살인자를 내 경험에서는 떠올릴 수 없었다. 그것은 아주 드문 기회로 보였다.

그가 나더러 "아주 비열하다."고 한 말은 투옥되어 있는 살인자들과 사랑에 빠진 대부분의 여성이 '아주 애처로우며' 딱하다고 생각한 내 시각을 말하는 것이었다. 마리아처럼 전문가들을 말하는 게 아니었다. 그리고 아이러니컬하게도 책의 그 부분에서 우리는 고정관념에 전혀 맞지 않는 한 여성을 설명하고 있었다. 2006년 3월, 로리 데이비스라는 여성이 내게 전화를 해서 아칸소주 웨스트 멤피스에서 1993년 여덟 살 된 남자아이 세 명을 살해한 혐의로 유죄 선고를 받은 자신의 남편인 다미엔 에콜스 그리고 두 명의 공동 피고인을 위해 새로운 재판과 무죄를 받기 위한 변호 팀에 참여해달라고 부탁했다. 그 사건은 HBO에서 두 편의 다큐멘터리 《잃어버린 낙원: 로빈후드 힐의 어린이 살인사건》과 《잃어버린 낙원2: 폭로》를 방영한 결과 이미 많은 악평을 받았다. 다미엔, 제이슨 볼드윈, 제시 미스켈리 주니어는 '웨스트 멤피스 쓰리'로 알려졌다. 주동자라고 알려진 다미엔은 1994년 열여덟 살일 때 유죄 판결을 받은 이후 사형수 수감동에 있었다.

뉴욕에서 성공한 조경사였던 로리는 그 영화를 보고 나서 다미엔의 사건에 관심을 갖게 되었고, 그에게 편지를 쓰기 시작했고, 결국 사랑에 빠졌고, 그의 곁에서 그의 무죄를 주장하기 위해 아칸소주로 갔다. 알고 보니 로리와 다미엔 둘 다 굉장히 지적이고 감성적이며 다정한 사람들 이었다. 로리는 '웨스트 멤피스 쓰리'를 위한 변호에 함께 해달라고 나를 설득했는데, 이 일에 뉴질랜드 영화감독 피터 잭슨과 삶의 동반자이며 제작 파트너인 프랜 월시가 진두지휘하고 대부분의 자금을 조달했다는 것을 나는 이내 알게 되었다. 나는 수사에 참여해 달라는 요청을 받아들였지만, 이론이나 옹호가 아닌 증거를 바탕으로 사건을 평가하기 때문에 내 분석이 항소 절차에 도움이 된다는 보장이 없다는, 그러니까 늘 하는 경고를 데이비스에게 했고 잭슨과 월시와 다른 지지자들에게도 전해지게 했다.

방대한 사건 파일을 검토하고 난 뒤, 나는 첫째로 전체 사건에 대한 검찰의 판단과 달리 이것은 사탄적 의식 살인이 아니라고 결론 내렸다. 살인사건들은 '사탄에 대한 공포'가 유령을 두려워하는 온 나라의 사람들을 사로잡았던 시기에 일어났고, 지역 경찰은 이 범죄 해결을 도와줄 자칭 '전문가들'을 고용하기까지 했다. 미스켈리가 웨스트 멤피스 경찰의 형사들의 강요로 자백을 했지만, 에콜스, 볼드윈, 미스켈리가 그 살인들과 관련되었다는 증거가 전혀 없다는 것이 내 견해였다.

분석 결과 나는 이 살인들이 피해자들과 모르는 사람들의 소행이라기보다 개인적인 이유로 발생한 살인이라고 결론 내렸다. 사건 현장에서 얻은 행동 증거와 법의학적 증거는 범인이 범죄에 능숙한 어떤 사람임을 나타냈으며 세 명의 피해자와 가까이 살고 있을 가능성이 아주 높았다. 수사관들은 폭행 전과가 있는 가장 유력한 용의자를 아예 면담조차 하지 않았다. 나는 그들이 범죄와 아무 관계없다며 희생당한 소년들의 어머니 한 사람과 의붓아버지 한 사람을 설득했는데, 이 두 사람 모두 그 세 명의 10대가 자신의 아이들을 죽였다고 확신하고 있었다.

우리의 수사가 끝나고 나서, 나는 에콜스의 항소심 변호사인 데니스 리오단이 주최해서 리틀록에 위치한 아칸소대학교 법학대학원에서 열린 기자회견에 참가했다. 이곳에서 다양한 전문가들이 그들의 연구결과를 발표했다. 참가자들 중에는 유명한 법의학 병리학자로 법의학적 사망 수사에 대한 표준 교재를 쓴 베그너 스피츠 박사, 마이애미데이드 검시관실의 책임 법의학 치과의사이며 인교상 전문가인 리처드 수비론 박사, 범죄학자이자 DNA 전문가이며 혈액과 체액 분석가인 토마스 페도르가 있었다.

결국 변호 활동으로 우리 모두가 당연하다고 생각했던 무죄를 얻어내지는 못했지만 당시 지방 검사는 '앨포드 플리Alford Plea'에 동의했는데, 이것은 피고들이 실질적으로는 무죄지만 형식상으로는 유죄를 인정하는 법적 용어다. 그렇게 해서 그들은 18년 만에 석방되었다. 사실 나는 이것을 악마와의 거래라고 생각했는데, 검사나 법무장관이 정말로 이 피고들이 세 명의 남자아이를 잔인하게 죽였다고 확신했다면 그들을 감옥에서 나오게 하지 않았을 것이기 때문이다. 내가 생각했을 때,

그것은 아칸소주에 수천만 달러를 치르게 할 부당감금 소송을 피하기 위한 교묘한 책략이었다. 우리는 새 재판을 요청할 수도 있었지만, 그렇게 하려면 사형수 수감동에서 지내면서 이미 건강이 나빠진 다미엔이 앞으로 몇 년은 더 감옥에 있어야 했는데 그가 견디지 못할까봐 걱정되었다.

나중에 알고 보니, 대면 만남에 가장 큰 장애는 콜헤프가 아니었다. 그는 인기 있는 재소자가 아니었으며, 교도소 운영진은 그를 사고뭉치, 또는 분위기를 망치는 사람으로 생각했다. 그래서, 교도소장과 그의 직원은 꼭 그래야 하는 경우가 아니라면 콜헤프에게 바깥세상을 접할 기회를 주지 않으려 했다. 나는 교정부의 책임자에게 가서 내가 FBI에 있을 때 프로파일링을 교육했던 SLED(사우스캐롤라이나 법 집행센터)동료를 통해 호소했다. 하지만 우리는 그 유명한 벽돌 벽에 계속 부딪쳤다.

콜헤프는 실망한 것 같았다. 그는 마리아에게 다음과 같은 내용의 편지를 썼다.

나를 직접 면담하지 못하면 일이 좀 어려워지겠지만 불가능하지는 않아요. 나는 지금 내 행동에 대해, 왜 그런 행동을 했고 무엇이 그런 행동을 하게 했는지에 대해 생각하면서 많은 시간을 보내고 있고, 내가 당시에 압력이 큰 환경에 있으면서 왜 그런 행동들을 하게 되었는지 생각해요. 지금은 전화가 하루에도 100통씩 와서 방해하지 않으니까 과거를 돌아볼 때 늘 똑같지는 않아요.

이런 상황에서 내게 아이디어가 하나 떠올랐다. 우리가 처음에 연쇄 살인범 연구에 사용했던 평가 프로토콜을 콜헤프가 작성하게 하면 어떨까? 그것은 언제나 수감된 범죄자들보다 면담자들이 작성하는 것이었지만, 콜헤프처럼 똑똑하고 표현력이 좋은 사람에게 이 방법을 쓴다면 생생한 교도소 면담에 대한 아주 효과적인 대안이 될 수도 있었다. 면담 대상에게 대답을 생각할 수 있는 시간을 줄 수 있었으며, 우리가 그 범죄들에 대해 알고 있으므로 만일 그가 거짓말을 하고 둘러대고 숨긴다면 우리가 파악할 수 있었다. 그리고 마리아와 편지를 교환하면서 콜헤프가 이미 대답한 질문들까지 합하면, 토드 콜헤프의 행동을 완벽하게 이해하고 무엇이 그를 움직였는지 알 수 있을 거라고 생각했다.

　나는 마리아에게 프로토콜에 대해 얘기했다. 그녀는 얘기를 듣자마자 관심을 보였고, 그 양식과 함께 그것이 무엇인지에 대한 설명을 콜헤프에게 메일로 보내는 것에 동의했다. 그런 다음 우리는 답변을 기다리면서도 그가 협조해줄 것이라고 생각했다.

　콜헤프는 협조해주었다. 그것도 완벽하게 협조해서 우리를 놀라게 했다. 콜헤프는 유죄 선고를 받은 살인자들 중 유일하게 그 평가 프로토콜을 직접 완성한 사람인데, 자신의 마음과 자기 자신이 생각하는 방식을 단도직입적이고 솔직하게 우리에게 들려주었다. 콜헤프는 프로토콜을 완성했을 뿐만 아니라, 많은 항목에서 정해진 칸이 부족하다고 생각해서 줄이 쳐진 종이 여러 장을 추가해 자세한 설명과 이야기를 썼다. 나는 그가 한 대답들이 감옥 안에서 우리가 직접 만났더라면 내게 했을 대답이라는 걸 확신한다.

대부분의 범죄자들에게 이 방법은 효과가 없겠지만, 나는 콜헤프에게는 다를 거라고 낙관했다. 내가 아는 한 그는 성찰적이고 평균 이상의 지성을 가졌으며, 마리아와 나눈 얘기를 보면 진정으로 자신을 이해하고 싶어 하는 것 같았기 때문이다. 그 평가 양식은 데이비드 버코위츠, 찰스 맨슨, 데니스 레이더, 그러니까 자신이 만든 이미지에 너무 깊이 빠져 있어서 나 같은 사람이 마주 앉아 그들이 오랫동안 만들어온 허울을 뚫고 들여다보지 않으면 진실하게 대답할 수 없는 사람들에게는 사용할 수 없었을 것이다. 당시에 우리가 평가 프로토콜을 제대로 개발했더라면 효과를 보았을 단 한 사람의 범죄자는 다름 아닌 에드 켐퍼였는데, 그 역시 아주 성찰적이고 자기 분석적이었다.

이 콜헤프의 사건에서 광범위한 사건 파일에 나는 세 가지 요소를 더할 수 있었다. 경찰 심문, 콜헤프가 마리아와 주고받은 편지, 그리고 완전한 평가 프로토콜이었다. 이 세 가지 자료에서 각각의 질문은 그 접근방식이 모두 달랐다. 심문은 공격적이었다. 마리아가 보낸 편지 내용은 친근했으며 콜헤프에 대한 지지와 호기심을 담고 있었다. 그리고 평가 프로토콜은 중립적이고 객관적이었다. 콜헤프가 각각의 경우에 다르게 대답한다면, 즉각 그의 신뢰성에 대해 뭔가를 알게 될 것이었다. 만일 그의 대답이 여러 자료에서 일치한다면, 그것 역시 내게 뭔가를 알려줄 것이었다.

사실을 말하면, 콜헤프가 우리에게 거래를 제시하는 것 같았다. 콜헤프가 왜 그런 사람인지 그리고 왜 그런 일들을 했는지에 대한 내 평가를 그에게 알려준다면, 그가 프로토콜을 작성한다는 것이다.

콜헤프가 프로파일링 기법으로 자신을 이해하고 싶어 한 최초의 살인자는 아니었지만, 단순히 자신의 나르시시즘에 대한 자극제로 그 기법을 사용한 것이 아니었기 때문에 그것에 대해 아마도 가장 진실했을 것이다. 캔자스주 오스베고에 있는 엘도라도 교정시설에서 데니스 레이더를 면담하기 전날 밤, 내가 묵었던 호텔 칵테일 바에서 크리스 카사로나를 만났는데, 그녀는 레이더가 투옥된 뒤 책을 쓸 생각으로 그와 관계를 쌓고 그에게 일종의 비공식적 메신저가 된 여성이었다. 크리스 카사로나와 위치타 경찰 살인담당 형사로 BTK를 추적하고 마침내 체포한 케네스 란트베어 두 사람은 레이더가 나와 마크의 책들, 특히 《집착Obsession》의 팬이라고 내게 말해주었는데, 이 책은 BTK 사건과 어느 정도 비슷한 내용으로 시작한다. 그 장의 제목은 '동기 X'였는데, BTK가 경찰과 미디어에 보낸 편지들에서 자신이 극도로 좋아한 것에 대한 신경심리학적 이유라고 언급한 '팩터 X'를 흉내 낸 것이었다. 이 장은, 살인자의 시점인 것처럼 일인칭으로 쓰였으며 레이더의 정체가 밝혀지고 체포되기 몇 년 전에 출간되었다. 레이더는 그 장을 몇 번이고 반복해서 읽었고, 그러면서 자신의 머릿속에서 소용돌이치는 힘들을 이해하고 통찰할 수 있었다고 카사로나에게 말했다.

그 호텔에서 만났을 때 카사로나는 줄이 쳐진 노란 메모지 다섯 장에 레이더가 작은 글씨로 빽빽하게 쓴 것을 내게 주었다. 내게 주라고 레이더가 그녀에게 부탁한 것이었다. 메모의 내용은 우리가 그 책에서 표현한 특징들에 근거해 레이더가 자신을 평가한 것이었다. 그는 며칠 전에 그 메모를 우편으로 카사로나에게 보냈다. 첫 번째 페이지 맨 위에는 '집착(사례 연구)'이라고 썼다.

레이더는 우리가 연쇄살인자 미확인범에 속한다고 언급한 속성들을 열거했고, 이것을 《집착》에서 이 내용이 실린 페이지와 함께 보냈다.

조종, 지배, 통제. 피해자의 머릿속에 들어가는 방법을 알고 있다. 실제로 그들 모두의 성장 배경을 보면 학대를 받았거나 아니면 이런 저런 형태의 결손 가정에서 자랐지만, 이런 사실이 그들의 행동에 대한 변명이 되지는 않는다. 그 사디스트적인 살인자는 자신의 범죄를 예상한다. 사실, 그는 범죄를 저지르면서 자신의 범행수법을 완성했다. 서명행위signature라는 면이 범행수법MO보다는 낫다. 범행수법은 범죄자가 범죄를 달성하기 위해 해야 하는 것이다. 반면, 서명 signature은 범죄자가 감정적으로 성취감을 갖기 위해 해야 하는 것이다. 관음증은 피해자 사냥과 일치하며, 다음 공격을 위한 준비. 현장을 사진 찍거나 녹음할 수 있다. '기념품'(보석, 속옷 등)을 가져간다.

이와 같은 방식이 계속해서 이어진다. 레이더는 연쇄살인자에 해당하는 중요한 특징들이 자기에게도 모두 해당되는지 체크하고 있는 것 같았다.

이어지는 페이지들에서 레이더는 테드 번디, 샘의 아들, 에드 켐퍼, 스티븐 펜넬(델라웨어 출신의 사디스트적인 범죄자이며 《집착》이 출간되었을 당시 이미 처형당했다.), 《양들의 침묵》의 등장인물인 버팔로 빌, 그리고 버팔로 빌이 부분적으로 참고한 게리 하이드닉을 비롯한 다른 살인범들의 이름을 기록했다. 레이더는 또한 BTK에 관한 칼럼도 첨부했다. 각 페이지의 왼쪽 면 아래에는 연쇄살인범의 특징들을 기록하고 각 개인이 그런 특정한 성질을 갖고 있느냐 아니냐에 대해 '예' 혹은 '아니오'를 표시했다.

레이더의 경우, '고압적인 어머니' 항목에 그는 '1/2'이라고 썼다. '오만한,' '자기중심적인,' '내면의 목소리'에는 '아니오.'라고 썼다. '지적인'에는 자신에게 '네.'라는 대답을 주었다. 내가 이 특이한 문서에서 얻은 것은 토드 콜헤프에게서 얻기를 바랐던 그런 진실이 아니었으며, 끔찍하고 사악한 연쇄살인범이 자신을 어떻게 보는지에 대한 정확한 설명이었다. 그리고 레이더가 우리 책들만 읽은 것은 아니라는 걸 나는 알고 있었다. 그는 연쇄살인을 배우는 '학생'이 되어 있었다. 아주 다양한 진짜 범죄 서적들을 읽었고 기본적으로 자신의 프로파일에 맞는 부분에는 강조 표시를 했다.

이렇게 해서 그가 '더 낫거나' 더 유능한 살인범이 되었을까? 아니다. 이 질문은 늘 생긴다. 우리가 쓴 책 같은 걸 읽는다고 해서 사람을 살해하는 일에 유능해지지는 않는다. 하지만 살인범의 사고방식과 정신 상태에 대해 어떤 통찰력을 얻을 수는 있는데, 바로 그것이 레이더가 분명히 추구한 것들 중 하나였다.

콜헤프의 대답들에서 재미있는 것은 그가 제공하는 정보, 그가 얘기해주는 세부 내용, 그리고 어조가 그가 마리아와 나눈 대화와 편지에서뿐만 아니라 몇 차례 심문 기간 동안 형사들에게 말한 것과 일치한다는 점이다. 내가 연구한 다른 많은 강력범과 달리, 콜헤프는 그의 관객 혹은 각 청취자에게서 얻어야 하는 것에 따라 다른 페르소나를 보이려 노력하지 않았다.

그 프로토콜 문서의 첫 번째 몇 개 항목은 정신 병력과 자살시도 여부를 비롯해 생일, 키, 몸무게, 체격, 인종, 외양, 결혼 여부와 전과, 교육, 군대 기록, 취업 기록, 병력 같은 참고 자료였다. 고질적인 행동들과 오랜 기간의 성적 행동은 가족 구조와 환경에서부터 그 대상이 겪은 신체적·감정적·성적 학대나 트라우마, 그리고 악몽과 가출, 습관적 거짓말, 기물 파괴, 술이나 약물의 남용, 소위 살인자가 될 가능성을 예측하는 세 가지 지표 즉 야뇨증과 방화, 그리고 동물이나 다른 아이들에게 하는 잔인한 행동 같은 어린 시절 행동까지 아우른다.

이 항목에서 나타난 한 가지 재미있는 내용은 체포될 당시 콜헤프는 1년에 약 35만 달러를 벌고 있었지만(연쇄범죄자에게는 아주 드문 경우) 소득세 신고를 할 때는 조정된 총소득을 0으로 처리해서 불과 몇 천 달러만 세금으로 냈다고 인정한 것이었다. 여기에서 우리가 알 수 있는 것은, 어느 한 영역에서 법을 어기는 사람은 다른 영역들에서도 법을 어기는 경향이 있다는 사실이다.

코헬프가 질문에 완벽하게 대답을 하려면 프로토콜 문서에 정해진 공간으로는 부족하기 때문에 추가 페이지가 필요하다고 생각한 것은 '범죄 데이터'라는 항목에 이르렀을 때였다.

내가 처음에 의심했던 것처럼, 그는 누군가 다른 사람에게 슈퍼바이크 살인들에 대해 얘기했다고 말했다. 이 정보는 수사 관점에서 굉장히 중요하다. 만일 우리가 미확인범이 그 범죄에 대해 누군가와 얘기했다고 믿는다면, 우리는 그 정보를 공개하고 때에 따라서는 그 사람이 이제 위험에 빠졌기 때문에 앞에 나서도록 유도할 수 있다. 이 사건에서, 더스탄 로손은 칼라의 이전 남자 친구였으며 그녀를 콜헤프에게 소개해준 사람이었다. 콜헤프는 로손이 그를 위해 "다양한 상황에서 잡다한 일들"을 했는데 그 중 가장 중요한 것은 무기 제공이었다고 말했다. 콜헤프 자신은 범죄 이력 때문에 합법적으로 무기를 얻을 수 없기 때문이었다고 했다. 콜헤프는 로손이 "오토바이 상점에 관해 알았으며," 콕시 살인들에 대해 "나중에 알았고," "칼라를 위해 마약을 구하는 걸 도왔고, 칼라를 감금한 다음 날 그 사실을 알았으며 아파트에서 그녀의 개를 풀어주기로 하고 돈을 받고는 내게는 풀어줬다고 거짓말 하고 풀어주지 않았다."고 썼다. 로손은 얘기를 들었다는 걸 부인했다.

콜헤프는 또 자신의 오랜 정부에게도 얘기했다고 말했다. 기록을 보면, 그녀는 콜헤프가 자신에게 얘기했다고 생각하는지 궁금해 하면서 만일 그가 얘기했다면 아마도 자신이 이해하지 못하는 암호 같은 것으로 그랬을 거라고 말했다.

칼라의 개를 풀어주지 않고 배신한 것을 콜헤프가 사실상 살인과 거의 비슷하게 생각하는 것에 주목할 필요가 있다. 콜헤프는 어떤 수준으로든 배신당하는 걸 절대 잊지 않는다. 더 중요한 것은 누구든 슈퍼바이크 살인사건에 대해 알게 된 사람이 우리가 그 사람이 그래줬으면 하고 바라는 대로 행동했더라면, 그러니까 자신이 알게 된 내용에 맞게 적절한 행동을 취했다면 적어도 이후에 발생했던 세 건의 살인사건은 예방할 수 있었을 거란 사실이다.

나는 콜헤프가 로손에게만 접근한 것이 아니며 그 사건에 대해 더 얘기하고 싶었다고 말한 것도 전혀 놀랍지 않았다. 하지만 안타깝게도 일이 잘 풀리지 않았다. "많은 시간이 지난 뒤, 그러니까 2012년에서 2015년에 가족이며 신앙심이 깊은 사람에게 얘기의 일부를 털어놓고 바르게 사는데 도움을 구하려고 했지만, 내가 말을 너무 심하게 빙빙 돌린 탓에 그는 내가 무슨 말을 하는지 이해하지 못했다."

칼라 브라운의 실종에 관해 콜헤프는 이렇게 썼다. "더스탄은 즉시 의심했다. 내 주위 사람들은 뭔가 이상하다는 걸 알았지만, 그게 뭔지는 몰랐다."

여러 가지 사전 전략들은 콜헤프 같은 사람에게 효과가 없을 수도 있었다. 그 미확인범이 그럴 거라는 사실을 내가 알았듯, 그는 이렇게 인정했다. "나는 그 사건에 대한 온라인 뉴스를 하루에도 몇 번씩 봤고, 후아레즈 여행에서 가져온 소총 말고는 '기념품'을 하나도 갖고 있지 않았다. 가족 누구와도 얘기를 나누지 않았고, 경찰 혹은 미디어에도 얘기하지 않았다. 나는 수사에 직접 개입하지 않았다."

프로토콜 문서를 보면 면담 대상의 범죄에 관련된 형용사들이 길게 나열되어 있고, 각 단어들 아래에는 그 각각의 단어들이 그 범죄에서 얼마나 중요한 요소였는지를 표시하는 번호가 있다. 항목의 첫 페이지에는 콜헤프가 열다섯 살이었을 때 저지른 강간, 서른 두 살 때 저지른 슈퍼바이크 살인, 그리고 마흔 다섯 살 때 저지른 찰리 카버의 살인과 칼라 브라운의 감금이 세로로 나열되어 있다. 예를 들어, 첫 단어들은 '화가 난, 적대적인'이다. 각 줄 아래에 그는 1을 썼는데, 분노와 적대감이 '지배적'이라는 의미였다. 반면, '절망적인'과 '외로운'에 대해서는 5를 썼는데, 이것은 '전혀 아니다/없다'에 해당한다.

세 건의 범죄에서 보이는 가장 흥미로운 변화는 '차분한' '느긋한'이라는 단어들에 해당한다. 카버 살인과 칼라 납치가 일어난 시기에, 콜헤프는 이 단어들이 지배적인 기분이었다고 말한다. 하지만 슈퍼바이크 살인들에서는 2(중요한)였다. 첫 번째 중범죄, 이웃 소녀의 납치와 강간에서는 5라고 평가했다. '전혀 편하지 않음'이었다. 나이가 들수록 폭력 범죄에 훨씬 더 편안해졌음을 보여준다.

대부분의 살인자들과 달리, 콜헤프가 범죄를 저지를 때 '흥분한'의 수준은 4(최소)였고, '겁을 먹은', '무서워하는', '겁에 질린'에 관해서는 최소와 전혀 아님 사이의 어딘가였다. 그는 오토바이 상점 피해자들이나 카버를 죽인 것에 대해서는 최소한의 슬픔을 느꼈지만, 그가 감옥에 갇히게 된 첫 번째 강간에서는 슬픔이 지배적인 감정이었다. 그는 또한 이웃집 소녀를 강간한 일에 대해서는 굉장히 '침울한', '불행한', '슬픈', '우울한' 감정이었지만, 찰리와 칼라에게 한 행동에 대해서는 단지 최소한으로 그랬으며 오토바이 상점 살인에 대해서는 전혀 그렇지 않았다.

마리아는 콜헤프가 그녀에게 한 말 중 가장 충격적인 말, 절대 잊지 못하는 말은 "이해하기 힘들겠지만, 나에게 그 일은 세차를 하거나 쓰레기를 버리는 것과 같았어요."였다고 전한다.

프로토콜 양식에는 이런 질문이 있다. "각각의 범행을 저지를 때 어떤 대화를 했는가?" 이 질문은 서명signature이라는 측면, 즉 '범죄자가 주로 따르는 '대본'이 있었는가?' 뿐만 아니라 전략, 즉 '피해자에게 접근하는데 사용하는 계략, 속임수, 혹은 유혹적인 대화가 있었는가? 아니면 조용하고 갑작스럽고 기습적으로 공격했는가?' 이 두 가지를 모두 확인하기 위한 것이었다. 콜헤프가 대답했다. "살인할 때 나는 조용하며 내가 하는 일에 집중한다. 어떤 말을 할 때든 내가 필요한 것을 설명하기 위해 짧고 명확하게 하며 차분하다."

콜헤프는 다음과 같이 설명하면서 이 말을 증명한다. "오토바이 상점에서 대화를 한 것은 네 명을 한꺼번에 상대할 필요가 없도록 표적들을 배치하는데 도움이 되었다. 나는 네 명에서 여섯 명[개인들]을 상대할 수 있다는 자신감을 가지고 들어갔지만 그건 그들이 무장하고 있거나 모여 있지 않을 때였다. 그래서 내가 필요한 대로 동선을 조종했다."

콜헤프는 다른 사람을 성적으로 통제하는 것에 관심이 없다고 주장하지만, 어떤 상황이든 계속해서 전체적으로 통제하는 것은 분명 그에게 아주 중요하다.

내가 조니를 총으로 쏜 다음에 메건에게 얘기했는데, 그때 그녀는 [생각한 강도질이] 계획대로 되어가지 않자 당황하기 시작했으며, 내게 자신을 강간하거나 해치지 말아달라고 애원했다. 나는 그러지 않을 거라고 그녀에게 차분하게 말했지만, 그녀에게 마약이나 무기가 있는지 확인해야 했다. 팬티는 입은 채였고, 대화는 공손하고 호기심으로 가득했으며, 그녀와 조니에 대해 궁금한 것들을 물었다. 협박도 없었고 모욕도 없었다.

재정적 어려움, 가족 문제, 부상과 병, 고용 문제, 혹은 친구나 친척의 죽음을 비롯한 '스트레스나 위기를 촉발하는 것의 증거'를 설명하는 항목에서, 콜헤프는 거의 모두 '보통인/어느 정도'를 의미하는 3점을 표시했다. 대부분의 연쇄살인자들 혹은 범죄자들에게 이런 스트레스 요인들은 꽤 중요한 촉발제다. 콜헤프가 인식할 때, 그 스트레스 요인이 지배적이었던 때는 이웃 소녀를 강간하고 슈퍼바이크 살인을 저질렀을 때 겪은 '부모님과의 갈등'이었으며, 강간을 했을 때 겪은 '여자 친구와의 갈등'이었다.

대체로 콜헤프가 숫자로 표시한 응답들은 자신이 한 행동을 솔직하게 인정하며 잘못을 가볍게 하거나 다른 사람들을 탓할 의도가 없음을 보여주었다.

예를 들어, 콜헤프는 다른 사람들과 함께 멕시코의 후아레스에 마약상을 찾으러 간 일을 이렇게 설명했다.

아주 나쁜 영화 같았다. 그 일에는 근사한 것이 전혀 없었다. 실력이 뛰어난 사람들은 최고의 장비와 전술 훈련에 많은 돈을 지불하고 특수부대에 들어가는 걸 꿈꿨다. 우리는 절대 아니었다. 이 멍청이들은 대부분 잔뜩 무장을 하고 장난감 같은 총들로 연습을 해보고 뭔가를 죽이고 싶어 했으며, 마약상들을 겨냥한다는 건 윤리적으로 받아들일 만했다.

가령 부모처럼 또 다른 사람이 콜헤프의 대답들에서 중요하게 나타날 때마다, 내가 생각하기에 그는 사건을 실제적이고 정확하게 받아들이는 것 같았다. 콜헤프가 자신이 '왜' 어떤 일들을 했는가에 대해서는 전혀 몰랐을 수도 있었지만, '무엇'과 '어떻게'는 진실처럼 들렸다.

콜헤프가 자신을 범죄자로 보았다는 얘기는 아니다. 콜헤프가 생각하기에, 그는 사전에 어떤 피해자들과 관계를 발전시켰다. 범죄를 저지르는 동안 어떤 성적 행위들이, 그리고 어떤 순서로 저질러졌는지에 대한 질문에서 콜헤프는 "사건이 일어나기 전에 이웃 소녀와 한두 번 가볍게 애정표현을 했다."고 써야 한다고 생각했다. [피해자는 이런 일이 있었다는 걸 부인했다.] 최근의 범죄에 대해 그는 이렇게 썼다. "칼라는 스트립 쇼 클럽에서 만났고, 나에게 매춘부로 다가왔다. [그녀는 이 말을 부인한다.] 저녁을 먹는 걸로 시작해서 그녀가 자기에게 얼마를 지불해야 하는지 내게 말한 것으로 일의 순서가 이어졌다."

"피해자를 어떻게 계속 통제해서 반복적으로 공격하는가?"라는 질문에 그는 이렇게 덧붙였다.

칼라 얘기를 해야겠다. 내게는 무기가 있었으며, 그녀가 마약을 달라고 했을 때 나는 그녀를 묻으려고 파놓은 무덤을 보여주었다.

내가 찰리를 쐈을 때 칼라는 무서워하기보다 혼란스러워했으며, 그러더니 다음 순간 자신이 그 일에서 무엇을 얻을 수 있는지 파악하려 했다. 그녀는 흥분해서 자신의 어떤 [집착] / 순종 환상을 설명했다. 나는 그녀가 경찰에게 달려가는 걸 원하지 않았다. 나는 그녀가 마약상에게 먼저 달려갔을 거라고 생각한다. 그녀를 밤 동안 사슬에 묶고 컨테이너에 가둬 둔 것은 내 마음의 평화를 위한 것이었다. 낮 시간의 대부분은 그녀를 풀어두었는데, 사슬로 묶어놓지 않았을 때는 내가 무기를 가지고 있었다. 내가 물건을 계속 사 주고, 관심을 주고, 흡입할 수 있는 약을 주는 한, 그녀는 만족하는 것 같았다. 찰리는 그녀에게 별 관심거리가 아니었으며, 오직 내가 그녀에게 사주거나 사주지 않으려 하는 것에만 관심이 있을 뿐이었다. 그녀는 섹스, 관심 그리고 [마약을] 원했다. [마약은] 내가 거절했다. 그리고 내가 섹스를 몇 번 거부하자 그녀는 화를 냈으며, 내가 자신의 순종 환상에 따라주지 않는 걸 불만스러워했다. 모든 것은 내 잘못이었고 그것은 잘못 되었다. 나는 칼라가 내가 아닌 환상 부분을 밀어붙였다고 말하고 있는 것뿐이다.

우리가 강력범들에게서 얻는 답의 대부분이 그런 것처럼, 이 답이 의미를 갖고 유용하게 사용되기 위해서는 미묘한 해석이 필요하다. 첫째, 콜헤프가 자신이 찰리를 쏜 것에 대한 칼라의 반응을 뭐라고 말하든 그녀는 분명 자기도 죽을까봐 두려워하고 걱정했을 터인데, 특히 콜헤프가 그녀를 묻으려고 파놓은 무덤을 보여줬을 때 굉장히 두려웠을 것이라는 사실을 분명히 하자. 둘째, 칼라가 무엇을 요구했든 그리고 어떻게 행동했든, 그것은 의심할 여지없이 생존을 위한 대처 전략이었다. 칼라가 콜헤프에게 마약을 요구했는지 아닌지에 대한 문제까지 들어가지 않더라도, 그녀가 콜헤프에게 포로로 잡히기 전 두 사람 사이에 성적인 관계가 있었다면 그게 무엇이었든 두 사람이 맡았던 역할로 되돌아가려고 한 것은 자연스러운 일이었을 텐데, 둘의 관계를 '예전처럼 만들어서' 콜헤프가 자신을 메건 콕시처럼 위협적이어서 제거해야 하는 인물로 보지 않도록 하려 했을 것이기 때문이다. 구조되기 전 잡혀 있던 그 시간 동안, 칼라가 '화를 냈다'고 들었을 때 나는 놀랍지 않았다. 아무리 두려웠을지라도, 그런 불안정한 상황에서 그렇게 오랫동안 잡혀있다 보면 진짜 감정이 드러날 수밖에 없다. '만족한'이라는 단어는 칼라가 코넥스 컨테이너에 갇혀 있던 몇 주 동안 자신을 설명할 때 한 번도 사용한 적이 없는 단어다.

그렇다면, 콜헤프가 여기에서 실제로 우리에게 말하고 있는 것은 무엇일까?

먼저, 콜헤프는 그가 열다섯 살 때 무모한 성폭행을 했지만, 자신을 강간범이나 사디스트라고 생각하지 않는다고 주장한다. 콜헤프의 이런 태도를 그 용어가 자신을 정확하게 나타내므로 전혀 거부감을 갖지 않은 조셉 콘드로와 비교해보자.

두 사람 다 살인자였지만, 콜헤프는 범죄 세계의 콘드로들을 그저 경멸할 것이다. 그는 자신을 어떤 식으로든 특이하게 생각하지도 않는다. "그녀는 내가 다양한 수준으로 역할극을 하기를 원했고 나는 그렇게 하지 않으려 했다." 사실, 나중 질문에 대한 대답으로 그는 이렇게 강조한다. "사슬/수갑이 유일한 통제 수단이었다. 이상한 물건들 같은 건 없었으며 채찍질이나 매질도 없었다." 칼라가 지배 환상을 갖고 있으며 그도 같이 참여하기를 바란다는 걸 알고 있었는데도 이렇게 말했다. 콜헤프는 "그녀가 무엇을 하고 있는지 보기 위해 첫 번째 주에는 컨테이너에 트레일 카메라를 놓았다."고 인정하면서도 그것은 "관음증 때문이 아니라 안전을 살피기" 위한 것이라고 주장한다.

콜헤프의 자아상은 그 자신에게 굉장히 중요하다. 그는 살인을 기꺼이 인정하고 심지어 그것이 잘못이었다고 말할 '정도의 사람'이긴 하지만, 자신을 여성과 강제로 관계 맺으려 하는 사람으로는 생각하지 않았다. 콜헤프는 이렇게 썼다. "칼라가 흉해졌을 때, 나는 그녀를 그냥 혼자 두고 다른 곳에서 일했다." 다시 말해서, 콜헤프가 칼라에게 가한 유일한 처벌은 그녀 옆에 있지 않는 것이었다. 그리고 "성폭행을 하는 동안 성기능 장애가 나타난 증거"에 대한 질문에 대한 대답으로 그는 이렇게 썼다. "어떤 성기능 장애도 없다."

칼라에 대한 성폭행을 인정한 것도 편의로 설명해야 한다. "살인과 납치는 전적으로 인정한다. 칼라를 강간한 것이 유죄는 아니지만, [재판을 받고 징역형을 선고받기 전에] 계속 혐의가 없다고 싸우면서 내내 감옥에 있을 가치가 없다. 내 삶에 아무 영향이 없다. 뭣하러 그렇게 하겠는가?"

자신의 주장을 더 확실하게 하기 위해, 칼라에게 행한 범죄가 성적인가 혹은 성적이 아닌가에 대한 질문에서 콜헤프는 "강간 피해자들은 바이브레이터와 스트리퍼 폴을 요구하지 않는다."고 지적하면서, 그것을 칼라가 요구했다고 말했다. 콜헤프는 칼라를 감금하고 있는 동안 그 물건들을 구해서 칼라에게 전해 주었다.

상황을 정리해 보면, 콜헤프는 이렇게 말하는 것과 같다. "그래, 나는 매력적인 젊은 여성을 감금했고, 그녀의 남자 친구를 죽였으며, 그녀를 숲속 컨테이너에 가두고 사슬로 묶어 두었다. 그곳에서 그녀와 여러 차례 섹스를 했지만, 그것은 내가 성도착자여서가 아니다. 이 모든 것에는 타당한 이유가 있었다. 아, 그리고 섹스에 관해 말하면, 그것은 서로 합의한 것이었으며 둘 중 한 사람이라도 원하지 않으면 하지 않았다. 뿐만 아니라, 나는 칼라가 원하는 것이면 뭐든 사주었다." 심문의 많은 부분에서, 콜헤프는 자신이 얼마나 '합리적인'지 보여주고 있다.

"폭행을 하는 동안 사디스트적 행위가 있었는가?"에 대한 답에서, 그는 '없는'에 해당하는 3을 쓰면 충분한데도 이렇게 덧붙였다. "어떤 사디스트적인 행동도 없었다. 높이 평가하자는 건 아니지만, 범행방법과 탄약은 효율성을 위해 그러니까 신속하게 죽이기 위해 신중히 선택했다. 주로 나를 보호하기 위해서였지만 그들의 고통도 줄여 주었다. 고통을 주는 것은 불필요하다."

나중에 콜헤프는 이렇게 썼다. "폭력은 나를 흥분시키지 않으며, 나를 통제하지도 않는다."

프로토콜 양식에는 '다른 큰 변화들이 있었는가?'라는 항목이 있는데, 폭력적인 범죄를 저지르겠다는 결정에 영향을 미쳤을 수도 있는 스트레스 요인이 있었는지 묻는 것이다. 이에 대한 답을 쓰면서 콜헤프는 양식에 있는 것보다 훨씬 많은 공간을 필요로 했다. "내 이름이 성범죄자 웹사이트에 있었던 탓에 회사 업무에 계속 문제가 생겼다. 끊임없이 극심한 스트레스를 받았다. 내가 오토바이를 구입한 날 할머니가 돌아가셨다. 어머니와 할아버지가 싸웠다." 그리고 첫 번째 강간에 대해서는 이렇게 말했다. "아버지와 문제가 있었고 신체적/언어적 학대가 끊임없이 있었다."

가족 문제는 분명히 스트레스 요인이지만, 나는 성범죄자라는 꼬리표가 성인기에 콜헤프의 인성 형성에서 핵심 요소들 중 하나라고 생각한다. 다른 무엇을 성취했다고 해도, 콜헤프는 그 일이 자신의 인생에서 모든 걸 무너뜨린 오점이라고 인식했다. 그리고 그런 그의 생각이 완전히 틀린 것은 아니었다.

템피에서 저질렀던 강간은 가장 오래된 범죄였지만, 콜헤프의 감정과 격정이 가장 많이 드러나는 것은 그 사건에 대해서다. 유일하게 그 범죄에서 콜헤프는 진정으로 후회를 드러낸다. "달리 말할 수 있다면 좋겠지만, 나는 이 사건 외에 대부분의 범죄들을 유감으로 생각하지 않는다." 처음으로 술을 마셨고, 겨우 두 번의 섹스를 했으며, 대부분의 성범죄자들처럼 그는 "기분이 좋긴 했지만 모든 상황은 좋지 않았고, 모든 것이 잘못이라는 것을 알았고 흥분하지도 않았다."라고 말한다. 그는 "자신이 1분을 지속했다면 놀랐을" 것이다. 이런 사람들에게는 실제 행동보다는 환상이 거의 언제나 훨씬 좋다.

콜헤프가 다른 범죄들에 대해 유감으로 생각하지 않는다고 쓰고 있지만, 자신이 한 일에 대해 양심의 가책을 전혀 느끼지 않는 콘드로 같은 사람이나 각각의 살인을 정당화하는 하비 같은 사람들과는 달리 콜헤프는 양심의 가책을 느끼고 있다는 걸 우리는 분명히 알 수 있다. 불과 몇 줄 아래에 그는 이렇게 쓴다. "내가 오토바이 상점에서 그 엄마를 죽인 것이 싫고, 그녀를 피할 수 있었으면 좋았을 것이다. 조니가 사라져서 좋은데, 그건 그가 자초한 일이었다. 메건에 대해서는 폭력적이지 않은 더 나은 해답을 생각해냈으면 정말 좋았을 것이다. 찰리와 칼라의 일은 유감으로 생각하는데, 내가 과잉반응을 했으며 둘 다에게 그냥 총을 쏴야 했다. 나는 칼라에게 별로 관심이 없었다. 메건과는 다른 결과를 원했지만, 그렇게 되고 말았다."

콜헤프가 이 일들 중 많은 것에서 갈등을 겪고 있지만, 그것 모두를 다른 사람의 잘못으로 변명하려 하기보다는 진정한 자기 성찰을 보여주기도 한다. 프로토콜 후반부에서 콜헤프는 이렇게 썼다. "나는 나쁜 길로 들어섰고 계속 가기로 했다. 이것 혹은 저것이 이런 나를 막을 수도 있었다고 여기에 앉아서 말할 수 있지만, 그 모든 것은 나로부터 시작되었다. 나는 나를 멈춰야 했다."

'폭행의 역사'라는 제목의 항목에 이르러, "시간이 흐르면서 폭행을 할 때 위력이나 공격성이 커진 증거가 있는가?"라는 질문에서는 "그렇다. 살인이 흔해졌다."라고 대답한다. 또한, 자신의 피해자들에게는 나이에서 인종, 머리색, 신체장애, 심지어 그의 범죄들에 대한 동기부여에 이르는 일련의 특징들과 관련해 어떤 유사성도 없다고 말한다.

그리고 나서 콜헤프는 프로토콜에 나온 명확한 질문에 해당하지 않는 말을 덧붙인다. "내 과거를 돌아보면, 어떤 하나의 패턴이 있는 게 아니라는 걸 알게 된다. 스위스 군용 칼로 사람을 죽일 수도 있고, 뭐든 상황에 맞는 걸 사용했다. 소위 서명이나 불변성이 없고, 이런 점이 나는 혼란스럽다. 그리고 확신하는데, 이런 사실이 다른 사람들도 혼란스럽게 한다."

이것은 아주 정확한 자기 평가다. 그는 뭔가가 잘못이라는 것을 알았다. "친구들, 친척들, 혹은 동료들이 알게 된다면 그들이 어떻게 해주기를 원했는가?"

콜헤프는 이렇게 답했다. "내가 치료법을 찾게 도와주는 것이다. 특히 처음 애리조나에서 강간을 했을 때에도 그랬다. 나는 결국 도움을 구하고 있었다. 올바른 길로 돌아가고 싶었다. 메건과 조니를 죽이고 나서 나는 그야말로 잘못된 길로 다시 들어섰으며, 무엇인가 혹은 누군가 그것을 멈추지 않았다면, 법정이나 친구들이 개입해서 돕지 않았다면 끝나지 않았을 것 같다."

25
계획적인 범죄 vs. 계획적이지 않은 범죄

　10대에 저질렀던 이웃 소녀 강간 얘기로 돌아가 보면, 콜헤프는 그의 범죄들에서 계획적인 요소와 계획적이지 않은 요소를 모두 드러냈다. 아무리 신중하게 계획되었다 해도 범죄는 그것을 금지하는 어떤 사회에서든 기본적으로 비이성적인 행동이기 때문에, 대부분의 폭력적이고 약탈적인 범죄자들에게는 논리와 이성이 무너지는 지점이 있게 마련이다.

　1981년에 존 힝클리 주니어는 배우 조디 포스터를 향한 자신의 사랑을 알리기 위해 로널드 레이건을 암살하려고 계획했다. 이것은 미국 대통령을 대상으로 한 범죄였기 때문에, 관할권이 FBI에 주어졌고 우리 부서는 힝클리 사건에 대한 준비에 참여했다. 이 모든 것의 핵심은 다행히 아무도 죽지 않았다 해도 총격 그 자체가 철저하게 계획되고 실행되었다는 사실이었다. 하지만 다음 부분은 별로 그렇지 않았다. 계획대로라면 포스터는 크게 감동을 받아서 힝클리에게 끌려야 했다. 그러면 힝클리는 새로운 커플을 태우고 떠날 비행기를 제공해달라고 요구했을 것이다. 그의 계획과 논리가 끝나는 지점이다.

그리고 내가 볼 때 힝클리보다 훨씬 더 똑똑하고 더 현실적이라 해도 토드 콜헤프에게서도 같은 특징들을 볼 수 있으며, 힝클리는 심신상실 상태라는 이유로 처벌이 불가능하다는 판결을 받았는데 이것에 대해서는 오늘날까지도 논란이 있다. 그런데 콜헤프는 성격과 지능에서 힝클리와 다르기 때문에, 나는 그에게서 다른 중요한 차이점들을 보았고 그것이 우리의 질문들로 설명되기를 바랐다.

콜헤프에게 계획적인 면과 계획적이지 않은 면 사이의 균형은 마구잡이라기보다 자연스러운 것으로 보였다. 콜헤프의 경우에는 그가 어떤 한 방향이나 혹은 다른 방향으로 너무 많이 갈 때마다 그의 정신에 내재하는 뭔가가 그를 다른 방향으로 조종하곤 한다는 걸 나는 깨닫기 시작했다. 이 감정적인 밀고 당김은 중요한 행동지표였는데, 그 속에서 콜헤프는 뭔가에 얽히면 그것에 대해 스스로 질문했다. 그런 점에서 콜헤프는 범죄를 저지르는 동기나 방식에 대해 의문을 갖지 않는 진짜 범죄자들과 완전히 달랐다.

후아레즈 마약상들을 죽이러 멕시코로 가는 콜헤프의 모험에서 우리는 이를 볼 수 있다. 한동안은 이런 생각이 그가 볼 때 합당한 것이었지만, 몇 번 그곳에 가고 나서는 이 행동이 바보 같으며 거의 미친 짓과 비슷하다는 걸 깨달았다.

범죄에 관련된 논리와 계획의 붕괴라는 관점으로 볼 때, 콜헤프의 기록에서 내게 가장 흥미로운 요소는 메건 콕시와 칼라 브라운의 납치다. 콜헤프가 나중에 회고하면서 조니 콕시를 총으로 쏜 것은 정당하고 찰리 카버를 총으로 쏜 것에 대해서는 과잉 반응이라고 느꼈다고 해도, 두 사건 모두 콜헤프가 누군가를 냉혹하고 충동적으로 죽였으며 그를 파멸시킬 수 있는 목격자가 있었다는 것은 분명한 사실이다.

콜헤프가 마리아에게 설명했다. "나는 26번 고속도로를 지나는 다리 옆 블랙스톡과 라이드빌 거리가 만나는 모퉁이에서 구걸을 하는 메건을 만났습니다. 귀여운 소녀가 돈을 구걸하고 있었어요. 나는 그녀에게 집을 청소하는 일자리를 제안했는데, 솔직히 그녀를 도와주는 대신 섹스를 할 수도 있을 거라고 생각했죠. 총을 쏘던 그날 아침까지 조니를 만나지 못했지만, 그전에 메건은 남편이 아닌 남자 친구라고 내게 얘기했어요."

자신을 스스로 정의하고 지배하는 이상한 도덕관념을 가진 콜헤프는 메건을 죽이고 싶지 않았으며, 그 다음으로 증인을 없애는 가장 효과적인 방법이었는데도 칼라를 죽이고 싶은 마음이 없었다. 하지만 그들을 어떻게 할 것인가?

콜헤프는 메건을 잠시 잡아둘 수 있었다. 하지만, 그 과정에서 뭔가를 해야 한다는 걸 깨달았다. 메건을 살해하는 것 말고, 그녀를 제거해서 그녀가 그를 고발하고 그에게 불리한 증언을 하지 않도록 하는 방법이 있었을까? 메건과 폭넓게 이야기를 나누고 그녀에 대해 최대한 많은 걸 알아내고 나서 콜헤프는 계획을 하나 생각해냈다. 그리고 그 계획은 존 힝클리의 계획만큼이나 설득력이 없었다.

"코넥스 컨테이너의 원래 용도가 뭔가를 가두는 우리는 아니었습니다." 콜헤프가 수사관들에게 말했다. 하지만 조니 콕시가 그에게 강도질을 하기 위해 칼을 댔다면서 콜헤프는 이렇게 말했다. "나는 그를 쐈습니다. 그러고 나서 그녀를 어떻게 해야 할지 몰랐어요. 그녀를 내 컨테이너에 두고 싶지 않았는데, 그곳에 이런 저런 물건이 있었고 그 물건들을 도대체 어떻게 처리해야 할지 몰랐기 때문이에요. 내 총들과 그녀를 같이 두는 건 잘하는 일이 아니었어요. 처음에 나는 그녀를 어떻게 해야 할지 몰라서 조금 당황했어요. 이곳에 둘까? 그냥 버릴까? 도대체 어떻게 해야 할까?"

이렇게 말을 반복하는 것은 콜헤프가 상황을 통제하지 못할 때 얼마나 불편해 하는지를 보여주는 거라고 생각한다.

나는 콜헤프가 메건을 죽이길 원하지 않았다고 믿지만, 그는 해결할 수 없는 문제에 직면해 있었다. "조니를 죽인 것이 나는 정말 괴로웠는데, 그것이 아주 쓸데없는 짓이었기 때문입니다. 음, 빌어먹을, 나는 그들에게 돈을 주고 있었어요. 그런데 왜 너희들은 내게 강도질을 한 거야?"

조금 힘겹게 메건을 진정시키고, 손에 수갑을 채우고, 그녀를 코넥스 컨테이너 바닥에 두었다고 콜헤프는 말한다. 그리고 구덩이를 파고 조니를 묻은 다음 메건에게 줄 음식을 가지고 다시 컨테이너로 갔다.

형사들 중 하나가 물었다. "메건이 당신에게 강도질을 하려고 했는데 그녀에게 먹을 것을 주었습니까?"

토드 콜헤프가 대답했다. "당신이라면 어떻게 할 겁니까? 나는 그녀를 쏘고 싶지 않았어요."

콜헤프가 계속 말을 이어갔다. "메건이 내게 얘기를 했는데, 먼저 자기가 마약을 한다고 말했어요. 그런 다음 계속 이상한 말을 하면서 벌컥 화를 내다가 또 말을 이어갔고, 자기가 조증의…… 조증의 기분이라나 뭐 그런 조울증 같은 게 있다고 계속 말했어요. 그게 뭔지 잘 몰랐어요. 아, 그녀는 기분이 좋았다가, 나빴다가, 좋았다가, 나빴다가, 좋았다가, 나빴다가 했어요."

이런 상황은 '닷새나 엿새'를 주기로 계속 되었고, 그러는 동안 메건은 믿을 수 없는 '포로'임이 드러났다. 콜헤프는 자기가 메건에게 담배를 사주었는데, 그녀가 그 컨테이너를 태워버리려 했다고 말했다. "컨테이너에 들어갔다가 메건이 그곳에서 불을 지르고 있는 걸 자주 목격했어요. 그녀는 10만 개의 탄약 옆에 앉아 있었어요. 제발, 불 좀 그만 지르라고!"

하지만 그러는 동안 콜헤프는 계획을 하나 생각해냈다. 메건이 인식하고 있는 마약 문제, 콜헤프의 말에 따르면 메건이 얽혀 있는 법적 문제("경찰에서 그녀를 메타암페타민이나 뭐 그런 것 때문에 체포했던 것 같아요."라고 콜헤프는 형사들에게 말했다.), 그리고 콜헤프 입장에서 메건을 사라지게 해야 할 필요 등 모든 것을 고려해서 그는 메건에게 한 가지 제안을 했다.

"[나는] 메건을 그 건물 뒤로 데리고 간 다음 자리에 앉히고 한동안 진정시켰어요. '제발 진정 좀 해!' 그녀에게 음식을 좀 가져다 줬고, 대충 그녀에게 말했는데 만일 침착하게 있으면……. '너는 나를 몰라. 나를 잘 몰라. 너에겐 아무것도 없어.' 그리고 지난번에 온라인에 실린 내용을 마지막으로 확인했을 때, 그녀에게 현상금이 걸려 있었어요. 아, '너에게 4,000달러를 주겠어. 너를 태우고 그 빌어먹을 테네시로 가서 어딘가에 내려줄 거야. 네가 조금이라도 상식이 있다면, 너는 왼쪽으로 가고 나는 오른 쪽으로 가는 거야.'"

나는 메건에게 4,000달러를 주겠다고 말했고 그녀를 테네시에서 풀어주겠다고 했어요. '그냥 가는 거야. 제발 가. 돌아오지 마.' 그렇게 하는 게 쉬워 보였는데……. 그러니까 쉬운 해결책처럼 보였어요. 그녀는 내 이름을 몰랐고, 내 주소와 사는 곳을 몰랐으니까요."

우리는 1972년에 TWA 비행기를 납치하려 했던 개릿 트래프넬에게서도 유사한 이중성을 본다. 이 범죄는 실제로 처벌을 면하는 것이 불가능한데, 그가 내민 비장의 카드가 닉슨 대통령의 사면이라는 완전히 말도 안 되는 요구였으므로 특히 더 그랬다. 하지만 교도소 동료가 될 사람들에게 잘 보이기 위해 '안젤라 데이비스 석방'을 요구한 것은 그가 무척이나 치밀하고 계획적이라는 걸 보여준다.

그렇다면 콜헤프는 어째서 '쉬운 해결책'을 바꾸게 되었는가? 그는 이 지점에서 조금은 어긋나는 두 개의 이야기를 제시했는데, 그가 일을 진행할 때 대개는 계획을 즉흥적으로 세웠기 때문에 별로 놀랍지 않았다. 이것 역시 논리적인 밀고 당김이 그의 머릿속에서 진행되는 것을 나타낸다고 나는 생각한다. 그 구치소에서 심문을 하는 동안 콜헤프는 형사들에게 이렇게 말했다.

날씨가 엉망이었어요. 진눈깨비가 내리고 있었는데, 크리스마스 바로 전이었어요. 진눈깨비가 내리고 있었고, 비가 내리고 있었고,

날씨가 엉망이었고, 나는 여전히 내 여자 친구인 애슐리에게서 벗어날 방법을 찾아야 했어요. 나는 회사에서 나와 이 사람을 테네시로 데려 가고, 거기에 내려놓고, 집에 와야 했어요. 그건…… 그건 그냥 두 세 시간 걸리는 여행이 아니었어요. 나는 그녀를 내려놓을 건데, 주 국경선에는 있지 않을 생각이었어요. 우리는 북쪽 내슈빌로 갈 거였어요. 나는 그녀가 내게서 떠나길 원해요. 나는 그녀가 사우스캐롤라이나가 어디에 있는지 잊기를 원하고……. "당신이 상식이 있다면, 계속 걸어갈 것이고, 어딘가에서 식당 일자리를 얻을 것이고, 웨이트리스로 일할 것이고, 다시 인생을 똑바로 사는 거야, 돌아오지 마. 그들이 너를 1년 동안 감시할 것이고, 나는 여기 있을 거야. 그러니 돌아오지 마." 그녀는 내 말을 받아들이려 했어요. 그녀는 행복했고, 그러니까 이틀 동안 무척 행복했어요. 나는 그냥 날씨가 계속 거슬렸어요.

하지만 잠시 뒤에 콜헤프는 형사들에게 메건이 또 불을 질렀고, 그래서 그녀를 죽이기로 했다고 말했다.

그러니까 그 건물 안으로 들어갔을 때, 숨이 막혔어요. 내 입에서 "이런 제장"이라는 소리가 나왔죠. 그녀를 데리고 나가려고 그 쪽으로 갔어요. 그런데 갑자기, 내가 우리에 갇힌 동물을 데리고 있는 것 같았어요. 아 도대체, "나는 이 세상에서 제일 행복해. 돈을 가지고 테네시에 가서 인생을 다시 시작할 거야. 고마워요, 정말 고마워요."

하다가 완전히 이상하게 변한 이유가 대체 뭔지 모르겠어요.

그때 그녀를 건물 밖으로 데리고 나오려고 했어요. 나는 할 만큼 했어요. 나는 밖으로 걸어 나왔고, 그녀를 진정시키려 했고, 그녀를 대체 어떻게 해야 하는지, 뭘 해야 하는지, 그녀를 어떻게 해야 하는지 생각해내려 했어요. 알 수가 없었어요. 음, 다시, 건물 안으로 들어갔고, 음, 그녀는 미쳐갔는데, 그냥…… 그녀가 그 상황에 대해 감정적인 것 같지는 않았어요. 이런 상황이 며칠 동안 계속 되었죠. 그냥 감정적인 게 아니었어요. 심각한 화학적 불균형 같았어요. 그리고 그녀는 밖으로 걸어 나왔어요. 나는 그녀를 밖으로 데리고 나왔고, 그녀의 뒤통수에 총을 쐈어요.

설명한 내용들이 모두 콜헤프가 메건 콕시를 죽이려고 결심한 이유가 되었을 것이다. 하지만 콜헤프가 메건 콕시에 대해 이야기할 때의 언어를 심리적으로 분석(욕설 사용, 단어와 구절의 반복 사용, 다음에 무엇을 할지 몰랐다는 걸 자주 인정하는 것)해보면, 그가 상황을 통제할 수 없었으며 메건이 자신의 방식으로 그를 이용했다는 걸 알아차렸기 때문에 그가 또 다른 살인에 이르게 되었다는 사실이 분명하게 나타난다.

이것이 토드 콜헤프의 행동 패턴이었다. 그를 강도질하려 했다는 이유로 메건을 처벌한 것이 아니었다. 그 문제는 조니를 총으로 쏘는 것으로 이미 해결했다. 메건 때문에 그는 불안한 상황에 처했고 달리 반응할 방법을 몰랐다. 이럴 때 계획적인 행동 패턴과 계획적이지 않은 행동 패턴이 종종 함께 나타났다.

누군가를 죽일 때마다, 그것은 콜헤프가 그런 입장에 처했다고 느꼈기 때문이었다. 강도질을 하려고 해서 죽었다고 한 헌트 클럽 아파트 주차장의 두 남자였든, 그를 조롱하고 아마도 그가 생각하기에 그를 놀린 것 같았던 슈퍼바이크 사람이든, 조니와 메건 콕시든 모두 그랬다. 칼라 브라운이 구조되지 않았다면 그녀 역시 같은 운명에 처했을 거라고 나는 거의 확신한다. 콜헤프는 그것이 잘못이라는 걸 알았을 테지만, 그의 두뇌에서 논리적이고 계획적인 사고를 담당하는 부분은 다른 '합리적인' 탈출구를 알아내지 못했을 것이다.

그 나름대로 콜헤프만큼 지적이고 분석적인 사람이라면 테네시에서 메건을 풀어준다는 그 계획이 안전하지 않다는 걸 알았을 거라고 나는 생각한다. 그의 의심대로, 법집행 기관은 메건을 찾을 것이고 그래서 결국 찾아낼 것이며, 그녀는 더 유리한 대우를 받기 위해 자신이 가진 모든 정보를 이용했을 것이다. 그 부분이 사실이 아니라 해도, 대부분의 강력범들은 비밀을 비밀로 확실하게 남게 하는 단 하나의 방법은 단 한 사람만 그 비밀을 알게 하는 거라는 사실을 알고 있다.

말하자면, 만일 콜헤프가 칼라를 어떻게 처리해야 할지 생각했다면, 그것은 메건을 앞에 두고 끊임없이 생각해야 했던 바로 그 질문을 마주해야 했기 때문이었을 것이다. '자 이제 어떻게 하지?' 평가 프로토콜에 작성한 그의 대답을 보면 이 사실이 아주 분명하게 드러난다. "범행 후에 어떤 생각을 했는가?"라는 질문에 콜헤프는 이렇게 대답했다. "또 이렇게 되었어. 메건을 잡고 있었던 건 큰 실수였어. 대체 왜 내가 칼라를 잡고 있는 거지? 그녀를 버리고 현장을 해치우고 증거를 지우는 거야."

우리가 콜헤프에게서 보는 혼합된 모습(찰리를 총으로 쏘고 나서 그의 시신과 차를 효율적으로 처리하면서도 칼라를 어떻게 해야 할지 모르는 모습)은 BTK 범죄가 그의 존재의 중심이었던 데니스 레이더 같은 사람과 대조되는 부분이다. 이는 범죄를 저지르는 부분에서는 정교해졌지만, 평소에는 자신의 사업과 일상 생활에 집중하는 사람에게는 놀라운 일이 아니다. 레이더를 살아가게 하는 주된 동기는 살인을 통해 얻는 비뚤어진 성적 만족감이었다. 콜헤프의 범죄들은 억제할 수 없는 분노나 보복과 관련이 있었다.

콜헤프가 이 상황에서 어떻게 반응했는지를 레이더의 반응과 비교해 보자. 레이더는 그의 표현을 빌리면 '프로젝트'들에서 엄청난 즐거움과 만족을 얻었다. 레이더는 자신의 피해자들을 지배하고 그들의 운명을 결정할 수 있었으며, 그들을 죽임으로써 그들 모두를 내세에서 성 노예로 소유할 것이라는 '신비스러운' 느낌을 가지고 있었다. 레이더가 가장 크게 후회한 것은 피해자들을 대상으로 자신의 사디스트적인 환상을 실현하는데 더 많은 시간을 보내지 못한 것이었다.

반면, 콜헤프는 칼라를 오랜 시간 상대해야 했을 때 어찌할 바를 몰랐다. 그의 설명과 칼라의 설명은 당연히 다르다. 칼라는 몇 주 동안을 공포와 불안함 속에서 보내며 매일 자신의 생명을 걱정했다고 말하지만, 콜헤프는 궁핍하고 요구가 많은 포로가 그를 내버려두지 않으려 했다고 말한다. 하지만 그 평가 프로토콜에서 분명히 나타나는 것은 게리 하이드닉과 다르다는 것이다. 하이드닉은 자신의 성적 만족과 왕으로 군림한다는 환상을 위해 여성들을 포로로 잡아두었다. 여성을 대상으로 한 사디스트적 범죄들이 그들 존재의 중심이었던 하이드닉이나 데니스 레이더와 달리, 토드 콜헬프는 자신의 부동산 일에 집중했다. 헤이드닉의 경우 감금은 계획적이다. 콜헤프의 경우 그것은 계획적이지 않다. 그래, 그는 섹스와 포르노를 좋아했지만, 훨씬 더 쉽고 안전하게 만족을 얻을 수 있는 방법들이 있었다. 그는 빠져나오는 방법을 모르는 상황에 처했는데, 프로토콜에서 이런 면을 그대로 드러낸다.

그녀는 처음에는 고양이처럼 고분고분하더니 텔레비전과 책을 원했고, 그러더니 푸른 색 머리 염색약과 진동 안마기, 알약들을 끊임없이 요구했으며, 따분해하면서 섹스를 원했고, 나더러 재미있게 해달라고 했고, 섹스를 자기가 원하는 걸 얻는 수단으로 이용했다. 텔레비전을 보았고, [마약이] 없다면서 그리고 왜 자기에게 더 관심을 보이지 않느냐면서 불평했으며, 찰리나 다른 사람에 대해서는 몇 마디 하지 않고 자신에 대해서만 말했다. 나더러 자기가 애완동물처럼 가지고 있을 여자 친구를 납치해오라고 했지만 나는 거절했다. 포로를 데리고 있는 건 전혀 즐겁지 않다.

이 고백을 콜헤프가 슈퍼바이크 살인들을 어떻게 했는지에 대해 형사들에게 자신 있게 한 설명과 비교해보자. 그때에는 자신이 잘못했다는 걸 인정하면서도 그 범죄를 계획적이고 효율적으로 실행했다는 사실에 자부심을 가졌다. 여성들을 그들의 뜻에 반해 잡아두는 것에 관해 말하면, 콜헤프는 감당하기 벅차 했으며 그 경험에서 아무것도 배우지 못했다.

범죄 세계의 하이드닉들과 레이더들을 이해할 수 없다고 하면서 그는 이렇게 썼다.

"내가 메건을 다루는 더 좋은 방법을 찾을 수 있었더라면 좋았겠지만, 포로를 잡고 있는 것은 굉장히 스트레스 쌓이는 일이다. 어떻게 어떤 사람은 그처럼 상황이 엉망이 되고 감정적으로 혼란스러운 일을 하면서 흥분할 수 있는 건지 도무지 모르겠다."

26
본성과 양육

　토드 콜헤프의 인생 이야기와 그가 질문에 대답한 방식은 평가 프로토콜의 구성 내용인 어린 시절에 관한 정보, 습관적인 행동 패턴, 가족 구성과 환경, 폭행의 이력, 청소년기의 기록, 피해 경험, 객관적인 행동 평가 등과 자연스럽게 어울렸다.

　콜헤프도 조셉 맥고언처럼 부모님과 큰 문제들이 있었지만, 그는 죄 없는 어린아이에게 엉뚱하게 분노를 퍼붓지는 않았다. 조셉 콘드로와 콜헤프 모두 짜증이 많고 화를 잘 내는 어린아이였지만, 콜헤프는 자신과 가까운 사람들을 강간하고 살해하고 싶어 하지는 않았다. 그리고 도널드 하비처럼 콜헤프도 자신의 환경을 완전히 통제하는 걸 좋아했지만, 그렇게 할 수 있다는 이유만으로 손쉬운 표적들을 멋대로 죽이지는 않았다.

　콜헤프는 이들과 다른 종류의 사람이었다. 환경에 영향을 받았지만, 다른 결과에 이를 수도 있었던 살인자였다. '이것이 당신의 인생이다'라는 접근법으로 평가할 때, 나는 그렇게 본다. 이 장에 인용된 글들은 콜헤프를 대상으로 한 심문, 그가 마리아와 나눈 대화, 그리고 평가 프로토콜이 그 출처인데, 이미 언급했듯 모든 내용에 일관성이 있다. 총을 능숙하게 다루는 걸 자랑하는 것 말고, 어떤 진술도 자기에게 돌아올 이익을 위해서 하지는 않았고 비난을 다른 곳으로 돌리려고 하지도 않는다. 콜헤프는 '믿을 만한' 살인자다.

토드 콜헤프의 부모는 그가 두 살도 되기 전에 이혼했다. 콜헤프는 이렇게 말한다. "사실 아버지는 내가 태어난 바로 그날 밤에 데이트를 했습니다. [그의 아버지는 이 사실을 부인한다.] 아버지는 평생을 여자를 따라다니고, 성공이라는 큰 꿈을·좇고, 아주 공격적이고 폭력적으로 행동했어요. 굉장히 똑똑하고 엄청나게 비열했죠." 콜헤프의 엄마 레지나는 레지라고도 했는데, 다음 해에 칼 콜헤프와 결혼했다.

토드 콜헤프는 두 명의 의붓 형제(한 살 많은 미셸과 한 살 어린 마이클)와 잘 지냈다고 했다. 그가 마리아에게 말했다. "우리는 새아버지의 일자리 때문에 세인트루이스로 이사를 갔어요. 그리고 우리가 학교에 있는 동안, 그 아이들이 자기들 친엄마에게 납치당했어요. 그 아이들의 엄마가 나타나서 학교에 전화를 했고, 아이들에게 자기가 친척 아줌마라고 했어요. 그러면서 아이들의 엄마가 살해를 당했다고, 그러니까 우리 엄마가 살해를 당했다고 했어요. 자기는 친척 아줌마인데, 내가 아니라 그 두 아이를 데리러 온 거라고 했어요. 학교에서는 굳이 묻지도 않았죠." 토드 콜헤프는 그때 일곱 살이었다.

그는 이렇게 적었다. "그녀가 아이들을 데리고 갔어요. 나는 남겨두었는데, 그 아이들에게 우리 엄마가 죽었으며 자기는 그 둘만 원한다고 말했어요. 그러고는 다시 조지아로 갔어요. 몇 시간이 지난 뒤에 집에서 나를 데리러 왔어요. 두 아이가 어디로 갔는지는 아무도 알 수 없었어요. 마침내 아이들의 친엄마가 두 아이를 데려갔다는 사실이 드러났는데, 칼은 그녀를 고소하고 싶어 하지 않았어요. 그래서 그는 먼저 나서서 양육권을 포기했고, 이 일로 집안의 분위기가 완전히 바뀌었어요. 그 시점부터 칼의 태도가 사나워졌기 때문이에요."

미셸과 마이클이 가버리고 나서 "나는 내 방에서 시간을 보냈어요. 아무도 나와 말을 하고 싶어 하지 않았어요. 아무도 나에게 어떤 말도 하려 하지 않았어요."

콜헤프가 열다섯 살에 강간으로 체포된 시기의 보호관찰 기록을 보면 이런 내용이 있다. "다른 사람에게 공격적이고 물건들을 파괴하는 성향이 보육원 때부터 조금도 줄어들지 않았다." 콜헤프가 다른 아이들에게 공격성을 보여서 조지아 정신병원에 있었던 것이 아홉 살 때였다.

콜헤프는 사춘기 이전의 행동을 부인하지 않는다. "나는 학교 상담사와 많은 시간을 보냈어요. 학교에서 문제가 많았죠. 나쁜 짓을 많이 했어요. 그리고 이 학교에서 저 학교로 끊임없이 옮긴 탓에 정말로 친구가 하나도 없었어요. 내가 언제나 새로 전학 온 아이였기 때문에 불량배들과 늘 문제가 생기곤 했어요. 그리고 걸핏하면 욕설을 들었어요. 이런 것이 쌓이다보니 나쁜 짓을 하곤 했죠. 이렇게 나쁜 짓을 할 때면 보통 몇 명씩 다치게 했어요. 나는 대개 상황을 극단적으로 몰고 가곤 했어요. '다시는 그런 짓을 못하게 하겠어!' 하지만 그런 이유로 많은 시간을 상담사들과 보내야 했어요." 그러면 이 상담사들이 콜헤프를 위해 무엇을 했을까? 콜헤프는 정신병원 입원으로 어떤 효과를 얻었을까? 그리고 어떤 식으로든 후속 치료가 있었을까? 아무런 증거가 없다.

가장 행복했던 기억에 대해 묻자 콜헤프는 이렇게 대답했다. "조지아에 있는 조부모님 농장에서 동물들과 놀던 때요. 나는 그 동물들을 좋아했는데 할아버지 할머니는 아니었어요. 내가 다섯 살 때, 할아버지는 소몰이 막대로 날 때리는 걸 재미있어 하셨어요. 유쾌한 경험은 아니었죠. 일곱 살 때 할아버지는 돼지들을 거세하면서 다음에는 내 차례라고 겁을 주곤 했어요. 여덟 살인가 아홉 살 때는 끌려가서 나무에 묶인 채로 맞았어요. 내가 할아버지를 죽이지 않은 것이 놀라워요. 할아버지는 친구가 없었고 다른 사람들을 해치고 통제하는 데서 쾌락을 느꼈어요. 할아버지는 자기 딸(내 엄마)도 같은 식으로 위협했어요."

콜헤프는 한동안 엄마 집과 조부모 집을 오가야 했다고 말했다. "그건 아주 이상한 상황이었어요. 조부모는 자신들과 관계가 있든 없든 아이를 원하지 않았어요. 두 분은 아이를 원치 않는다는 걸 분명히 표현했죠. 그들의 아이인 내 엄마도 원하지 않았다는 걸 끊임없이 엄마에게 상기시켰고, 당연히 그 얘기는 내게도 전달되었어요."

콜헤프가 이야기해준 삶은 암울했다. "때때로 엄마가 날 잠시 데리고 갔다가, 그런 다음 다시 [조부모 집에] 데려다 주었어요. 그곳에 사는 동안, 내 성적이 좋지 않거나, 내가 할아버지가 싫어하는 일을 하거나, 새벽 다섯 시에 일어나 할아버지 마음에 들게 닭장을 청소해놓지 않거나, 그게 무엇이든 상관없었는데, 아무튼 그러면 할아버지는 날 깨워 머리카락을 잡아서 어딘가로 끌고 가서는 나무에 묶었고 그런 다음 때렸어요. 주로 커다란 가죽 벨트로 때렸죠. 그 벨트를 사용하지 않을 때도 있었는데 한번은 정말로 말채찍을 사용했어요."

이런 종류의 일을 해오면서, 나는 내가 연구하는 살인자들의 삶에 나타나는 다양한 면들을 구획하는 법을 배워야 했다. 무슨 말이냐면, 나는 그들이 저지른 범죄의 모든 세부 내용을 속속들이 익히며 그들이 한 일을 혐오한다. 그러면서 동시에 그들이 성인이 되어서 저지른 일의 원인이 된 어린 시절의 경험에 대해 엄청난 공감과 슬픔을 느끼기도 한다. 어떤 아이도 에드 켐퍼와 토드 콜헤프가 받았던 그런 취급을 받아서는 안 된다. 그리고 콜헤프의 가정환경(자라면서 사랑이나 애정을 거의 받지 못하고 삶에서 어느 날 갑자기 의붓형제가 사라지고 자신의 존재는 공공연하게 거부당했다.)이 어떻게 그가 다른 사람들과 신뢰 관계를 쌓지 못한 것의 원인이 되었는지 쉽게 알 수 있다.

엄마 레지가 남편 칼과 있지 않을 때면 늘 다른 남자를 찾았다고 콜헤프는 주장한다. "엄마는 천방지축인 아들이 없다면 더 빨리 남자를 만날 거라고 생각했던 것 같아요."

열두 살이 되었을 때, 콜헤프는 엄마나 조부모와 사는 것이 지긋지긋해졌다. 그래서 친아버지 빌 샘프셀과 애리조나에서 살고 싶다고 선언했는데, 당시 그는 친아버지를 8년 동안 보지 못한 탓에 친아버지에 대해 아는 것이 거의 없었다. 그 즈음 레지는 토드 콜헤프에게 침실 가구를 새로 사줬는데, 그렇게 하면 아들이 집을 더 좋아하게 될 거라고 생각했다. 하지만 콜헤프는 가구를 받자마자 망치로 부숴버렸다. 그는 그

가구가 "여자애들 것" 같았다고 말했다.

콜헤프는 마리아에게 이렇게 털어놓았다.

"조금 극단적이었지만, 나는 열두 살이었어요. 이때 나쁜 짓을 많이 했어요. 친구들이 없었고, 가족과 멀리 떨어지고 싶었어요. 그때는 좋은 생각인 것 같았죠. 엄마는 내게 실망했고, 나는 그게 누구든 엄마가 데이트하는 사람을 받아들이지 않았어요."

결국 콜헤프의 엄마는 아들을 전남편에게 보내기로 했다.

"그렇게 해서 나는 보수적인 바이블 벨트(미국 중남부에서 동남부의 여러 주에 걸쳐 있는 지역)에서 애리조나의 템피로 갔어요. 그곳은 근사하고 멋지고 여대생들이 가득한 곳이에요. 아버지는 레스토랑(토니 로마스보다 더 맛있는 빌리스 립)을 운영하느라 바빴어요. 그래서 나는 거의 아무런 보호도 받지 못했어요. 아버지는 모든 사람과 싸웠고, 가슴 설레어하며 모든 여자들을 따라다녔어요. 아버지와 함께 지낸 그 얼마 안 되는 시간도 내가 기대하던 것이 아니었어요. 아버지는 가만히 있다가 순식간에 폭력적으로 변하곤 했죠. 나는 더는 수줍어하지 않고 폭력의 정도도 더 강해졌어요."

빌 샘프셀은 마리아에게 이렇게 설명했다. "레지가 어느 날 불쑥 아이를 보냈는데, 아이를 비행기에 태우고 난 뒤에야 내게 통보했어요."

토드 콜헤프는 아버지의 무기들에 매혹되었으며, 가끔 아버지가 특수부대에서 복무한 이야기를 들었는데 나중에 알고 보니 사실이 아니었다.

당연한 얘기겠지만, 콜헤프가 애리조나에서 보낸 그 시기에 관해 콜헤프와 아버지 빌의 기억은 전혀 다르다. 빌 샘프셀이 마리아에게 말했다. "나는 한때 우리가, 우리가, 그러니까, 꽤 평온하게 산다고 생각했어요. 무슨 문제가 있다고는 생각하지 않았어요."

그러다 콜헤프가 이웃 사람을 강간했다. 콜헤프가 살인자로 자라게 된 결정적 계기는 그가 열다섯 살에 저지른 이 강간이다. 스트레스 요인들을 촉발시키는 것에 대해서 그는 프로토콜에 이렇게 적었다.

> 아버지는 일주일 동안 다른 주에 가 있었고 그날 밤에 돌아오기로 되어 있었다. 나는 아버지가 돌아오면 어떤 일 때문에 매를 맞을 거라는 사실을 알고 있었으며, 술병을 넣어둔 캐비닛을 초조하게 만지작거리면서 시간을 카운트다운 하고 있었다. 나는 흥분했고 좌절했다. 정말로 [그 소녀와] 얘기하려고 했던 것뿐인데, 그 소녀에게 내가 좋은 사람이라는 걸 설득하려 했던 것뿐인데 완전히 일이 꼬여버렸다. 왜 상황이 그렇게 악화되었는지 모르겠지만, 그렇게 되었다. 나는 누군가 나를 원하길 바랐다.

이 한 가지 사건이 없었더라면 콜헤프의 인생이 완전히 달라졌을 거라고 나는 주장하고 싶다. 그가 한 행동을 내가 용납한다는 의미는 아니다. 당연히 결코 용납할 수 없는 행동이기 때문이다. 이 책에 실린 세 명의 다른 범죄자를 비롯해 여러 범죄자들을 연구하다보면 그들의 성장 과정에 어떤 불가피성이 있다는 걸 알게 되는데, 첫 번째 범죄 이후 범행이 중단되었던 맥고언과 같은 사람의 경우에도 그렇다. 하지만 콜헤프가 살면서 저지른 범죄와 관련해 이 점을 뒷받침하기 위해 과거 사건의 기록을 살펴보기로 하자.

첫째, 그가 공격을 못하도록 뭔가가 막을 수도 있었느냐는 프로토콜 질문에서 콜헤프는 이렇게 대답했다.

이웃들, 선생님들, 학교 상담사들 그리고 아버지 레스토랑의 직원들은 무슨 일이 일어나고 있는지, 내가 무슨 일을 감당하고 있는지 알고 있었으며, 내가 어려움에 처해 있고 곧 [문제가] 될 거라는 것도 알고 있었다. 어떤 일도 비밀리에 일어나지 않았다. 누군가 언제라도 멈출 수 있었으며, 관심을 가질 수 있었고, 내게 도움을 줄 수 있었다. 하지만 그들은 다른 사람에게 책임을 넘겼다. 그때 나는 치료를 순순히 받아들였을 것이다.

이것은 유죄 선고를 받은 사람들이 드물지 않게 하는 말이지만, 콜헤프의 경우에는 이 말이 특별히 중요하다고 나는 생각한다. 세 가지 자료 모두에서 대답들이 아주 솔직하고 명확해서 그가 자신의 어떤 범죄에 대해서도 책임을 회피하려 하지 않는다고 믿기 때문이다. 콜헤프는 그의 삶에서 변화를 가져올 수도 있었던 변곡점이 어디인지 인식할 정도로 통찰력이 있다.

성폭행 이후에 콜헤프가 얼마나 혼란스러워하고 갈피를 잡지 못했는지 알려주기 위해, 콜헤프는 혹시라도 자신의 범행이 알려질까봐 두려워서 훗날 메건 콕시를 죽인 것처럼 피해자인 그녀를 죽일 생각을 했다고 말한다. 콜헤프는 "나는 대체로 예의 바르게 행동했고 그 소녀에게 사과했지만, 그녀의 가족을 위협했다."라고 인정했다. 여기에서 또 한번 그의 혼합된 행동이 보인다. 콜헤프는 자신의 행동이 잘못이라는 걸 알고 즉각적으로 후회한다. 그러면서 동시에 자신의 행동으로 인한 결과를 마주하고 싶어 하지 않는다.

범행 이후에 어떻게 행동했는가라는 프로토콜의 질문에 그는 이렇게 대답했다.

"충격을 받았다. 무슨 일이 일어났는지 확실히 몰랐고, 무슨 일이 일어날지 알 수가 없었다. 나는 그녀를 풀어줬고, 내 개가 나갔고, 그녀는 경찰이 올 때까지 내가 개를 찾도록 도와줬다. 그녀는 경찰에게 갔고 나는 집으로 갔다."

콜헤프는 이렇게 기억했다.

"경찰이 와서 그녀를 발견했을 때, 나는 그 자리를 떠나 집으로 갔다. 그리고 두 집 건너에 사는 테일러 부인이 내게 와서 말했을 때에야 밖으로 나왔고 총을 내려놓았다. 경찰들이 어서 와서 날 데려가길 바랐다. 아버지 곁에 있고 싶지 않았다. 대체로 혼자라는 느낌이 들었고 겁이 났으며, 나중에는 후회가 되었다. 그저 그 집을 벗어나서 가족 모두와 떨어지고 싶었다. 아버지가 무서웠고, 내가 한 일이 당황스러웠으며 멍했다. 무엇을 해야 할지, 내가 어디로 가고 있는지 알 수가 없었다."

콜헤프는 그 소녀가 신고를 했는데도 성범죄를 저질렀다는 걸 스스로에게 인정할 수 없었다. 그래서 잃어버린 개 이야기만 계속 했다. 그 범죄를 저지르고 난 후 어떤 생각을 했는가라는 질문에 그는 이렇게 답했다. "당황했으며, 어떻게 해서든 주제를 피했다." '법집행 기관에 잡히지 않으려고' 노력했는지 여부에 관한 질문에는 이렇게 대답했다. "시도도 안 했다. 집을 떠나게 해줘서 경찰에 감사했다. [나는] 15년 형을 받을 거라는 건 전혀 몰랐다. 다만, 열여덟 살이 될 때까지 소년원에 있으면서 상담을 받을 거라고 생각했다."

나는 언제나 범죄자가 아닌 피해자에게 연민과 공감을 느낀다. 동시에, 피해자가 10대인 성폭행 사건의 경우 그 공격의 폭력성 정도 외에 형을 선고하는 데 고려해야 하는 것들 중 하나는 피해자와 폭행범의 나이 차이, 그리고 두 사람이 서로를 아는지의 여부라는 사실을 주목해야 한다. 둘의 나이 차이가 적다면 관용을 베풀려는 경향, 즉 다시 한번 기회를 주려는 경향이 종종 보인다. 또한 그 범죄가 흉악 범죄의 형태를 따르고 있는지 아니면 개별 사건이어서 적절한 관심을 기울이면 가해자가 달라질 수 있는지 판단하려는 시도도 흔히 보인다. 나는 이 상황에서 이런 접근법이 부적절했을 거라고 생각하지 않는다.

대신 콜헤프는 성인이 되어서 재판을 받았다. "15년의 삶에서 약 6년의 개입은 최악의 결과를 낳았습니다." 매리코파 카운티 상급법원의 소년법원 C. 킴볼 로즈 판사는 이 사건을 성인 부서로 옮기면서 이렇게 기록했다.

토드 콜헤프가 양형 거래에 동의해서 강간 혐의가 없어지긴 했지만, 그는 그때까지 살아온 세월과 같은 15년 동안을 감옥에 있어야 했다. 그리고 토드 콜헤프에게 평생 성범죄자라는 낙인이 남았다. 어떤 하나의 행위에 대한 결과로 평생이 더럽혀지는 것과도 같다. 그리고 이것은 정말로 안타까운 상실(적어도 일곱 생명을 비롯한 다른 것들의 상실)인데,

토드 콜헤프가 제대로 대우받았더라면 이 모든 상황의 결과가 달라질 수도 있었기 때문이다.

"강간은 강간이다." 그러니까 모든 성폭행은 같다는 일반적이고 정치적으로 유행하는 믿음이 있다. 그리고 모든 성폭행이 의심할 여지없이 끔찍하지만, 그것들 모두가 같지는 않으며 성폭행을 저지르는 사람들은 일정한 그룹으로 구분된다.

FBI에서 연구할 때 우리는 강간범의 몇 가지 기본 유형을 구분했으며, 강간이라는 범죄를 50개 이상의 하위 집단으로 분류했다. 《범죄 분류 매뉴얼》의 최신판에서는 수사관들을 위해 강간범들을 대략 열 두 개의 범주로 나누지만, 여기에서는 우리의 목적을 위해, 대부분의 강간 상황을 아우르는 네 개의 유형으로 분류한다. 권력 확인형 강간범 power-reassurance rapist, 착취형 강간범, 분노형 강간범, 사디스트적 강간범이 그것이다.

특정한 분노나 일반적인 분노를 엉뚱한 대상에게 표출하는 분노형 강간범(분노-보복 강간범이라고도 한다)과 다른 사람들의 고통에서 만족을 얻는 사디스트적 강간범의 경우에는 현실적으로 재활에 대한 희망이나 기대가 거의 없다. 좀 더 충동적인 범죄자이며 자기가 저지르고 싶은 범죄를 계획하고 공상하기보다 기회가 나타날 때 그것을 잡는 착취형 강간범은 대개의 경우 강간할 때 가택 침입 같은 또 다른 범죄를 저지른다. 그가 범죄를 시작한 초기에 잡힌다면 도움을 받을 수 있는 기회가 있다.

권력 확인형 강간범은, 그 이름이 의미하듯 무능한 유형 혹은 자신의 성적 능력을 스스로에게 입증하려 하는 사람인 경향이 있다. 이런 유형은 외톨이일 수 있고 심지어 피해자가 그 경험을 즐기며 그에게 끌리고 있을지도 모른다고 공상하기도 한다. 데이트 강간범들의 대부분이 권력 확인형 강간범의 범주에 속한다. 나머지는 착취형 강간범이다. 권력 확인형 강간범의 주요 특징들 중 하나는 자존감이 아주 낮기 때문에 충분히 일찍 치료를 받는다면 행동이 바뀔 수 있다는 것이다.

하지만 그런 일이 콜헤프에게는 일어나지 않았는데, 그의 공격은 분명 자신의 힘을 확인하기 위한 유형에 속했다. 그는 치료를 받거나 혹은 그의 선천적 성격과 냉랭하고 무관심한 가정환경 때문에 생긴 많은 적대감과 반사회적 개인성 문제를 해결하기 위해 노력을 기울이는 시설로 가는 대신 성인 교도소로 가야 했다. 콜헤프의 교도소 기록을 보면, 그가 몇 년 동안 분열적이고 때때로 폭력적인 행동을 하다가 스무 살 즈음에 진정되기 시작했음이 나타난다.

콜헤프는 다른 나이든 재소자들에게 성폭행이나 성추행을 당한 적이 없었다고 주장하지만, 이것은 내가 그의 말을 전적으로 믿지 못하는 몇 안 되는 것들 중 하나다. 적어도 수감생활 초기에는 그런 일을 당했을 것이고, 그로 인해 다른 사람을 믿지 못하는 부분과 분노하는 성향이 더 강해졌을 거라고 나는 확신한다.

내 관심은 사람들이 폭력적인 범죄 행위를 저지르는 이유를 알아내는 것에 집중되어 있는데, 그들이 더 선하고 법을 지키는 사람이 되도록 돕기 위한 것이 아니라 그들을 잡고 기소하고 구속하는 것을 돕기 위해서다. 그들이 내 궤도에 들어올 때쯤이면, 이미 손을 쓰기에는 늦은 상태다.

콜헤프도 그런 경우지만, 꼭 그런 식이어야 하는 것은 아니었다. 근본적으로 콜헤프는 문제가 많은 아이였지만, 처음이자 유일한 범죄를 저지른 후에 서른 살이 될 때까지 시설에 갇혀 있었다. 사랑과 보살핌, 신뢰를 경험할 수 없으며 모든 유형의 상습범들을 접해야 하는 곳이었다. 콜헤프의 자연스러운 발달은 그가 시설에 들어갈 때까지 살아온 시간만큼 그 안에서 사는 동안 근본적으로 중단되었다. 그 시간 동안에 콜헤프는 한 개인으로서 발전할 수 없었다. 그는 계속 생존 모드로 있어야 했다.

나를 아는 사람이라면 누구나 내가 법과 질서 문제에서 전혀 관대하지 않다는 걸 알지만, 토드 콜헤프 사건은 처음부터 잘못 처리된 거라고 나는 굳게 믿는다. 콜헤프는 범죄자가 될 천성을 어느 정도 가지고 있었지만, 그의 경우 그 운명을 실현한 것은 가족과 법집행 시설의 교육(아니 그보다는 교육의 부족)이었다.

마리아가 콜헤프의 강간 혐의 변호를 맡은 알란 비카르트와 면담을 했는데, 이 자리에서 비카르트는 어떻게 일을 진행해야 하는 지에 대해 고민했다고 말했다. 콜헤프가 '너무 똑똑해서' 정신병원에 있어야 한다는 결정을 내릴 수 없었다. 또한 그가 저지른 범죄가 너무 심각했기 때문에 청소년으로 재판을 받을 수 없었지만, 현실적인 선택이었던 성인 감옥은 콜헤프를 더 망칠 뿐이었다. 그 시스템에서는 좋은 선택이 전혀 없다고 비카르트는 한탄했다.

그곳에서 나왔을 때 콜헤프는 어떤 지도도 받지 못했다. "열다섯 살에 감옥에 들어간 재소자를 가석방, 감독, 치료, 그리고 문제가 있을 때 얘기할 사람이 전혀 없이 15년을 가둔 뒤 석방하는 것은 큰 실수입니다. 그는 삶의 태도와 문제 해결 방식을 감옥 환경에서 습득했습니다."

2001년 8월에 석방되었을 때 콜헤프는 어머니가 살고 있는 사우스 캐롤라이나로 다시 갔는데, 달리 어디로 가야 할지 몰랐기 때문이다. 그가 성인의 세상에서 혼자 힘으로 살아본 경험이 전혀 없고 성인으로 일자리를 가져본 적도 없었던 서른 살의 남자라는 걸 기억해야 한다. 그는 데이트해 본 경험도 없었는데, 이것은 그가 왜 스트립 클럽과 매춘부를 자주 찾았는지에 대한 설명이 된다. 그는 일자리를 찾았고 혼자 힘으로 살면서 생계를 꾸려나갔다. 어느 날 갑자기 완전히 새로운 생존 기술을 배워야 했다.

계속 매춘부와 스트립 클럽을 자주 찾고 온라인 포르노물에 의존하긴 했지만, 콜헤프는 결국 여성들과 '정상적인' 관계를 갖는 사회성 기술을 계발했다. 그는 자신이 여자 친구와 정부라고 구분한 두 여성과 오랜 기간 관계를 가졌지만 그들 중 누구와도 결혼을 하지는 않았다. 나는 그 이유가 자신의 엄마와 남자들의 관계를 아주 비참했다고 여겼을 뿐만 아니라, 성장기를 감옥에서 보냈기 때문이라고 생각했다. 무엇보다 그는 결혼이라는 제도가 상징하는 신뢰를 지킬 능력이 없었다.

그렇긴 해도 콜헤프는 인생을 바꾸기로 마음먹었다. 프로토콜에서는 문제의 그 범죄가 '어떤 식으로든 그를 꽤 많이 바꿨다'고 느끼는지에 대해 묻는다. 감옥에서 석방된 뒤 사우스캐롤라이나로 갔을 때에 대해 그는 이렇게 썼다.

이제 결정을 할 때 가족의 영향을 받지 않으므로 나는 나 자신을 철저하게 들여다보았고, 더 나은 사람이 되기 위해 노력했다. 더는 범죄를 저지르지 않을 것이며, 뭔가를 훔치거나 수상한 [어떤 일에] 관여하거나 하지 않을 것이다. 여성들이 내 곁에서 조심스러워하지 않게 했고 [나는] "아니오."라는 단어를 존중했다. 나쁜 상황에 발을 들이지 않았고, 남에게 대우 받길 원하는 대로 다른 사람들을 대했다. 자신감이 생겼다. 수업에 등록해 교육을 받았고 열심히 공부해서 항상 A를 받았다(예전에는 C를 받는 학생이었다). 이것은 계략이 아니었다. 나는 사람들이 자기 딸과 데이트하기를 원하거나 옆집에 살고 싶은 사람이 되었다. 석방된 이후의 나는 완벽한 직원이었고, 교회에 다녔으며, 법집행 기관을 존중했고, 법을 지켰고 사람들에게 사랑받았다. 인생이 만족스러웠다.

콜헤프가 인성 발달에 가장 중요한 시기인 청소년기부터 장기 복역을 했다는 사실 만큼이나 그에게 해로운 영향을 미친 것은 성범죄자로 등록되었다는 사실이었다. 그것이 부적절했다고 말하는 것은 아니다. 그는 성범죄자였다. 법집행 기관에서 일하는 내내 성폭행 사건을 다룬 사람으로서 나는 성범죄자 등록에 찬성한다. 하지만 그것 때문에 사회에서 자리를 잡으려 애쓰던 콜헤프는 더 힘들어졌고, 그래서 더 큰 분노를 갖게 되었으며 인생에서 뭔가를 이루려면 규칙을 악용하고 가식적으로 꾸며야 하는 것처럼 생각하게 되었다.

자신을 발전시키기 위해 아무리 노력한다 해도, 콜헤프는 성범죄자라는 꼬리표에서 벗어나려면 거짓말을 해야 했고 속임수를 써야 했다. 사실 그것도 아주 어려웠는데, 콜헤프가 세상에 나올 즈음 인터넷이 있었고, 그의 이름이 성범죄자 웹사이트에 있었기 때문이다. 하지만 범죄학에서 다른 것들이 그렇듯, 이런 웹사이트도 저의를 가진 사람들에게 오용될 수 있다. 그리고 그런 일이 콜헤프에게 일어났다.

콜헤프가 전화로 마리아에게 말했다.

"많은 혐오 메일, 많은 혐오 전화를 받았어요. 끊임없이 괴롭힘을 당했죠. 그러니까, 그런 일이 한동안 일어났다가 사라졌다가 했는데……. 공인중개사들이 [내] 고객들에게 전화하곤 했어요. 어느 중개사는 내가 성범죄자 명단에 있음을 알려주는 웹사이트 복사본을 동봉해 여든여덟 통의 편지를 내 고객들 모두에게 보냈어요. 웹사이트를 확인하고 자기를 고용하라는 그런 내용이었죠. 아무도 내게 그 사람이 누구인지 말하지 않았지만, 그들은 모두 그녀를 고용하곤 했어요. 그러니까 나는 끊임없이 괴롭힘을 당하고 있었어요. 그래서 회사 이름을 TKA로 바꿨죠. 원래 이름은 토드 콜헤프 사였어요. 내 이름을 회사에서 지우려고 애썼어요."

콜헤프는 프로토콜에 이렇게 썼다.

"성범죄자 웹사이트 때문에 괴롭힘을 당했을 때, 나는 경찰에 전화를 했는데 그 목록에 오른 것은 당신 책임이니 알아서 하라는 얘기를 들었다. 교회에서는 다른 교회를 알아보라고 했다."

이 시점부터 콜헤프는 사업에서 성공을 거두고 겉으로 보기에 성공의 결실을 즐기는 듯하고 의뢰인들과 동료들에게서 존경을 받았는데도, 프로토콜을 쓸 때의 시각으로 인생을 되돌아보면 자신이 이미 급락하고 있었으며 그게 무엇이든 뭔가 잘못된 것이 그의 삶에 이미 개입되었다는 걸 깨달았다. 감옥에서 석방된 직후의 시기에 대한 그의 평가와 극명하게 대조된다. 처벌을 받지 않고 지나간 슈퍼바이크 살인 이후의 시기에 대해 콜헤프는 이렇게 썼다.

[나는] 마음 상태가 아주 혼란스러웠고, 다시 대학을 갔고, 여자 친구가 몇 명 있었고, 일자리와 이런저런 문제들이 천천히 나아지고 있었지만, 비밀스럽게 나는 그 모든 걸 망가뜨리는 일들을 하고 있었다. 가족은 엉망이었고, 교회를 나가지 않았고, 좋은 성적에 집착했지만 다른 주의 무기 거래상과 가까워졌고 …… 굉장히 공격적으로 변했으며 지나치게 조심스러워졌고, 무리 지은 사람들과 사각 지대와 주차 지역에 편집증적 성향을 보였고, 항상 총을 소지했으며 새로운 기술들을 배웠다. 사람들과 관계 맺는 것을 멈췄고,·내가 원하는 것을 얻는 데 집중했다. 사람들은 대체가능했다. 하지만 8년에서 11년 동안 몇 건의 연애를 지속했고, 동시에 진행하기도 했는데 상대 여성들이 서로의 존재를 알아차렸다. 그들은 그런 상황을 좋아하진 않았어도 그냥 받아들였다. 나는 여자들에게 그 상황을 숨기지 않았지만 군이 상기시키지는 않으려고 조심했다. 나는 세상의 좋은 것보다 나쁜 것에 더 집중했다.

만일 당신이 대부분의 연쇄살인자들과 범죄자들이 솔직하게 마음을 털어놓을 수 있게 할 수 있다면, 그들은 살인을 스스로는 절대 멈추지 않았을 거라고 인정할 것이다. 콜헤프 역시 그렇게 인정했지만, 그는 그 일에서 즐거움이나 만족을 전혀 얻지 못했으며 단지 지치고 어쩔 수 없었을 뿐이었다. 그는 카버를 죽이고 브라운을 감금한 후의 상황에 대해 프로토콜에 이렇게 썼다.

나는 삶에 지쳤고, 일할 기운이 다 빠졌으며, 그냥 시늉만 할 뿐 정말로 일에 애정이 있지는 않았다. 여자 친구들이나 친구들, 그리고 직원들을 피했고 기본적으로 은둔자가 되고 있었다. 그전에는 문제를 해결할 수 있도록 모든 사람을 도왔다면 이제는 그들에게 직접 문제를 해결하라고 하면서 "그럴 시간이 없어."라고 말했다. 칼라를 좋아하지 않았고, 또 다른 여성을 죽이고 싶지 않았으며, 그래서 몹시 스트레스를 받았다. 친구들에게는 감옥에서 더 행복했다고 말했다. 행적을 감추는 법을 알았고, 전화 기지국의 위치 추적을 따돌리는 법을 알았지만, 굳이 그러지 않기로 했다. 건방지게 굴고 싶지 않지만, 그들이 나를 잡은 게 아니라 내가 나를 잡았고……. 그 [성범죄자] 웹사이트는 내게 많은 스트레스를 주었다. 그 일과 내게서 도둑질하려는 사람들 틈에서 분명 또 다른 상황이 결국은 벌어졌을 거라고 나는 확신한다.

평가 프로토콜에 적힌 다른 대답들을 보면 이런 사실이 더 분명히 나타난다. 프로토콜의 끝 부분에는 이런 질문이 있다. "각 범죄를 돌아볼 때, 답변자는 매번 범죄를 저지를 때마다 이전보다 더 폭력적이거나 공격적으로 행동했다고 생각하는가?"

10대 소녀를 강간했던 것에 대해 콜헤프는 이렇게 대답했다. "아니다. 물러서고 나면 다시 부끄러워졌다." 하지만 슈퍼바이크 살인에 대해서는 이렇게 썼다. "그렇다. 갈등을 일으키러 갔고 살인이 유일한 방법이었다." 그리고 마지막 살인을 저지른 다음에 이 살인에 대해서는 이렇게 답했다. "그렇다. 찰리를 죽이고 나서 칼라를 붙잡고 있는 동안, 나는 다음 싸움을 마음속으로 준비하고 있었다."

낮은 자존감과 부모에게서 애정을 제대로 받지 못했다는 것이 콜헤프의 자기애적 인격 장애에 일조 했다. 의지할 수 있는 형제자매가 없고, 청소년기와 성인기에 다른 사람들과 정상적인 관계를 발전시킬 기회를 갖지 못했으므로, 콜헤프는 사람들이 그를 이용하려한다는 생각이 들 때마다 그들보다 앞서서 뭔가 행동을 취해야 했다.

콜헤프가 뭔가를 성취해도 그의 부모는 전혀 감명을 받거나 아들을 존중하는 모습을 보이지 않았는데, 엄마인 레지가 나중에 면담자들에게 다르게 말하긴 했지만 콜헤프가 보기에는 그랬다. 데이비드 버코위츠처럼 콜헤프도 아무도 자기를 원하지 않는다고 생각했다. 그리고 버코위츠의 경우에 그랬듯, 콜헤프가 보인 폭력성의 많은 부분은 방향이 잘못된 분노의 결과였다.

콜헤프가 체포되고 나서 어머니 레지에게 전화했을 때, 그녀가 가장 먼저 했던 질문 역시 자신과 관련된 것이었다. "나를 사랑한다면 어떻게 그런 일들을 할 수가 있니?"

콜헤프가 말했다. "내가 다 잘못했어요. 미안해요."

레지가 대답했다. "괜찮아."

446

그가 분명히 말했다. "사랑해요."

"그래." 이것이 레지가 할 수 있는 대답의 전부였다.

CBS 텔레비전 프로그램 《48시간》의 데이빗 베그나우드 기자와 이야기하면서 레지는 이렇게 지적했다. "첫 번째 범죄와 나머지 범죄들 사이에 많은 시간이 있었어요. 그것이 그 가족들에게 별 의미가 없다는 걸 알아요. 미안해요. 하지만 그 아이는 연쇄살인자가 아니었어요."

나중에 레지는 이렇게 말하면서 콜헤프가 저지른 살인들을 설명하려 했다. "그들은 콜헤프를 곤란하게 했어요. 그리고, 누구든, 누구든 상관없이, 성질이 있는 사람이든 아니든, 그 누구도 곤란해지는 걸 원하지 않아요. 그리고 그 상황에서 벗어나는 일은 힘들고요." 이해할 수 없는 일(살인자가 된 아들의 삶)을 이해하려고 애쓰고, 내가 보기에, 거기에서 자신이 어떤 역할을 했는지에 대해 필사적으로 생각하려 하는 어머니의 모습에는 가슴 아프면서도 애처로운 뭔가가 있다.

스파턴버그 카운티 구치소에서 첫 번째 심문을 할 때 콜헤프는 이렇게 말했다. "나는 오랫동안 엄마 곁에 있지 않았어요. 있어 보려고 했지만, 서로 멀어지기만 했어요."

콜헤프의 어머니는 그 일이 있은 직후, 2017년 4월 23일에 세상을 떠났다.

콜헤프는 마리아에게 보낸 편지에서 이렇게 썼다. "우리 강아지가 보고 싶어요. 엄마는 그렇게 보고 싶지 않아요. 강아지는 판단하지 않고 무조건적인 사랑을 주잖아요. 엄마는 늘 그렇지는 않았어요."

그렇다 해도, 콜헤프는 다른 누구도(레지도 빌 샘프셀도 칼 콜헤프도 슈퍼바이크 희생자들도) 그가 한 일에 책임이 없다는 걸 결국은 깨달았다.

콜헤프는 내가 만나본 모든 연쇄살인자들 중에서 자신의 정신에 대해 가장 통찰력 있고 간단명료하며 정확한 평가를 우리에게 제공했다.

> 나를 원치 않지만 다른 사람이 나를 가지는 것도 원치 않는 가족과 지내면서 나는 아주 혼란스럽고 폭력적인 어린 시절을 보냈다. 그들은 내가 자신들이 하는 것보다 [더 나은] 뭔가를 하면 싫어했다. 나의 대학 학위, 조종사 자격증, 회사 설립을 자랑스러워하지 않았다. 그들은 나를 혼내고 헐뜯기만 할뿐이었다. 나는 가족 누구와 있어도 절대 편하지 않았다. 내가 뭔가가 될 수 있다는 걸 증명하기 위해, 그들이 틀렸다는 걸 증명하기 위해 아주 열심히 노력했으며 대체로 잘 해냈다. 하지만 불행한 어린 시절과 오랫동안의 감옥 생활의 잔재로 나는 폭력과 모욕에서 멀어지지 못했다.

하지만 그럼에도, 콜헤프는 그의 불우한 배경 때문에 자신이 자유 의지를 갖지 못한 건 아니라는 사실을 대부분의 폭력적인 범죄자들보다 훨씬 더 잘 이해하면서(혹은 적어도 인정하려고 하면서) 이렇게 결론지었다.

"내 범죄들은 내가 통제할 수 있는 것입니다. 방아쇠를 당긴 것은 내 집게손가락이고 내 결정이었습니다. 아무도 내게 뭔가를 하지 않았어요."

살인자의 선택

1985년 6월 2일 오후, 서른아홉 살 된 레너드 레이크는 그날 친구 찰스 응이 훔쳤던 바이스 값을 치르러 사우스 샌프란시스코의 철물점으로 다시 갔다. 스물 네 살이었던 응은 160㎞ 떨어진 카라베라스 카운티의 윌시빌 근처 외딴 곳에 있는 레이크의 오두막집에서 레이크와 함께 살고 있었다. 레이크가 왜 이 일에 조금이나마 양심의 가책을 느꼈는지는 잘 모르겠다. 하지만 상황은 그리 좋게 흘러가지 않았다.

상점 직원이 신분증을 보여 달라고 했을 때 레이크는 로빈 스태플리라는 이름의 운전 면허증을 내밀었다. 그의 얼굴과 면허증의 사진이 일치하지 않는 걸 수상하게 여긴 직원이 경찰에 신고했고, 이미 절도사건 신고를 받은 경찰이 레이크가 상점을 떠나기 전에 그곳에 도착했다. 경찰은 레이크 자동차의 트렁크를 수색해 불법 소음기가 장착된 22구경 권총을 발견했는데, 이것만으로도 체포의 근거로 충분했다.

자동차의 번호판은 레이크 이름으로 등록되어 있었고 경찰은 레이크의 지문으로 그의 신분을 확인했지만, 자동차 등록번호를 확인해본 결과 그 차는 폴 코스너의 소유였다. 폴 코스너는 지난 11월에 사라졌다. 운전 면허증 주인인 로빈 스태플리는 몇 주 전에 가족에 의해 실종 신고가 되어 있는 상태였다. 형사들의 조사를 받으면서 레이크는 응을 폭로했다. 응이 바이스를 훔쳤고 자신은 일을 해결하려고 했던 것뿐이라고 말했다. 그러면서 그는 물 한 잔만 달라고 요구했다. 레이크는 물과 함께 알약 두 개를 삼키고는, 가족에게 남기는 글이라면서 짧게 메모를 했다. 알고 보니 그 약은 레이크가 셔츠 깃에 꿰매 숨겨 놓았던 청산가리 정제였다. 레이크는 다시 의식을 차리지 못하고 나흘 뒤에 죽었다.

사람들은 절도 혐의를 받았다고 자살하지 않으며 심지어 불법 총기나 가짜 운전 면허증을 가졌다고 해도 자살을 하지는 않는다. 차를 훔쳤다고 해도 마찬가지다. 경찰은 분명 뭔가 다른 일이 있다는 걸 알았다.

그리고 정말 다른 일이 있었다. 월시빌에 있는 레이크의 집을 수색하던 형사들은 그 오두막집 뒤에서 임시 지하 감옥과 뼈를 태우고 으깨서 묻은 곳을 발견했다. 뼈는 적어도 열한 명의 것으로 밝혀졌다. 묻혀있는 다른 시신 두 구는 레이크와 응의 이웃인 새플리와 로니 본드 부부의 시신으로 밝혀졌다. 20리터짜리 들통 두 개도 묻혀 있었는데, 그 안에는 약 스물다섯 명의 신분증과 소지품들, 그리고 지난 2년 동안 레이크가 쓴 일기와 두 여성 브렌다 오코너와 데보라 더브스에 대한 성폭행과 사디스트적 고문을 기록한 비디오 테이프 두 개도 있었다. 그 사이 응은 도주해버렸다.

이 테이프들을 비롯해 레이크와 응의 범죄를 알려주는 다른 증거들이 콴티코의 우리에게 도착했다. 그 증거들은 내가 범죄를 다루는 일을 하는 내내 본 것 중 가장 타락하고 역겨운 것들이었다. 쾌락을 위해 이렇게 야만적인 범죄를 저지른 이들에 필적할 사람들이 또 있다면 로렌스 비테커와 로이 노리스뿐일 것이다. 감옥에서 만난 두 사람은 가석방이 되자 열세 살에서 열여덟 살까지의 나이에 해당하는 소녀 한 명씩을 납치해서 강간하고 고문하고 죽이기로 했다. 두 사람은 이미 다섯 명의 여성에게 이런 짓을 한 적이 있었는데, 그 중 하나가 가까스로 탈출해서 경찰에 신고했다. 레이크와 응만큼 정교하지는 못해서, 그들은 자신의 강간과 고문을 음성 녹음만 해두었다. 비테커는 지금도 샌 퀸틴의 사형수 수감동에 있는데, 유죄 선고를 받은 지 거의 40년이 되었다. '이 상황에서 무엇이 잘못 되었는가?' 노리스는 비테커에게 불리한 증언을 하는 대신 양형 거래를 했다. 그는 가석방 가능성이 있는 종신형을 요구했다. 만일 가석방이 인정된다면, 그것은 캘리포니아주 역사에서 가장 큰 오심들 중 하나가 될 것이며, 이것은 많은 걸 얘기해준다.

FBI 아카데미에서 《양들의 침묵》을 촬영하는 동안, 나는 훌륭한 연기자 스콧 글렌을 위해 그 강간/고문/살인 테이프들 중 하나를 틀었는데, 스콧 글렌은 영화에서 아마도 나를 참고한 듯한 프로파일러인 잭 크로포트를 연기했다. 그는 세심하고 배려심 많고 직관력 있는 사람이며, 두 딸의 아버지이고, 갱생과 인간의 기본적인 선함을 믿는 사람이었다. 테이프를 들으면서 글렌의 두 눈에 눈물이 차오르는 것을 나는 보았다. 나중에 여전히 충격에서 벗어나지 못한 채 글렌은 내게 이렇게 말했다. "이런 짓을 할 수 있는 사람들이 있다는 걸 전혀 몰랐습니다." 그는 더는 사형을 반대할 수 없다고 내게 말했다.

찰스 웅은 레이크가 자살한 지 한 달 정도 지나서 여동생이 살고 있는 캐나다 캘거리에서 잡혔는데, 그곳의 백화점에서 연어 통조림을 훔치다 잡히자 저항하는 과정에서 경비 요원의 손에 총을 쐈다. 찰스 웅은 재판을 받고 4년 6개월의 징역형을 선고받았으며, 그 기간 내내 미국으로 송환되지 않으려고 저항했다. 그러다 결국 캘리포니아로 송환되었고 열두 건의 1급 살인으로 기소되었다.

자신이 갇힌 교도소들과 사건 판결을 한 판사들에 대해 오랜 기간 여러 차례에 걸쳐 법적 행동과 고소를 했을 뿐만 아니라 대략 열 명의 변호사를 거치면서 웅은 1990년대 후반까지 재판을 연기할 수 있었다. 그즈음 나는 FBI에서 퇴직했는데 당시 그의 변호사가 내게 전화를 했다.

변호사는 변호를 위해 나를 상담역으로 고용하고 싶다고 말하면서 내게 사건 설명을 하기 시작했지만, 나는 그의 말을 끊고 대답했다. "그 사건을 알고 있습니다." 사건은 1980년대 후반에 국립아카데미 프로그램 과정을 밟던 캘리포니아 형사가 나와 우리 부서에 소개했다. 그 변호사는 그 사건에 대한 자신의 이론과 어떤 식으로 변호를 할 건지에 대해 설명했다. 레이크가 범행을 주도한 주범이었으며, 그보다 열다섯 살 어리고 온순한 웅은 어쩔 수 없이 레이크를 따라 그 고문과 살인에 가담했다는 내용이었다.

나는 내가 기억하기로 둘의 관계가 주인과 노예 같은 그런 관계는 아닌 것 같다고 말했다.

변호사는 내가 증거와 보충 자료를 모두 본다면, 웅이 자신의 의지로 범행에 가담한 것이 아니라는 걸 직접 확인할 수 있을 거라고 말했다. 나는 내 시간당 급여를 말하고 내 기조, 그러니까 나는 판단하지 않고 자료에 접근한다는 기본 입장을 말했다. 그리고 그는 내 결론을 그가 원하는 대로 사용할 수도 있고 하지 않을 수도 있다고 말했다. 그는 내 말에 동의하면서 내 상담료를 캘리포니아주에서 지불할 거라고 했다.

일주일이 채 안 되어서, 나는 범죄 현장 사진과 수사 기록을 비롯해 내가 그 사건을 평가하고 분석하는데 필요한 모든 자료가 담긴 상자 하나를 받았다. 여기에는 비디오테이프 세트도 포함되었다.

나는 레이크와 응의 성장 과정을 들여다보았다.

레이크는 여섯 살 때 부모님이 헤어졌고, 그와 여동생들은 할머니 집에서 살았다. 레이크는 어려서부터 포르노물에 집착했다. 그는 여동생들의 벗은 모습을 사진으로 찍는 걸 좋아했고 동생들을 돈으로 꼬여서 자신과 함께 성행위들을 하게 했다. 또한 쥐들을 화학 용액에 넣고 녹이면서 그 쥐들이 죽는 모습을 지켜보는 걸 좋아했다. 레이크는 정신적인 이유로 해병대에서 제대했으며 캘리포니아 공동체에서 사는 동안 가학피학성 포르노 영화를 만들었다. 응은 홍콩에서 태어났으며 그의 부모는 부유한 중국인이었다. 어린 시절에 응은 걸핏하면 말썽을 일으켰고 엄격한 사업가 아버지는 매질로 아들을 매섭게 교육했다. 응은 유럽의 여러 기숙학교에서 퇴학당했고, 그러다가 미국으로 와서 역시 해병대에 입대했지만 하와이에서 무기를 훔친 일로 군사재판을 받아야 했다. 구금실에서 탈출한 다음 응은 캔자스에 있는 미군 시설인 포트 리븐워쓰에서 18개월 동안 복무한 다음 불명예 제대했다. 그런 다음 3년 전 서바이벌리스트 잡지를 통해 본 적이 있던 레이크를 다시 만났다.

이런 내용 모두가 나는 전혀 놀랍지 않았다. 나는 그들이 결손 가정에서 자랐을 것이며, 두 사람이 더 나이를 먹었을 때 레이크가 주도적인 사람이 되었을 거라고 생각했다. 하지만 응이 레이크의 노예가 되었음을 알려주는 자료는 전혀 찾지 못했다. 사실, 내가 검토한 그 구역질나는 테이프들 중 하나에서 응은 공포에 질린 피해자에게 이렇게 말한다. "다른 사람들처럼 울거나 그래도 돼. 하지만 아무 소용없을 거야. 우리는, 그러니까, 피도 눈물도 없거든."

파일을 훑어보면서, 나는 훔친 바이스(그와 응이 만든 고문 장치가 망가져서 교체하기 위한 바이스) 값을 치르러 레이크가 철물점에 갔을 때, 상습 절도범인 동료 대신 돈을 내고 상황을 수습해서 그 일로 경찰이 자기들을 쫓는 일이 없게 하려 한 거라고 믿기도 했다.

그 사건에 끔찍한 20시간 정도를 들이고 난 뒤, 나는 응의 변호사에게 전화해서 내가 증거를 검토한 결과 어떤 결론에 이르고 있는지 얘기하는 게 낫겠다고 생각했다. 나는 변호사에게 지금까지 본 모든 내용을 종합해 볼 때 그의 의뢰인은 자발적으로 범행에 가담했으며, 사망한 레이크가 그에게 강요한 증거가 없고 심지어 코치를 했다는 증거도 보이지 않는다고 말했다. 응은 자기 의지로 칼을 가지고 피해자들의 속옷을 찢고 벗기면서 그들을 고문했고, 그러는 동안 레이크는 그 학대의 모습을 촬영했다.

더 검토해 보세요, 라고 변호사가 나를 재촉했다. 내가 더 많은 증거를 검토하면 자기가 무슨 말을 하는지 알게 될 거라고 했다. 찰스 응이 천사는 아니라 해도, 그에 대해 할 수 있는 가장 나쁜 말은 '어쩔 수 없이 범행에 가담한 피해자'라고 했다.

마지못해 나는 계속 검토해보기로 했다. 하지만 그로부터 또 열 시간 정도의 작업을 하고 응이 얼마나 끔찍한 악마인지만 확인했을 때, 내가 생각했을 때 터무니없고 말도 안 되는 주장에 내 시간과 캘리포니아주의 예산을 낭비하지 않기로 마음먹었다.

나는 변호사에게 전화해서 나쁜 소식을 전했다. 그의 의뢰인이 이 고문과 살인에 자기 의지로 참여했다는 것이 내가 볼 때 명확했으며, 어떤 것을 봐도 내 견해는 바뀌지 않았다고 했다. 그 변호사는 불쾌해했다. 상당히 화가 났다고도 말할 수 있는데, 나는 내가 시간을 들인다고 해서 의견을 바꾸게 되는 건 아니라고 처음부터 얘기했음을 그에게 상기시켜야 했다. 오직 증거로만 그렇게 할 수 있었다.

1년쯤 지난 뒤, 그 변호사가 응에게 유리한 증언을 해줄 '전문가들'을 찾았다는 걸 알았을 때 나는 놀랍지 않았다. 불리한 언론 보도를 피하기 위해 남쪽의 오렌지카운티로 재판관할구역을 바꾼 그 재판에서 어느 정신과 의사는 응이 의존성 성격장애를 가지고 있다고 증언했다. 하지만 검찰 측의 반대심문에서, 의사는 내가 가지고 있는 그 테이프들을 보지 못했다고 자백했다. 심리학자는 테이프들을 보았지만, 응의 분명한 사디스트적 행동은 레이크를 기쁘게 하기 위해 그의 행동을 단순히 따라한 것이었다는 의견을 말했다.

응 역시 증인석에 서서 자신을 변호하기로 했는데, 그 덕에 검찰은 그가 레이크와 함께 저지른 고문들을 묘사해 감방 벽에 걸어 놓았던 그림 사진들을 비롯해 더 많은 증거들을 접할 기회를 갖게 되었다.

1999년 2월 11일, 응은 그가 저지른 열두 건의 1급 살인 중 열한 건에서 유죄 선고를 받았고, 열두 번째 살인에 대해서는 배심원단이 결론을 내리지 못했다. 6월 30일, 존 라이언 판사는 사형이라는 배심원의 권고를 받아들이면서 이렇게 명시했다. "응은 어떤 협박도 받지 않았으며 그가 레너드 레이크의 지배 아래 있었음을 입증해주는 어떤 증거도 없다." 이 판결에 따라 응은 샌 퀸틴의 사형수 수감동에, 로렌스 비테커와 멀지 않은 곳에 지금도 있다.

FBI와 함께 조사를 시작했을 때, 나는 거의 모든 강력 범죄자가 제정신이 아닌 상태에서 범죄를 저지를 것으로 밝혀질 거라고 생각했는데, 우리가 분석을 하기 위해 받는 사건들을 보면 피해자에 대한 가해자의 폭력이 너무도 심하기 때문이었다. 나는 이렇게 생각했다. 이 정도의 '지나침'이나 잔인함은 전혀 말이 되지 않는다. 그러니까, 응의 범죄와 같이 잔인하고 역겨운 범죄들을 만날 때 우리가 스스로에게 하는 질문들 중 하나는 '어떻게 한 사람이 다른 사람에게 이런 짓을 할 수 있는가?'이다. 이런 행위들은 말로 표현하기 힘들며, 대개는 장애가 심한 사고방식의 결과물들이다. 하지만 이런 범죄자들의 사고방식과 개인성들을 더 철저히 조사하고 그것을 범죄 현장 증거와 더 긴밀히 연결할수록, 우리는 그 행위의 정신적 움직임에 대해 더 많이 이해하게 된다.

여기에서 설명한 모든 살인자에 대해 그렇듯, 천성 vs. 양육은 '무엇이 그처럼 극악무도하고 비정상적인 행위들을 만들 수 있는가.'란 논쟁에서 늘 중심 주제가 될 수 있지만, 탐구는 거기에서 끝날 수가 없다. 불가피하게 이 질문은 결국 타고난 결정론에 반해 도덕적 기능에 이른다. 그리고 그 과정은 하나의 단어로 귀결된다. 바로 '선택'이다.

많은 살인자가 그들이 저지른 살인들은 자신의 선택이 전혀 아니었으며 그들도 어쩔 수 없는, 타협 불가능한 행위였다고 주장하곤 한다. 하지만 내가 범죄 수사를 하던 그 세월 내내 보았던 어떤 것으로도 그런 전제는 받아들일 수가 없다. 범죄자가 아주 심한 정신병을 앓고 있는 경우를 제외하면 그렇다.

불우한 성장 과정은 절대 살인에 대한 변명이 될 수 없다. 절대 그럴 수 없었으며 또 절대 그럴 수 없다. 나는 레이크와 응이 받은 어떤 양육, 혹은 받지 못한 양육이 그들의 타고난 천성과 합해져서 잔인한 범죄로 이르는 길을 닦았다는 것에 반박하지 않으려 한다. 조셉 맥고언과 토드 콜헤프를 비롯해 에드먼드 켐퍼, 데이비드 버코위츠, 그리고 많은 다른 살인자에게서 우리가 보았던 것처럼 살인자들은 자신의 범죄를 변명하기 위해 그들 외부로 눈을 돌린다.

응이 형 선고를 받고 몇 년이 지난 뒤 마흔 한 살인 존 앨런 무하마드와 열 일곱 살인 리 보이드 말보가 워싱턴 D.C., 메릴랜드, 버지니아에서 약 3주 동안 열 명을 살해하고 세 명에게 중상을 입힌 2002년 벨트웨이 저격 살인들로 체포된 사건도 그랬다. 무하마드는 최후 진술을 거부했지만, 말보는 거리낌 없이 말했다. 그는 페어팩스 카운티 경찰서의 준 보일 형사에게 조사를 받았는데, 26년 경력의 베테랑 형사 준 보일은 린다 프랭클린의 살인을 조사하기도 했다. 린다 프랭클린은 남편

테드와 함께 홈 디포 주차장에서 선반 재료를 차에 싣다가 저격수의 총에 머리를 맞았다.

그 심문을 목격하거나 나중에 녹음을 들어 본 사람이라면 누구나 주목한 점은, 말보가 더할 나위 없이 마음 편하고 무심하며 전혀 뉘우치지 않는 듯 보인다는 것이었다. 보일이 그에게 프랭클린을 총으로 쐈냐고 물었을 때, 그는 쐈다고 태연하게 말했다. 나중에 보일이 변론 준비 기일에 한 증언에 따르면, 프랭클린이 어디를 맞았는지 총 조준기로 보았냐고 물었을 때 말보는 '웃으면서 자신의 머리를 가리켰다.'

보일은 말보가 정원사 소니 뷰캐넌을 죽인 두 번째 워싱턴 지역 살인을 설명하면서 재미있어하는 것 같았다고 말했다. 말보에게 그렇게 재미있었던 것은, 피해자가 총에 맞은 다음 잔디 깎기 기계에서 떨어졌는데, 그러고 나서도 기계가 혼자서 계속 작동하는 모습이었다.

임상 심리학자이며 법의학 심리학자로 오랫동안 우리의 영웅이었던 D.C. 지역의 스탠턴 E. 사메노우 박사에게 검찰은 말보의 사전 심리 검사를 해달라고 요청했다. 사메노우는 고인이 된 정신과 의사 사무엘 요첼슨과 함께 《범죄적 인성Criminal Personality》을 썼는데, 이것은 워싱턴에 있는 세인트 엘리자베스 정신병원에서 강력범들에 대해 두 사람이 행한 광범위한 연구를 기초로 저술된 세 권짜리 획기적인 저서다.

사메노우는 말보가 자메이카에서 보낸 어린 시절, 아버지의 무관심, 어머니의 잦은 부재와 심지어 아주 잦은 신체적 처벌, 그리고 그가 사기꾼인 존 무하마드와 어울리기 전에 겪었던 모든 어려움을 철저하게 조사했다.

말보의 변호인 측은 말보가 당시에 '해리성 정체감 장애'라고 분류되는 DSM - 4를 앓고 있었다고 주장했다. 이것은 말보가 철저히 무하마드의 영향 아래 있어서 그 자신이 아니라는 걸 의미했다.

사메노우는 우리에게 이렇게 말했다. "말을 그대로 옮기진 못하겠지만, 그 변호사들 중 한 사람이 이런 의미의 얘기를 했습니다. '깨끗한 강이 더러운 시궁창에 오염된 것과 같았습니다. 리 말보도 그렇게 존 무하마드에게 나쁜 영향을 받고, 오염되고, 세뇌되었습니다.'" 많이 듣던 얘기 아닌가?

D.C. 연속 저격사건 범죄의 10주년 즈음에 NBC의 《투데이 쇼》에서 방영된 교도소 면담에서 말보는 자신의 범죄들 때문에 처형된 무하마드에 대해 이렇게 말했다. "싫다고 말할 수가 없었어요. 내 인생 내내 사랑과 인정과 일관성을 원했지만 찾을 수가 없었어요. 그리고 무의식적으로라도, 혹은 언뜻 생각할 때도 그것이 잘못이라는 걸 알았지만, '싫다.'라고 말할 의지가 없었어요."

하지만 10년 전, 사메노우가 말보에게 무하마드가 시키는 것을 못 들은 척 하거나 거부한 적이 있느냐고 물었을 때 그 젊은이는 이렇게 대답했다. "아, 늘 그랬죠."

'다시 말해, 그에게는 선택권이 있었다.'

우리는 심리학자나 사회학자가 아니라 범죄학자로서 이 사람들을 연구한다. 우리는 그들이 왜 그런 행동을 하는지 그리고 어떻게 그런 행동을 시작하는지 이해하는데 도움을 얻기 위해(범행 동기를 이해하고 행동을 예측하기 위해) 그들의 가정환경과 성장 과정을 조사해서 그것을 범죄 해결 과정과 범죄 심리 분석가로서 우리의 임무에 적용하려 한다. 이것은 '왜 그들이 사람을 해치고 죽이는 선택을 하는가?'라는 질문과 씨름하는 걸 의미한다. 그런 선택들이 이루어지는 방식, 그들이 범행 전후에 하는 행동, 그리고 그런 선택들이 실행되는 수단을 이해하는 것이 범죄 프로파일링의 기초다.

'왜?+어떻게?=누구'라는 공식이 성립한다.

우리가 인간 행동의 연구를 완성할 수는 없을 것이며, 범죄를 없애지도 못할 것이다. 우리가 할 수 있는 일은 열심히 연구하면서, 우리의 이해와 지식을 늘리기 위해 늘 노력하는 것이 전부다.

이 책에서 우리가 조사한 범죄자들은 모두 살인자들이었지만, 그들은 모두 달랐다. 모든 살인자와 범죄자는 미묘하게 다른 여러 층을 나타냈다. 범죄 그 자체는 그 차이의 반영이며, 일반적으로 동기를 직접 나타낸다. 하지만 우리는 이런 사람들 모두 내면에서 당당함과 무능함이 서로 충돌했다고 말할 수 있다. 그들 모두 자신은 사회의 법과 관습을 따르지 않아도 되는 사람들이라는 생각을 하고 있었다. 그리고 모두가 선택을 할 수 있는 능력이 있었다.

언젠가는 특정한 행동을 설명하고 그 행동의 이유를 정확히 찾아낼 수 있을 정도로 신경과학이 발달해서, 우리가 어떤 생각을 뇌 속의 특정한 형태론적 구조와 전기화학적 전달 때문으로 설명할 수 있는 정도에 이르게 될지도 모른다. 하지만 그렇게 된다고 해도, 그런 정확한 수준의 과학적 환원주의와 행동 결정론이 개인의 책임이라는 개념을 없애버릴 수 있을까? 그리고 그 질문에 대한 대답이 "그렇다."라면, 우리는 어떤 종류의 사회와 도덕적 세계에서 살게 될까?

법집행 기관에서 일하기 시작했을 때부터 나는 나 자신이나 내 동료들이 면담했던 강력범들 중에서 법적인 정의로 미쳤다고 생각할 수 있는 사람을 거의 생각할 수가 없었다. 그들은 분명히 정상이 아니었으며, 그들 대부분 혹은 모두가 어떤 형태의 정신병을 가지고 있었다. 하지만 그들은 옳고 그름을 알았고 다른 사람에게 가하는 그들 행위의 본질과 결과를 알았다.

우리는 1994년 사우스캐롤라이나에서 세 살 된 아들과 14개월 된 아들을 살해한 수잔 스미스 사건과 2001년 텍사스에서 6개월에서 일곱 살까지의 아이들 다섯 명을 살해한 안드레아 예이츠 사건을 종종 비교한다. 두 사건에서 아이들은 모두 익사했다. 스미스의 아이들은 자동차 의자에 몸이 묶인 상태에서 차가 호수로 가라앉아 죽었다. 예이츠의 아이들은 집 욕조 안에서 죽었다.

스미스는 그녀의 자동차 마쯔다에 아이들이 타고 있는 상태에서 그 차를 아프리카계 미국인 남자에게 도둑맞았다고 주장했다. 그녀는 전국에 방송되는 텔레비전 프로그램에 출연해서 아이들이 안전하게 돌아오게 해달라고 간청했다. 경찰은 처음부터 스미스를 의심했는데, 그녀의 살해 동기는 그녀의 아이들을 받아들일 이유가 없는 부유한 남자와의 관계를 지키기 위한 것으로 밝혀졌다. 슬프게도, 이런 동기는 부모가 아이들을 죽이는 사건에서 드물지 않게 나타난다.

오랜 세월 산후우울증으로 정신병을 앓고 자살을 시도해서 정신과 치료를 받았던 예이츠는 남편이 출근할 때까지 기다렸는데, 남편이 자기를 막을 거라는 것을 알았기 때문이다. 예이츠는 다섯 아이 모두를 익사시킨 다음에 경찰에 알렸다. 그녀의 살해 동기는 자신이 좋은 엄마가 아니며 그래서 사탄의 손아귀에 아이들이 들어갔고 아이들을 익사시키는 것만이 지옥 불에서 구하는 유일한 방법이라는 믿음이었다.

두 아동 살인자 모두 거의 틀림없이 정신적으로 병들었지만, 수잔 스미스는 옳고 그름의 차이를 분명히 알았으며 아이들을 없애는 것이 자신에게 가장 이익이 된다고 생각한 결정을 했다. 반면, 안드레아 예이츠는 망상에 사로잡혀서 현실을 전혀 파악하지 못했다. 두 사건 모두 끔찍하리만치 비극적이었지만, 우리는 스미스의 행위에 대해서만 악이라고 주장하고 싶다. 그녀는 스스로 생각하고 선택했다. 예이츠는 그렇게 할 수 없었다.

예이츠는 잔인한 살인자나 연쇄살인자가 아니었다. 잡히지 않았더라도 예이츠는 다른 가족이나 낯선 사람들을 지옥에서 구한다며 계속 살인하지는 않았을 것이다. 피를 마시는 리처드 트렌턴 체이스와 사람의 피부로 옷을 만들어 입은 에드워드 게인 같은 사람들, 망상에 사로잡혀 현실을 구분하지 못하는 극소수 열외자를 제외하고 대부분의 살인자는 자신이 뭘 하고 있는지 정확히 안다.

나는 이 책에서 우리가 연구한 살인자들 모두 정신병 때문에 정상적으로 행동하지 못했다기보다 성격 결함 때문에 그런 범죄를 저질렀다고 생각한다. 우리가 얘기하고 있는 사람들은 그들의 피해자들이 죽기를 원했지만 자신들은 살기를 원했다. 그들만의 비정상적인 가치 체계 안에서 그런 생각은 굉장히 이성적이었다.

조셉 콘드로와 도널드 하비는 복잡한 계획을 포함하는 신중한 선택을 했다. 토드 콜헤프는 그가 이웃 소녀를 "폭행하고 모든 것을 파괴하기로 선택했다."고 쓰기도 했다. 어떤 사람은 맥고언과 콜헤프가 나중에 저지른 살인에서 감정에 휩싸였으며, 실제로 현명한 결정을 내리지 못했다고 주장할지도 모른다. 나는 이 말에 반박하고 싶다. 맥고언이 내게 말했듯, 집 문 앞에 있는 조안 댈러샌드로를 보자마자 그는 그 아이를 '죽이기'로 선택했다. 맥고언이 조안에게 자기와 함께 아래층으로 내려가자고 한 순간, 표면상으로는 걸스카우트 쿠키 값을 치를 돈을 가지러 가야 한다고 했지만 그는 조안을 죽이러 '어디'로 가야할지 선택한 것이다. 그리고 조안의 머리를 바닥에 부딪치는 순간, 그는 조안을 '어떻게' 죽일지 이미 선택했던 것이다. 콕시 커플과 찰리 카버를 죽인 콜헤프에 대해서도 똑같이 얘기할 수 있다. 미리 계획된 범죄의사라는 법적 개념은 기간을 명시하지 않는다. 그것은 1년일 수도 있고, 아주 짧은 순간일 수도 있다. 그것은 여전히 선택이다.

결국, 살인자들의 마음속에 숨어있는 불가해한 미스터리를 완전하게 설명하기란 불가능할 것이다. FBI에 근무하면서 이런 문제를 연구한 후에, 나는 빈의 정신과의사이며 저자, 홀로코스트 생존자이며 우리 시대의 가장 위대한 도덕적, 철학적 기록인 《죽음의 수용소에서Man's Search for Meaning》을 쓴 빅터 프랭클이 이야기한 멋진 표현을 자꾸 돌아보게 된다. 프랭클은 부모와 형제와 임신한 아내를 잃은 아우슈비츠의 잔혹한 공포 속에서도 의미를 찾을 수 있었다. 그는 우리가 갖고 태어나는 모든 것과 우리에게 일어나는 모든 일을 고려하면서 "인간은 조건지워지고 결정지어진 것이 아니라 상황에 굴복하든지 아니면 그것에 맞서 싸우든지 양단간에 스스로 어떤 판단을 내릴 수 있는 존재다. 다시 말해, 인간은 본질적으로 스스로 판단하는 존재다."라고 썼다.

모든 살인자(그들이 몇 가지 정신장애를 갖고 있거나 완전히 망상 상태에 있는 것이 아니라면)는 자유롭게 그들 나름의 선택을 한다. 하지만 그 현실을 받아들이는 것조차도 그 자체로 중요한 것이 아니다. 우리는 그 선택이 어떻게 그리고 왜 이루어지는지에 대해 끊임없이 우리의 지식을 확대하고 이해를 높여서 법집행 기관이 이런 범죄자들을 더 잘 찾아내고 체포하고 구속하도록 도울 수 있어야 한다. 그래서 나는 내가 하는 일을 하기 시작했으며, 그래서 나는 계속 살인자들과 마주 앉는다.